CITÉS
ET
RUINES AMÉRICAINES

PARIS.—IMPRIMÉ CHEZ BONAVENTURE ET DUCESSOIS,
55, QUAI DES AUGUSTINS.

CITÉS
ET
RUINES AMÉRICAINES

MITLA, PALENQUÉ, IZAMAL, CHICHEN-ITZA, UXMAL

RECUEILLIES ET PHOTOGRAPHIÉES

PAR DÉSIRÉ CHARNAY

AVEC UN TEXTE

PAR M. VIOLLET-LE-DUC
ARCHITECTE DU GOUVERNEMENT

SUIVI

DU VOYAGE ET DES DOCUMENTS DE L'AUTEUR

OUVRAGE DÉDIÉ
A S. M. L'EMPEREUR NAPOLÉON III
ET PUBLIÉ SOUS LE PATRONAGE DE SA MAJESTÉ

PARIS

GIDE, ÉDITEUR	A. MOREL ET Cⁱᵉ
5, RUE BONAPARTE	18, RUE VIVIENNE

1863

Tous droits réservés.

PRÉFACE

PRÉFACE

Il y a cinq ans, lorsque je partis à la recherche de ces ruines merveilleuses, mon intention était d'en faire une étude approfondie et de traiter le sujet moi-même. Surpris de la manière incomplète avec laquelle certains voyageurs avaient abordé ce grand sujet, il me sembla que dans une œuvre aussi vaste, texte et gravure, tout était à refaire. Attribuant l'indifférence du public pour une civilisation aussi originale aux incertitudes qui la voilaient à demi, je voulus qu'on ne pût récuser l'exactitude de mes travaux, et je pris la photographie comme témoin.

Mais, lorsque je fus en présence des matériaux, je me sentis accablé par la grandeur du travail, et je ne me trouvai plus la force de l'achever.

La portée philosophique d'une étude de ce genre saisira tout le monde ; une pareille œuvre touche aux questions vitales de l'humanité ; l'histoire des religions s'y trouve en cause aussi bien que l'anthropologie. Ces monuments ne sont-ils pas appelés à nous dire si leurs fondateurs furent nos frères et nos contemporains, ou si cette terre nouvelle eut une genèse à part ?

L'ouvrage, il faut bien le dire, peut fournir des matières à toutes les hypothèses et soutenir tous les systèmes.

A Izamal, par exemple, vous trouvez, dans

les bases des pyramides artificielles que surmontaient les temples, des figures gigantesques rappelant les sphinx de l'Égypte. A Chichen-Itza, l'Inde pourrait revendiquer les énormes figures d'idole qui ornent la frise du palais des Nonnes; le palais du gouverneur, à Uxmal, vous donne des grecques admirablement dessinées; Palenqué, dans quelques bas-reliefs, a des intentions assyriennes, et les palais funéraires de Mitla reproduisent en certains cas l'ordonnance des demeures chinoises. Une immixtion de races suffit-elle pour expliquer ces ressemblances? faut-il conclure à l'action exclusive des vieilles civilisations et renoncer à l'hypothèse d'une race originale américaine?

L'histoire et l'origine de ces peuples n'offrent donc qu'un vaste champ d'hypothèses. Les premiers historiens de ce monde nouveau n'étaient point des érudits; la religion, du reste, défendait à cette époque, les investigations trop savantes; leurs descriptions, voire celles du conquérant lui-même, ne se bornent qu'à des comparaisons banales avec les villes d'Espagne, où çà et là percent quelques souvenirs romains.

Les traditions recueillies jusqu'à ce jour (nous ne parlons point des Aztèques) ont un cachet apocryphe qui ne doit pas échapper à l'œil de l'observateur; il semble que des épisodes bibliques, mêlés dans les premiers temps aux anciennes légendes américaines, nous reviennent dans les traductions nouvelles, mélangés aux figures poétiques de ces peuples, mais empreints encore de leur parfum sacré. C'est ainsi que la création genésiaque, les luttes des géants, le déluge, se retrouvent dans le *Popol-Vuh*, que nous a récemment donné M. Brasseur de Bourbourg.

Les Espagnols, aux jours de la conquête,

avaient tout intérêt à faire disparaître les documents historiques des vaincus; ils durent les modifier à leur gré, le faisant de bonne foi peut-être, considérant les religions de leurs nouveaux sujets comme des abominations qu'il fallait balayer du sol et remplacer par la croyance catholique.

Premier bégayement de l'histoire, la tradition est aussi le premier pas d'un peuple pour échapper à l'ignorance; à ce titre, elle est toujours respectable. Mais cette tradition n'est, dans ce cas, qu'une aide de plus dans le travail de l'historien; il doit s'en servir avec prudence et se garder de rien affirmer par elle.

Pour moi, je m'étais dit qu'au commencement des choses, les hommes, en quelque lieu de la terre qu'ils habitassent, n'ayant que des idées simples et en petit nombre, devaient, en les formulant, se rencontrer parfois.

Les poésies primitives, riches ou pauvres, suivant le génie des peuples, m'avaient offert dans leurs images des rapprochements de ce genre, et je prêtais à l'architecture le même langage. Eus-je tort? Je m'arrête.

Je sais que l'ignorance est pleine d'affirmation et de certitude; le doute raisonné, la grande discussion appartiennent à la science. Je remets donc sans commentaire mon œuvre entre ses mains; à elle seule de créer une histoire et de combler cette lacune dans la filiation des races.

Quant à l'étude architectonique des monuments, il fallait un talent synthétique qui pût reconstruire le passé sur les ruines du présent; j'eus recours à M. Viollet-le-Duc, à qui rien n'est étranger de ce qui regarde l'architecture, et qui m'accueillit avec cette bienveillance que tous ceux qui l'approchent ont éprouvée comme moi.

Il appartenait à une imagination aussi féconde, aidée d'une science d'appréciation aussi merveilleuse que celle de M. Viollet-le-Duc, le droit de donner sur ces monuments des aperçus neufs et de lumineuses expositions.

L'album des *Cités et Ruines américaines* complète, en les rectifiant parfois, les vastes travaux entrepris sur ces matières par d'illustres voyageurs.

La première exploration date de 1787, et fut dirigée par Antonio del Rio ; mais la publication des documents, retardée par l'opposition systématique du clergé mexicain, ne vit le jour qu'en 1822.

Dupaix vient en seconde ligne, de 1805 à 1808. Ses relations et les dessins de Castaneda, remis entre les mains de M. Baradère, furent publiés en 1836, sous les auspices de MM. Thiers et Guizot.

Plus tard, les travaux de MM. de Waldeck, de Stephens et Catherwood, et l'immense ouvrage de lord Kingsborough achevèrent d'attirer l'attention des Sociétés savantes sur ces empires oubliés. Depuis, d'autres auteurs ont dévoué leur vie à faire connaître ces ruines étranges. En première ligne, il faut citer M. l'abbé Brasseur de Bourbourg, qui sait joindre à l'audacieuse ardeur d'un pionnier de la civilisation les persévérantes recherches d'un bénédictin.

Pour ce qui me regarde, ma tâche est facile : je raconte ce que j'ai vu et ce qu'il m'a été donné d'observer ; c'est donc une simple relation que j'offre au public ; elle n'aura d'autre valeur que la vérité.

L'Empereur, à qui rien n'échappe de ce qui est utile, noble ou grand, qui sait honorer le mérite comme encourager les plus modestes travaux, a daigné prendre sous son

patronage l'album des *Cités et Ruines améri-*
caines. C'est pénétré d'une si haute faveur,
que nous adressons humblement à Sa Majesté
nos actions de grâces et l'expression de notre
reconnaissance.

DÉSIRÉ CHARNAY.

ANTIQUITÉS AMÉRICAINES

ANTIQUITÉS AMÉRICAINES

Depuis le commencement du siècle, les antiquités mexicaines ont préoccupé, non sans raison, le monde savant. Des voyageurs ont parcouru l'Amérique centrale après de Humboldt, et ont ajouté leurs observations à celles de l'illustre écrivain, pour les confirmer plutôt que pour les modifier. Tel est, en effet, le privilége de ces grandes intelligences qui, de temps à autre, viennent éclairer l'humanité, que leurs découvertes et même leurs hypothèses sont consacrées par les recherches et les travaux des patients explorateurs venus après eux. Si ces génies ont négligé ou effleuré trop légèrement quelques détails, si parfois ils n'ont entrevu la vérité qu'à travers un brouillard, leurs conclusions sont en bloc toujours conformes à l'ordre général des faits moraux et physiques. Les Cuvier, les Humboldt, les Arago, les Champollion n'ont certes pas vu toute la vérité; mais ils ont frayé la route à suivre, et ne sont jamais tombés dans ces erreurs absolues qui pendant des années égarent les savants venus après eux.

Le *nouveau* monde est en effet nouveau, si on le compare à l'Asie et à la vieille Europe, c'est-à-dire que l'homme civilisé, ou plutôt civilisateur, est venu s'établir sur ce continent longtemps après les premiers siècles historiques de notre hémisphère ; mais cependant toutes les recherches récemment faites portent à croire qu'une civilisation avancée dominait ces vastes contrées bien avant l'ère chrétienne. Relativement, les civilisations américaines étaient arrivées à la décadence au moment où les Espagnols s'emparèrent du Mexique, de l'Yucatan et du Pérou. Leur apogée remontait à plusieurs siècles avant la conquête ; ce fait ne peut être mis en doute aujourd'hui. Mais à quelle race appartenaient ces peuplades qui jetèrent un si vif éclat vers le VIIe siècle de notre ère? D'où venaient-elles? étaient-elles sorties des provinces septentrionales du Japon? venaient-elles de l'Orient ou de l'Occident? appartenaient-elles aux races blanches pures ou aux races touraniennes mélangées de blanc? Ces questions ne sont pas résolues, et nous n'avons pas la prétention de les résoudre; toutefois, sans sortir des limites que nous impose notre tâche, en examinant avec attention les monuments d'architecture photographiés par M. Charnay, peut-être pourrons-nous jeter quelque lumière sur cette partie de la grande histoire humaine.

Il est difficile d'admettre que *tous* les hommes, à l'origine de leur civilisation, aient employé les mêmes méthodes, lorsqu'ils ont pu produire des œuvres sorties de leur cerveau; l'étude attentive des monuments qui nous sont connus, en Asie, en Égypte et en Europe, démentirait ce système de production uniforme; cette étude conduit à admettre que certaines méthodes appartiennent à certaines races. Ainsi, par exemple : telles races n'ont jamais employé le mortier dans leurs constructions; d'autres l'ont employé dès l'époque la plus reculée; celles-ci ont fait dériver leur architecture de l'art de la charpenterie; celles-là de la construction en terre, en pisé ou en brique. Les races jaunes ont une aptitude particulière pour extraire, affiner, mélanger et travailler les métaux; les races blanches, au contraire, ne peuvent s'astreindre aux pénibles labeurs qu'exigent leur extraction et leur mise en œuvre. Il est des hommes qui aiment les bords des fleuves, les marais, les lieux bas; il en est d'autres qui s'établissent sur les hauteurs. En cela, la nature physique est d'accord avec l'instinct, et si un Chinois peut vivre au milieu des rizières et des terrains paludéens, le Caucasien y mourra de la fièvre. Partant du connu pour arriver à l'inconnu, nous pourrons donc tout d'abord dire : tel monument appartient à telle race, parce que les méthodes employées pour l'élever n'ont été pratiquées sur les parties du globe, où les documents historiques ne font pas défaut, que par cette race seule. Mais, il faut l'avouer, les mélanges de ces races entre elles modifient les conséquences de ce principe à l'infini ; non pas à ce point, cependant, que l'on ne puisse découvrir, dans les monuments mêmes, les origines diverses qui se sont confondues pour les élever. C'est là où l'on ne saurait apporter un esprit d'analyse trop scrupuleux.

Il est nécessaire, avant d'entrer dans l'examen détaillé des monuments que nous essayerons de décrire, de jeter un coup d'œil sur le continent américain. Séparé de l'Europe et de l'Afrique, d'une part; des confins de l'Asie, de l'autre, par deux océans, il touche presque à l'Europe, au nord-est, par le Groenland; à l'Asie, au nord-ouest, par le détroit de Behring. Vers l'océan Pacifique, une chaîne de montagnes non interrompue, comme un immense pli, courant du nord au sud, domine les deux Amériques depuis les contrées habitées par les Esquimaux jusqu'au détroit de Magellan. Cette chaîne de montagnes ne laisse entre elle et l'océan Pacifique à l'ouest, qu'une langue de terre relativement étroite, tandis qu'au contraire, du côté de l'est, le continent s'étend, se découpe, est sillonné par de larges fleuves et dominé par des amas de montagnes secondaires.

En admettant *à priori* que les Amériques aient été occupées par des peuplades venues du nord, celles qui se seraient présentées par le détroit de Behring devaient naturellement suivre le pays situé à l'ouest entre les montagnes et la mer, et descendre peu à peu, afin de trouver des climats favorables, jusqu'à la hauteur du 20° degré, c'est-à-dire du Mexique; celles qui, étant sorties du Groenland, auraient débarqué sur la terre de Labrador devaient, toujours en cherchant un ciel plus doux, descendre vers les États de l'Ohio, occuper le littoral de la Caroline, s'étendre jusque dans la péninsule des Florides, reconnaître l'île de Cuba, et bientôt l'Yucatan. Toujours en suivant notre hypothèse, si les peuplades venues du nord-ouest appartenaient aux races touraniennes ou malayes, et si celles venues du nord-est appartenaient aux races scandinaves ou indo-germaniques, il est certain qu'en descendant l'une et l'autre vers le sud, elles devaient se rencontrer au point le plus étroit du continent américain entre les deux mers, c'est-à-dire sur les bords du golfe du Mexique. Si encore nous supposons que l'une de ces deux émigrations s'était établie avant l'autre sur le territoire du Mexique, la seconde a dû entamer avec celle-ci de longues luttes pour devenir maîtresse du sol. Or si, en 1829, Cuvier ne croyait pas pouvoir émettre une opinion sur la nature ethnique des nations indigènes de l'Amérique, on peut aujourd'hui, grâce aux travaux des derniers voyageurs et aux photographies, constater que peu de contrées du monde offrent une variété plus étendue de types appartenant à des races diverses. On trouve de tout en Amérique, depuis le noir du Congo jusqu'au blanc pur en passant par le touranien et la variété rouge.

Les rares documents historiques antérieurs à la conquête espagnole du Mexique signalent en effet une suite d'immigrations, venant du nord-est, puis retournant d'où elles étaient venues, s'étendant jusqu'au Pérou; des luttes acharnées entre les conquérants et les anciens possesseurs du sol, un mouvement prodigieux d'hommes, de races ou de tribus diverses, se disputant la prédominance. Il n'y a donc pas lieu d'être surpris si aujourd'hui, au Mexique même, on signale la présence de races diverses que d'ailleurs M. Flourens (nous ne saurions contester son opinion en ces matières) considère comme ne présentant aucune variété étrangère à celles qui occupent le reste du globe. Les photographies faites d'après des individus nés au Mexique, que nous avons sous les yeux, ne peuvent que confirmer cette opinion. Ces épreuves nous montrent des sujets appartenant à la race finnique, dont le caractère est parfaitement reconnaissable ; d'autres plus nobles, qui reproduisent les traits saillants des figures sculptées à Palenqué; des métisses malais, mélangés de sang noir et de sang jaune, avec une dose très-légère de blanc; puis des personnages dont le caractère ethnique rappelle les beaux types blancs, quoique très-étrangers à la race celtibérienne ou espagnole qui se distingue toujours au milieu de ces diverses peuplades désignées aujourd'hui indifféremment sous le nom de Mexicains. Avant l'arrivée des conquérants européens du xvi° siècle, il y avait donc au Mexique des couches de races variées depuis la race jaune finnique ou touranienne jusqu'à la race blanche, dont l'origine apparaît sur les hauts plateaux septentrionaux de l'Inde. Je me garderai de trancher les questions que la présence de ces races diverses peut soulever; il suffira de constater les faits. Quant à savoir quelle est, dans l'Amérique centrale et au Mexique, la race aborigène, et s'il y a même une race aborigène, il ne semble pas que les observations recueillies jusqu'à présent permettent de conclure. Toutefois il paraît certain, d'après l'examen des documents historiques et des monuments, que les races jaunes ou fortement mélangées de sang jaune occupaient ces contrées bien avant la civilisation due aux Olmécas, aux Nahuas ou aux Toltèques. En cela, l'histoire primitive de l'Amérique ne différerait pas de celle de l'Inde, de la Chine, du Japon et même de la partie occidentale de l'Europe. Les Américains possédaient avant les voyages de Colomb une écriture phonétique; le mémoire de M. Aubin sur la *peinture didactique* et *l'écriture figurative des anciens Mexicains* et les travaux de M. Prescott ne laissent guère de doutes à cet égard. M. l'abbé Brasseur de Bourbourg prétend même que les cartouches gravés sur certains monuments de Palenqué, de Chichen-Itza et d'Uxmal appartiennent, suivant toute apparence, à la langue maya ou à ses dialectes. Quant aux Aztèques, les derniers venus, ou plutôt le résultat d'une fusion des émigrants blancs avec les indigènes, leur écriture ne consiste plus qu'en un système graphique imparfait, fort inférieur aux hiéroglyphes et à l'écriture phonétique des Olmécas et des Nahuas, Quichés ou Toltèques. Au moment de la conquête des Espagnols, le Mexique était retombé dans un état d'infériorité relative, comme si les tribus civilisatrices qui avaient dominé ces contrées quelques siècles avant notre ère, et s'y étaient maintenues jusqu'au xiie, avaient été peu à peu absorbées par une race indigène inférieure. L'éloquence, ou pour mieux dire un parlage nébuleux, y était fort en honneur au moment de l'arrivée de Fernand Cortez. Les massacres hiératiques étaient pratiqués sans limites et sans scrupules. Ce n'était plus le sacrifice humain que nous trouvons chez les Scythes, chez les Grecs primitifs, chez les Germains, mais une tuerie sans choix comme sans raison.

Il serait difficile de nier aujourd'hui l'existence des relations des Scandinaves avec l'Amérique dès le ixe siècle de notre ère. Ces voyages, fréquents alors et dans les siècles suivants, sont connus par les Sagas islandaises et relatés par divers chroniqueurs du nord[1]. On sait qu'à cette époque le Groenland était habité; de nombreuses colonies islandaises et scandinaves s'y étaient établies et y tenaient un commerce florissant, qui s'éteignit peu à peu à la suite du refroidissement progressif de cette vaste contrée. « C'est dans ces régions septentrionales, dit M. l'abbé Brasseur de Bourbourg[2], qu'existait l'*ultima Thule*, dont parlent tous les géographes anciens, longtemps avant l'ère chrétienne et que les commentateurs modernes ont placée alternativement en Danemark et en Islande. »

Les relations indigènes de l'Amérique prouvent, d'une manière irrécusable, que ce nom avait été donné à plusieurs localités tout à fait distinctes, et que chacune d'elles avait pu jouer un rôle à part dans l'histoire. « Dans une mappemonde islandaise
« datant du milieu du XIIe siècle, écrit le savant Carl
« Rafn[3], on rencontre au nord-ouest, loin des autres
« pays de l'Europe le nom d'*Island*, et plus loin,
« vers l'ouest, on trouve le nom de *Tila*. Il s'ensuit
« donc que l'ancien géographe islandais a appliqué
« le nom de Tile ou de Tula à une des contrées américaines découvertes par les habitants du Nord. »

---

1. Par Orderic Vital, entre autres.
2. *Popol-Vuh, le Livre sacré et les Mythes de l'antiquité mexicaine.* Paris, 1861.
3. *Lettre* adressée à M. l'abbé Brasseur de Bourbourg.

C'est de Tula qu'un grand nombre de traditions indiennes font également sortir la race nahuatl, et voici ce que dit à ce sujet le manuscrit *Cakchiquel* : « Quatre personnes (*vinak*, gentes) vinrent de Tulan, « du côté où le soleil se lève, c'est un Tulan. Il y « en a un autre en Xibalbay[1], et un autre où le « soleil se couche, et c'est là que nous vînmes ; et « du côté où le soleil se couche, il y en a un autre « où est le dieu[2] : c'est pourquoi il y a quatre Tulan ; « et c'est là où le soleil se couche que nous vînmes « à Tulan, de l'autre côté de la mer où est ce Tulan, « et c'est là que nous avons été conçus et engendrés « par nos mères et par nos pères. » Ces quatre Tulan ne donnent-ils pas la suite des établissements faits par les Islandais ou Scandinaves, depuis leur départ du nord de l'Europe jusqu'à leur arrivée dans l'Amérique centrale ?

Quoi qu'il en soit, voici des documents recueillis, les uns au nord de l'Europe, les autres dans les îles et au centre de l'Amérique, qui coïncident sur un point important, savoir : que les Européens septentrionaux prétendaient avoir et avaient, en effet, des relations

---

1. « *Tulan en Xibalbay*, c'est-à-dire la cité bâtie par les *Nahuas*, « après leur colonisation en *Tamoanchan*. »

2. « Un troisième *Tulan*, à l'occident, du côté américain de « l'Océan, peut-être le *Tile* désigné par M. Rafn, qu'il faudrait « placer au nord des États-Unis, et enfin le *Tulan* où est le dieu, « qui correspondrait à *Tula* ou *Tollan*, l'une des capitales toltè- « ques de l'Anahuac, à 14 lieues au nord de Mexico, aujourd'hui « la petite ville de *Tula*, route de Queretaro. »

avec une contrée située au nord-ouest et à l'ouest au delà de l'Océan, et que les Mexicains nobles prétendaient être venus d'une contrée de l'est au delà des mers.

Des découvertes faites depuis le commencement du siècle, on peut déjà conclure que toute la vallée de l'Ohio, depuis le pays des Illinois jusqu'aux confins du Mexique, a été occupée par des races étrangères à celles qui habitaient ces contrées à l'époque de leur découverte par les colons français du Canada et de la Louisiane. En effet, sur le cours de cette vallée, on a trouvé quantité d'enceintes fortifiées, des *tumuli* en terre ou en pierres sèches recouvrant des squelettes ne ressemblant nullement aux Indiens d'aujourd'hui, des chemins couverts, sortes de caponnières semblables aux ouvrages terrassés qui accompagnent les *oppida* de l'Europe occidentale, des souterrains faits avec de la brique crue ou cuite, des silos, des puits, des coquilles taillées, des roches couvertes de figures que l'on suppose être des inscriptions, des momies revêtues de tissus, des objets de silex, d'os et de cuivre. Dans la partie occidentale de l'État de New-York, on trouve les vestiges d'une cité défendue par des forts et dont la superficie couvre plus de 500 acres. Le capitaine Carner a découvert, près du lac Pepin et du Missouri, par 45°,50 latitude nord, une fortification de forme générale circulaire de près d'un mille d'étendue et pouvant contenir 5,000 hommes : « Quoique ces ouvrages, dit Carner, aient été dégradés par le temps, on en distingue néanmoins les angles, qui paraissent avoir été tracés suivant les règles de l'art militaire. » A Marietta, État de l'Ohio, il existe des ouvrages en terre d'une grande importance qui paraissent avoir dû servir de défense à une ville. Ces ouvrages consistent en deux enceintes de forme carrée, l'une plus grande que l'autre ; elles sont établies sur un plateau situé au confluent de l'Ohio et de la rivière Muskingum et entouré de deux autres cours d'eau. Dans la plus grande enceinte s'élèvent deux sortes de forts composés d'une suite d'angles rentrants et saillants. Près de la petite enceinte se trouve un tertre circulaire entouré d'un parapet. Deux chemins couverts donnent seuls le moyen d'arriver des bords de la rivière à la plus grande enceinte. A l'intérieur de cette grande enceinte, près de son angle nord-ouest, est un tertre à base parallélogramme, de cent quatre-vingt-huit pieds de long sur trente-deux de large et haut de neuf. Le sommet est horizontal comme une plate-forme et les côtés sont presque verticaux. Au milieu de chacun des petits côtés sont pratiqués des degrés réguliers de six pieds de longueur environ. Près de la partie méridionale de la même enceinte se trouve un autre tertre semblable. Or la disposition de ces tertres doit attirer l'attention, comme nous le verrons bientôt.

Nous ne saurions voir dans ces vastes enceintes

terrassées que des établissements temporaires, des campements de populations en cours d'émigration. Si, dans ces enceintes, il existait des habitations, elles ne pouvaient être qu'en bois, puisqu'il ne reste aucune trace de constructions en pierre. En admettant que ces peuples fussent aborigènes, pour qu'ils se soient trouvés dans la nécessité d'élever des fortifications de cette importance, il fallait qu'ils eussent à combattre des armées venues d'ailleurs, multitudes qui seraient parvenues à les refouler vers le sud. Que ces peuples primitifs de la vallée de l'Ohio, du Missouri, soient nés sur le sol américain ou qu'ils s'y soient transportés à une époque fort ancienne, à quelle race appartenaient-ils? D'une part, rien dans les restes des établissements de l'Amérique du Nord, non plus que dans ceux du Mexique, ne fait supposer la présence toujours caractérisée de la race ariane pure ; d'autre part, tous les débris trouvés, depuis les ustensiles les plus ordinaires jusqu'aux grands monuments de l'Yucatan et du bas Mexique, semblent appartenir à des dérivés de races malayes fortement mélangées de blanc ; nous sommes contraints de reconnaître, en effet, dans ces monuments ainsi que dans les coutumes religieuses des grands civilisateurs du Mexique, un filon de race blanche. Hérodote [1] rapporte que les Scythes sacrifient à ce qu'il suppose

---

1. *Melpomène*, ch. LXII.

être le dieu Mars, de cette manière : « Dans chaque *nome*, on lui élève un temple au milieu d'un champ destiné aux assemblées de la nation. On entasse des fagots, et on en fait une plate-forme de trois stades en longueur et largeur, moins en hauteur. Sur cette plate-forme, on pratique une aire carrée dont trois côtés sont abrupts ; le quatrième est fait en pente de manière à ce qu'on y puisse monter. On y entasse, tous les ans, cent cinquante charretées de menu bois, pour maintenir le niveau de la plate-forme que l'injure des saisons tend à réduire de hauteur. Au haut de cette plate-forme, chaque tribu scythe plante une vieille épée de fer, qui tient lieu de simulacre de Mars. Les Scythes offrent, tous les ans, à ces épées des sacrifices de chevaux et d'animaux... Ils sacrifient aussi le centième de tous les prisonniers qu'ils font sur leurs ennemis... Ils font d'abord des libations avec du vin sur la tête de ces victimes humaines, les égorgent ensuite sur un vase, portent ce vase au haut de la terrasse, et en répandent le sang sur l'épée... » Le même auteur[1] explique comment les Scythes scalpaient leurs ennemis. « Pour écorcher une tête, dit-il, le Scythe fait d'abord une incision à l'entour, vers les oreilles ; et, la prenant par le haut, il en arrache la peau en la secouant. » Dans ces deux passages, il est difficile de ne pas trouver une analo-

---

1. *Melpomène*, ch. LXIV.

gie avec les pratiques des anciens habitants du Mexique : usage d'élever des plates-formes pour offrir des sacrifices humains à la divinité, sang des victimes recueilli et versé sur le symbole du dieu, crânes scalpés, écorchement des humains et emploi de leur peau comme vêtements, nous trouvons tout cela dans les populations anciennes de l'Amérique centrale. Hérodote rapporte encore que les Scythes rendent les honneurs de la sépulture à leurs rois dans un canton qu'on appelle *Gerrhes*, situé vers le lieu où le Borysthène cesse d'être navigable.

Arrivé dans cette contrée, après de longues préparations, on place le corps sur un lit de verdure et de feuilles entassées. «On plante ensuite, autour du corps, des piquets, et l'on pose, en travers, des pièces de bois qu'on couvre de branches de saule. On met, dans l'espace vide de cette fosse, une des concubines du roi, qu'on a étranglée auparavant, son échanson, son cuisinier, son écuyer, son ministre, un de ses serviteurs, des chevaux ; en un mot, les prémices de toutes les autres choses à son usage, et des coupes d'or... Cela fait, les assistants remplissent la fosse de terre, et travaillent tous à l'envi l'un de l'autre, à élever, sur le lieu de la sépulture, un tertre très-haut. » Voilà, certes des usages dont nous trouvons la trace chez les populations qui ont occupé une grande partie du nord de l'Europe ; nous les trouvons également répandus depuis la vallée de l'Ohio jusqu'au Mexique même, témoin les deux pyramides élevées en l'honneur de Hun-Ahpu à Teotihuacan et qui existent encore. « De Tamoanchan, on allait « offrir [1] des sacrifices dans la ville de Teotihuacan... et « c'était là qu'on élisait ceux qui devaient gouverner « les autres. Là aussi on enterrait les princes et les « seigneurs, et sur leurs sépultures ils commandaient « d'élever des monticules de terre qu'on voit encore « aujourd'hui et qui paraissent comme des collines « faites à la main... »

Prescott [2] reconnaît que les Mexicains n'étaient pas les premiers civilisateurs de l'empire de Montézuma. Les Toltèques auraient été les fondateurs de cet empire avant le x° siècle de notre ère, et, avant les Toltèques, les Olmécas seraient les constructeurs de ces vastes édifices dont les ruines présentent un mystère difficile à pénétrer aujourd'hui. Qu'étaient les Olmécas, d'où venaient-ils? Dans les Sagas islandaises, toute la contrée comprenant le Texas, la péninsule floridienne et les bords du Mississipi, la Géorgie actuelle et les Carolines, est désignée sous le nom d'*Irland-ik-Mikla*, ou la Grande-Irlande, et par celui de *Hvitramanaland*, ou la Terre des Hommes blancs [3].

---

1. Sahagun, *Hist. de Nueva España*, lib. X, cap. xxix. (*V*. le *Livre sacré*, par M. l'abbé Brasseur de Bourbourg, p. cxlv.)
2. *History of the conquest of Mexico*, t. III, p. 255.
3. *Le Livre sacré*, par M. l'abbé Brasseur de Bourbourg, p. clxv. Beauvois, *Découvertes des Scandinaves en Amérique*, dans la Revue orientale et américaine, t. II, p. 116.

Au x° siècle, disent les Sagas, une tempête y jeta Ari[1]... Les Espagnols trouvèrent sur les côtes des Florides des nations énergiques qui formaient des États florissants, et dont les chefs possédaient plusieurs îles de l'archipel des Antilles. « Leurs villes,
« dit M. l'abbé Brasseur de Bourbourg, étaient d'or-
« dinaire construites au bord des lacs ou des fleuves,
« et quelquefois au milieu des marécages, »—ce qui porterait à penser que ces populations appartenaient à des races mélangées de sang jaune,—« entourées
« d'enceintes fortifiées avec de larges et profonds
« fossés : là dominait, au-dessus des huttes de la
« plèbe, le tertre massif aux formes pyramidales, sur
« l'esplanade duquel était érigée la demeure du chef
« gardien du sanctuaire... Ces conquérants parlent
« d'étangs artificiels, de routes, de canaux, » (tous travaux qui appartiennent particulièrement aux races blanches mêlées de sang jaune), « de vergers, de
« parcs clos, où les princes réunissaient des trou-
« peaux considérables de cerfs privés, et, ce qui est
« plus surprenant, de vaches domestiques, dont le
« lait servait à faire du fromage » (ici l'influence de la race blanche est évidente) ; « toutes choses qui
« annoncent une société bien éloignée de l'état bar-
« bare. » Cependant, au moment de la conquête des

---

1. *Le Livre sacré*, par M. l'abbé Brasseur de Bourbourg, p. CLXV. Beauvois, *Découvertes des Scandinaves en Amérique*, dans la Revue orientale et américaine, t. II, p, 116.

Espagnols, les Mexicains ne savaient pas réduire les animaux en domesticité ; ils ne connaissaient pas l'usage du lait, singularité que l'on signale chez certaines peuplades jaunes ; il y avait donc eu, chez ces peuples du moins, un retour vers un état relativement barbare, par la prédominance d'une race inférieure.

« Les mêmes récits des voyageurs du xvi° siècle [1]
« décrivent la poterie des nations floridiennes comme
« étant d'une remarquable finesse, d'une richesse de
« couleurs et de formes également admirables.....
« Les villes d'*Aquera*, d'*Ocale*, de *Nandacaho* et de
« *Haïs*, situées dans les vallées voisines du Mississipi,
« frappèrent les Espagnols par leur étendue... Les
« rois s'y faisaient porter en litière, comme ceux du
« Mexique, par les seigneurs de la cour... Ce qui
« ajoute à la ressemblance avec les contrées d'origine
« toltèque, c'est que les hommes y faisaient l'office
« de portefaix et de bêtes de somme, exactement
« comme dans l'Anahuac... L'agriculture y était en
« honneur, pratiquée sur une grande échelle, et, sur
« les bords du Mississipi, les chefs possédaient des
« flottilles d'embarcations dont quelques-unes pou-
« vaient contenir jusqu'à quatre-vingts hommes [2]. »
Mais voici qui indique chez ces populations une forte dose de sang blanc : les femmes, dans la Floride,

---

1. *Relation* d'Escalante Fontanedo, p. 24.
2. *Relation* de Biedma, p. 104.

héritaient quelquefois de l'autorité suprême, et disposaient alors des temples nationaux et du produit des récoltes publiques. Des vierges étaient chargées de garder le sanctuaire du temple du Soleil et devaient y entretenir un feu perpétuel. A la mort des chefs, comme chez les Nahuas, on égorgeait un grand nombre de serviteurs et de femmes destinés à les accompagner et à les servir dans l'autre monde. Chez les Natchez, au commencement du xviii° siècle, la plupart de ces usages s'étaient conservés. Les voyageurs français et anglais qui visitèrent la côte des États-Unis et des Florides, ainsi que le pays des Natchez, sont d'accord pour reconnaître que les habitants de ces contrées prétendaient être venus occuper ces territoires depuis que l'Amérique centrale était occupée par les blancs, c'est-à-dire depuis le xvi° siècle. Or ces dernières émigrations ne savaient plus par qui avaient été construits les monuments considérables et nombreux qui couvrent encore la vallée du Mississipi et principalement la rive orientale du fleuve, et cependant ces monuments sont parents de ceux de l'Yucatan et du Mexique. Ils consistent en des *tumuli* élevés, des plates-formes carrées, des pyramides revêtues originairement de pierre et de brique. Ces ouvrages, attribués par les archéologues américains aux *Allighéwis* (dénomination qui n'apprend rien), appartiennent, par leur nature, aux races qui se sont répandues dans l'Amérique centrale et qui ont élevé les

grands édifices que nous allons examiner. En effet, on observe que ces monuments du nord-ouest consistent en des ouvrages de terrassement considérables; que si, sur certains territoires, ils ne présentent aucun travail de pierre, c'est que le sol était complétement dépourvu de ces matériaux; que, d'ailleurs, ces Allighéwis savaient au besoin employer la pierre, puisqu'on trouve des pierres sculptées dans l'intérieur de leurs pyramides; que, dans le Missouri, il existe des palais en pierre avec salles, dont les parois s'élèvent en encorbellement afin de pouvoir supporter un plafond terminal étroit, et que, dans la Louisiane, on voit encore des constructions comparables aux monuments *cyclopéens* du Pérou; que ces édifices, comme le dit un auteur auquel nous faisons des emprunts fréquents [1], dont l'existence est constatée dans l'État de New-York, « s'étendent à la base occidentale des
« Allighéwis, tournent à l'est dans la Géorgie et
« atteignent les bords de l'Océan à l'extrémité la plus
« méridionale de la Floride; que, dans l'ouest, on les
« trouve en grand nombre au bord de toutes les eaux
« occidentales, jusqu'aux sources mêmes du Mississipi,
« éparpillés le long du Missouri et de ses affluents,
« et de là continuent jusqu'au golfe du Mexique,
« s'étendant même au delà de la Rivière-Rouge, au
« nord-ouest du Texas. Or la distance qu'il y a de la

---

[1]. *Le Livre sacré*, par M. l'abbé Brasseur de Bourbourg, p. CLXXIV.

« grande pyramide de la Rivière-Rouge aux premiers
« teocalli de la Nouvelle-Espagne, dit M. Braken-
« ridge [1], n'est pas si grande qu'on ne puisse les con-
« sidérer comme des monuments de la même contrée, »
ou plutôt appartenant à la même race d'hommes.

La direction de ce courant d'émigrations ayant laissé des traces sur le sol part des régions les plus froides du nord, ne touche sur aucun point la côte de l'océan Pacifique, et se dirige en ligne droite vers le Mexique ; ce qui ferait supposer que les peuplades qui ont érigé les grands monuments de l'Amérique centrale ne sont point parties du détroit de Behring, mais du Groenland, et qu'elles appartiennent aux races scandinaves.

Aujourd'hui, le séjour ou le passage des Scandinaves dans le Groenland dès le Xe siècle de notre ère, et peut-être avant cette époque, ne saurait être mis en doute. Le docteur Henri Rink, inspecteur du Groenland méridional, a fait parvenir à la Société royale des antiquaires du Nord, en 1859 [2], un fragment d'une pierre runique, trouvée à Igalikko, près des ruines de Brattahlid. En 1824, le Groenlandais Pélinut avait trouvé, dans l'île de Kingiktorsoak, au haut de la mer de Baffin, presque vis-à-vis le détroit de Lancaster-et-Barrow, une pierre runique parfaitement gravée, dont voici la traduction : « Erling, fils de Sigvat, et

---

1. *Transact. Americ.* Phil. Soc., v. I, p. 158.
2. Séance du 14 mai 1859.

« Biarne, fils de Thord, et Endride, fils d'Odd, érigèrent ces monceaux de pierres et déblayèrent la place le samedi avant le jour de Gagndag (le 25 avril), en 1135 [1]. »

Les traditions mexicaines font descendre les conquérants, les Nahuas, de la Floride, et ne remontent pas plus haut; mais, comme l'observe très-bien M. l'abbé Brasseur, « si la Floride avait été le lieu de leur origine, ils auraient naturellement poussé leurs établissements le long de l'Atlantique; mais on ne trouve de ce côté aucune trace de leur existence : aussi est-ce là ce qui a conduit les écrivains américains, indistinctement, à penser que leurs migrations avaient dû se diriger par les grandes vallées de l'ouest dans les contrées méridionales jusqu'à la Floride. »

Il est à considérer d'ailleurs que les nombreuses traces d'établissements appartenant à une haute antiquité et visibles encore dans les vallées du Mississipi, du Missouri et de l'Ohio, bien qu'elles occupent de larges surfaces, n'ont pas l'aspect monumental des ouvrages observés dans le Mexique, et semblent plutôt être dus à des tribus ou peuplades en cours d'émigration : ces enceintes ont un caractère transitoire; mais dès que l'on entre dans le Mexique, les ouvrages de fortifications, les enceintes qui couronnent certains

---

[1]. Voir, dans le compte rendu de cette même séance, un fac-simile de cette inscription

plateaux, paraissent élevés au contraire par des populations définitivement établies sur le sol et voulant s'y maintenir. Dans l'État d'Oaxaca, à Montalban, près Oaxaca, sur les plateaux orientaux qui bordent cette ville, on constate la présence de grands travaux de fortification qui se distinguent de ceux de l'Ohio et du Missouri, en ce que les remparts sont faits, non plus en terre, ou briques crues, ou en pierrailles, mais en blocages composés de petit moellon brut et de mortier. Ces forteresses sont plantées sur un parallélogramme de 500 mètres de côté sur 400 environ. A la base des remparts s'ouvrent des passages dont la fig. 1

Fig. 1.

donne la section. Les grandes pierres qui forment la fermeture triangulaire de ces passages sont couvertes de sculptures à l'intérieur, représentant des personnages dont le type s'éloigne visiblement des types de Palenqué. Les figures sont légèrement modelées et creusées dans la pierre, suivant la méthode de la sculpture égyptienne. Ces sortes de grandes redoutes sur plan barlong consistent en des plateaux élevés de plusieurs mètres au-dessus du sol, et au milieu desquels on trouve des amas de pierres taillées, mêlées de poteries fines, de menus objets en agate et en or. Alentour sont élevés des *tumuli*. A Mitla, dans l'État d'Oaxaca, même disposition de forteresses près de la ville antique, sur la montagne.

Il est difficile cependant de ne pas admettre une analogie entre ces forts permanents bâtis en blocages et les ouvrages en terre de l'Amérique du Nord, dont nous avons parlé tout à l'heure. Mais, sur le territoire mexicain, nous le répétons, ces forteresses n'ont plus un caractère transitoire; ce sont des établissements fixes, faits soit pour protéger les villes contre des envahissements, soit, ce qui est plus probable, pour maintenir des populations conquises dans l'obéissance; car des constructions aussi importantes que celles dont M. Charnay rapporte des photographies, qui exigent le concours de tant de bras, des efforts immenses, sont élevées par des races inférieures soumises à un régime théocratique ou aristocratique.

Dans l'histoire du monde, nous ne voyons surgir ces prodigieuses bâtisses que dans des conditions sociales identiques. Dans l'Inde, dans l'Assyrie, en Égypte, c'est toujours une race conquérante qui impose ces labeurs aux peuples indigènes: les races supérieures apportent leurs goûts, leurs traditions, leur génie particulier ; les populations donnent leurs bras, leurs sueurs, les éléments matériels. Ce sont elles qui emploient ces procédés de construction si intéressants à observer pour nous aujourd'hui, parce qu'ils nous indiquent des origines à peu près certaines. Ainsi, ni dans l'Yucatan ni dans le Mexique, nous ne voyons de constructions en pierres sèches ; partout le mortier, les enduits sont employés : or, quand le mortier apparaît dans une construction, on peut assurer que les hommes qui l'ont faite ont du sang touranien ou finnois dans leurs veines. Il n'est donné qu'aux Aryans et aux Sémites purs de bâtir en pierre sèche [1]. Mais la présence du sang aryan à dose assez forte apparaît cependant de la manière la plus évidente dans les constructions de l'Yucatan et du Mexique. S'il est donné aux Aryans sémitisés ou aux Sémites seuls d'assembler les pierres sans mortier, c'est aux Aryans purs que l'on doit attribuer les constructions de charpenterie, et partout où nous voyons apparaître une tra-

1. Quand nous disons bâtir, nous entendons construire au moyen de blocs équarris taillés, et posés jointifs. Nous mettons les dolmens, menhirs, etc., en dehors des constructions de pierre. Au contraire, ces monuments, si improprement appelés druidiques à notre sens, paraissent appartenir à des races touraniennes, finniques, ou du moins très-profondément pénétrées de sang jaune. Mais ce n'est pas ici le lieu de développer cette opinion.

dition indiquant une combinaison de bois assemblés, nous pouvons être assurés que l'influence de la race aryane se fait sentir. Tous les monuments les plus anciens de l'Inde, bien que taillés dans le roc ou bâtis en pierre, laissent voir une tradition appartenant à la construction de bois. Il en est de même des monuments assyriens, des monuments égyptiens et même des monuments ioniens.

Au Japon, les édifices sacrés les plus anciens sont faits de bois, placés sur des éminences ou plates-formes auxquelles on arrive par des degrés. Si nous consultons les auteurs qui ont parlé *de visu* des monuments sacrés des Japonais, nous serons frappés de certains rapports qui existent entre ces monuments et ceux qui nous occupent. Le P. Charlevoix[1] décrit ainsi les temples japonais : « Ils sont, dit-il, appelés
« *Mias*, c'est-à-dire les *demeures des âmes vivantes*,
« et si l'on en croit un voyageur, Kampfer, le nombre
« en est, dans tout l'archipel japonais, de 27,700 ;
« mais il y a bien de l'apparence qu'il y comprend les
« chapelles qui accompagnent les temples. On ne sera
« peut-être pas fâché d'en avoir ici la description. Ils
« sont pour l'ordinaire situés sur des éminences ; ils
« doivent du moins être placés à distance des terres
« communes et fouillées par les travaux vulgaires.
« Une belle promenade, plantée d'arbres et qui s'é-

---

1. *Histoire du Japon*, édit. de 1754, t. I, chap. x, p. 171 et suiv.

« loigne du grand chemin, y conduit, et, à l'entrée
« de cette avenue, il y a une porte de pierre ou de
« bois, avec une planche carrée, d'environ un pied et
« demi, sur laquelle est gravé ou écrit en caractères
« d'or le nom du dieu auquel le Mia est consacré. Ces
« dehors semblent annoncer un temple considérable,
« mais on y est presque toujours trompé : la plupart
« se sentent de l'antique simplicité qui régnait lors-
« qu'on a élevé les premiers, sur le modèle desquels
« tous les autres sont construits. Ce ne sont, le plus
« souvent, que de misérables édifices de bois, cachés
« parmi les arbres et les buissons, et n'ayant qu'une
« seule fenêtre grillée, au travers de laquelle on peut
« voir le dedans du temple. Ces intérieurs sont tout
« à fait vides, ou ornés d'un miroir de métal placé
« dans le milieu et autour duquel pendent des housses
« de paille bien travaillées, ou de papier blanc dé-
« coupé, qui sont attachées à une longue corde en
« façon de franges; c'est, dit-on, un symbole de la
« pureté et de la sainteté du lieu.

« Comme les avenues qui conduisent à ces temples
« sont ordinairement plantées de cyprès, si ces arbres
« ont eu autrefois, comme parmi les anciens Romains,
« quelque chose de funèbre, on pourrait dire que les
« Mias étaient à leur origine les tombeaux des Camis,
« les seuls dieux que les Japonais ont adorés pendant
« plusieurs siècles, et que les cyprès ne sont devenus
« des arbres de bon augure que depuis que ces tom-

« beaux sont devenus des temples pour l'apothéose de
« ceux dont ils renfermaient les cendres [1]. On monte
« ordinairement aux Mias par un escalier de pierre
« qui conduit à une espèce d'esplanade, où l'on entre
« par une seconde porte semblable à la première, et
« sur laquelle il y a souvent plusieurs de ces temples
« ou des chapelles qui accompagnent le temple prin-
« cipal..... L'édifice est soutenu sur des piliers de bois
« et communément carré; les poutres en sont fort
« grosses, et il règne tout autour, en dehors, une
« galerie où l'on monte par quelques degrés..... Le
« lieu prétendu saint est ordinairement fermé, si ce
« n'est les jours de fêtes; la plupart des sanctuaires
« ont un pronaos. Les portes et fenêtres de ce pronaos
« sont grillées et le pavé en est couvert de nattes
« fines. Le toit des temples est couvert de tuiles de
« pierre ou de bois; il avance assez de chaque côté
« pour couvrir la galerie, et il diffère de celui des
« autres bâtiments en ce qu'il est recourbé avec plus
« d'art et composé de plusieurs couches de belles pou-
« tres dont l'arrangement a quelque chose de fort
« singulier. A la cime du toit, il y a quelquefois une

---

1. Nous retrouvons ce culte des Camis chez les peuples aryans, ce sont les Çoura, les Célestes, héros qui, après leur mort, allaient habiter le Svarga, où ils étaient reçus par Indra, le plus grand des dieux; où, devenus dieux eux-mêmes, ils formaient ce conseil turbulent qui menaçait sans cesse le dieu suprême Indra. La mythologie scandinave nous présente cette même divinisation du héros. Il n'est pas besoin de dire que, chez les Grecs, l'époque héroïque n'est qu'un développement de la même idée.

« poutre plus grosse que les autres; elle est posée de
« long; et à ses extrémités, elle en reçoit deux autres
« qui se croisent, et souvent une troisième derrière
« qui est en travers.

« Cette structure est faite sur le modèle du premier
« temple, qui est à Ixò, où Jasanami, le dernier des
« sept grands esprits célestes et le père de **Tensiò Dai**
« **Dsin**, a fait, dit-on, quelque temps sa résidence.
« Quoique cette structure soit très-simple, elle est très-
« ingénieuse et presque inimitable. En effet, le poids
« et les liaisons de toutes ces poutres entrelacées les
« unes dans les autres servent beaucoup à affermir
« tout l'édifice et le rendent moins sujet à être ren-
« versé par les tremblements de terre..... »

Si les monuments du Mexique que nous allons examiner ne sont pas construits en bois, il est impossible
de ne pas reconnaître, dans leur disposition générale
et dans certains de leurs membres architectoniques, la
tradition des constructions de bois. Si, à côté de ces
traditions, nous constatons la présence de types de
figures humaines appartenant aux races blanches, il
faudra bien admettre que ces étranges monuments ont
été élevés par des peuplades formées d'un mélange de
races blanches venues du nord-est et de races jaunes
aborigènes ou venues du nord-ouest, celles-ci établies
sur le sol du Mexique avant l'arrivée des premières,
soumises et prêtant leurs bras à l'édification de ces
vastes constructions sous la domination de leurs nou-

veaux maîtres. Mais il ne faudrait pas s'y tromper, il y a dans les monuments du Mexique et de l'Yucatan photographiés par M. Charnay deux époques, ou plutôt deux écoles différentes qui paraissent être l'expression d'art de deux populations, produits de mélanges de races à doses inégales. Il y a certainement dans les monuments de l'Yucatan une influence des races blanches plus forte que dans ceux de Mitla et de Palenqué; c'est un fait que nous pensons pouvoir éclaircir aux yeux de nos lecteurs. Encore aujourd'hui, les indigènes de l'Yucatan présentent des types remarquablement beaux relativement à ceux des populations étrangement mêlées des plateaux du Mexique. On observe également des types de races très-diverses dans les vastes contrées situées entre le golfe de la Californie et le Nouveau-Mexique ou le Mexique du Nord. Certaines tribus indiennes se composent d'individus de petite taille, agiles, aux membres grêles; d'autres, comme les Osages, sont grands, robustes; d'autres encore, plus à l'est dans la prairie, sont presque blancs, les hommes sont barbus, et le colonel Emory [1] signale des Indiens rappelant les plus belles races blanches de l'Europe. Or le Nouveau-Mexique a été sillonné par ces migrations venant du nord et se rendant vers les régions méridionales, et par celles postérieures, quittant le Mexique proprement dit,

---

1. Emory, *Notes.* Voy. les planches.

pour revenir, à une époque plus récente, vers le Mississipi et dans la Floride. Ces diverses tribus ne sont-elles pas des débris, restés en chemin, de ces colonnes mobiles?

« Les Néo-Mexicains, dit M. l'abbé Brasseur de
« Bourbourg[1], paraissent au premier abord parfai-
« tement étrangers aux peuples dont ils sont entou-
« rés aujourd'hui. Dernier reste d'un groupe anté-
« rieur, ils n'ont de rapport qu'avec les races déjà
« éteintes ou déplacées. Leur industrie, si supérieure
« à celle des nomades de la plaine[2], conservait, au
« XVIᵉ siècle, et même aujourd'hui conserve encore
« quelque ressemblance avec celle des Toltèques,
« ainsi que des nations inconnues dont les forteresses
« et les pyramides subsistent dans la région des lacs
« et sur les deux rives du Mississipi. Mais la preuve
« la plus frappante de leur ancienneté, c'est que,
« hors de la contrée qu'ils habitaient et de quelques
« parages plus méridionaux de la basse Californie,
« de la Sonora et de Chihuahua, les traces de
« leurs hautes constructions et de leurs vastes sou-
« terrains n'ont été retrouvées nulle part... »

Castañeda, dans sa relation d'un voyage à Cibola[3], parlant du pays d'où ces Néo-Mexicains prétendaient

---

1. *Le Livre sacré*, p. cxc.
2. Ces restes des anciennes tribus, qui ont une parenté directe avec les anciens possesseurs du Mexique, habitent les montagnes et vivent de préférence dans des souterrains.
3. Part. II, chap. vi.

être sortis, fournit de fortes présomptions en faveur d'une origine septentrionale : « D'après la route qu'ils
« ont suivie, dit-il, ils ont dû venir de l'extrémité
« de l'Inde orientale et d'une contrée inconnue, qui,
« d'après la configuration des côtes, serait située
« très-avant dans l'intérieur des terres, entre la Chine
« et la Norvége. Il doit y avoir, en effet, une immense
« distance d'une mer à l'autre, suivant la forme des
« côtes, comme l'a découvert le capitaine Villalobos,
« qui alla dans cette direction à la recherche de la
« Chine. Il en est de même quand on suit la côte de
« la Floride; elle se rapproche toujours de la Nor-
« vége, jusqu'à ce que l'on soit arrivé au pays des
« Bacallaos[1]. »

Ouvrons le *Popol-Vuh*[2], le Livre sacré. Nous trouvons, dans ce curieux récit héroïque de l'histoire des Quichés, des rapports frappants avec les habitudes des races blanches des plateaux septentrionaux de l'Inde, qui ont successivement poussé leurs conquêtes jusqu'à l'Égypte et dans toute l'Europe occidentale. Il s'agit de la création d'une race supérieure[3]; Celui qui engendre et Celui qui donne l'être, le Créateur et le Formateur pensent à faire sortir l'homme du néant.

« Peu s'en fallait encore, dit le texte, que le soleil,

---

1. Terre-Neuve.
2. *Ouvrage original des indigènes de Guatémala*, traduit par M. l'abbé Brasseur de Bourbourg.
3. Troisième partie du *Livre sacré*, ch. I.

« la lune et les étoiles se manifestassent au-dessus
« d'eux, du Créateur et du Formateur. » C'est-à-dire
que l'ordre des temps n'était pas encore fixé. « En
« *Paxil* et en *Cayala*, ainsi qu'on nomme (ce lieu)[1],
« vinrent les épis de maïs jaune et les épis de maïs
« blanc.—Or, voici les noms des barbares qui allè-
« rent chercher l'alimentation : le Renard, le Chacal,
« la Perruche et le Corbeau, quatre barbares qui leur
« apprirent la nouvelle des épis de maïs jaune et des
« épis de maïs blanc qui venaient en Paxil et qui
« leur montrèrent le chemin de Paxil[2].... »

C'est dans le Paxil, c'est-à-dire dans la partie orientale du Mexique, que ces premiers humains supérieurs
trouvent leur nourriture et se fortifient. « Il y avait
« des aliments de toute sorte, aliments petits et
« grands; plantes petites et grandes, dont le chemin
« leur avait été montré par les barbares. Alors on
« commença à moudre le maïs jaune, le maïs blanc,
« et Xmucané en composa neuf boissons.... Aussitôt
« ils commencèrent à parler de faire (le Créateur et
« le Formateur), et de former notre première mère
« et notre premier père... » Les premiers hommes
créés sont au nombre de quatre[3]. Ces êtres supé-

---

1. Lieu marécageux, la région, pense le traducteur, arrosée par les affluents de l'Uzumacinta et du Tabasco, entre la mer et les montagnes, etc.

2. Les barbares, ce sont les indigènes, qui, dans tous les récits du *Livre sacré*, sont toujours représentés sous la figure d'animaux.

3. Le nombre *quatre* est sacré dans les mystères quichés (ch. II).

rieurs, non engendrés par la femme, apparaissent tout à coup ; leur intelligence embrasse tout, leur sagesse est infinie, leurs connaissances sans limites, ils mesurent et voient ce qui est aux quatre angles dans le ciel et sur la terre. L'Édificateur et le Formateur en furent effrayés : « Ce n'est pas bien ce que
« disent nos créatures. Elles savent toutes choses,
« grandes et petites... Elles seront autant de dieux...
« Troublons un peu notre œuvre, afin qu'il leur
« manque quelque chose... Voudraient-ils par hasard
« s'égaler à nous qui les avons faits, à nous dont la
« sagesse s'étend au loin et connaît tout ?... Alors un
« nuage leur fut soufflé sur la prunelle des yeux par
« le Cœur du Ciel, et elle se voila comme la face d'un
« miroir qui se couvre de vapeur... ; ils ne virent plus
« que ce qui était rapproché... — Ainsi fut détruite
« leur sagesse ainsi que toute la science des quatre
« hommes, son principe et son commencement. Ainsi
« furent formés nos premiers aïeux et pères par le
« Cœur du Ciel, le Cœur de la Terre... — Alors
« existèrent aussi leurs épouses, et leurs femmes fu-
« rent faites... — Ceux-ci engendrèrent les hommes,
« les tribus petites et grandes[1], et ceux-ci furent
« notre souche à nous, la nation *quichée* : en grand
« nombre existèrent en même temps les sacrifica-
« teurs[2] ; ils ne furent pas seulement quatre, mais

1. Chap. III.
2. Princes purificateurs de la race quichée.

« quatre seulement furent nos mères à nous, la na-
« tion quichée... » Suit le dénombrement des tribus
de sang noble ou plutôt de la caste supérieure, « qui
« vinrent ensemble d'Orient et qui se propagèrent
« dans les contrées où le soleil se lève. Ces tribus se
« multiplient « durant l'obscurité, » dit le texte. Alors
« ils ne se servaient pas encore et ne soutenaient point
« (les autels des dieux); seulement ils tournaient leur
« visage vers le ciel, et ils ne savaient pas ce qu'ils
« étaient venus faire de si loin. — Là vivaient dans
« la joie les *hommes noirs* et les *hommes blancs*; doux
« était l'aspect de ces gens, doux le langage de ces
« peuples, et ils étaient fort intelligents. » Mais voici
ces tribus qui trouvent mauvais que des barbares
parcourent les montagnes, ne possédant point de
maisons; elles insultent ces peuples nomades. —
« Ainsi parlaient ceux de là-bas qui voyaient lever le
« soleil. Or, tous n'avaient qu'une seule langue : ils
« n'invoquaient encore ni *le bois* ni *la pierre;* et ils
« ne se souvenaient que de la parole du Créateur et
« du Formateur, du Cœur du Ciel et du Cœur de la
« Terre. — Et ils parlaient en méditant sur ce qui
« cachait le lever du jour... Ils parlaient, invoquant
« le retour de la lumière, et dans l'attente du lever du
« soleil, ils contemplaient l'étoile du matin.... » Ces
premières tribus n'adoraient point des idoles de pierre
ou de bois, et leur culte consistait en une attente du
lever du soleil : elles étaient déjà nombreuses ces

tribus d'Orient et on comptait parmi elles la nation des *Yaqui*, des sacrificateurs. Ce titre de *Yaqui* était donné primitivement aux populations parlant la langue nahuatl, aux Toltèques.

Quatre personnages, *Balam-Quitzé*, *Balam-Agab*, *Mahucatah* et *Iqi-Balam*, veulent partir pour aller chercher ce qui leur manque; une *arche* pour renfermer leurs symboles, le feu qui doit brûler devant. Une ville seule les suit. Ils arrivent à la ville des Sept-Grottes, Sept-Ravins, *Tulan-Zuiva*. Là, les quatre personnages reçoivent un dieu principal Tohil, trois autres dieux et le feu. D'autres tribus les suivent et viennent à leur tour à Tulan réclamer les dieux et le feu. Mais bientôt Tohil, le dieu, réclame les sacrifices humains pour accorder le feu; une seule tribu résiste à la demande du dieu, toutes les autres fournissent des victimes, elles partent de Tulan et se dirigent vers l'ouest. Leur voyage est pénible, elles séjournent longtemps sur la montagne *Chi Pixab* portant leurs dieux avec elles. Les tribus se séparent sur le conseil de Tohil, elles vont dans le bois et placent leurs divinités sur des pyramides (mot à mot : à la cime d'une maison de feu) et fondent des villes autour. Enfin l'aurore paraît; le soleil se lève en Tohil, en Avilix, en Hacavitz [1]. L'auteur du Livre sacré [2]

---

[1]. Les trois cimes de *Mamah*, d'*Avilix* et de *Tohil*, sont situées au nord-est de *Santa-Cruz del Quiché*.

[2]. Chap. VIII.

fait alors une description poétique de cette apparition de l'astre du jour. Ce chapitre, l'un des plus remarquables, est empreint d'une certaine grandeur. Les animaux eux-mêmes sortent des ravins, des eaux, s'élèvent sur les sommets et tournent leurs têtes du côté où s'avance le soleil; les sacrificateurs sont prosternés; les nations sont toutes dans l'attente. Mais voici un passage d'un grand intérêt : « Avant « que le soleil se manifestât, fangeuse et humide était « la surface de la terre, et c'était avant que parût le « soleil; et alors seulement le soleil se leva semblable à un homme.—Mais sa chaleur n'avait point « de force, et il ne fit que se montrer lorsqu'il se « leva; il ne resta que comme (une image) dans un « miroir, et ce n'est pas véritablement le même soleil qui paraît aujourd'hui, dit-on dans les histoires. « —Aussitôt après cela (le lever du soleil), Tohil, « Avilix et Hacavitz se pétrifièrent, ainsi que les « dieux du Lion, du Tigre et de la Vipère, du « Quanti, du Blanc Frotteur de Feu; leurs bras se « cramponnèrent aux branches des arbres, au moment où se montrèrent le soleil, la lune et les étoiles; de toutes parts devint pierre... »

D'où sont venues ces traditions qui semblent remonter aux époques antérieures à l'existence de l'homme? et ces dieux changés en pierre? Est-ce une figure indiquant, par le lever de l'aurore, le commencement d'une civilisation ou l'arrivée des tribus sous une latitude moins septentrionale, et, par la pétrification des divinités, l'origine d'un culte des idoles de pierre substituées à l'adoration d'êtres invisibles? Il ne faut pas, il est vrai, prendre le *Livre sacré* pour une œuvre des temps primitifs, mais pour une compilation de documents de différentes époques rassemblés sans ordre et sans critique; cependant ces documents ont avec les monuments qui nous occupent des affinités si intimes que l'on ne saurait les négliger. Tous ceux qui s'occupent d'histoire et d'archéologie savent combien les traditions sont respectables et combien elles doivent être consultées lorsqu'on cherche la vérité; or, le *Popol-Vuh*, le Livre national ou le Livre sacré, traduit avec tant de soin et de conscience par M. l'abbé Brasseur de Bourbourg, est sinon une œuvre originale, d'une antiquité incontestable, au moins un recueil de traditions précieuses. Certains passages de ce livre ont avec les histoires héroïques de l'Inde une singulière analogie.

Ainsi dans l'origine, les Hindous ne bâtissaient pas en l'honneur de la divinité; aux yeux des castes supérieures primitives de l'Inde, toute réalité extérieure est mauvaise et périssable. Dans la plus haute expression de la sagesse, l'Hindou se replie au dedans de lui-même et reste abîmé dans la contemplation de l'esprit qui réside dans les plus secrets replis du cœur. Le brahmane orthodoxe n'a pas besoin, pour prier ou sacrifier, d'un lieu spécialement approprié au culte. Le vrai temple de la divinité, c'est la forêt silencieuse ; le tabernacle, c'est le cœur de l'homme où Dieu lui-même est présent. Le sage reste absorbé en lui-même. Mais le peuple, qui ne saurait atteindre à la hauteur de cet idéalisme, a besoin de figures pour comprendre ; il met à la place de Brahma une série de dieux créés qui sont les attributs divers du Dieu créateur.

Nous trouvons, dans les traditions grossières du *Popol-Vuh*, ces esprits supérieurs, comprenant tout, n'ayant pas de culte et vivant dans la contemplation, l'attente de la lumière, le besoin d'un culte pour la foule, la révélation d'un Dieu supérieur et de dieux secondaires qui ne sont que des attributs de la puissance suprême, les arches ou tabernacles visibles de ces divinités. Les dieux sortent de la ville aux *sept grottes*, et les arches qui les renferment ou les symbolisent sont déposées au milieu des forêts solitaires. De même dans l'Inde, les grottes sont les sanctuaires ou plutôt les symboles de la divinité ; elles sont éclairées par des torches allumées au feu sacré, extrait du bois qui le recèle et ravi de force par le frottement. Ces grottes sont un symbole du dieu obscur, nu et vide, dont les formes ne nous apparaissent dans la création, qui seule se révèle, qu'à la clarté fugitive du Maya. Il est impossible de ne point être frappé de l'analogie qui existe entre les idées brahmaniques sur la divinité et les passages du *Popol-Vuh* cités plus haut.

Mais si nous consultons les traditions beaucoup plus récentes, conservées même après l'établissement du christianisme en Suède, nous trouverons encore, entre les coutumes religieuses des populations de ces contrées et celles qui nous sont retracées dans le *Popol-Vuh*, plus d'un rapport.

Adam de Brême, dans son *Histoire ecclésiastique*, parle ainsi des peuples scandinaves [1] : « La « nation des Suédois a un temple célèbre, celui « d'Upsal, non loin de la ville de Sictona ou Birka. « Dans ce temple, qui est tout orné d'or, le peuple « vénère les statues de trois dieux, dont le plus puis- « sant, qui est Thor, occupe seul, au milieu, le tri- « clinium. A droite et à gauche sont Wodan et Fricco. « Voici leur signification : Thor, disent-ils, règne « dans l'air et gouverne les tonnerres et les éclairs [2], les « vents et les pluies, les temps et les productions de « la terre. Le second, Wodan, c'est-à-dire le fort, « préside à la guerre et inspire le courage des « hommes contre les ennemis. Le troisième est

---

1. *Historia ecclesiastica Adami Bremensis. Libellus de situ Daniæ et reliquarum quæ trans Daniam sunt regionum naturâ.* Edit. curâ ac labore Erpoldi Lindenbruch, Lugduni Batavorum. Leyde, 1595 (cIɔIɔxcv). p. 143.

2. Parmi les divinités primitives des Quichés, on reconnaît également : Le sillonnement de l'Éclair, la Foudre qui frappe, Celui qui engendre et Celui qui donne l'être, l'Édificateur et le Formateur. Plus tard, lorsque les Quichés sont arrivés à Tulan, c'est Tohil (le bruit, le grondement, l'averse) qui est le Dieu suprême. C'est Avilix et Hacavitz qui sont les dieux secondaires, mais dont les attributions ne sont pas définies.

« Fricco, qui accorde aux mortels la paix et les plai-
« sirs, et qui est représenté par un grand phalle.
« Quant à Wodan, ils le façonnent tout armé, comme
« les nôtres ont coutume de représenter Mars. Thor,
« lui, avec son sceptre, semblait reproduire Jupiter.
« Ils honorent aussi des hommes élevés au rang des
« dieux et que, pour leurs grandes actions, ils ont
« gratifiés de l'immortalité [1], comme est dit avoir fait
« le roi Éric dans la vie de saint Ansgar, c'est-à-dire
« qu'ils assignent à tous les dieux des prêtres chargés
« d'offrir les sacrifices du peuple. Si l'on est menacé
« de la peste ou de la famine, on sacrifie à l'idole de
« Thor; si c'est de la guerre, on sacrifie à Wodan;
« s'il s'agit d'un mariage, à Fricco. Tous les neuf ans,
« on a coutume de célébrer une solennité où se réu-
« nissent toutes les provinces de la Suède : personne
« n'est dispensé de s'y rendre. Les rois et tout le
« peuple envoient leurs offrandes à Upsal, et, ce
« qu'il y a de plus douloureux au monde, ceux qui
« ont embrassé le christianisme se rachètent par ces
« cérémonies. Le sacrifice consiste à offrir neuf têtes
« d'hommes ou d'animaux mâles de toute espèce,
« par le sang desquels on a coutume de fléchir ces
« dieux. Leurs corps sont suspendus *dans le bois* qui

---

1. Comme les Quichés honoraient les chefs des familles nobles, tels que Balam-Quitzé, Balam-Agab, Mahucutah et Iqi-Balam. C'est-à-dire : *Tigre au doux sourire, Tigre de la nuit, Nom signalé, Tigre de la lune.*

« est voisin du temple[1]. Ce bois est tellement sacré
« pour les païens, qu'ils en croient tous les arbres
« divins, comme étant nourris du sang des victimes.
« Il y a des chiens suspendus avec des hommes : un
« chrétien m'a dit avoir vu soixante-dix corps d'hom-
« mes ou d'animaux mêlés ensemble qui pendaient
« aux arbres. Du reste, il se pratique dans ces céré-
« monies une foule d'autres choses pour la plupart
« déshonnêtes, et que, pour cela, nous passerons sous
« silence[2]... »

Soit que l'on considère les nombreuses migrations qui, du nord, sont descendues vers l'Amérique cen-

---

1. « Qu'on aille mettre la tête de Hun-hun-Ahpu dans l'arbre
« qui est au milieu du chemin, ajoutèrent Hun-Camé et Vukub-
« Camé. Au moment où on alla placer la tête au milieu de l'ar-
« bre, cet arbre se couvrit aussitôt de fruits...... Grand dans
« leur pensée devint le caractère de cet arbre, à cause de ce qui
« s'était accompli si subitement, quand on avait mis la tête de
« Hun-hun-Ahpu entre ses branches. Alors ceux du Xibalba se
« parlèrent entre eux : Qu'il n'y ait personne qui (soit assez
« hardi) pour s'asseoir au pied de l'arbre, dirent tous ceux de
« Xibalba, s'interdisant mutuellement et se défendant (d'en ap-
« procher). » Le *Popol-Vuh*, part. II, chap. II, trad. de M. l'abbé
Brasseur de Bourbourg.

2. On retrouvait encore des institutions phalliques chez les Natchez au commencement du XVIIIe siècle (Charlevoix). Les Toltèques, dans leur retour vers le nord, fondèrent de grandes cités dans les vallées arrosées par le Rio-Gila. Au temps de la conquête, il existait encore sur les rivages du golfe de Californie une monarchie puissante, dont la capitale (Colhuacan) était populeuse et florissante. Les institutions phalliques y étaient en honneur de temps immémorial. (*Hist. apol. de las Ind. occid.*, t. I, cap. LIII et LIV, manuscrit cité par M. l'abbé Brasseur de Bourbourg.—*Relation de Castañeda*, coll. Ternaux, deuxième partie, chap. I, p. 150.)

trale comme étant venues par le détroit de Behring ou par le Groenland, c'est-à-dire du nord-ouest ou du nord-est, toujours est-il qu'il existe entre les idées religieuses, les habitudes et les mœurs de ces tribus émigrantes et celles des populations antiques descendues des plateaux septentrionaux de l'Asie, des raports frappants.

Examinons donc les monuments. Nous avons dit précédemment que ces monuments ne pouvaient appartenir ni à une seule époque, ni à une seule race. A nos yeux, les monuments de Palenqué seraient les plus anciens; ils seraient dus à une race déjà mêlée cependant d'aborigènes ou d'indigènes jaunes et des premières migrations blanches, aux Olmécas. Ceux de l'Yucatan auraient été élevés après l'invasion de la puissante émigration blanche des Quichés dans l'empire de Xibalba; ceux de Mitla, au départ de certaines tribus quichées de Tulan et à leur établissement postérieur à la conquête de Xibalba. C'est ce que nous tenterons de démontrer, après avoir décrit les curieuses ruines qui nous occupent. Les monuments de l'Yucatan, quoique bâtis, pensons-nous, dans l'espace d'un siècle à peine, présentent entre eux des dissemblances de style qui nous obligent à les classer séparément.

RUINES D'ISAMAL

A la base d'une des pyramides, seuls débris de cette ville antique de l'Yucatan, il existe, pl. XXV, une tête gigantesque modelée au moyen d'un ciment enveloppant des moellons irréguliers. C'est une sorte de gros blocage dont les moellons, posés avec art par le sculpteur au milieu d'un mortier très-dur, ont formé les joues, la bouche, le nez, les yeux. Cette tête colossale est réellement une bâtisse enduite. Autour, des enroulements enchevêtrés, également modelés en ciment, forment un parement irrégulier. Le caractère de la tête ne rappelle pas le type de celles des sculptures de Palenqué; les traits sont beaux, la bouche est bien faite, les yeux grands sans être saillants, le front, couvert d'un ornement, ne semble point fuyant. Cette tête était peinte comme toute l'architecture mexicaine, et des traces de la peinture sont encore très-visibles dans la bouche. Ici, comme on le voit, non-seulement le mortier est employé comme moyen d'agglutination des matériaux, mais il sert à modeler; c'est une pâte que le sculpteur met en œuvre, et cette pâte, ce stuc a été appliqué par des ouvriers très-expérimentés, puisqu'il a résisté aux intempéries pendant une longue suite de siècles; or un peuple primitif, chez lequel les arts sont à l'état d'enfance, assemble du bois, ou accumule des blocs de pierre à force de bras ; mais il n'arrive que bien tard à mettre en œuvre avec succès une matière comme le mortier, qui demande non-seulement des préparations diverses, mais une longue pratique et des observations très-délicates ; encore faut-il que ces constructeurs possèdent les aptitudes naturelles aux races qui, sur la surface du globe, semblent spécialement destinées à employer la chaux dans leurs constructions. Je le répète, ni les Égyptiens, ni les Grecs même, n'ont jamais employé la chaux et le sable dans leurs bâtisses. Le mortier, la matière agglutinante qui réunit des pierres pour n'en former qu'un roc, n'appartient qu'aux races touraniennes ou à celles qui ont reçu du sang jaune dans leurs veines.

La pl. XXIV présente un ensemble de la pyramide au bas de laquelle est modelée la tête précédente.

La pl. XXIII fait voir l'ensemble de la grande pyramide à deux étages d'Isamal. La base de la plateforme inférieure n'a pas moins de 250^m de côté ; son plateau, 200^m environ ; sa hauteur totale est de 15 à 20^m. La pyramide supérieure a 20^m environ. Il faut observer que ces pyramides élevées en pays plat sont entièrement en maçonnerie pleine. Dans la pl. XXIII, on distingue parfaitement les escaliers qui permettaient de monter jusqu'à la plate-forme supérieure, privée malheureusement de l'édifice qui la couronnait.

RUINES DE CHICHEN-ITZA

A Chichen-Itza, nous voyons une de ces pyramides de maçonnerie couronnée de son édifice, pl. XXXII, auquel on donne aujourd'hui le nom du château. Vu de près, l'un de ces monuments, appelé la Prison, pl. XXXI, présente une construction assez mal faite composée d'un blocage revêtu d'un parement en gros moellons irrégulièrement taillés et posés. On observera que les baies de cet édifice consistent en des pieds-droits verticaux avec linteaux de pierre ; que le couronnement présente une combinaison de méandres formés de petites pierres juxtaposées et scellées au blocage au moyen du mortier. Des pierres plus fortes soutiennent les angles ; mais cet édifice est un des moins bien construits de l'Yucatan. Le monument de Chichen-Itza, connu sous le nom du Cirque, pl. XXXIV, nous montre un appareil plus grand et dont une partie est couverte de sculptures. Sur une frise, comprise entre deux assises de rinceaux, sont figurés des tigres se suivant, ou affrontés deux par deux et séparés par des couronnes, contenant de petits disques percés. Bien que les parements de cet édifice soient mieux faits que ceux de la Prison, cependant on observera que les joints des pierres ne sont pas *coupés* conformément à l'habitude des constructeurs d'*appareils,* mais que les pierres, ne formant pas *liaison*, présentent plusieurs joints les uns au-dessus des autres et ne tiennent que par l'adhérence des mortiers qui les réunit au blocage intérieur. Par le fait, ces parements ne sont autre chose qu'une décoration, un revêtement collé devant un massif. Toutefois, rien dans cette construction n'indique une tradition de structure en bois. C'est un blocage revêtu, tandis que dans la plupart des autres monuments de l'Yucatan, la structure de bois apparaît dans les bâtisses de pierre, particulièrement dans ceux d'Uxmal, que nous allons examiner tout à l'heure.

On voit sur la face du bâtiment du Cirque, pl. XXXIV, au-dessous de l'assise des entrelacs inférieurs, cinq trous circulaires. Ces trous, que nous retrouverons plus apparents encore dans d'autres monuments du Mexique, paraissent avoir été réservés pour recevoir des *boulins* ou grosses perches de bois, auxquelles étaient attachées des bannes, afin de former autour de l'édifice un portique couvert d'étoffes ou de nattes. Mais une des salles intérieures du Cirque nous fournit un ample sujet d'observations. Cette salle, pl. XXXIII, donne en coupe transversale la section fig. 2. Les parements (mal appareillés, comme ceux de l'extérieur) sont entièrement revêtus d'une série de sculptures plates, représentant des hommes armés combattant des serpents et des tigres. Si la signification de ce bas-relief est obscure, les types des têtes, les costumes, les armes des personnages, donnent de précieux renseignements. On remarque tout d'abord que les traits de la plupart de ces personnages ne

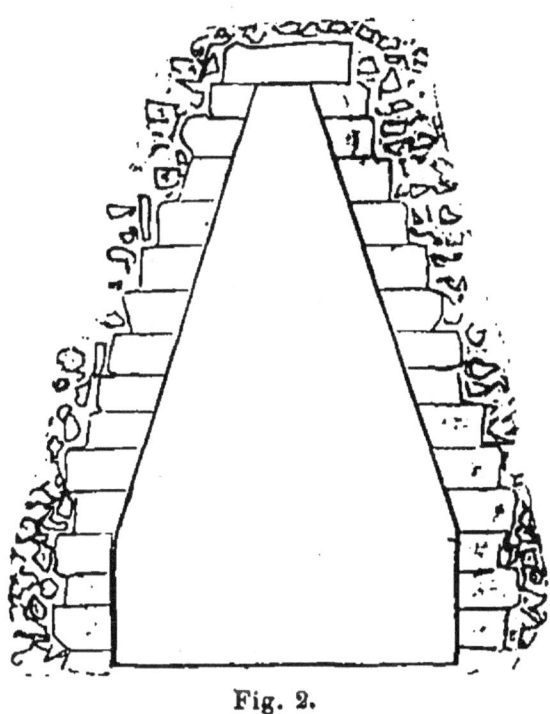

Fig. 2.

rappellent nullement les profils des figures de Palenqué, ou ceux que l'on prête aux races indigènes du Mexique si souvent reproduits par des terres cuites recueillies en grand nombre dans ces contrées. Ainsi, fig. 3, nous donnons une copie fidèle de ces terres cuites que M. Charnay a bien voulu déposer entre nos mains, et fig. 3 *bis*, une tête d'un indigène, copiée par une photographie. Il est clair que ces deux types appartiennent à une même race ou à un même mélange de sang. La terre cuite, qui est d'une époque fort ancienne, et le sujet nouveau présentent les mêmes caractères; front étroit, naissance du nez mince et déprimée, sourcils rapprochés, paupières supérieures recouvrant fortement l'angle externe de

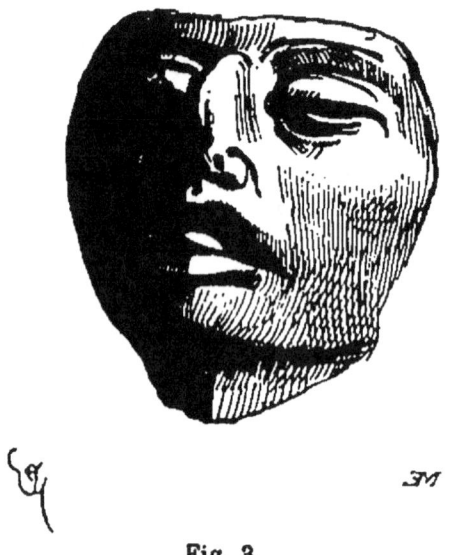

Fig. 3.

l'œil, os du nez saillant, narines maigres, anguleuses,

Fig. 3 *bis*.

ouvertes; pommettes plutôt anguleuses que saillantes, joues plates, bouche large, abaissée vers ses extrémités, lèvres grosses et coupées nettement, os maxillaire se relevant sous la bouche. Or, ce type de Mexicain, donné fig. 3 *bis*, est fréquent, et parmi nos photographies, nous en possédons plusieurs qui conservent ce même caractère bien tranché. Nous ne pouvons donc mettre en doute l'exactitude des traits reproduits par cette terre cuite, puisque, encore de nos jours, ce type s'est conservé. A côté de ces types, nous donnons, fig. 4, le *fac-simile* d'une photogra-

Fig. 4.

phie faite à Mexico : c'est un jeune sujet femelle. Ici le caractère de la race finnique est des plus prononcés ; front bas, angle externe de l'œil relevé, nez court, pommettes hautes, bouche large, lèvre supérieure épaisse et coupée nettement, éloignée du nez, menton fuyant, base du visage large ; et ce sujet n'est pas le seul, nous en possédons un certain nombre qui présentent les mêmes caractères et qui tous appartiennent à la plus basse classe de Mexico. Le sujet fig. 3 *bis* se rapproche du type des figures de Palenqué, quoique, dans celles-ci, les angles externes des yeux soient relevés et le menton fuyant. Mais voici, fig. 5, une copie

Fig. 5.

faite à la loupe, aussi exactement que possible, d'une des têtes les mieux conservées du bas-relief de Chichen-

Itza[1]. Le profil du guerrier représenté ici se rapproche sensiblement des types du nord de l'Europe, et l'influence toujours si apparente du sang jaune ne s'y fait pas sentir. Dans le même bas-relief, nous voyons cependant des personnages dont les traits paraissent beaucoup moins purs. Quelques-uns ont un appendice qui leur traverse le nez, l'un d'eux même[2] semble avoir devant les yeux une paire de besicles saillantes comme le seraient de petites lorgnettes dites *jumelles*. En effet, dans la dissertation de M. l'abbé Brasseur de Bourbourg, sur le *Livre sacré*[3], nous lisons ce passage.

« Dans l'inscription des divers calendriers d'origine
« nahuatl, le premier après Cipactli (Imox)[4], c'est
« *Ehecatl* (*Ig*, dans l'Amérique centrale), l'esprit, le
« souffle qui anime tout, le vent de la nuit; *Opu* ou
« l'invisible, personnification, sans doute, de *Hura-*
« *kan*, l'ouragan, appelé aussi le *Cœur de la Mer*, le
« *Cœur du Ciel*, le *Centre de la Terre*, où il souffle la
« tempête. On lui prête, par conséquent, les mêmes
« attributs qu'à *Tlaloc* (le *Fécondateur de la terre*),
« représenté la foudre à la main et commandant aux
« orages; puis ceux de *Xiuhteuctli* (le *Maître du feu*
« ou *de l'année*), et aussi ceux de *Tetzatlipoca* (celui

1. Troisième assise, commençant par le bas, deuxième pierre, côté gauche.
2. Quatrième assise, commençant par le haut, côté droit.
3. P. cxxi.
4. L'*ancien*, l'aïeul.

« *du miroir fumant?*), lançant la foudre et qui sou-
« vent paraît avec de grandes lunettes devant les
« yeux. Cependant, par l'effet d'une transition assez
« ordinaire dans cette théogonie, *Ehecatl*, l'esprit ou
« le vent, se personnifie dans Quetzalcohuatl; celui-ci
« devient alors le dieu de la pluie; ensuite il se trouve
« chargé de balayer les nuages devant Tetzcatlipoca,
« qui devient le soleil, *Tonatiuh*, le resplendissant,
« dans la langue nahuatl. »

Tous les personnages représentés sur le bas-relief intérieur du Cirque sont richement vêtus, coiffés de casques ornés de plumes et très-variés de forme. Dans la main gauche, ils portent un paquet de javelines, et leur main droite tient une sorte de massue. Une garde, comme un épais bracelet, entoure leur poignet. En examinant scrupuleusement ces masses d'armes, on distingue à leur extrémité comme une pierre ou un morceau de métal engagé dans une enveloppe volumineuse composée de deux parties (voir la fig. 6 grossie à la loupe). De quelle matière étaient ces enveloppes? C'est ce qu'il est difficile de dire; leur bord est strié comme pour indiquer une fourrure ou une masse de bois rayée sur les côtés. Quelques-unes de ces armes sont munies d'un manche; d'autres ont un anneau qui sert à les tenir avec deux doigts seulement.

Le *Livre sacré*, dont l'importance historique s'accroît en analysant les planches de M. Charnay, nous fournit, au sujet de ces masses d'armes, un renseignement curieux. Quatre tribus quichées sont retran-

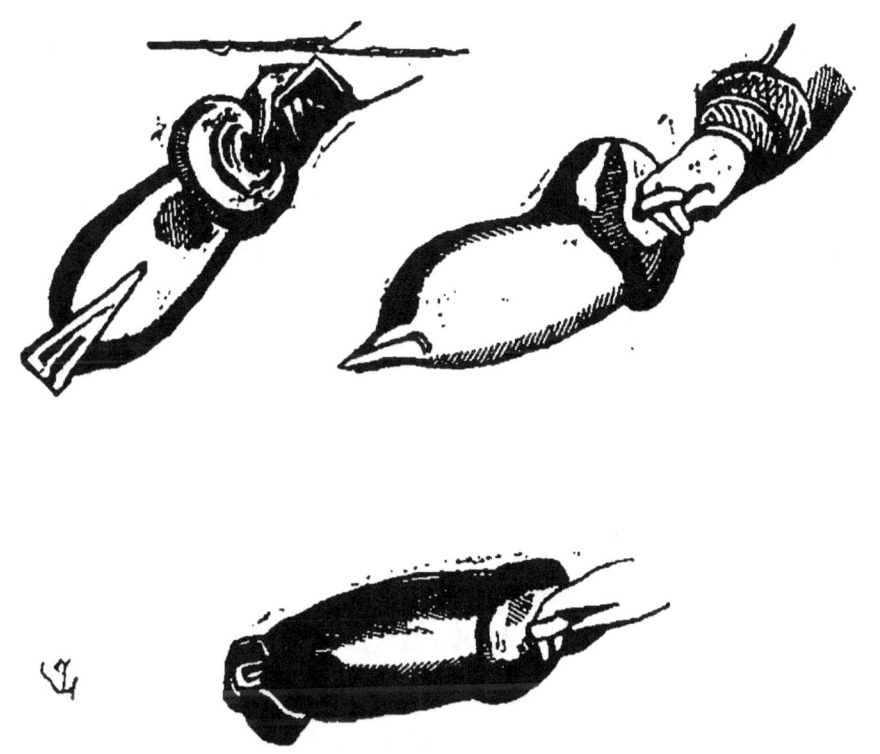

Fig. 6.

chées sur le mont Hacavitz, personnifiées en Balam-Quitzé, Balam-Agab, Mahucutah et Iqi-Balam. Les populations de la plaine se réunissent pour les attaquer; mais celles-ci, arrivées au pied de la montagne avant la nuit, font halte et s'endorment[1]. « Tous en-
« semble donc ils firent halte dans la route; et, sans
« qu'ils s'en aperçussent, tous finirent par s'endormir;
« après quoi on commença (les quatre personnages
« quichés) à leur raser les sourcils avec leurs barbes;

1. Chap. III, quatrième partie.

« on leur enleva le riche métal de leur col, avec leurs
« couronnes et leurs ornements; mais ce ne fut que
« la *poignée de leurs masses* qu'ils prirent en fait de
« métal précieux; on le fit pour humilier leurs faces
« et pour les prendre au piége, en signe de la gran-
« deur de la nation quichée. Ensuite, s'étant réveillés,
« ils cherchèrent aussitôt à prendre leurs couronnes,
« avec la *poignée de leurs masses*, mais il n'y avait
« plus d'argent ou d'or à la poignée, ni à leurs cou-
« ronnes..... » Quelques-unes des masses d'armes
représentées entre les mains des personnages du bas-
relief du Cirque de Chichen-Itza sont, en effet, garnies
d'ornements à la poignée.

Pour la facilité des lecteurs, nous donnons, fig. 7,
deux des casques ou bonnets chargés de plumes de
ces guerriers, soigneusement copiés à la loupe sur la
photographie de M. Charnay. L'un de ces bonnets
semble couvert d'une fourrure crépue comme sont les
bonnets portés par les Persans de nos jours. Ces
coiffures sont maintenues sous le menton au moyen
d'une jugulaire garnie d'une large oreillère ronde.
Les ornements qui sont attachés aux narines de quelques-uns des personnages de ce bas-relief étaient
probablement en pierre, car on en conserve plusieurs,
dans les collections de Mexico, qui paraissent avoir été
destinés à cet usage; ce sont des morceaux d'obsidienne finement taillés. On observera aussi que le
personnage portant une paire de lunettes, armé éga-

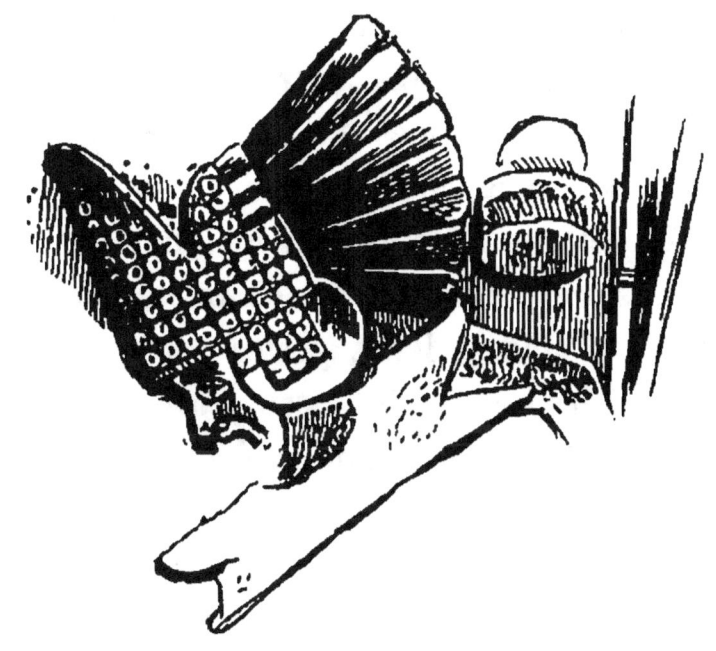

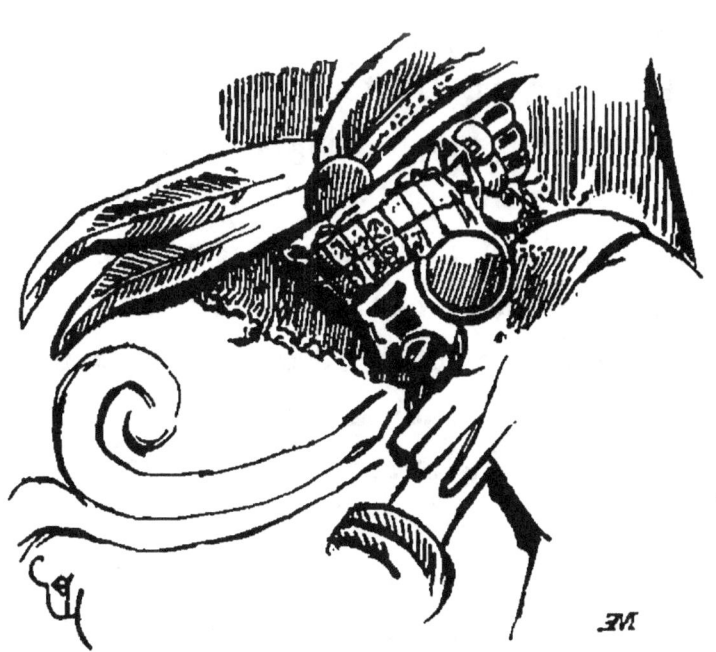

Fig. 7.

lement d'une massue, tient son paquet de javelines sous une cape. Tous les guerriers sont très-vêtus, chaussés de bottes longues et amples avec un bourrelet à la hauteur de la cheville. Le caractère de cette sculpture présente un singulier mélange de barbarie comme dessin et de délicatesse comme exécution. Les figures sont lourdes, leurs gestes sont gauchement exprimés, et les détails de la sculpture indiquent un art avancé, presque voisin de la décadence. La porte d'une autre salle du même monument est terminée, à sa partie supérieure, par deux linteaux d'un bois dur, rougeâtre, et qui provient de l'arbre nommé en espagnol *zapote colorado*. Ces linteaux, qui sont parfaitement conservés, grâce à l'extrême sécheresse de l'atmosphère dans la péninsule de l'Yucatan, sont couverts de gravures. L'intérieur est peint, et les couleurs employées sont le rouge, le noir, le jaune et le blanc. Du reste, presque toutes les baies des monuments de l'Yucatan sont ainsi terminées par des linteaux du même bois; car les constructeurs de cette contrée, comme on peut le reconnaître facilement, n'employaient pas de matériaux d'un fort volume; ils se fiaient à la bonté de leurs mortiers pour maintenir les parements extérieurs mal liaisonnés et ces encorbellements qui composent les salles. Ces mortiers sont faits avec une chaux hydraulique presque pure, et ont une si complète adhérence, soit dans les massifs, soit même lorsqu'ils sont appliqués comme enduits, comme à Palenqué, qu'à peine si le marteau peut les entamer. On les employait avec profusion, car il existe encore quelques routes antiques dont la chaussée est entièrement revêtue d'un ciment très-dur.

Les pl. XXVI, XXVII, XXVIII, XXIX et XXX, représentent les divers aspects d'un des monuments de Chichen-Itza, désigné sous le nom de *Palais des Nonnes*. L'architecture de cet édifice est plus franche que celle de la Prison et du Cirque. La façade, pl. XXX, est même d'un beau caractère, et la composition de la porte avec le bas-relief qui la surmonte est pleine d'une grandeur sauvage, d'un effet saisissant. Mieux traité que dans les exemples précédents, l'appareil des parements est plus régulier, et il présente cette particularité très-remarquable qu'il s'accorde exactement avec la décoration. Ainsi, les méandres, les têtes monstrueuses qui garnissent les parois et les angles, sont composés au moyen de pierres juxtaposées formant chacune un membre de l'ornement. Le menton, les moustaches, les joues, le nez, les prunelles des yeux, les sourcils et le bandeau frontal sont autant de morceaux présentant une sorte de mosaïque saillante et sculptée.

Nous allons retrouver cet ornement bizarre répété à satiété sur les parois des monuments de l'Yucatan. Mentionnons, pl. XXVII et XXIX, ces treillis de pierre qui figurent des claires-voies de bois sur un des soubassements et sur une frise du Palais des Nonnes. Constatons aussi la présence de ces consoles sur le linteau de la porte, pl. XXX, qui semblent figurer des bouts de solives. Ces caractères particuliers et la perfection relative des tailles des parements doivent faire supposer que ce Palais est d'une époque un peu postérieure à la Prison et au Cirque, ou du moins qu'il a été élevé sous une influence nouvelle. Mais poursuivons l'examen des photographies, nous reviendrons ensuite sur les observations que cet examen fait naître.

RUINES D'UXMAL

En se dirigeant à l'ouest de Chichen dans l'Yucatan, on découvre, non loin de Mérida et de Ticul, les ruines d'une ville importante, Uxmal. Voici, fig. 8, un plan général de ces ruines. Au nord, en A, est un vaste palais, dit *Palais des Nonnes*, comprenant divers bâtiments disposés à angles droits et contenant une cour avec deux citernes *aa* et chemin revêtu de ciment *e*. Le bâtiment *b* est précédé d'une esplanade surélevée *c* avec logements au-dessous. En B, vers le sud-est, est un téocalli elliptique bâti, avec large escalier, et couronné par un temple connu aujourd'hui sous le nom de *Maison du Nain*. Au sud, en C, est le palais dit *du Gouverneur*, et qui semble également avoir été un temple. L'ensemble de cette construction

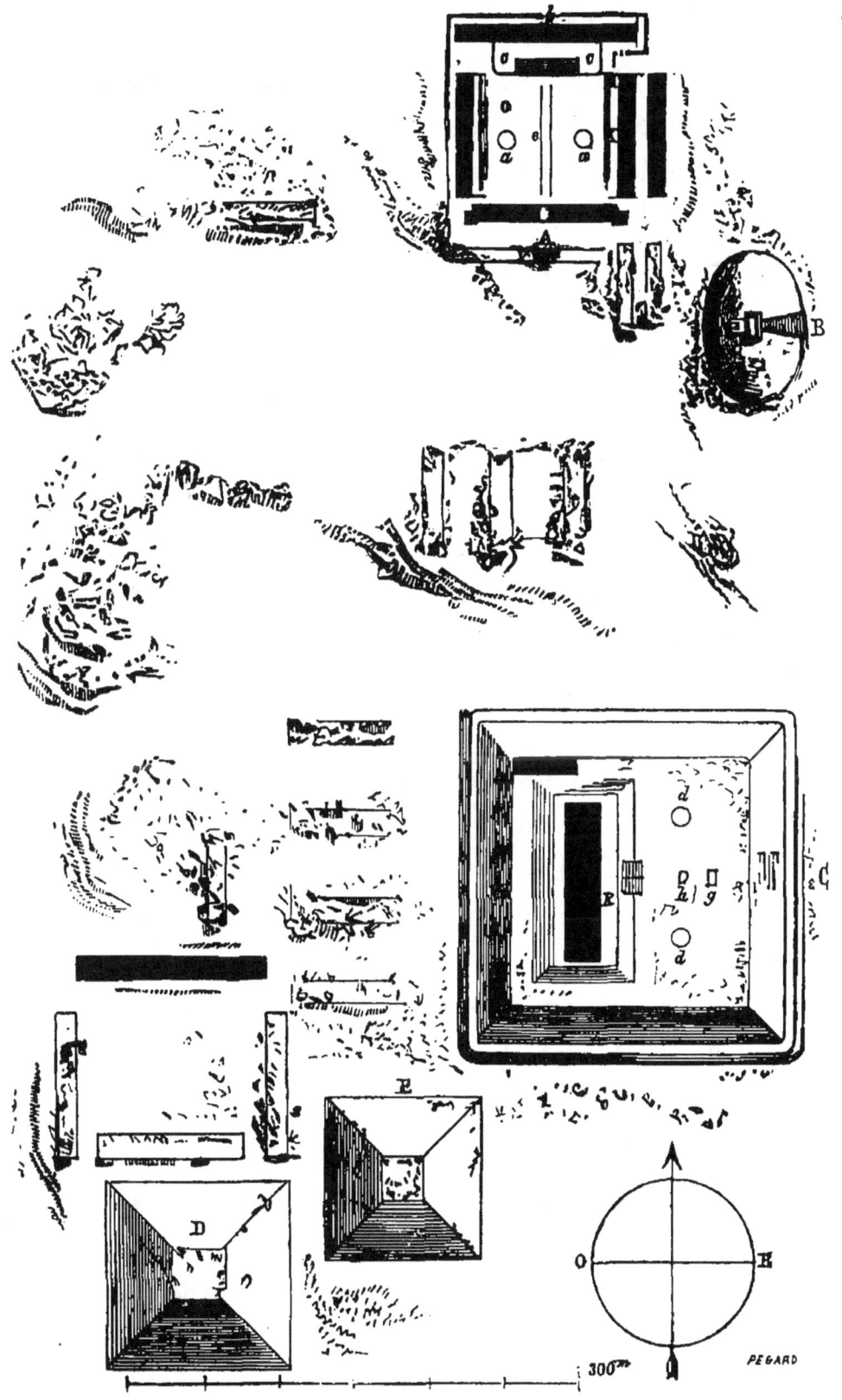

Fig. 8.

consiste en une première pyramide tronquée, ou première plate-forme carrée de plus de 200^m de côté. Une seconde plate-forme s'élève en retraite sur la première; deux citernes *dd* sont creusées sur le plateau. Sur une troisième plate-forme *k* est construit l'édifice désigné par les gens du pays comme étant la résidence du gouverneur. Un autel est placé en *g*, et une pierre en *h*, dite *Pierre du Châtiment*. Vers la corne nord-ouest s'élève un petit bâtiment dit *Maison des Tortues*. A l'extrémité sud-ouest est une autre pyramide D, devant laquelle est bâti un édifice singulier, dit *Maison des Colombes*. En E s'élève une autre pyramide couronnée par des débris. Tout le sol situé entre ces constructions gigantesques est couvert de ruines.

Si l'on se place dans la cour du *Palais des Nonnes*, au point O, regardant vers le sud, on découvre la vue générale donnée dans la pl. XLIX. Sur le devant apparaît l'intérieur du bâtiment de face du *Palais des Nonnes*, avec sa grande entrée formée d'assises en encorbellement; sur le second plan, à droite, la *Maison des Colombes;* au milieu, les deux pyramides du sud, devant lesquelles se détache la *Maison des Tortues;* puis, sur la gauche, se découpant sur le ciel, le grand *Palais du Gouverneur*, dont la longueur est de 100^m environ. Si, du même point O, pl. XXXVI, on se tourne vers l'est, on découvre, au-dessus du bâtiment K de cette cour, la *Maison du Nain* ou *du Sorcier*, bâtie sur un tumulus elliptique.

Mais examinons un instant cette façade intérieure du bâtiment K. Ici, la tradition d'une structure de bois par empilage, avec claires-voies interposées, est évidente. D'ailleurs, les linteaux de ces portes carrées sont en bois sous la maçonnerie. Au-dessus de la porte centrale, on retrouve ces têtes monstrueuses que nous avons déjà vues à Chichen-Itza. Entre les deux assises en saillie qui simulent des sablières de charpente sur le soubassement, l'architecte a même placé comme une suite de rondins de bois juxtaposés. Il n'est pas douteux ici que l'on a cherché à rappeler ces bâtisses primitives de bois qui, chez les peuples présentant un mélange de sang blanc et de sang jaune, ont consisté d'abord en un empilage de troncs d'arbres disposés en encorbellement, afin de réserver de larges vides à leur base. Ces vides sont fermés par des treillis imitant des claires-voies.

Pour rendre parfaitement compréhensibles ces structures par empilages, encore en usage dans les contrées où les deux sangs blanc et jaune sont mêlés, il est utile de donner une figure de cette œuvre primitive de charpenterie.

En effet, fig. 9, supposons des piles ou murs de refend A ; si l'on pose à la tête des piles les premiers patins B, sur lesquels, à angle droit, on embrèvera les traverses C, puis les secondes pièces B', les deuxièmes traverses C' en encorbellement également embrévées, et ainsi de suite, on obtient, au droit des têtes de piles ou murs de refend, des parois verticales,

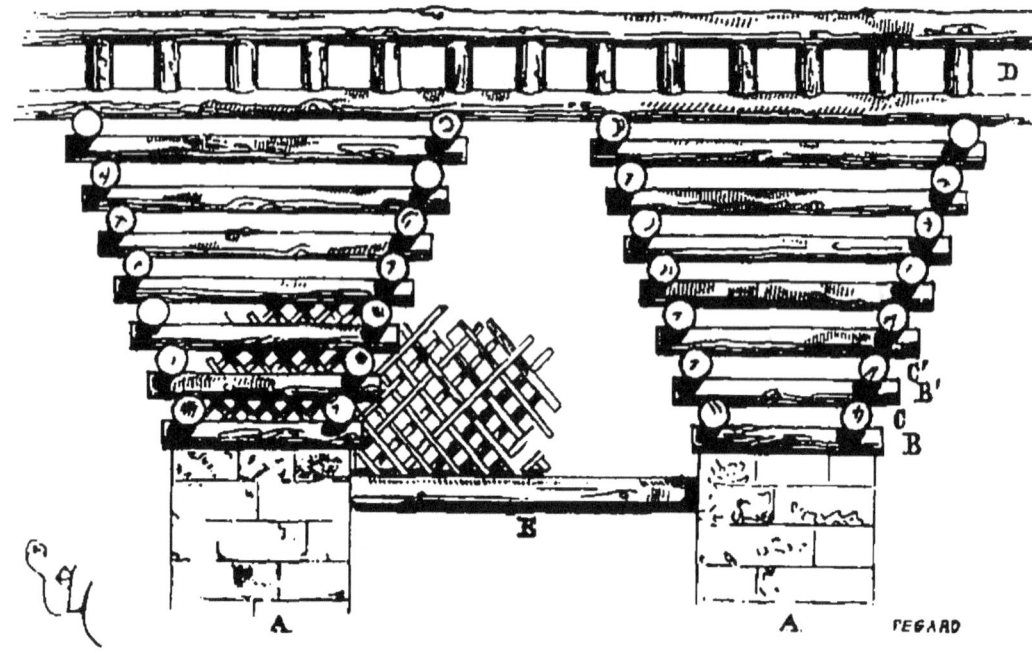

Fig. 9.

et, dans le sens des ouvertures, des parois inclinées arrivant à porter les filières D avec potelets intercalés. Si, d'une pile à l'autre, on pose les linteaux E en arrière du nu des pièces BB', et que sur ces linteaux on établisse des treillis, on obtiendra une construction de bois primitive, qui est évidemment le principe de la décoration de la façade de pierre du bâtiment, pl. XXXIX. Mais cette structure primitive n'était plus comprise par les artistes qui élevèrent ces façades, car on remarquera que les encorbellements de bois par empilage sont indifféremment disposés sur les pleins et les vides, ce qui est un contre-sens; on observera encore, fig. 10 donnant une portion du plan

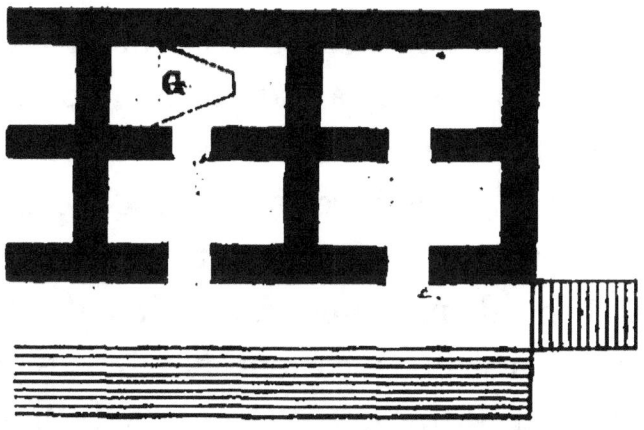

Fig. 10.

de ce bâtiment, que les parois inclinées des salles sont disposées parallèlement aux murs de face, comme l'indique le rabattement G, et non perpendiculairement à ces murs de face. Ainsi donc les traditions de la structure de bois, bien que conservées dans leur apparence à Uxmal, n'étaient plus admises autrement que comme une décoration, ce qui indique une longue période d'art entre l'époque de leur origine et celle de la construction de ces édifices.

Un détail de l'angle nord-ouest de ce bâtiment, pl. XXXIX, explique plus clairement encore cette tradition de la construction de bois primitive. La grande échelle de cette vue de détail permet de constater le caractère des têtes humaines qui semblent accrochées au milieu des empilages; ce ne sont pas là les types des figures de Palenqué, mais bien plutôt ceux des figures des monuments assyriens. Sur la frise supérieure sont attachées des rosettes avec franges qui ont toute l'apparence d'un objet en passementerie, et cependant, à l'angle comme au centre du bâtiment, apparaissent ces têtes monstrueuses qui semblent n'avoir avec le reste de cette façade aucun rapport, ni comme style, ni comme ornementation.

La façade nord intérieure du *Palais des Nonnes*, pl. XXXVI, présente encore un bien autre mélange de style et de traditions. La structure de bois est à peine observée, on n'en trouve plus que çà et là quelques vestiges. Les grosses têtes forment la principale décoration des dessus de portes; les treillis sont historiés, les encorbellements empilés supprimés. Ces amoncellements verticaux d'ornements rappellent certaines décorations des monuments de l'Inde septentrionale, tels que ceux, par exemple, de la pagode Noire à Kanaruc.

Sous la dernière porte à gauche, pl. XXXVI, on distingue parfaitement l'un des linteaux de bois dur dont nous avons parlé et qui a fléchi sous la charge. Si l'on se retourne vers le bâtiment de l'entrée et que l'on regarde la façade intérieure, pl. XLII, on retrouve là encore la tradition des constructions primitives en rondins. Ce sont des travées entières de cylindres de pierre juxtaposés comme une palissade de troncs d'arbre. Le treillis et les grosses têtes complètent la décoration. A la porte principale, que l'on voit à droite, c'était bien le cas d'adopter le parti figuré des bois empilés en encorbellement; cependant l'architecte s'est contenté de deux parements de pierre inclinés, comme dans les constructions pélasgiques. Ce fait seul prouverait que les artistes qui ont construit ces édifices subissaient l'influence de traditions très-diverses et les appliquaient indifféremment sans se rendre compte de leurs origines; qu'ils venaient donc après des peuples ayant laissé des traces de toutes ces traditions sur le sol de l'Amérique centrale.

Sans sortir de cette cour si riche, et regardant vers l'ouest, on aperçoit la façade, fort ruinée malheureusement, d'un bâtiment qui, dans sa décoration, présente une particularité curieuse, pl. XL. On connaît aujourd'hui cette façade sous le nom du *Serpent*, et, en effet, un serpent immense, formant des entrelacs, mais dont la tête et la queue ont été préservées de la ruine, fait avec les éternelles grosses têtes, tous les frais de la décoration de cette façade.

Dans le Livre sacré de la nation quichée, les quatre sages ou héros primitifs des tribus sont *Xmucané* et *Æpiyacoc*, puis *Tepeu* (le Dominateur) et *Gucumatz* (le Serpent orné de plumes). Ces deux derniers, dit M. l'abbé Brasseur de Bourbourg, paraissent commander; les deux premiers agissent. L'état de ruine du bâtiment permet de voir en coupe deux des salles qu'il contient et dont les parois intérieures inclinées supportaient un étroit plafond de pierre.

La pl. XLI donne le détail de la tête et de la queue du serpent. Un ornement, imité d'une sorte de pompon en passementerie terminé par une frange, se voit au-dessus de la queue du reptile. On découvre également dans la frise ces rosettes frangées comme celles signalées dans le bâtiment de l'est.

La pl. XLIV présente une partie conservée des entrelacs formés par les anneaux du serpent, et, au milieu d'une grecque, composée de pierres juxtaposées, une figure humaine tenant un bâton ou une arme. Nous constaterons encore ici que le caractère de la tête de ce personnage ne rappelle point les traits des figures de Palenqué.

La pl. XLVIII donne la vue extérieure du bâtiment dit *des Tortues*, posé sur l'angle nord-ouest de la plate-forme du palais *du Gouverneur*. La décoration du parement de cet édifice ne consiste qu'en une imitation de palissade formée de rondins de bois. Sur la frise supérieure, des tortues saillantes rompent seules les lignes horizontales. Au fond, sur la gauche, on aperçoit le bâtiment principal planté sur la plate-forme la plus élevée. Des linteaux de bois, brisés aujourd'hui, et visibles dans l'épreuve photographique, couronnaient la porte de la salle *des Tortues*.

Les pl. XLV et XLVI donnent la façade principale

du palais dit *du Gouverneur*. On remarquera le renfoncement terminé par une vaste construction en encorbellement, muré postérieurement mais faisant apparaître au dehors la section ordinaire des salles.

La pl. XLVII montre l'entrée du bâtiment dit *du Gouverneur*. A travers ces grands méandres formés par l'appareil se montrent, ici encore, la tradition des constructions de bois par empilages, en encorbellement et le treillis. Cette construction est une des plus soignées parmi celles d'Uxmal; les parements sont dressés avec art et la décoration pleine de grandeur.

Le palais *du Nain* ou *du Sorcier* est représenté sur la pl. XXXV. Ainsi que l'indique le plan général, ce temple (car c'est évidemment un temple) est bâti au sommet d'un téocalli très-élevé, à base elliptique, et entièrement composé d'un blocage de maçonnerie revêtu de gros moellons parementés. Dans la vue photographique, la porte s'ouvrant à la base de l'édifice est opposée à l'emmarchement qui permet de monter au temple. Cette porte, surmontée de la tête monstrueuse, était donc destinée à faire voir au peuple assemblé les sacrifices offerts à la divinité. C'était comme la *montre* du temple dont l'intérieur n'était ouvert qu'aux sacrificateurs. La base de la colline factice est revêtue d'un parement vertical avec une frise dans laquelle on retrouve l'imitation des rondins de bois, surmontés d'une sorte de balustrade presque entièrement détruite.

La pl. XLIII donne l'extrémité d'un des bâtiments du palais des Nonnes.

A ces vingt-cinq planches, si complètes d'ailleurs, se borne la collection des monuments du plateau de Yucatan recueillis par M. Charnay. Elles suffisent, et au delà, pour démontrer aux moins clairvoyants que ces monuments n'ont pu être élevés que par un peuple chez lequel la civilisation était arrivée à un développement considérable ; que ce peuple avait dû subir des influences très-diverses, parmi lesquelles il est difficile de ne point reconnaître celles des races blanches du nord de l'Inde, soit que ces influences aient été produites par des émigrations venues du nord du Japon ou des contrées scandinaves : mais nous reviendrons plus tard sur ces différentes origines, continuons la description des monuments.

Aujourd'hui encore, la sierra qui borde le golfe est occupée par une population vivant isolée au milieu des bois; pas de villes; les habitants qui, de temps immémorial, se nourrissent d'un peu de maïs, ne se livrent ni au commerce ni à l'industrie, le point saillant de leur caractère moral est l'indépendance; ils ont les étrangers en aversion, et ne reconnaissent d'autre autorité que celle du prêtre local. La configuration du sol, couvert de montagnes amoncelées confusément, sans grandes vallées, sans plateaux, ne se prête pas d'ailleurs à l'établissement des villes.

Les habitants de l'État de Chiapas n'entretiennent de relations qu'avec ceux de l'Yucatan, bien que ces derniers possèdent des villes, et aient comparativement une existence beaucoup plus voisine de celle des Européens. Or, les traditions les plus anciennes laissent supposer que cette contrée de Chiapas n'a jamais été qu'un centre religieux, le noyau des traditions théocratiques du Mexique et de l'Yucatan. Lors de la conquête des Espagnols, l'État de Chiapas était un désert couvert de forêts comme aujourd'hui, si bien que Fernand Cortès éprouva les plus grandes difficultés pour le traverser, et que sa petite armée faillit y périr de faim et de misère, à peu de distance de Palenqué.

RUINES DE PALENQUÉ

L'établissement le plus important de ce territoire, au point vue archéologique est Palenqué. Oubliés au milieu des forêts, les monuments de Palenqué ont échappé à la fureur de destruction des conquérants européens. Les édifices, ni comme plan, ni comme construction, ni comme décoration, ne ressemblent à ceux de la péninsule yucatèque. L'édifice principal de Palenqué, bâti au sommet d'une plate-forme, se compose d'une succession de grosses piles portant une voûte en encorbellement. Bâties en blocages, ces piles sont revêtues de stucs très-durs ornés de sculptures autrefois peintes. Cependant les artistes qui ont élevé ces édifices savaient sculpter la pierre, et le bas-relief dit *de la croix*, ainsi que plusieurs autres, en est la preuve certaine. Ce bas-relief *de la croix* a soulevé plus d'une question que je ne chercherai point à discuter ici ; je me bornerai à l'examiner au point de vue général de l'art. M. Charnay en a photographié la partie principale et la seule qui soit encore à Palenqué [1], pl. XXI. Grâce à cette reproduction, dont on ne peut discuter l'exactitude, il est facile de voir que le personnage debout à côté de la croix, et qui semble faire une offrande au coq qui la surmonte, ne présente nullement les traits des figures d'Isamal, de Chichen-Itza et d'Uxmal ; son front déprimé, ses yeux saillants, son nez busqué, la distance énorme qui sépare le menton des narines, la compression de l'occiput, établissent un caractère de race étrangère à celles qui sont reproduites dans les sculptures de l'Yucatan. Sous la croix cependant,

---

1. Depuis que les édifices de Palenqué sont sortis de l'oubli, s'ils n'ont plus à craindre le vandalisme des fanatiques, ils subissent la destruction méthodique des amateurs. La plupart des voyageurs curieux en arrachent des fragments pour enrichir leurs collections. Une des parties du bas-relief *de la croix* a ainsi été enlevée, l'autre, descellée de sa place, est restée au milieu des broussailles, où M. Charnay a pu la photographier. Mais tel est encore l'état de barbarie de notre temps, qui cependant prétend être civilisé, que pendant nos discussions sur tel monument dont l'existence importe à l'histoire du monde entier, quelque obscur voyageur enlève ou détruit pour toujours l'objet de ces discussions : et cela n'a pas lieu qu'à Palenqué!

on retrouve la tête monstrueuse si souvent figurée à Uxmal et à Chichen-Itza. Le style de la sculpture diffère de celui des monuments que nous avons déjà examinés; s'il indique un art plus savant, si les proportions du corps humain sont observées avec plus de soin et d'exactitude, on s'aperçoit que le *faire* est mou, rond, et qu'il accuse plutôt une période de décadence que l'âpreté des premiers temps d'un art. Les mêmes observations peuvent s'appliquer aux fragments de personnages représentés sur les pl. XIX et XX, et qui proviennent également du grand palais de **Palenqué**. Nous prions nos lecteurs de ne point oublier ces observations sommaires; nous aurons l'occasion de les développer. Il semble préférable en ce moment, de continuer notre examen.

RUINES DE MITLA

Nous traversons l'État de Chiapas, nous dirigeant vers l'ouest, nous abandonnons les montagnes qui ferment la presqu'île yucatèque et nous trouvons dans l'État d'Oaxaca une autre contrée montagneuse, au milieu de laquelle sont construits les vastes monuments de Mitla, non loin de la ville d'Oaxaca. Les ruines de ces immenses édifices sont peut-être les plus imposantes du Mexique; elles font reconnaître encore l'existence de quatre grands palais et d'un téocalli ou colline artificielle, dont la plate-forme supérieure est occupée par une chapelle espagnole qui a remplacé le temple antique.

La pl. XVII donne une vue générale de ces ruines assises à mi-côte, le long de montagnes peu élevées, mais dont les lignes rappellent celles des horizons de la Grèce. Le plus grand de ces palais et le mieux conservé, celui que l'on voit à gauche sur la photographie, présente en plan des dispositions générales analogues à celles des palais d'Uxmal, fig. 11, mais dont les détails diffèrent sensiblement de ceux-ci.

Comme à Uxmal, la cour est bornée, mais non fermée, par quatre bâtiments indépendants les uns des autres; celui du fond consiste en une grande salle avec une épine de colonnes au milieu, puis en une annexe contenant une petite cour intérieure entourée de salles étroites. De la grande salle à colonnes, on ne communique à cette cour intérieure que par un passage détourné. Le bâtiment de droite ne renferme qu'une seule salle, de même avec une épine de colonnes; celui antérieur et celui de gauche ne laissent plus voir qu'un amas de ruines; tout indique qu'ils étaient disposés comme l'édifice de droite.

La magnifique vue photographique, pl. V et VI, donne la façade du bâtiment principal du côté de la cour. On distingue parfaitement les trois portes, en partie murées postérieurement à la construction, qui donnent entrée dans la grande salle à colonnes. Au sommet des piles qui forment les pieds-droits de ces

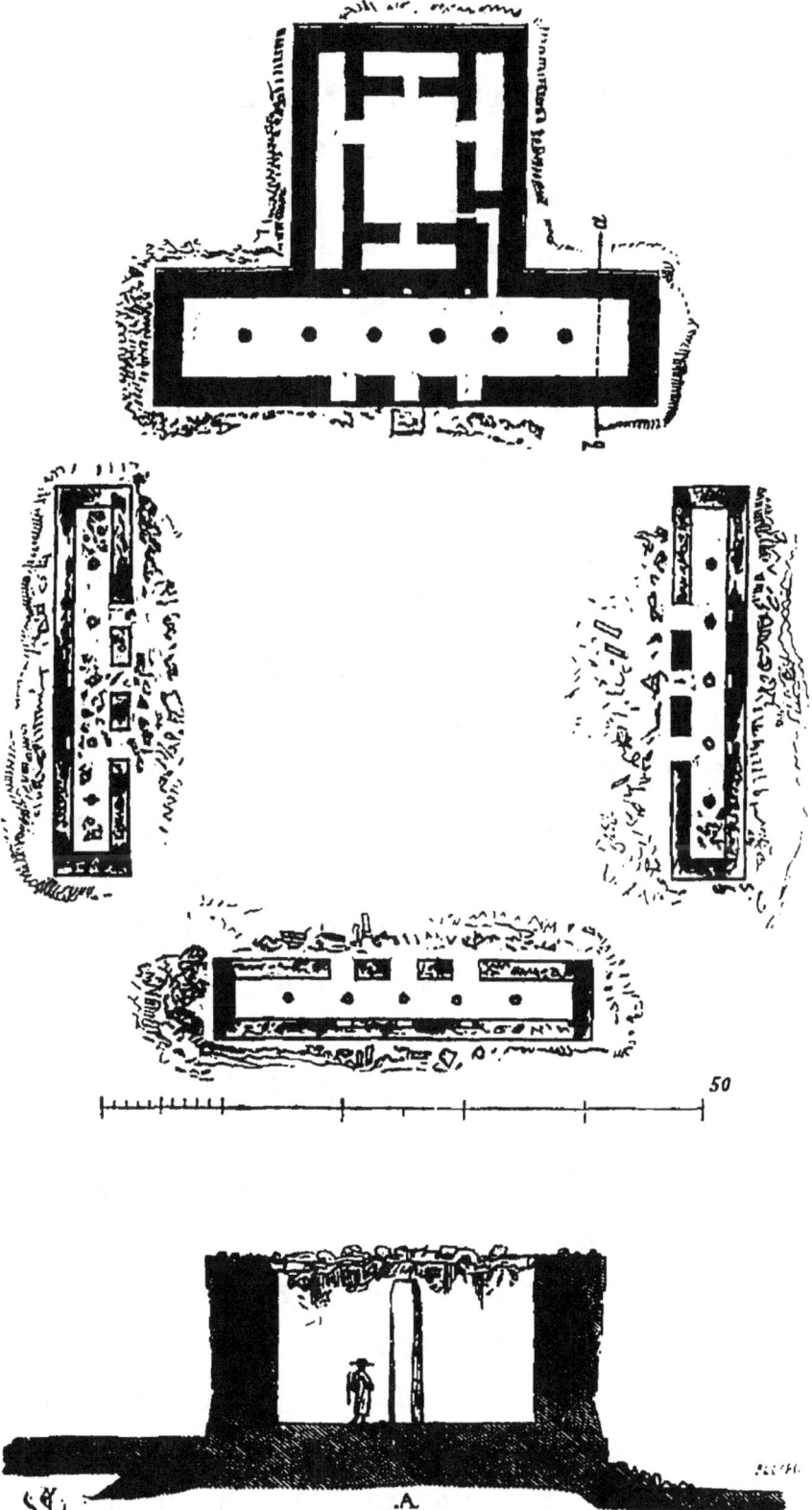

Fig. 11.

portes, on remarquera quatre trous ronds, destinés très-vraisemblablement à recevoir quatre *boulins* supportant une banne en étoffe.

Les monuments de la Grèce et ceux de Rome, de la meilleure époque, égalent seuls la beauté de l'appareil de ce grand édifice. Les parements dressés avec une régularité parfaite, les joints bien coupés, les *lits* irréprochables, les arêtes d'une pureté sans égale indiquent, de la part des constructeurs, du savoir et une longue expérience. Dans ce monument, les linteaux ne sont plus en bois, mais en grandes pierres, comme ceux des édifices de l'Égypte et de la Grèce. Le grand appareil forme une suite d'encadrements alternés, sertissant un appareil très-délié, composé de petites pierres parfaitement taillées et de la dimension d'une brique, formant par leur assemblage des méandres, des treillis d'un bon goût et tous variés dans leurs combinaisons. Comme dans les autres monuments que nous avons déjà examinés, ces parements masquent un blocage en mortier et moellons.

Les pl. VI, VII et VIII donnent l'aspect extérieur de ce palais, du côté occidental, avec l'angle rentrant que forme l'annexe accolée à la grande salle.

Si nous franchissons les portes ouvertes sur la façade principale, nous entrons dans la grande salle à colonnes, pl. X. Les murs de cette salle sont revêtus d'un enduit fort dur, ainsi que le pavé ; les colonnes, taillées dans un calcaire poreux, sont monolithes et dépourvues de chapiteaux; leurs fûts, légèrement fuselés, sont terminés à la partie supérieure par des cônes tronqués (voir la coupe A de la fig. 11, faite sur la ligne *ba* du plan). Ces formes rappellent certaines colonnes de réserve des hypogées de l'Inde. A Mitla, les colonnes, disposées en épine, étaient destinées à diminuer la portée des poutres soutenant la couverture de la salle ; car ici les parois verticales laissaient à ces poutres une portée considérable, eu égard à la charge qu'elles étaient destinées à soutenir. La fig. 12, donnant la coupe restaurée de la salle principale, fera comprendre l'utilité des colonnes.

Aujourd'hui, la construction, dérasée au niveau A, ne laisse plus voir que les portions des blocages qui étaient comprises entre les solives. Il y a tout lieu de croire que les colonnes portaient deux chapeaux en bois (B dans la coupe transversale et B' dans la portion de coupe longitudinale), lesquels recevaient les deux autres chapeaux (C dans la coupe transversale, C' dans la coupe longitudinale), soulageant les portées des deux filières (D dans la coupe transversale, D' dans la coupe longitudinale). Sur ces filières passaient les solives E, engagées, à leurs extrémités, dans les murs, et soulagées encore par les corbelets en bois F. Un épais plancher de solives jointives fermait le tout et recevait un bétonnage couvert d'un enduit. La petitesse des matériaux de pierre accumulés à l'intérieur ou à l'extérieur du palais de Mitla ne peut faire supposer que ces colonnes aient jamais supporté des lin-

Fig. 13.

teaux de pierre. D'ailleurs ce genre de construction a beaucoup d'analogie avec certains monuments du nord de l'Inde et du Japon. Trois petites niches carrées s'ouvrent dans le mur du fond, en face des trois portes, et une porte étroite et basse donne entrée dans le couloir qui communique de cette salle à la cour intérieure, dont la pl. XI nous présente une vue. C'est le même système d'appareil que celui des dehors : grands linteaux au-dessus de la porte [1], fortement accusés par un large encadrement.

Mais la partie la plus curieuse de cet édifice est peut-être la salle donnant sur cette cour et dont M. Charnay a pu faire la photographie, pl. IX. Cette salle est entièrement tapissée au moyen de cet appareil de petites pierres en forme de briques composant des dessins de méandres très-variés. Comme la grande salle, cette pièce était couverte par un solivage en bois et ne recevait de jour que par la porte. C'était là, il faut en convenir, un singulier intérieur, surtout si l'on se figure ces mosaïques saillantes, revêtues de peintures; mais les salles des palais égyptiens n'étaient ni plus ouvertes ni d'un aspect moins sévère.

Du bâtiment situé du côté oriental de la grande cour du palais, il ne reste plus, pl. XII, qu'une porte et deux colonnes. Cette construction rappelle exactement celle du grand bâtiment. Il faut dire que l'aire de la grande cour est entièrement revêtue d'un ciment très-résistant.

La pl. XIII donne la vue d'un des autres palais ruinés de Mitla et dont la construction ne diffère du

---

1. Ces linteaux s'étant brisés, on a ajouté, à une époque récente, deux pieds-droits en maçonnerie pour rétrécir l'entrée.

précédent qu'en ce qu'un vaste souterrain est réservé sous la salle. Là encore, les trois-portes avec les trous dans les pieds-droits, les trois niches dans le mur du fond, le grand et bel appareil.

Les autres planches reproduisent certains aspects des palais plus ou moins ruinés de Mitla, mais qui présentent tous les mêmes caractères que nous observons dans le premier décrit. Les deux colonnes qui sont posées devant une porte ouverte depuis peu dans le mur du palais, pl. III, proviennent d'ailleurs et ne sont point là à leur place. Ces colonnes étaient toujours posées en épine dans les intérieurs des grandes salles.

Le téocalli de Mitla, dépouillé malheureusement de son temple antique, est représenté dans la pl. II. Son large emmarchement est encore conservé.

La photographie du célèbre calendrier mexicain conservé à Mexico, pl. I, commence la série des planches qui composent la collection des monuments recueillis par M. Charnay. Nous retrouvons dans cette sculpture le *faire* de celle de Palenqué.

Il y a certainement une analogie de style entre tous les monuments que nous venons de décrire, et cependant on ne peut les considérer comme appartenant les uns et les autres aux mêmes écoles d'art, partant aux mêmes races et aux mêmes traditions.

Ainsi, habituellement, dans la péninsule yucatèque, la tradition de la structure en bois est visible, le goût exagéré de l'ornementation se fait sentir, les constructions à parois inclinées pour les intérieurs sont générales, la sculpture est abondante, et la reproduction de la figure humaine très-fréquente; tandis qu'à Mitla, pas de sculpture, aucune ornementation autre que celle donnée par l'assemblage de l'appareil, les parois intérieures des salles sont verticales, les colonnes sont employées, la construction est parfaite, et le bois n'apparaît dans ces bâtisses que pour la couverture, sans que rien fasse apercevoir, dans les formes de la maçonnerie, une imitation d'une structure primitive en bois. Si les Yucatèques cherchent la variété en élevant les divers bâtiments d'un même palais, les Zapotèques de Mitla semblent au contraire avoir adopté un type, une forme première dont il leur est interdit de s'écarter. D'ailleurs, dans tous ces monuments, temples ou palais, qu'ils s'élèvent sur le sol mexicain ou sur le plateau de l'Yucatan, il est impossible de ne pas reconnaître l'influence d'un art hiératique, rivé à certaines formes consacrées par une civilisation essentiellement théocratique; or, les arts hiératiques ne se développent jamais que dans certaines conditions sociales, comme les institutions théocratiques elles-mêmes. Les civilisations fondées sur une théocratie n'ont jamais pu s'établir que là où se manifestait la présence d'une race supérieure au milieu d'une race inférieure, et où cette dernière était assez nombreuse et assez forte pour ne pas être anéantie. La théocratie n'existe qu'avec le principe des castes, et les castes ne se sont instituées à l'état d'ordre social que dans les contrées où une invasion aryane avait été assez puissante pour soumettre par la force des populations finniques, touraniennes, ou noires, ou métisses. Mais les Aryans, ou si l'on aime mieux, les hommes blancs sortis des vastes contrées septentrionales de l'Inde, n'ont d'aptitude pour les arts plastiques qu'à l'état latent, dirai-je; pour que cette aptitude arrive à se développer au point de produire, il faut qu'il se fasse un mélange entre le sang blanc et le sang noir ou jaune. Cette sorte de fermentation nécessaire à la production des œuvres d'art se manifeste différemment si le mélange se fait à doses inégales, et surtout s'il se fait entre l'aryan et le touranien, ou entre l'aryan et le mélanien. Là, par exemple, où le mélange se fait entre l'aryan et le noir, apparaissent les constructions en grand appareil sans l'aide du ciment ou du mortier, les monolithes. Là les lois les plus simples de la statique sont seules admises, comme dans l'architecture égyptienne, et même plus tard dans l'architecture de l'Ionie et de l'Hellade. Mais si l'on trouve dans un monument des traces de mortier, de blocages, de pierres agglutinées par une pâte, on peut être assuré que le sang touranien ou finnois s'est mêlé au sang aryan. Alors la population conquise laisse, jusqu'aux époques les plus éloignées de la conquête, la trace de sa présence, car c'est elle qui construit, c'est elle qui taille la pierre et qui la pose, c'est elle qui emploie les méthodes propres à sa race. Cependant l'aryan, pour qui la structure de bois est un souvenir, une tradition des premiers temps, un signe de la supériorité de caste; l'aryan, dis-je, entend que, quelle que soit la méthode de bâtir admise par la race asservie, elle laisse subsister la trace de cette sculpture sacrée de bois, considérée comme ayant servi de demeure aux héros primitifs.

Aussi, dans l'Inde, en Asie Mineure, en Égypte même, comme dans l'Yucatan, retrouve-t-on partout, dans l'architecture de pierre, et quelle que soit la méthode employée par les constructeurs, la tradition de la structure de bois, comme étant celle qui rappelle l'origine noble de la race supérieure et conquérante. A cette règle, les *tumuli*, pyramides, téocalli font seuls exception; mais c'est que ces amas de terre ou de pierre, ces montagnes factices que l'on rencontre dans la Sibérie méridionale, dans l'Inde, en Asie Mineure, en Égypte, en Amérique, depuis les contrées septentrionales jusqu'au Pérou, en Europe, et particulièrement là où les invasions venues de l'Orient ont pénétré, sont partout des monuments funéraires dans l'origine, élevés sur la dépouille des héros, des demi-dieux, et sur lesquels plus tard, comme en Amérique, on bâtit le temple.

L'idée de la divinité résidant sur les montagnes

appartient particulièrement à la race aryane, qui place toujours ses monuments sacrés sur des hauteurs naturelles, et, à leur défaut, sur des hauteurs factices. La montagne et la forêt sont les conditions essentielles au culte des races aryanes, et c'est, encore une fois, un souvenir des origines divines que se donne cette race sortie des montagnes et des forêts septentrionales du continent asiatique. Quelques savants de notre temps [1] pensent, non sans de fortes raisons, que la race jaune, originaire du vaste continent américain, se serait répandue au nord de l'Asie, chassant devant elle, vers le sud-est et l'ouest, des races mélaniennes qui alors occupaient ces immenses contrées. Mêlée à cette race noire, elle aurait formé la grande famille malaye le long des côtes orientales de l'Asie, et se serait étendue par la Sibérie jusque vers l'Europe, alors déserte. Que cette bifurcation de la race jaune ait eu lieu en effet, l'histoire ne remonte pas si haut; elle ne commence à poindre qu'avec les races civilisatrices, et la civilisation ne pouvait procéder de ce mélange des deux races inférieures. Plus de cinq mille ans avant notre ère, des plateaux septentrionaux de l'Inde descendent, au milieu de cet amas de peuplades grossières, les hommes blancs, possédant une cosmogonie savante, puisque toutes les religions n'ont fait depuis qu'en recueillir les débris. Forts, se considérant

---

1. Prichard, entre autres.

comme supérieurs aux autres humains, entreprenants, particulièrement aptes à gouverner, ils poussent devant eux, descendant vers le sud-ouest, ces flots de noirs et de métis, à travers les plaines du Tourân, et s'établissent dans l'Asie Mineure [1]. Depuis lors, le courant ne s'arrête plus jusque vers les premiers siècles du christianisme. Ce grand réservoir de la race blanche s'épanche, à plusieurs reprises, par le Tourân et le Caucase, sur l'Asie Mineure et jusqu'en Égypte, dans la péninsule indienne, en Perse, le long de la mer Caspienne, du Bosphore, jusqu'à la Grèce et sur toute l'Europe occidentale. Il jette des dominateurs civilisateurs sur la Chine et sur le Japon. Seul, le continent américain serait-il resté en dehors de l'influence de ces incessantes émigrations? Est-il possible d'admettre cet isolement, lorsque sur le continent américain nous retrouvons des monuments qui indiquent la trace de ces peuplades indo-septentrionales? lorsque nous retrouvons dans le Mexique des armes et des ustensiles qui rappellent par leur forme et leur matière ceux que l'on découvre en Asie Mineure, tels, par exemple, que ces flèches en obsidienne, ces vases en terre revêtus de peintures [2], et mieux que tout cela, sur les monuments existants, des figures qui

---

1. Ewald, *Geschichte des volkes d'Israël*. Lassen, *Indische Alterthums Kunde*.

2. M. Charnay a bien voulu nous remettre quelques-uns de ces objets. Au Mexique, les Toltèques et leurs successeurs ne connaissaient pas le fer : nous avons eu entre les mains de beaux

conservent le type des peuplades blanches indo-septentrionales? lorsque tous les monuments bâtis, figurés ou écrits, nous laissent entrevoir les enseignements, altérés il est vrai, d'une même cosmogonie? Il s'élève cependant contre l'hypothèse d'une émigration blanche indo-septentrionale en Amérique, soit par le détroit de Behring, soit par le Groenland, de graves objections. Nulle part on ne constate, dans l'Amérique centrale, avant l'arrivée des Espagnols, la trace de chevaux, par exemple. Or le cheval est le compagnon inséparable de l'Aryan.

Les peuples blancs, là où ils pénètrent, combattent sur des chars, chez les Hindous, chez les Assyriens, les Perses et les Mèdes, en Égypte, en Grèce, en Italie, dans le nord de la Gaule, en Bretagne, en Germanie et en Scandinavie. Or, au Mexique, le cheval n'est représenté nulle part sur les monuments. Les bas-reliefs si curieux de Chichen-Itza nous montrent les guerriers combattant à pied des serpents et des tigres. Nous ne trouvons sur ces monuments figurés, pas plus que dans les textes, la trace de pasteurs. Dans le *Popol-Vuh*, l'animal domestique n'existe pas, les habitudes des pasteurs ne laissent aucune trace ; le principe de la famille, si puissant chez tous les peuples aryans ou issus d'aryans, le pa-

---

outils de cuivre rosette, seul métal dont ils pussent faire emploi pour leurs armes comme pour leurs ustensiles et outils journaliers.

triarcat est confus; toutefois la caste existe, ainsi que la noblesse du sang.

Si, dans la Floride, les Espagnols ont vu des troupeaux de bestiaux domestiques, il ne paraît pas que les Mexicains en aient jamais possédés; or l'aryan est pasteur. On ne conçoit guère même comment des édifices aussi considérables que ceux du Mexique ont pu être construits sans le concours de bêtes de somme. Quant à ce dernier point, n'oublions pas que, dans l'empire de Montézuma, des hommes, considérés comme appartenant à une race inférieure, étaient soumis aux travaux imposés aux brutes, et que l'idée de la supériorité de caste est tellement évidente dans le *Popol-Vuh*, par exemple, que le *peuple,* c'est-à-dire la masse étrangère aux tribus quichées, n'est jamais désigné que sous des noms d'animaux; ce sont les fourmis, les rats, les singes, les oiseaux, les tortues, les abeilles, etc. A chaque instant, dans ce livre, ces bêtes sont chargées, par les nobles quichés, de messages, d'entreprises; c'est avec leur aide que les Xibalbaïdes sont détruits, et ce sont même les animaux alliés qui sont chargés d'assurer les suites de la conquête.

N'y a-t-il pas là un signe évident de la race blanche au milieu de populations regardées par elle comme très-inférieures? Quant aux chevaux, si les tribus blanches qui ont envahi le Mexique ne sont arrivées du nord, comme tout porte à le croire, qu'après une suite d'étapes prolongées peut-être pendant plusieurs siècles, et après un ou plusieurs voyages à travers l'Océan, il ne serait pas surprenant, qu'arrivés sous le 20° degré de latitude, ils n'eussent plus possédé un seul cheval, qu'ils eussent perdu même le souvenir de ces compagnons de leurs expéditions. D'ailleurs, il paraît évident que ces émigrations blanches étaient, relativement à ce qu'elles furent en Asie et en Europe, peu nombreuses. Leur disparition presque totale et le peu de fixité de leurs établissements en Amérique en serait une preuve.

Doit-on conclure de l'état sauvage actuel d'une grande partie des populations de l'Amérique que ces peuples ne sont pas encore civilisés ou qu'ils nous laissent voir les restes de civilisations depuis longtemps étouffées? Cette dernière hypothèse est adoptée par Guillaume de Humboldt, et elle paraît très-voisine de la vérité, si l'on considère qu'à l'époque de la conquête des Espagnols, Fernand Cortez trouva en Amérique des États policés là où l'on ne rencontre plus que des populations misérables, clair-semées au milieu des déserts, et que ces États avaient atteint déjà l'ère de leur décadence.

Mais telle est la puissance de la race blanche que, si faible qu'elle soit numériquement parlant, elle laisse des traces indélébiles, et que seule elle possède ce privilége d'inaugurer les civilisations. En l'état de mélange où se rencontrent les grandes races humaines sur la surface du globe aujourd'hui, il est assez difficile de distinguer les aptitudes premières de chacune d'elles ; cependant, là où le noir est sans mélange, il n'existe pas, à proprement parler, une civilisation ; il n'y a ni progrès ni décadence : c'est un état normal barbare où la force matérielle et la ruse gouvernent seules ; là où la race touranienne ou finnique est restée pure, si les mœurs sont moins grossières, si l'on trouve une apparence d'autorité morale, il n'y a point cependant de progrès et de variations sensibles dans l'état social. L'industrie, le commerce se développent jusqu'à un certain point ; le bien-être matériel et la discipline peuvent régner, mais jamais l'amour du beau, le dévouement raisonné, l'attrait de la gloire ne remuent ces populations paisibles, attachées à la satisfaction des besoins matériels de chaque jour. L'élément blanc seul donne la vie à ces masses inertes et obscures ; il apporte sa cosmogonie, l'observation des temps, sa passion pour la renommée, son besoin incessant d'activité ; il veut vivre dans l'avenir et écrit l'histoire. Les traditions ou souvenirs écrits de ce monde datent de l'invasion de l'élément aryan ; or, les Mexicains avaient une histoire, tous les auteurs espagnols l'ont reconnu, et Las Casas[1], entre autres, le dit de la manière la plus formelle.

---

1. *Hist. apol. de las Ind. Occid.*, t. IV, cap. ccxxxv, MS. Nous empruntons ici à M. l'abbé Brasseur de Bourbourg la traduction de ce passage.

« Dans les républiques de ces contrées, dans les
« royaumes de la Nouvelle-Espagne et ailleurs, entre
« autres professions et gens qui en avaient la charge
« étaient ceux qui faisaient les fonctions de chroni-
« queurs ou d'historiens. Ils avaient la connaissance
« des origines et de toutes les choses touchant à la
« religion, aux dieux et à leur culte, comme aussi des
« fondateurs des villes et des cités. Ils savaient com-
« ment avaient commencé les rois et les seigneurs,
« ainsi que leurs royaumes, leurs modes d'élection et
« de succession ; le nombre et la qualité des princes
« qui avaient passé ; leurs travaux, leurs actions et
« faits mémorables, bons et mauvais ; s'ils avaient
« gouverné bien ou mal ; quels étaient les hommes
« vertueux ou les héros qui avaient existé ; quelles
« guerres ils avaient eu à soutenir et comment ils s'y
« étaient signalés ; quelles avaient été leurs coutumes
« antiques et les premières populations ; les chan-
« gements heureux ou les désastres qu'ils avaient
« subis ; enfin tout ce qui appartient à l'histoire, afin
« qu'il y eût raison et mémoire des choses passées.

« Ces chroniqueurs tenaient le comput des jours,
« des mois et des années. Quoiqu'ils n'eussent point
« une écriture comme nous, ils avaient, toutefois,
« leurs figures et caractères, à l'aide desquels ils en-
« tendaient tout ce qu'ils voulaient, et de cette ma-
« nière ils avaient leurs grands livres composés avec
« un artifice si ingénieux et si habile, que nous pour-

« rions dire que nos lettres ne leur furent pas d'une
« bien grande utilité... Il ne manquait jamais de ces
« chroniqueurs ; car, outre que c'était une profession
« qui passait de père en fils et fort considérée dans
« la république, toujours il arrivait que celui qui en
« était chargé instruisait deux ou trois frères ou pa-
« rents de la même famille en tout ce qui concernait
« ces histoires ; il les y exerçait continuellement du-
« rant sa vie, et c'était à lui qu'ils avaient recours
« lorsqu'il y avait du doute sur quelque point de
« l'histoire. Mais ce n'était pas seulement ces nou-
« veaux chroniqueurs qui lui demandaient conseil,
« c'étaient *les rois, les princes, les prêtres eux-*
« *mêmes...* »

Ces chroniqueurs, ces juges, consultés par les princes, avaient plus d'un rapport avec les mages ; ce texte ne laisse à cet égard aucun doute, et il est difficile de leur chercher une autre souche que celle d'où sortaient ces personnages essentiels de la société antique de l'Asie. Les traditions mexicaines donnent aux populations de ces contrées trois origines. Elles prétendent que toutes vinrent du nord et de l'orient ; les premières, les *Chichimèques*, étaient des sauvages vivant de chasse et n'ayant ni villes ni cultures ; les secondes, les *Colhuas*, qui enseignèrent à cultiver la terre et donnèrent les premières notions de la vie civilisée ; les dernières, venues longtemps après, furent les *Nahuas*, qui instituèrent un gouvernement, apportèrent une religion et un culte. Les *Colhuas* seraient arrivés, à travers l'Océan, de l'orient, neuf ou dix siècles avant l'ère chrétienne, et leurs descendants seraient les fondateurs de ces monuments merveilleux de Palenqué et de Mayapan. Quant aux *Nahuas*, descendus par le nord-est, ils se seraient, après des luttes acharnées, emparés du Mexique. Nation guerrière, important avec elle un culte farouche, mais intelligente et superbe, elle aurait imposé un joug théocratique aux habitants de ces contrées. Ces immigrations du nord-est paraissent n'avoir pas cessé jusqu'au xii⁰ siècle de notre ère. Ces *Nahuas* procèdent vis-à-vis les possesseurs du pays comme le faisaient les nations belliqueuses du nord en face du vieil empire romain. Ils demandent d'abord un territoire pour établir une colonie et pour vivre ; ils acceptent l'état de vassaux et de tributaires ; puis, quand ils se sentent assez forts, ils attaquent la puissance suzeraine.

L'État de Guatémala et de Chiapas, de Xibalba dans le *Popol-Vuh*, était le centre de la domination des Quinamés ou Colhuas [1]. Le *Livre sacré* représente le roi de ces contrées et ses fils comme des géants ; l'un se dit l'égal du soleil et de la lune, ses enfants roulent des montagnes. C'est contre cette race orgueilleuse

---

1. A l'époque de la conquête, le *Tlapallan*, qui avoisinait Xibalba, et qui bornait au sud le golfe de Honduras, contenait une ville aussi grande que Mexico.

que les *Nahuas* ouvrent la lutte, personnifiés en deux frères, Zaki-Nim-Ak (le grand Sanglier blanc), et Zaki-Nima-Tzyiz (le grand-blanc-piqueur d'épines) [1]. Les géants sont vaincus et écrasés. Cependant (toujours d'après le *Popol-Vuh*) la guerre continue et se termine à l'avantage des *Nahuas*. L'auteur du *Livre sacré*, après une sorte d'anathème jeté aux gens de Xibalba, porte sur eux ce jugement suprême... « Mais
« leur éclat ne fut jamais bien grand auparavant ;
« seulement ils aimaient à faire la guerre aux hom-
« mes ; et véritablement on ne les nommait pas non
« plus des dieux anciennement ; mais leur aspect
« inspirait l'effroi ; ils étaient méchants hiboux, inspi-
« rant le mal et la discorde.—Ils étaient également
« de mauvaise foi, en même temps *blancs et noirs*, hy-
« pocrites et tyranniques, disait-on. En outre, ils se
« peignaient le visage et s'oignaient avec de la cou-
« leur [2]... »

Les traditions toltèques, conservées par Ixtlilxochitl [3], présentent les princes nahuas comme souverains de villes riches, puissantes et à peu près indépendantes des rois chichimèques. Leur cité principale, *Tlachiatzin*, avait été fondée par des hommes

1. Les noms dans lesquels l'épithète de *blanc* se répète paraissent assez indiquer une race comparativement pure.
2. Au temps de la conquête, les derniers descendants peut-être de cette race de Xibalba, les Mayas de l'Yucatan, se peignaient encore le visage.
3. Ixtlilxochitl, *Sumaria Relacion*.

sages et d'une grande habileté dans les arts, ce qui avait fait donner à cette ville le surnom de *Toltecatl*, qui, dans la langue nahuatl, signifie ouvrier ou artiste [1]. »

D'après les mêmes traditions conservées par Ixtlixochitl et Veytia [2], le soulèvement des Toltèques ou Nahuas et leurs victoires auraient eu lieu à la fin du IIIe siècle de notre ère [3]. Leur domination ne dura pas toutefois plus d'un siècle. Vaincus à leur tour par la race asservie, ils auraient recommencé une longue série d'émigrations vers l'ouest, puis vers le nord, jusqu'à la hauteur de la Californie, puis vers les contrées du centre et le Pérou, laissant partout des traces

---

1. M. l'abbé Brasseur de Bourbourg, p. CXXXIII. Dans le *Livre sacré*, on lit ce passage curieux, qui indique la culture des arts chez les hommes de race nahuatl ou toltèque. La mère de Hunhun-Ahpu et de Vukub-Hunahpu, victimes des princes de Xibalba, a deux autres fils, Hunbatz et Hunchoven; mais ceux-ci, résignés à leur sort, ne cherchent point à affranchir la nation du joug de Xibalba : « A jouer de la flûte et à chanter ils s'occupaient « uniquement; à peindre et à sculpter ils employaient tout le « jour, et ils étaient la consolation de la vieille (chap. IV, p. 103). Et plus loin : « Or, Hunbatz et Hunchoven étaient de très-grands « musiciens et chanteurs; ayant crû au milieu de grandes pei- « nes et de grands travaux qu'ils avaient passés, tourmentés de « toute manière, ils étaient devenus de grands sages; ils s'étaient « rendus également (habiles comme) joueurs de flûte, chanteurs, « peintres et sculpteurs; tout sortait parfait de leurs mains (cha- « pitre V). » Toutefois, dans le *Livre sacré*, devant les descendants miraculeux de Hun-hun-Ahpu, destinés à devenir les libérateurs de la nation nahuatl et à conquérir Xibalba, ces deux artistes sont changés en singes, comme indignes, probablement, de concourir à l'œuvre héroïque.

2. *Hist. antigua de Mexico*, t. I, cap XII.

3. Au signe *Ome-Tochtli*, II. Lapin.

de leur passage, fondant des villes, civilisant des pays, mais regrettant toujours le lieu de leur domination, ainsi que le constate le *Livre sacré.*

La race nahuatl, quelques siècles avant l'ère chrétienne et jusqu'au moment de la chute de Xibalba, aurait occupé le pays montagneux situé dans les États de Chiapas et de Guatémala. Le Tulan dont parlent les traditions guatémaliennes était situé entre les ruines de Palenqué et la ville moderne de Comitan ; aussi les mythes qui personnifient les vainqueurs de Xibalba sont-ils présentés comme descendant des degrés pour combattre leurs oppresseurs ; mais les héros quichés Hun-Ahpu et Xbalanqué, de race nahuatl pure, ayant fait appel aux *animaux*, aux *brutes*, pour détruire l'empire de Xibalba, sont reçus froidement par leurs concitoyens, lorsqu'ils reviennent après la victoire, car ils ont vaincu avec l'aide des races inférieures, des barbares. La mention de ces animaux que les mythes quichés appellent à leur aide dans toutes les circonstances graves, animaux gagnés par des menaces ou des promesses, indiquerait assez que la race nahuatl pure était peu nombreuse et dominait sur des vassaux indigènes considérés comme appartenant à une race inférieure ; les frères de Hun-Ahpu et de Xbalanqué, voués aux travaux d'art, changés en singes au moment de la lutte et assimilés ainsi aux brutes, montrent que les arts étaient pratiqués, non par la féodalité nahuatl, mais par ses vassaux de race métisse probablement. Il paraîtrait donc que les édifices de Palenqué, déjà ruinés et oubliés au moment de la conquête des Espagnols, appartiendraient à la race indigène au milieu de laquelle des tribus quichées de race supérieure seraient venues s'établir quelques siècles avant notre ère ; mais que les monuments de l'Yucatan, tels que ceux d'Isamal, de Chichen-Itza et d'Uxmal, auraient été élevés, à la suite de la destruction de l'empire xibalbaïde, par les Nahuas.

En effet, entre les monuments de Palenqué et ceux de l'Yucatan, il y a des différences profondes; le système de construction, à Palenqué, ne consiste pas, comme à Chichen-Itza ou à Uxmal, en des revêtements d'appareil devant des massifs en blocage, mais en des enduits de stucs ornés et de grandes dalles recouvrant les blocages. Le caractère de la sculpture, à Palenqué, est loin d'avoir l'énergie de celle que nous voyons dans des édifices de l'Yucatan ; les types des personnages représentés diffèrent plus encore ; ils accusent des traits éloignés de ceux de la race aryane à Palenqué, s'en rapprochent sensiblement à Chichen-Itza. Enfin, ce n'est que dans les monuments de l'Yucatan qu'apparaissent ces traditions si sensibles de la structure de bois.

On se souvient de l'analyse très-sommaire de l'origine des Quichés donnée plus haut d'après le *Livre sacré*. C'est à Tulan que les Quichés arrivent et qu'ils viennent chercher l'arche qui personnifie la divinité.

Jusqu'à leur arrivée à Tulan, les Quichés n'ont pas de culte apparent, ils adorent le soleil, les splendeurs célestes. Il leur faut un signe *pour le peuple*. Ces émigrants d'une race supérieure, arrivant du nord-est, n'auraient-ils pas trouvé à Tulan un culte établi par une race moins élevée, et ne l'auraient-ils pas en partie adopté, puisque c'est à dater de leur séjour à Tulan que le dieu Tohil exige les sacrifices humains, et que toutes les tribus toltèques, sauf une seule, se soumettent à cette nouveauté, entraînées probablement par l'exemple des traditions puissantes, qui existaient dans le pays avant leur arrivée? Ces tribus qui viennent ainsi, dit le *Livre sacré*, s'établir au milieu d'un pays où vivaient « des hommes noirs et des hommes blancs, ayant un doux langage, d'un aspect agréable, » et présentant tous les caractères d'un état social avancé, ces tribus qui se considèrent comme issues des dieux, ne nous montrent-elles pas l'introduction d'une race blanche relativement peu nombreuse chez des peuples déjà très-civilisés, protégeant les arts, possédant un culte et forçant ainsi les nouveaux venus à se façonner aux mœurs du pays? Mais, bien que se considérant toujours comme appartenant à une caste supérieure, les Quichés font alliance avec les peuples tributaires de Xibalba, ils se mettent à leur tête et les entraînent contre leurs oppresseurs vers le IIIe siècle de notre ère. Vainqueurs, ils fondent des villes sur la péninsule yucatèque, et bâtissent les monuments étranges que nous y trouvons encore aujourd'hui, se servant naturellement des artistes et ouvriers du pays pour élever ces énormes constructions; ils leur imposent cependant un goût nouveau; eux aussi, les Quichés, ont leurs traditions, la structure de bois [1]; ils aiment les étoffes riches, les plumes, les bijoux, et, en moins d'un siècle probablement, surgissent ces monuments dont nous voyons les ruines entourées de villes considérables. Sur un sol où l'on ne peut trouver d'eau pendant neuf mois de l'année, ils font creuser

---

1. « Or, le calme était aussi aux cœurs des sacrificateurs qui « habitaient sur la montagne : ainsi donc, Balam-Quitzé, Balam-« Agab, Mahucutah et Iqui-Balam (les chefs des Quichés avant « l'établissement de ceux-ci dans les États de Chiapas et de Gua-« témala) ayant tenu un grand conseil, firent des fortifications « au bord de leur ville, environnant les contours de leur ville de « palissades et de troncs d'arbres. » (Le *Popol-Vuh*, IVe partie, chap. III.) « *En Izmachi* est donc le nom du lieu de leur ville, « où ils demeurèrent enfin et s'y établirent définitivement : là « donc ils mirent en œuvre leur puissance, ayant commencé à « bâtir leurs maisons de pierre et de chaux sous la quatrième « génération des rois. » (Chap. VII.) Dans l'origine de la race quichée, il est parlé d'une première création d'hommes *de bois*, antérieurement à un cataclysme qui les fit tous périr. Les quatre cents jeunes gens qui apparaissent parmi les premiers de l'émigration quichée au Mexique sont présentés dans le *Livre sacré* (chap. VII, Ire partie) cheminant, « après avoir coupé un grand « arbre pour servir de poutre mère à leur maison. » Zipacua, le chef, le roi des indigènes, parmi lesquels s'établissent les quatre cents jeunes gens (le nombre quatre ou quatre cents désigne, dans les traditions quichées, un grand nombre, une nation, une réunion de tribus) charge lui seul l'arbre sur ses épaules et le porte devant la maison des jeunes gens.— « Or çà, reprirent « ceux-ci, nous vous reprendrons encore une fois demain pour « signaler un autre arbre pour pilier de notre maison. »

d'immenses citernes enduites avec soin, ou profitent des excavations naturelles qui laissent passer des cours d'eau sous une épaisse couche calcaire.

Cependant les conquérants de Xibalba, les Quichés ou Toltèques, ainsi qu'alors on les désigne, vivant sous une sorte de régime féodal, car l'esprit de la tribu ne s'éteint pas, se livrent à des querelles incessantes, sont peu à peu chassés du pays, et recommencent une longue série d'émigrations jusqu'à une époque voisine de la conquête espagnole.

De Tulan, d'après le *Livre sacré*, trois émigrations principales auraient eu lieu, l'une vers *Mexico*, les deux autres vers *Tepeu* et *Oliman*[1]. L'empire de Mexico acquit une grande puissance en peu de temps et penchait déjà vers la décadence au moment de l'arrivée de Fernand Cortez. A Mexico même, il ne reste pas un seul monument des Toltèques ; mais ceux de Mitla, dont une partie est si bien conservée, nous paraissent appartenir à la civilisation quichée, quoique postérieurs à ceux de l'Yucatan. La perfection de l'appareil, les parements verticaux des salles avec leurs épines de colonnes portant la charpente du comble, l'absence complète d'imitation de la construction de bois dans la décoration extérieure ou intérieure, l'ornementation obtenue seulement par l'as-

---

1. *Tepeu* et *Oliman*, que le manuscrit Cakchiquel indique devoir se trouver vers la zone qui sépare le Peten de l'Yucatan (Voir le chap. IX de la IIIe partie du *Livre sacré* et les notes).

semblage des pierres sans sculpture, donnent aux édifices de Mitla un caractère particulier qui les distingue nettement de ceux de l'Yucatan et qui indiquerait aussi une date plus récente. Une seule tribu, partie de Tulan, s'établit à Mexico, c'est dire qu'elle venait civiliser une contrée déjà peuplée, mais qu'elle se trouvait numériquement peu importante, au milieu de populations indigènes qui déjà possédaient des arts. L'influence des Toltèques ne put donc exercer, dans le Mexique proprement dit, une action aussi complète que dans l'Yucatan, où ils étaient relativement nombreux, et l'architecture devait participer davantage des mœurs et des habitudes appartenant aux indigènes.

Nous voyons que les Quichés avaient une aptitude particulière pour la sculpture et la peinture ; les frères de Hun-Ahpu et de Xbalanqué s'adonnent aux arts du dessin. Les sacrificateurs réfugiés sur le mont Hacavitz peignent des étoffes [1]. Quand, après la mort des trois héros Balam-Quitzé, Balam-Agab et Mahucutah, les tribus victorieuses se séparent, elles fondent partout où elles émigrent des villes pleines de monuments, de palais magnifiques « bâtis de pierre et de chaux [2]. » Mais ces édifices, qui demandaient le concours de tant de bras, étaient nécessairement construits par les nations indigènes soumises et devaient se res-

1. Le *Livre sacré*, chap. II, IV⁰ partie.
2. *Ibid.*, chap. VII.

sentir des traditions et habitudes locales, suivant que les tribus conquérantes et civilisatrices formaient une caste plus ou moins considérable. Il y aurait donc lieu de voir dans les édifices de Mitla, éloignés déjà du centre de la domination primitive des Toltèques, un art ayant conservé plus que dans l'Yucatan des traditions étrangères à cette domination et appartenant aux populations indigènes. Cette façon de construire par compartiments de dessins formés de petites pierres imitant la structure en brique, ces terrasses en charpente établies sur des colonnes et des murs verticaux, et jusqu'aux méandres composés par le petit appareil, rappellent les monuments anciens de la race malaye beaucoup plus que ceux de l'Yucatan.

Remarquons, d'ailleurs, qu'aujourd'hui encore les habitants de l'Yucatan sont d'une race beaucoup plus belle et se rapprochant plus du type blanc que ceux des plateaux du Mexique, qui, comme nous l'avons dit en commençant, présentent un mélange assez confus de races diverses où cependant le type de la race malaye semble dominer.

Pour nous résumer donc en peu de mots, il y a tout lieu de croire que l'Amérique centrale, le Mexique et l'Yucatan étaient occupés, quelques siècles avant notre ère, par une race ou un mélange de races participant surtout des races jaunes ; que ces populations, de mœurs assez douces, arrivées à ce degré de civilisation matérielle à laquelle les jaunes sont particulièrement aptes, tout en pratiquant cependant les sacrifices humains et des épreuves religieuses cruelles, ce qui n'est pas incompatible chez ces peuples avec une organisation très-parfaite, avec le culte des arts et les habitudes de bien-être ; que ces populations, disons-nous, virent s'implanter au milieu d'elles des tribus d'une race blanche venue du nord-est, possédant à un degré beaucoup plus élevé les aptitudes civilisatrices; que ces nouveaux venus, guerriers, braves, se seraient bientôt emparés du pouvoir, auraient institué un régime théocratique, et, avec cette prodigieuse activité qui distingue les races blanches, auraient fondé quantité de villes, soumis le pays à une sorte de gouvernement féodal ou plutôt de castes supérieures, et élevé ces immenses monuments qui nous surprennent aujourd'hui par leur grandeur et leur caractère étrange.

Nous rangerions ainsi les édifices de Palenqué dans la série des monuments construits par les indigènes, avant la soumission de Xibalba, ceux de l'Yucatan sitôt après la domination des Quichés, de la race conquérante et supérieure, et ceux de Mitla parmi les dérivés de l'influence quichée, postérieurement à la séparation des tribus réunies à Tulan. Les monuments dont les restes se voient encore dans l'Amérique centrale, que notre ami M. Daly a visités et dont nous attendons une description, seraient dus au retour des tribus quichées vers le nord et le nord-est, après la chute de leur domination sur la péninsule yucatèque, affaiblies qu'elles étaient par leurs querelles et un soulèvement de l'antique population indigène. Peut-être sommes-nous arrivés au moment où une intervention européenne au Mexique permettra de déchirer les voiles qui couvrent encore l'histoire de cette belle contrée. M. Charnay a rendu un service signalé à l'étude de l'archéologie en offrant au public cette collection de photographies recueillies à travers mille périls et aux dépens de sa fortune privée. Nous ne pouvons que souhaiter le voir compléter ces renseignements déjà si curieux pendant un second voyage que, cette fois, nous l'espérons du moins, il entreprendrait sous la protection de la France. Mais ces études ne seront complètes que lorsqu'on aura pu faire, dans l'Amérique centrale, dans celle du Nord et dans le Pérou, une série de photographies entreprises avec méthode, des relevés de plans dressés avec exactitude et ces observations comparatives à l'aide desquelles l'archéologie peut formuler des conclusions certaines. A nos yeux, l'architecture antique du Mexique se rapproche, sur bien des points, de celle de l'Inde septentrionale; mais comment ces rapports se sont-ils établis? Est-ce par le nord-est? est-ce par le nord-ouest? C'est une question réservée jusqu'au moment où la connaissance de ces monuments indo-septentrionaux sera complète.

Viollet-Le-Duc.

LE MEXIQUE

1858-1861

SOUVENIRS ET IMPRESSIONS DE VOYAGE

> Un pays est un livre que chaque voyageur a le droit de commenter à sa manière, en s'appuyant sur la vérité.

LE MEXIQUE

1858-1861

SOUVENIRS ET IMPRESSIONS DE VOYAGE

CHAPITRE PREMIER

Départ de Paris.—La Vera-Cruz.—Saint-Jean d'Ulloa.—Aspect général de la ville.—Le port —Le môle.—Excursion aux environs.—Le nord à Vera-Cruz.—Le départ.—Médellin.—La route de Mexico.

Chargé d'une mission par le ministre d'État, à l'effet d'explorer les ruines américaines, je quittai Paris le 7 avril 1857, me dirigeant sur Liverpool par New-Haven et Londres : deux amis m'accompagnaient. Le lendemain, nous étions à bord de l'*America*, paquebot transatlantique de la compagnie Cunard, en partance pour Boston.

Je l'avoue humblement, quoiqu'ayant beaucoup

voyagé, je ne m'embarque jamais sans une certaine appréhension ; je n'aime point l'Océan, il me fait peur. Je suis peut-être moins poëte qu'homme de mer, et, dès l'instant du départ, je ne rêve qu'au jour de l'arrivée. Voyez à quoi peut tenir une question d'art ? En mer, j'ai le cœur sensible, un autre ne l'a point ; il admire tout, rien n'est beau pour moi ; je suis malade, il est bien portant.

Je ne dirai rien d'un séjour de huit mois aux États-Unis : c'est pourtant un beau voyage que celui qui vous montre New-York et Boston, le Saint-Laurent, ses chutes et ses rapides, les grands lacs, le Niagara, les plaines de l'Ouest et le parcours prodigieux du Mississipi. Je réserve à ces belles choses une étude à part, et j'arrive à Vera-Cruz, où nous abordâmes à la fin de novembre.

On donne généralement à Vera-Cruz une physionomie orientale ; quelques coupoles assez basses pourraient seules rappeler le style des mosquées, mais il faudrait une bonne volonté singulière pour prêter à ses lourds clochers l'élégance des minarets. Quant à ces bouquets de verdure qui distinguent et réjouissent les villes d'Orient, on ne trouve à la porte de Mexico que cinq à six palmiers rabougris, seuls échantillons de l'espèce ; encore n'existent-ils plus aujourd'hui.

Vu de la mer, l'aspect de Vera-Cruz est des moins flatteurs ; c'est une ligne monotone de maisons basses, noircies par les pluies et par les vents du nord. Les bâtiments de la douane, d'un style moderne, et la porte monumentale qui les décore sont, en fait d'architecture, ce que la ville offre de plus remarquable.

Les églises sont pauvres, comparativement à la richesse qu'elles déploient dans toute la république; elles y sont mal suivies, et la population de Vera-Cruz ne brille point par sa piété. Essentiellement commerçante, entrepôt de toutes les marchandises qui montent à l'intérieur, Vera-Cruz est peuplée d'un grand nombre d'étrangers; les affaires lui font oublier l'Église; comme partout au monde, l'amour du lucre éloigne de Dieu.

Assise sur les sables de la mer, entourée de dunes arides et de lagunes croupissantes, Vera-Cruz est pour l'étranger le séjour le plus malsain de la république. La fièvre jaune y règne en permanence, et, quand un centre d'émigration lui fournit de nouveaux aliments, elle devient alors épidémique et d'une violence extrême.

En fait de port, Vera-Cruz n'a qu'un mauvais mouillage où les bâtiments de commerce ne sont point en sûreté; l'abri du fort est leur seule défense contre les vents du nord, et souvent, dans les tempêtes, ils dérapent et sont jetés à la côte. Les gros bâtiments et les navires de guerre vont mouiller à Sacrificios, à quatre kilomètres au sud, ou bien à l'île

Verte, à plus de deux lieues de distance. Quand vient le nord, rien ne peut donner une idée de sa violence; il souffle par terribles rafales, soulevant des tourbillons de sable qui pénètre les habitations les mieux closes; aussi, tout se ferme aux premiers symptômes : les barques rentrent, on les enchaîne, les navires doublent leurs ancres, le port se vide, tout mouvement est suspendu, la ville paraît déserte et inhabitée. Un froid subit envahit l'atmosphère, le *Cargador* s'enveloppe grelottant dans sa couverture, le paletot de laine remplace la jaquette de toile, on gèle; le môle disparaît sous les vagues monstrueuses que soulève la tempête; les vaisseaux se heurtent dans le port, heureux quand la tourmente ne les jette pas à la côte. Néanmoins, le vent du nord est un bienfait pour la ville; sa première venue est le signe d'une époque plus saine qui ramène l'étranger dans ses murs; le *vomito* diminue de violence, quelquefois disparaît et n'offre que rarement des cas mortels.

Vera-Cruz est, pour l'homme d'affaires, la ville la plus désirable comme résidence; la vie y est plus facile et sinon plus confortable, à cause des grandes chaleurs, du moins plus grande, plus large, plus abondante. Les vins y sont aussi communs qu'en France, le golfe abonde en poissons délicieux : toutes choses considérées comme luxe et que les gens riches hésitent à s'offrir dans l'intérieur de la république. Le marché abonde en fruits des tropiques et l'Indien y apporte toute la famille des oiseaux du soleil, depuis le moqueur et le perroquet jusqu'au grand ara rouge de Tabasco. Le caractère des habitants est plus liant, moins gourmé, et l'on se sent au milieu d'eux plus vite chez soi.

Puis, cette allée et venue des navires européens, cet échange de nouvelles qui vous tient sans cesse au courant de la politique du vieux monde et des fluctuations de la littérature dans la mère patrie, rapprochent Vera-Cruz de la France; il semble qu'on puisse partir à toute heure. Ajoutez à cela le golfe et ses eaux bleues, les bains de mer, ce môle, si modeste qu'il soit, où l'on va rêver le soir sous un magnifique dais d'étoiles, où, le jour, on épie la marche incertaine d'une voile à l'horizon : imaginez ce ciel merveilleux, dont parfois l'azur vous lasse; animez-le de ces bandes criardes d'oiseaux de mer et de ces petits vautours noirs qui le virgulent à des hauteurs prodigieuses; voyez à vos pieds ces deux pélicans vénérables, antiques habitués du port, qui plongent silencieusement, s'élèvent et replongent pour venir se reposer pleins d'une burlesque majesté sur la hampe du drapeau de la douane, et vous aurez la plage de Vera-Cruz.

Ce qui donne à la ville une physionomie toute particulière, c'est la foule innombrable de ces petits vautours noirs qui encombrent les rues, couvrent les maisons et les édifices. Ils se dérangent à peine quand vous passez, et lorsque les ménagères viennent déposer sur le devant des portes les immondices de la maison, ils se précipitent avec acharnement; c'est une mêlée générale, une dispute, des tiraillements, un véritable combat, où les chiens se mêlent et dont ils ne sortent point toujours vainqueurs. Les *zopilotes* sont chargés de l'édilité de la ville; aussi chacun les respecte; une amende assez forte est même infligée à qui les tue.

A la porte de Mexico se trouve une petite promenade, déserte la semaine, et qui n'offre une certaine animation que le dimanche. Dans le faubourg, qui le suit, les matelots et les gens du port viennent danser le soir, en même temps qu'offrir à quelque danseuse émérite des hommages vivement disputés. Le couteau joue souvent un rôle actif dans ces réunions de famille; la danse, menée par la guitare et le chant monotone de l'instrumentiste, n'est qu'un piétinement cadencé, accompagné de mouvements lascifs propres à exciter les passions de la galerie; aussi le triomphe de la danseuse n'est complet que consacré par quelque sanglante dispute.

Si vous sortez de Vera-Cruz, la côte nord ne vous offre qu'une vaste plaine de sable. Au sud, vous avez le cimetière, puis les abattoirs; un peu plus loin, vous entrez dans les dunes et vous tombez au milieu de marais couverts de garzas, de hérons et de canards sauvages. Les îles sont peuplées d'iguanes et de serpents ; la perspective se continue couverte d'affreuses broussailles, et rien n'anime ces solitudes mortelles, que les cris de quelques fauves, le passage d'un aigle pêcheur ou le tournoiement du vautour en quête d'une proie facile.

Certains romanciers en vogue ont cependant choisi ces déserts sablonneux comme siége d'aventures impossibles. Ils peuplent, à l'envi, ces marais fangeux d'habitations délicieuses, de palais magiques où s'agitent, au milieu des luxes réunis de la nature et de l'art, d'enivrantes créatures et des héros dignes de l'Arioste. O capitaine Maine-Read, que d'affreuses bourdes vous racontez à vos indulgents lecteurs !

Pour trouver la végétation tropicale, il faut franchir quatre ou cinq lieues au moins de ces broussailles marécageuses ; ou bien, remontant la rivière de Boca del Rio, vous arriverez, par une suite de charmants paysages, jusqu'à Médellin, village délicieux au milieu des bois, et dont la fête patronale attire à ses jeux toute la population de la Vera-Cruz et des environs.

Deux diligences vont de Vera-Cruz à Mexico : l'une passant par Jalapa, l'autre par Orizaba ; c'est la route la plus courte, mais la plus ennuyeuse. Il reste au touriste les chariots. Les chariots partent ordinairement par convois de douze, vingt-quatre ou trente-six, et ce n'est pas une des choses les moins pittoresques de la route que le spectacle de cette immense file de voitures et les soins qu'un tel matériel comporte. Ces convois ont une organisation parfaite : une douzaine possède d'habitude un majordome, un sergent, puis un caporal; chaque voiture a dans la marche une place spéciale, un numéro qu'elle doit conserver jusqu'au jour de l'arrivée. Le conducteur, toujours à cheval sur la timonière de gauche, a quatorze mules qui sont les siennes et rien n'égale l'instinct extraordinaire qui lui permet de distinguer dans l'obscurité et de reconnaître, au milieu d'un troupeau de deux cents mules qui paraissent à peu près de la même couleur, les mules de son chariot. Je me rappelle, à ce sujet, une anecdote qui prouve à quel point un *arriero* possède cette faculté presque divinatoire.

Un Français de mes amis, se rendant avec sa famille de Tehuantepec à San Cristobal, dans l'Etat de Chiapas, voyageait avec des mules qui lui appartenaient, une douzaine au moins, sous la conduite d'un arriero, son domestique. La course est longue et c'est un grand voyage que quinze journées de marche avec femme et enfants.

Là, point de routes royales, mais d'étroits sentiers coupant la plaine ou longeant les précipices de la Cordillère. Le voyageur n'a souvent pour auberge qu'un abri de chaume et pour ses mules d'autres ressources que les broussailles de la forêt. Chaque soir, il faut donc donner aux bêtes la liberté d'errer où bon leur semble, et chaque matin les reprendre au lasso, ce qui n'est pas toujours facile besogne. On comprend que cette manière de voyager ne soit pas des plus expéditives et que, pour une famille, un déplacement lointain est chose considérable.

Il arriva donc que l'une des mules s'égara, disparut dans quelque abîme ou fut volée; en tout cas, les recherches pour la retrouver furent vaines et l'on dut repartir sans elle.

M. L... vivait depuis deux ans à Tuxtla, quand, se trouvant sur la place de Chiapas avec son domestique, ils entendirent au loin les hennissements d'une mule.

—*Aqui esta la mula, señor*, s'écria celui-ci. Voilà votre mule monsieur.

—Quelle mule? répondit le maître, car dès longtemps il avait oublié l'aventure de la bête perdue.

—Eh parbleu! reprit le domestique, la mule que nous perdîmes, il y a deux ans, lorsque vous vîntes en ce pays.

—Tu plaisantes?

—Oh! non pas, mon maître, fit l'Indien; je reconnais sa voix. C'est bien elle, et du reste vous allez voir.

Il disparut aussitôt dans la direction des hennissements et revint, une demi-heure après, traînant une mule après lui.

—Caramba! fit M. L..., c'est bien elle.

En effet, outre la physionomie et la couleur de la mule en question, celle-ci avait bien encore les deux lettres J. L., marque et initiales de mon ami.

Comme notre voyage n'avait d'autre but que de bien voir, et qu'en diligence on ne voit rien; que de plus, nous étions légers d'argent et qu'il eût fallu près de trois mois pour faire venir d'Europe les fonds qui nous manquaient, nous suivîmes, le fusil sur l'épaule, les chariots qui transportaient nos dix-huit cents kilos de bagage. La première étape est celle de la Tejeria. Le chemin de fer s'en charge; au delà, vous trouvez la plaine coupée de taillis et d'arbustes épineux.

Nous étions à la fin de novembre, et les prairies avaient une toison verte encore; les bois étaient feuillus; aussi, la campagne avait cet aspect délicieux et jeune qu'elle ne saurait garder longtemps dans ce pays de pluies périodiques, où pendant neuf mois la terre est privée d'eau. La chaleur était forte, la marche pénible, et parfois nous nous couchions dans les hautes herbes pour attendre que les mules nous rejoignissent. Nous étions donc mollement étendus, la paupière à demie fermée, dans le doux *farniente* d'un homme qui repose, quand le galop d'un cheval se fit entendre : ne sachant comment expliquer une course semblable, nous crûmes à la poursuite de quelque malheureux par des coureurs de route, et nous nous levâmes aussitôt pour le secourir. Le cavalier était à dix pas de nous; il était seul, nul ne le poursuivait; à l'aspect de trois hommes armés, surgissant des hautes herbes à son approche, d'un effort désespéré il s'arrêta court, la figure pleine d'épouvante, fit volte-face et disparut, nous laissant ébahis; persuadé qu'il était tombé sur trois audacieux brigands, auxquels il n'avait échappé que par miracle; voilà comment les meilleures intentions sont dénaturées. Ainsi donc, à notre premier pas sur la terre mexicaine, nous passâmes pour des voleurs! Quelle éclatante revanche ces messieurs prirent par la suite, et que de fois il nous fallut retourner nos poches sur la poussière des grands chemins!

Le convoi n'atteignit Zopilote qu'à cinq heures du soir : c'était un simple *rancho*, avec parc pour les mules et une *tienda*. Nous passâmes la nuit sous une veranda de chaume, exposés à la voracité des moustiques qui sont, en Terre Chaude, les plus terribles tourmenteurs. A minuit, les chariots se mirent en marche. L'étape est longue de *Zopilote* à *Paso de Ovegas;* l'obscurité rendait la marche difficile dans des chemins démantelés, coupés de profondes ornières; mais le matin dédommage et les levers de soleil sont splendides : comme d'habitude, nous prîmes les devants; les bois devenaient plus touffus, les arbres plus élevés et des nuées de perruches, aux cris perçants, s'élevaient de toutes parts; nous courions comme des enfants après elles, sans pouvoir les atteindre; souvent nous quittions la route, nous enfonçant dans les bois à la poursuite d'une poule de Montézuma, au risque d'en sortir dévorés par les *pinolillos* ou couverts de *garrapatas*; mais la chasse était maigre et nous n'avions que des perroquets verts à tête jaune, des toucans au grand bec et de ces jolies tourterelles, grosses comme des moineaux et qui fourmillent sur les routes.

A midi, nous étions à *San Juan,* où la Terre Chaude déploie toutes ses splendeurs et, vers les quatre heures, nous arrivâmes à Paso de Ovegas, moulus de fatigue, couverts de poussière et le corps enflé de piqûres d'insectes. Aussi, nous hâtâmes-nous d'aller prendre un bain dans la rivière qui traverse le village. Un compatriote nous offrit l'hospitalité, c'est-à-dire une planche et un établi pour nous étendre. C'était un menuisier, à qui la fortune ne semblait pas sourire, et qui depuis plusieurs années traînait dans cette pauvre bourgade une vie de misère. On rencontre, sur tous les chemins du globe, de ces pauvres éclopppés de la civilisation, que des espérances trompeuses amènent dans les pays lointains et qui ne forment qu'un vœu, souvent stérile, celui de revoir la France.

Celui-ci s'informait avec une fiévreuse curiosité des nouvelles de son pays, des grandes victoires que nous avions remportées en Orient; il semblait pour lui que tout était nouveau, et des événements oubliés en Europe avaient à ses yeux la fraîcheur d'une chose récente. Cependant il fallait nous reposer, mais d'affreuses démangeaisons rendaient la chose impossible ; l'un de nous éprouvait aux pieds quelques picotements inquiétants. — Auriez-vous des *niguas*, nous dit notre hôte.

Des *niguas !* Nous ne savions ce que cela voulait dire, mais nous l'apprîmes aussitôt; nous en avions, hélas! La *nigua* est un des plus terribles insectes parmi les parasites de Terre Chaude : c'est un petit être imperceptible, qui se loge sous les ongles des doigts de pied, dans le pouce surtout; il s'y creuse un nid, dépose ses œufs sous la forme d'une boule blanche; puis une fois éclos, ceux-ci fondent à l'entour des colonies semblables; de telle sorte, qu'un beau jour, quand vous y pensez le moins, il vous tombe une phalange.

Cet insecte est d'autant plus dangereux qu'il ne trahit sa présence que par un picotement insignifiant, auquel l'étranger ne prend pas garde; le travail ténébreux s'accomplit sans douleur, et les Indiens eux-mêmes en sont souvent victimes. Pour éviter le danger, il faut, au premier symptôme, ouvrir le pouce à l'endroit du picotement; l'on découvre alors une petite boule de la grosseur d'un pois, qu'il faut enlever de la plaie, puis remplir l'espace de cendres de tabac : c'est du moins la méthode suivie sur place. Je fis mieux, je remplis les cavités, car j'en avais plusieurs au pied droit, d'ammoniaque, afin d'anéantir toute la génération. La térébenthine les chasse également ; il est bon, dans ce cas, d'en imbiber la chaussure à l'intérieur.

De *Paso de Ovegas* on passe à la *Rinconada* pour tomber à *Puente Nacional*. *Puente Nacional* se trouve au bas d'une gorge pittoresque, et de l'autre côté d'un torrent, que traverse un pont magnifique reconstruit par Santa-Anna. Point fortifié de la route de Vera-Cruz à Mexico, c'est un passage des plus faciles à défendre. Mille hommes déterminés arrêteraient une armée ; mais le Mexicain, qui se bat bien à l'abri des murailles, ne sait pas résister en rase campagne ; l'ardeur lui manque et les chefs ne payent pas d'exemple. Comment les Américains forcèrent-ils *Puente Nacional* défendu par une armée aussi nombreuse que la leur ? On ne peut le comprendre. Outre la difficulté des lieux, le défilé se trouve balayé par des batteries d'un petit fort placé à gauche sur un rocher à pic, qui, de tous côtés, domine la route. Une autre batterie, sur la droite, appuyait les feux de la première ; le site est d'un sauvage grandiose. Santa-Anna s'y était fait bâtir une magnifique habitation, aujourd'hui abandonnée ; sous son administration, le village était riche, et quoi qu'on ait à lui reprocher sous le rapport de la tyrannie de son gouvernement et de l'impudeur de ses concussions, du moins les routes étaient sûres, le commerce florissant ; chaque village répondait des vols ou des attentats commis sur son territoire; de telle sorte que les coureurs de routes avaient disparu, et que de Vera-Cruz à Mexico on pouvait voyager sans crainte. Il n'en est plus ainsi.

Le village porte l'empreinte de la misère ; la guerre civile qui désole la république a fait de ce lieu naturellement fortifié un camp de guérillas : aussi, les Indiens s'enfuient-ils chaque jour, et vous ne rencontrez aujourd'hui que maisons vides et cabanes désertes. Voilà *Plan del rio*, situé comme *Puente Nacional*, moins gai, moins riant, plus sauvage encore : la route alors tourne brusquement, traverse des bois épais et monte sans cesse avant d'aboutir à *Cerro Gordo*, premier village de la Terre Tempérée, autre témoin de la victoire des Américains en 47, et de la défaite de Santa-Anna; tout auprès se trouve la *barranca de Cerro Gordo*.

Les barrancas sont des ravins dus à l'action des eaux, et qui, dans certaines parties du Mexique, prennent des proportions gigantesques; celle de Cerro Gordo, sans être une des plus considérables, est néanmoins fort importante.

En obliquant à droite de la route, et pénétrant dans le *monte*, le voyageur étonné voit tout à coup le plateau se dérouler sous ses pas pour faire place à un énorme ravin presque à pic, dont il distingue à peine le fond, et dont le bord opposé se trouve à plus d'un kilomètre. Le bruit d'un torrent monte jusqu'à lui, mais il l'aperçoit à peine dans la profondeur. S'il veut descendre, il lui faut s'ouvrir un passage au milieu des arbustes et des broussailles épineuses; le sol s'éboule et des quartiers de roc, une fois ébranlés, bondissent, entraînant avec eux toute une avalanche de pierres. Il y a |des barrancas de plusieurs mille pieds de profondeur. Vous êtes dans la zone tempérée, le fond du précipice est terre chaude; du haut d'un plateau où croissent tous les produits de terre froide, vous voyez à vos pieds la verdure des bananiers, des orangers chargés de fruits, et toute la végétation tropicale. A partir de *Corral falso*, la route, de plateau en plateau, et par des pentes toujours plus rapides s'élève jusqu'à Jalapa, la reine des terres tempérées.

Mollement étendue sur l'un des contre-forts de la Cordillère, *Jalapa* s'épanouit au soleil dans un climat délicieux. Peu de villes au monde réunissent comme elle les productions des trois zones. Le voisinage des montagnes lui amène, quelle que soit la saison, des ondées bienfaisantes qui tempèrent les ardeurs de l'atmosphère et lui donnent cette robe d'éternelle verdure. Le café, cependant, n'y arrive pas à maturité complète, et l'humidité permanente entraîne avec elle des fièvres dangereuses. L'étranger doit s'y préserver de la fraîcheur des nuits.

Après avoir gravi la dernière pente qui dérobe la ville à ses yeux, le voyageur l'aperçoit tout à coup à ses pieds à demi cachée sous des flots de verdure. Le coup d'œil est charmant et grandiose, c'est un nid de colombes dans les branches d'un laurier-rose ; au loin, l'horizon est fermé par les lignes sévères de la sierra que dominent sur la gauche le pic neigeux de l'*Orizaba* et les cimes plus rapprochées du *coffre de Perote*. Les pentes lointaines, bleuies par la distance, passent, en se rapprochant, au vert sombre sous les sapins qui les couvrent, pour arriver au vert tendre des chênes d'Europe. Dans le fond des vallées, quelques fermes aux murs blanchis animent le paysage un peu désert; quant au chemin qui vous conduit à la ville, c'est un fouillis de roses grimpantes, de caféiers aux baies rouges et de dahlias arborescents ; d'énormes daturas agitent à la brise leurs grandes fleurs blanches au parfum pénétrant et des bosquets de bananiers abritent à l'ombre de leurs feuilles gigantesques les régimes de leurs fruits succulents. Les maisons placées en amphithéâtre sont blanches et propres, ornées de ces balcons espagnols en fer ou en bois, qui leur donnent un air de défiance jalouse. Les cours intérieures sont entourées de portiques, garnies d'habitude d'une fontaine et plantées d'orangers et de grenadiers fleuris. Partout vous entendez le bourdonnement de l'oiseau-mouche; des cages pleines de moqueurs et de *sensontlis* se suspendent aux voûtes, pendant qu'un perroquet, vieux favori de la maison, traîne au hasard sa marche bancale, en poussant quelques éclats de son parler ventriloque.

Les femmes de Jalapa ont une réputation de beauté méritée, et se distinguent par une grâce toute créole. Les forêts qui entourent la ville sont peuplées d'oiseaux rares, la chasse y est abondante et l'amateur peut y réunir de magnifiques collections. On s'éloigne à regret de cette ville charmante pour s'enfoncer dans les gorges de la Cordillère; le paysage change graduellement et s'assombrit; les vallées se rétrécissent, des pentes abruptes s'élèvent de toutes parts et semblent barrer la route; vous êtes alors en pleine sierra; ainsi vous arrivez au village de *Pajarito*. Mais ce qui surprend le plus, c'est le changement subit qui s'opère dans les populations.

A partir de Jalapa, il faut renoncer à la gracieuse et légère cabane de roseau pour le *jacal* délabré, d'aspect sombre; il faut dire adieu à ces beaux types d'Indiennes et de métis que vous avez si souvent admirés; vous laissez derrière vous les teintes claires, la superbe beauté des chairs, et vous ne retrouverez plus ces femmes en chemisettes brodées, laissant voir leurs bras, deviner leur sein robuste, étalant sur des épaules pleines les longues nattes de leurs cheveux noirs; plus de grâces, plus de rires, plus de beaux enfants nus, se roulant à l'entour des mères souriantes; vous n'avez plus devant les yeux que des femelles hideuses, aux crins hérissés, aux seins pendants, recouvertes de lambeaux d'étoffes de couleur sombre.

Des hommes, les mâles, au buste nu, marchant en silence, courbés sous le poids d'un fardeau, tout cela, noir, misérable et sale à faire peur. C'est l'Indien de la montagne, vieil esclave affranchi, sans le savoir, des tyrannies de l'Espagne. Du reste, les types se croisent, se modifient, changent d'un village à l'autre, et, nulle part au monde, il ne serait possible de trouver dans un diamètre aussi restreint une telle diversité de races.

Mais la route poursuit, contournant les escarpements de la montagne, et vous arrivez à *San Miguel del Soldado;* là s'éteignent les dernières traces de la végétation tempérée; un pas de plus, vous êtes en Terre Froide. Avant d'atteindre *la Hoya,* jetez un regard derrière vous; le coup d'œil est admirable. De cette hauteur, de 3,000 mètres environ, vous voyez se dérouler tout le panorama du versant du golfe. Au premier plan, les maisons de San Miguel; autour de vous, sur les plateaux d'alentour, quelques villages perchés comme des nids d'aigles, avec leurs clochers étincelant au soleil; plus loin, l'œil suit, sous les vapeurs transparentes comme au travers d'un voile, le cours sinueux des torrents; plus bas, les divers plateaux étagés se fondent par la distance en une vaste plaine d'où surgissent çà et là les sommets des derniers contre-forts ou que sillonnent en lignes foncées les profondeurs des *barrancas;* quelques éclaircies de champs cultivés varient les couleurs, et tout à l'horizon qui va s'éteindre dans le ciel, des miroitements lointains laissent deviner la mer.

Après avoir traversé la Hoya, village pauvre et froid, placé comme étape pour les convois qui vont et reviennent de Mexico, le voyageur s'enfonce dans des gorges pittoresques et sauvages, qu'il serait difficile d'enlever à une poignée d'hommes résolus; la route s'ouvre alors sur des champs de lave refroidie, s'enfonce sous les sapins et débouche, par une descente rapide, sur le versant de l'Anahuac, en passant par *las Bigas* et *Cruz Blanca*. En cet endroit, le chemin se bifurque; à gauche, il mène à la ville de *Perote;* la droite conduit à *Céruleum*.

En temps de guerre, les partis qui veulent éviter le fort de Perote, dont les feux défendent l'entrée de la ville, prennent cette dernière direction. La forteresse, bâtie par des ingénieurs américains, est une des plus importantes et la mieux construite du Mexique. Lors de la guerre de 1847, les Américains ne s'en emparèrent qu'avec difficulté. La ville de Perote est triste et déserte ; les nuits y sont froides et glaciales, surtout en arrivant de Jalapa ; le contraste est brusque, violent, inattendu ; vous passez de la puissante végétation de la zone tempérée et des grandes forêts pleines de bruits et de chansons, à la plus désolante aridité; on se croirait transporté dans les steppes arides de la Russie.

Il était tard quand, après avoir traversé la ville,

nous arrivâmes au *mezon* de San Antonio, vaste enclos pour les mules, premier abri des caravanes qui s'engagent dans le désert.

Nous étions harassés de fatigue, et, roulés dans nos couvertures, nous nous étendîmes autour des feux de bivouac allumés dans l'intérieur de la cour. A trois heures, tout se préparait pour le départ. Il régnait une animation extraordinaire; dans la demi-obscurité de la nuit, à la flamme vacillante des feux mourants, on voyait des multitudes d'hommes s'agiter et courir, tandis que des mules rétives fuyaient en tous sens les atteintes du lasso. Cependant le jour commençait à poindre, et la cime neigeuse de l'Orizaba se teignait rapidement d'une nuance pourpre qui du sommet s'étendit bientôt à la base. Ces levers de soleil sont splendides.

L'intérieur du *mezon* offrit alors un curieux tableau : des milliers de mules, rangées par troupes ou *atajos*, attendaient, frissonnantes et les yeux bandés, que les ballots de marchandises, symétriquement rangés devant les énormes bâts qui les soutiennent, fussent hissés sur leur dos. C'étaient alors des luttes d'hommes et de bêtes, une mêlée, une foule incroyable, où les appels de l'un à l'autre, les cris, les jurons, les hennissements composaient un concert de clameurs impossibles.

Les mules une fois chargées, la jument conductrice, la clochette au cou, prenait les devants, et chacune la suivait, ployant sous la charge, gémissant, lançant ruades et pétarades. Le défilé dura deux heures.

Le désert de Perote s'étend sur un diamètre de vingt-cinq lieues au moins. Il n'a d'autre végétation que des nopals rabougris : de nombreuses trombes de poussière le sillonnent ; le sol est semé de scories volcaniques et de ponces, coupé de marais couverts de canards et de nuées de bécassines ; on y remarque de fréquents effets de mirage. Pour les voyageurs, comme pour les convois, deux pauvres villages se trouvent échelonnés dans la plaine ; gîtes souvent assaillis par les voleurs, *Tepeahualco* et *Ojo de Agua*. Quelques kilomètres au delà, la contrée monte et perd cet aspect marécageux ; les efflorescences salines ennemies de toute végétation disparaissent, et les sables se fertilisent jusqu'à présenter aux regards des champs d'orge rabougri, de maïs nains et de gigantesques agaves. La culture de cette dernière plante devient l'une des principales industries du pays, et la petite ville de *Nopaluca* n'offre, en fait de plantation et de culture, que de vastes champs d'aloès.

Au sortir de *Nopaluca*, les convois n'avancent plus qu'avec défiance ; des hommes à cheval éclairent leur marche et vont sonder à l'avant les plis du terrain : le front du majordome se rembrunit ; nous approchons du *Pinal* et de la barranca *Del Aguila*. Vingt années de vol, de pillage et d'assassinat ont fait, des environs du *Pinal*, l'un des endroits le plus redouté de la république. Le terrain, brisé, hérissé de monticules, coupé de ravins, est essentiellement propice aux attaques à main armée; la route se perd dans ce dédale, et le voleur, surpris la main dans le sac ou le poignard sur la gorge de sa victime, a dix chances pour une d'échapper.

Le paysage a toute la physionomie de sa triste réputation : à droite, les sommets dénudés de la *Malincha* étalent sur leurs flancs arides quelques fermes clair-semées; à gauche et devant vous, la plaine déserte s'étend à perte de vue, sans autre végétation que de grands *magueyes*, dont les profils sévères rompent seuls la monotonie désespérante. La route, toujours ensablée, semble retenir dans le sol mobile le pied du voyageur pressé de fuir ces lieux sombres; de distance en distance, des monticules de pierre surmontés de croix attristent l'âme par les réminiscences de leurs tableaux de mort et demandent à l'étranger tantôt un souvenir de commisération pour la victime et tantôt une prière de pardon pour l'assassin.

La rencontre d'un corps de troupes nous permit de franchir le défilé sans crainte, et nous atteignîmes Amozoc sans accident.

Quatre lieues au delà, nous traversons la *Puebla de los Angeles*, la seconde ville de la république, la plus propre et la mieux bâtie; son nom de ville des anges indique assez la tendance de ses mœurs et de son esprit. Centre d'action du parti clérical, les corporations religieuses et le clergé possèdent ou possédaient les trois quarts au moins des propriétés mobilières.

Du haut de la colline de Guadalupe qui la domine, la ville étale, orgueilleuse, le panorama de ses quatre-vingts églises et de ses innombrables clochers. La cathédrale, immense édifice d'un style noble et sévère, le dispute en magnificence à celle de Mexico ; la place est plus belle, mieux ornée, et, du milieu des arbres qui l'ombragent, l'œil peut se perdre sur les pics lointains du *Popocatepetl* et de l'*Ixtaccihuatl*. De magnifiques maisons aux corniches énormes, plaquées de faïences aux milles couleurs reproduisant soit des mosaïques, soit des figures humaines, témoignent de la richesse des habitants. Les deux forts de *Loretto* et de *Guadalupe* défendent et maîtrisent Puebla.

En se dirigeant vers Mexico, les alentours de la ville sont peuplés de fabriques de *rebozos*, étoffe de coton, produit essentiellement mexicain. Le *rebozo* est une espèce d'écharpe étroite et longue, dans laquelle les femmes se drapent avec une certaine élégance. Puebla fournit cet article à la république et l'exporte jusque dans l'Amérique du Sud.

Mais nous passons *Rio Prieto*, *Puente Quebrado*, de sinistre mémoire, et, laissant sur la gauche la pyramide de *Cholula*, nous arrivons à *San Martin*. En se rapprochant des montagnes, la plaine prend un aspect des plus riants ; de nombreux villages dispersés çà et là donnent l'idée d'une grande population.

Artificiellement arrosée par les cours d'eau de la Cordillère, cultivée comme un jardin, la terre n'offre partout que l'image d'une admirable fécondité. Le maïs, le froment, le frijol et la fève s'y succèdent tour à tour. Les gracieuses ondulations des blés, le bruissement de la brise dans les hauts maïs rappellent les cultures de France : moins déboisée, la plaine de Puebla offrirait le plus délicieux aspect.

Avant d'arriver à Mexico, il nous reste à gravir toute la haute chaîne de *Rio Frio*.

D'habitude, la route est gardée; de nombreuses escortes glissent ou bivouaquent dans les bois, car une fois le voyageur engagé dans les gorges, les hauts sapins sont remplis de terribles mystères, et souvent à la plainte du vent dans le feuillage sombre se mêlent les gémissements de victimes inconnues. Dans la partie la plus élevée de la sierra, quelques Indiens se sont groupés en village; presque tous occupés à l'abatage du bois dans la forêt, ils ne cultivent que des champs d'avoine et de seigle, qui mûrissent péniblement par cette latitude élevée.

Un maître d'hôtel français tient table ouverte pour tous les voyageurs que la fatigue et la faim rendent ses tributaires. Le malheureux n'y fait point fortune, et le plus clair de ses bénéfices passe en impositions forcées, en dons involontaires sollicités par les sourires menaçants des chefs de bandes.

II

MEXICO

La vallée de Mexico.—La ville.—Le Mexicain.—Aspect général.—Le saint Sacrement.—Le tremblement de terre.—La vie à Mexico.—Les coutumes. —Le paseo.—L'alameda.—Les toros.—Le théâtre.—Les chaînes.

En quittant *Rio Frio*, passage culminant de la chaîne qui sépare Puebla de Mexico, le voyageur ne voit pas sans appréhension la diligence s'engager au triple galop dans la terrible descente qui le mène au grand plateau de l'Anahuac. Au milieu de cahots effroyables, lancés de l'arrière à l'avant et de l'avant à l'arrière, les malheureux *passagers* ne franchissent ce dangereux défilé, endroit chéri des *salteadores*, que grâce à des prodiges d'équilibre, à la protection toute spéciale de la Providence, et du reste brisés, moulus, prêts à rendre l'âme.

Mais la première éclaircie dans les noirs sapins de la route dédommage amplement le touriste des souffrances passées : la diligence, abandonnant la forêt, se trouve tout à coup au milieu de landes arides, parsemées de pommiers sauvages et de quelques champs cultivés.

De là, l'œil embrasse toute la vallée, et c'est, je vous assure, un magnifique spectacle.

A gauche, sur le second plan, par-dessus les sapins de la montagne, l'*Ixtaccihuatl* (la Femme de neige) vous éblouit de l'éclat de sa réverbération; le pic est à quatre lieues au moins, et pourtant il semblerait, grâce à la pureté de l'atmosphère, qu'on le puisse toucher de la main.

Plus loin, sur la même ligne, le *Popocatepetl*, la plus haute cime du Mexique et le volcan le plus élégant du globe, élève à près de dix-huit mille pieds sa tête orgueilleuse. Aux pieds de ces deux rois de la Cordillère s'étend la magnifique plaine d'Amecameca, semée de moissons toujours vertes; çà et là surgissent, rompant la monotonie des lignes, ces pitons extraordinaires, produits volcaniques à la tête couronnée de sapins, isolés dans la plaine de Mexico et sans rapport avec la Cordillère.

Voilà le *Sacro Monte* d'Ameca, les monticules de Tlamanalco, village abandonné, mais riche en ruines.

Plus bas, vous voyez Chalco se mirant au soleil dans les eaux de sa lagune; à vos pieds, *Cordova*, *Buena Vista*; — Ayotla que la politique a rendu célèbre; — au loin, le *Peñon*, la grande chaussée qui sépare la lagune d'Ayotla du lac de Texcoco ; puis enfin la reine des colonies espagnoles, Mexico, dont les murailles blanchissent au soleil, et dont les dômes étincellent.

Au-dessus, le regard se perd sur les coteaux où s'épanouissent San Agustin, San Angel et Tacubaya ; un peu sur la gauche, le voile de Nuestra Señora de Guadalupe se détache sur le fond noir de la montagne, et, traversant le lac, l'ombre de la grande Texcoco vous arrache un dernier coup d'œil.

Ce n'est partout que villages, villas, lagunes ; un panorama splendide, un miroitement incroyable, une richesse de lignes inouïe ; sur le tout, un soleil éclatant jette à profusion des teintes à désespérer un peintre ; en un mot, c'est une débauche de couleurs qui éblouit l'œil et ravit l'âme ; ajoutez à cela qu'on arrive.

Mais hélas ! vous descendez, et l'illusion tombe ; vous approchez, les couleurs s'effacent et le mirage s'évanouit.

Au lieu de la plaine fertile, des palmiers verts qu'on attend, des lacs délicieux chargés de *chinampas* fleuris (îles flottantes), le voyageur harassé ne traverse que plaines brûlées et stériles ; le paysage devient morne et triste ; à chaque pas en avant, la féerie disparaît. Le village est ruiné, le palmier n'est qu'un nain rabougri, le lac un marais fangeux aux exhalaisons fétides, couvert de nuages de mouches empoisonnées.

L'entrée de Mexico n'est que celle d'un bouge, et rien ne fait encore présager la grande ville ; les rues sont sales, les maisons basses, le peuple déguenillé ; mais bientôt la diligence débouche sur la place d'Armes, bordée d'un côté par le palais, de l'autre par la cathédrale. Vous devinez alors une capitale ; vous passez rapidement, et l'ancien palais de l'empereur Iturbide vous prête, sous ses lambris autrefois dorés, l'hospitalité banale de l'hôtel.

Mexico perd tous les jours quelque chose de sa physionomie étrangère : les colonies allemande, anglaise et française ont européanisé la cité ; l'on ne trouve plus guère de couleur locale que dans les *barrios* (faubourgs).

Qu'on me pardonne ici une digression :

Les géographes prêtent à Mexico deux cent mille habitants : c'est beaucoup trop ; nous croyons être plus près de la vérité en ne lui en donnant que cent cinquante mille. Nous avons, du reste, en fait de géographie, de graves erreurs à nous reprocher, et nous manquons totalement de géographie commerciale.

En admettant les deux cent mille habitants de Mexico, ne serait-il pas utile de dire comment se compose cette population ? Ne serait-il pas nécessaire d'avertir l'émigrant ou l'homme d'affaires, que sur ce chiffre de deux cent mille, qui constitue en Europe une grande ville pour ce qui regarde la consommation, vous n'avez pas à Mexico plus de vingt-cinq à trente mille individus qui consomment? Le surplus se compose de *leperos,* mendiants, portefaix, voleurs, et autres sans profession aucune, sans moyens d'existence et vivant au jour le jour. Cette classe, loin de rien apporter à la circulation, tend à l'arrêter chaque jour, et ne vit qu'aux dépens de la communauté.

Combien de gens, en Europe, croient n'avoir affaire, au Mexique, qu'à des sauvages à l'état de nature, et s'imaginent encore voir un peuple vivant sous des palmiers, la tête et la ceinture ornées de plumes! Les mauvaises gravures font plus de mal qu'on ne pense; elles parlent plus vivement à l'esprit du peuple que des livres qu'il ne lit guère, et perpétuent dans la population des erreurs déplorables. On cite, à Mexico, l'histoire d'un malheureux qui vint à Vera-Cruz avec une pacotille de verroteries, de miroirs et de petits couteaux : naturellement il fut ruiné.

Mais reprenons notre récit.

Le Mexicain est une figure complexe, difficile à peindre : hautain, fier, insolent dans la bonne fortune, il est plat et servile dans la mauvaise; cependant il est de relations faciles, surtout si vous lui imposez. Sa politesse exagérée ressemble trop à la politesse obséquieuse des gens faux; il est bon, cependant, et d'une obligeance rare; mais, homme d'instinct avant tout, il s'engage volontiers par des promesses métaphoriques que le vent emporte, et dont il ne se souvient jamais.

Il a conservé de l'Espagnol cette naïve locution qu'il vous débite sans cesse : *Es tambien de V^d Señor*, « cela est à vous, monsieur ; » ou bien : *á la disposicion de V^d*, « à votre disposition. »—« La belle montre ! dites-vous en admirant un bijou remarquable.—Elle est à vous, répond-il immédiatement.—Le beau che-cheval !—A votre disposition. »

Ils appliquent à tout cette malheureuse formule ; mais honni soit qui les prendrait au mot.

Me trouvant au bal, dans la ville d'Oaxaca, j'admirais une jeune fille délicieusement jolie : « Ah ! la belle enfant ! m'écriai-je ; quelle est donc cette charmante personne ?—C'est ma sœur, répondit mon voisin, *muy á la disposicion de V^d*. » Je rougis et je me tus.

Sans souci du lendemain, le Mexicain dépense l'argent qui lui vient du jeu avec la même facilité que celui de son travail ; il semble qu'à ses yeux l'un n'ait pas plus de valeur que l'autre, preuve évidente de démoralisation ! Habitué, en matière de gouvernement, aux changements à vue, le fait accompli lui devient loi ; témoin jaloux des fortunes scandaleuses de quelques traitants, faussaire éhonté des monnaies publiques, la politique le perd, la paresse le corrompt, le jeu le déprave. N'ayant reçu qu'une éducation toute superficielle (je ne parle pas des jeunes gens élevés en France), gardant de l'Espagnol une fierté malheureuse, il méprise généralement le commerce pour crever de misère dans quelque administration. Il est volontiers soldat, et l'affaire est bonne quand on le paye, ce qui est très-rare par le temps qui court ; j'ai vu de malheureux colonels me demander 2 fr. 50 c. pour dîner.

Mais, en toute extrémité, il reste à l'employé, comme au soldat, une ressource : le *pronunciamento*.

Nous avons tous une idée du pronunciamento.

Je perds ma place, et naturellement le gouvernement ne me convient plus : je me *prononce;*

Je suis mis en demi-solde : je me prononce.

Colonel mécontent, général à la retraite, ministre dégommé, président en expectative : je me *prononce*, je me prononce, je me prononce ;

J'émets un plan, je groupe autour de moi quelques mécontents désœuvrés, je réunis quelques déguenillés, je forme noyau : j'arrête une diligence, j'impose un malheureux village, je dépouille une *hacienda :* je suis *prononcé ;*

J'agis pour le plus grand bien de la république. Qu'avez-vous à dire ?

Je fais boule, la paresse grossit mes rangs, le hasard me protége, je me bats bien, la fortune arrive, et je me trouve, un peu surpris je l'avoue, sur le siége de la présidence.

Hier j'étais valet dans un consulat, je suis général aujourd'hui ; je faisais il y a cinq ans le saut de carpe dans un cirque, je commande la place de

Mexico ; il y a deux ans, j'étais simple lieutenant, me voilà substitut-président; je n'ai rien, les ressources manquent, mes troupes désertent ; j'enfonce les caisses du consulat d'Angleterre. Que voulez-vous de mieux?

C'est ce qu'on voit tous les jours.

Mais le portrait du Mexicain a été tracé par notre honorable ami le docteur Jourdanet, dans son remarquable ouvrage *les Altitudes de l'Amérique tropicale, comparées au niveau des mers*[1]. Qu'on nous permette de le citer :

« Le Mexicain est de taille moyenne ; sa physionomie porte l'empreinte de la douceur et de la timidité; il a le pied mignon, la main parfaite. Son œil est noir, le dessin en est dur, et cependant, sous les longs cils qui le voilent, et par l'habitude de l'affabilité, l'expression en est d'une douceur extrême ; la bouche est un peu grande et le trait en est mal défini ; mais, sous ces lèvres toujours prêtes à vous accueillir d'un sourire, les dents sont blanches et bien rangées. Le nez est presque toujours droit, quelquefois un peu aplati, rarement aquilin. Les cheveux sont noirs, souvent plats, et couvrent trop amplement un front qu'on regrette de voir si déprimé. Ce n'est pas là un modèle académique, et pourtant, quand la suave expression féminine vous présente cette forme américaine que l'école traiterait peut-être d'incorrecte,

---

1. Baillière et fils, 1861.

vous imposez silence aux exigences du dessin et vos sympathies approuvent le nouveau modèle.

« Le Mexicain des hauteurs a l'aspect calme d'un homme maître de lui ; il a la démarche aisée, les manières polies, l'œil attentif à vous plaire. Il pourra vous haïr, mais il ne saurait vous manquer d'égards en vous parlant. Quoi que vous ayez fait contre lui, quoi qu'il médite contre vous, son habitude de l'urbanité vous assure toujours une politesse exquise en dehors du cercle de ses ressentiments.

« Beaucoup de gens appellent cela de la fausseté de caractère ; je les laisse dire et je ne m'en plais pas moins à vivre parmi des hommes qui, par la douceur de leur sourire, l'aménité de leurs manières et leur obstination à me plaire, m'entourent de tous les dehors de l'amitié et de la plus cordiale bienveillance.

« Le Mexicain aime à jouir, mais il jouit sans calcul ; il prépare sa ruine sans inquiétude et se soumet avec calme au malheur. Ce désir du bien-être et cette indifférence dans la souffrance sont deux nuances du caractère mexicain bien dignes de remarque ; ces hommes craignent la mort, mais ils se résignent facilement quand elle approche : mélange étrange de stoïcisme et de timidité.

« Dans la basse classe, le mépris de la mort est de bon ton, et, comme les gladiateurs romains, ils aiment à poser en mourant. C'est pour cela qu'ils fon échange de coups de poignard, comme nous donnerions des chiquenaudes. Et puis, à l'hôpital, ils vous disent avec calme, au milieu de leurs mortelles souffrances : « Bien touché! » rendant hommage avant d'expirer à l'adresse de leurs adversaires. »

Dans le fond, cet élégant portrait n'est pas aussi doux qu'il en a l'air.

Quoi qu'il en soit, on ne peut, en voyant l'état des choses au Mexique, s'empêcher de jeter un coup d'œil sur la république américaine sa voisine, dont le gouvernement, au dire d'un écrivain célèbre (M. de Tocqueville), n'est qu'une heureuse anarchie, et qui, néanmoins, marche à pas de géant dans les voies les plus avancées du progrès matériel, soutenu par cette seule force moralisatrice, le travail.

Le Mexique est mieux doué; il a tous les climats, toutes les productions, toutes les richesses : il dépérit; je n'accuse point son organisation, je n'accuse que l'homme : il a le travail en horreur.

Ce qui surprend dans toutes les villes mexicaines, c'est le nombre prodigieux des églises, signe incontestable de la toute-puissance du clergé. Ce ne sont partout que moines gris, noirs, blancs et bleus, couvents de femmes, établissements religieux, chapelles miraculeuses. A toute heure du jour, on voit s'ouvrir les portes du *sagrario;* un prêtre en sort tenant à la main le saint viatique : une voiture dorée, attelée de deux mules pies l'attend au dehors, il y monte; une espèce de *lepero* le précède portant sur sa tête une petite table, à la main une cloche qu'il agite à chaque instant; aussitôt le poste du palais court aux armes, les tambours battent aux champs, la circulation s'arrête, les âmes pieuses s'agenouillent, l'étranger se découvre; le nouvel arrivé s'étonne, interroge, hésite, jusqu'à ce qu'une voix du peuple vienne le rappeler au respect de la coutume. Ce ne serait point sans danger pour sa personne qu'il se hasarderait à la braver.

Quelquefois ce n'est pas seulement une voiture simplement dorée, la voiture de tous les jours, et qui ne porte qu'aux prolétaires les derniers secours de la religion. Le riche, comme partout, demande à l'Église le luxe de ses pompes; vivant ou mort, il réclame également l'hommage, ou tout au moins l'étonnement de la multitude.

Alors le prêtre, en habits sacerdotaux, flanqué de deux diacres, monte en un superbe carrosse de gala rappelant les équipages de Louis XIV; une foule bigarrée l'accompagne, divisée en deux longues files. Chaque individu portant un cierge allumé psalmodi d'une voix traînarde des prières, des psaumes ou l'office des agonisants.

Le prix de semblables cérémonies monte quelquefois à des sommes énormes; tout le monde y perd, sauf l'Église.

Le Mexicain conserve encore une coutume charmante, tout imprégnée du parfum des vieux âges. A six heures sonne la *Oracion*, l'Angelus; tous les habitants s'arrêtent, se découvrent et se souhaitent mutuellement *la buena noche*. Dans l'intérieur de chaque maison, la même scène se répète, et dans les champs aussi, les nombreux serviteurs de l'hacienda viennent humblement baiser la main de leur maître.

A Mexico, les maisons sont à terrasse et admirablement construites; les murs sont épais et généralement surmontés d'une large corniche. Les encoignures sont ornées de niches enjolivées d'arabesques et meublées d'une statue de saint ou de la Vierge. Le toit, chargé d'une épaisse et lourde couche de terre glaise, prête à la bâtisse un appui contre les tremblements de terre si fréquents sur les hauteurs. On en compte en moyenne deux par année.

Je fus témoin, pendant mon séjour, d'un de ces effroyables phénomènes. Le tremblement de terre du 12 au 15 juillet 1858 fut l'un des plus terribles qu'on ait jamais ressentis. Les Mexicains en garderont le souvenir.

Un bruit souterrain l'annonce, bruit sourd, grondant, indescriptible; l'oscillation commence, lente d'abord, puis bientôt longue, précipitée, terrible; l'épouvante vous prend à la gorge et vous assistez, sans le bien analyser, à un cataclysme épouvantable; il semble qu'un vertige affreux fasse danser à vos yeux les édifices, se briser les arbres et s'écrouler les maisons. Dans la rue, le peuple à genoux se tord dans les convulsions de la peur, l'air se remplit de clameurs lugubres, de cris désespérés, de prières et de formules pieuses arrachées par l'épouvante ; une minute (un siècle!) passe, et vous vous étonnez de vivre, de voir les palais debout et les temples résister à l'effroyable ébranlement de ces ouragans souterrains!

Cette année-là néanmoins, le dommage fut grand, et l'on estimait à plus de dix millions les désastres de la journée.

Nous avons dit qu'à Mexico, le centre de la ville était européen, presque français. Dans les rues Plateros, San Francisco, de la Professa, del Espiritú Santo, etc., on entend aussi souvent le français que l'espagnol ; presque tous les gens bien élevés parlent notre langue.

Dans ces quartiers, le paletot et la redingote dominent, le chapeau noir est bien porté ; les jeunes gens y sont mis à la dernière mode. Chaque mois le packet anglais les éclaire à ce sujet; aussi les tailleurs font-ils fortune.

Le Mexicain d'un accès si facile dans la rue, point trop poseur, est liant, mais jusqu'à la porte de sa maison. Il laisse difficilement l'étranger pénétrer dans l'intérieur de sa famille. La table, qui chez nous est l'instrument sociable par excellence, la salle à manger, le lieu où se déclarent le plus volontiers les vives sympathies, où, les coudes appuyés, se prolongent les longues causeries, n'existent pas pour le Mexicain. La table semble chose honteuse qu'il cache au besoin. Il s'y asseoit solitaire.

La femme, demi-nue jusqu'à une heure avancée, laisse flotter sur ses épaules une chevelure généralement abondante, mais grossière, qu'elle lave tous les jours. Dans bien des maisons, la Mexicaine, même riche, s'accroupit plus volontiers sur son *petate* (paillasson), devant quelque fricot pimenté, un plat de *frigoles* (haricots) et la tortille à la main, qu'elle ne s'asseoit à une table élégamment servie. Le matin, la Mexicaine est chrysalide; le soir, c'est un papillon; elle en a les ailes légères, les riches couleurs et la grâce. Alors la créature que vous avez regardée sans la voir, dans le désordre de son intérieur, est le soir une femme élégante dont vous admirez les fraîches toilettes et le luxe éblouissant.

L'heure du *paseo* approche, et comment vivre sans *paseo*? Qu'il pleuve, qu'il vente ou qu'il tonne, elle part, son carrosse l'attend; elle court étaler ses grâces, sourire à son amant, saluer de la main l'amie qui passe, écraser une rivale.

Comme elle, le Mexicain n'est plus le soir l'homme du matin; vous avez rencontré sur le trottoir un dandy du boulevard de Gand, vous le retrouvez à cheval; cavalier remarquable, il monte une bête de prix, couverte d'une selle de luxe.

Pour lui, ses jambes sont emprisonnées dans des *calzoneras* dont chaque bouton d'argent est un petit chef-d'œuvre, et lorsque le temps n'est pas sûr, des *chaparreras* de peau de tigre lui descendent du genou au cou-de-pied. Une veste bien coupée fait valoir sa taille gracieuse que ceint un filet de soie rouge. Le vaste sombrero aux ailes galonnées, à la toquille d'or, a remplacé l'ignoble chapeau noir. Quand il pleut, le zarape aux mille couleurs est négligemment jeté sur ses épaules, et quand il fait beau, fixé sur l'arrière de la selle.

Puis il va, faisant caracoler sa monture, alternant du pas au galop, distribuant des poignées de main à droite, un salut à gauche, et jetant, comme le tambour-major de la fable, un regard satisfait à quelque fenêtre privilégiée.

Deux heures environ, il va, vient, passe et repasse, repart, s'arrête et voit défiler devant lui les équipages de la cité. Mais sept heures sonnent, la nuit tombe, les visiteurs deviennent rares;. alors, abandonnant à regret son exercice favori, il rentre, et la journée du lendemain sera celle de la veille.

L'hiver, le théâtre, dont tout Mexicain à son aise est l'abonné, lui dépense trois soirées par semaines : quant à la Mexicaine, elle y vient toujours élégante et parée comme les ladies de Hay-Market ou de Drury-Lane. Chaque représentation exige une toilette nouvelle, et elle se soumet à l'exigence, vous le pensez, avec bonheur.

L'été, c'est le cirque, les combats de taureaux,

combats anodins, où la victime, toujours la même, vient régulièrement s'enferrer sur la lame de l'*espada*.

Le jeu des taureaux n'a véritablement d'attrait que la première fois qu'on y assiste. L'œil s'amuse de cette mise en scène brillante, des costumes élégants et légers des *banderilleras*, de leurs voiles multicolores, de la tenue matamoresque des *picadores* et des chamarrures de l'*espada*.

L'entrée du taureau vous émeut ; il semble que rien ne doive résister à l'élan de la bête furieuse, et le *picador* imprudent qui l'oserait affronter serait culbuté sans merci ; mais tourmenté par les *banderilleras*, aveuglé par leurs voiles trompeurs, il épuise en vain sa rage contre d'insaisissables ennemis ; le *picador* n'arrive que lorsque, écumant, essoufflé, à demi vaincu, il ne se précipite plus qu'en un choc souvent impuissant sur la rosse qu'on lui sacrifie d'avance. Souvent aussi le directeur du cirque ne lance sur l'arène que des taureaux en bas âge, roquets de taureaux dont le peuple hue l'entrée (*fuera la vacca !* à la porte la vache !), et qu'on remplace quelquefois pour le satisfaire.

L'Alameda est un joli parc situé au centre de Mexico ; de beaux ombrages, des fleurs malgré l'incurie des gardiens, de l'eau vive, une fontaine, en font un lieu de promenade assez agréable, mais presque uniquement à l'usage des enfants et des gens paisibles. Là, l'homme studieux arrive avec son livre, la *china* (grisette) y donne ses rendez-vous, quelques dames aussi parfois. Le Français y domine. Ceci me rappelle que je ne dois pas oublier mes compatriotes.

La société française à Mexico est composée de gens énergiques qui, partis de bas, sont arrivés à la fortune grâce à un travail obstiné et à des facultés incontestables. Presque tous libéraux, ils infusent au Mexique des principes qui ne sont point du goût des conservateurs : aussi ont-ils les vives sympathies des uns et la haine envenimée des autres. La colonie française a grandement souffert sous la présidence de Miramon, dont les emprunts forcés se renouvelaient chaque jour. Comme partout à l'étranger, les Français de Mexico se dénigrent entre eux, les femmes s'y jalousent avec fureur, et la colonie n'y est guère qu'un immense foyer de cancans.

La promenade des « Chaînes » qui s'étend au pied de la cathédrale n'est fréquentée que le soir ; la société s'y rend au clair de lune, si brillante en ces climats ; les toilettes y sont belles, le châle porté sur la tête y abrite les belles señoras contre la fraîcheur de la nuit. Les accroche-cœurs y font quelques captifs, et le *caballero* quelques conquêtes.

III

COUTUMES

Le peuple à Mexico.—Les Indiens.—Las pulquerias.—Les enterrements d'enfants.—Le clergé.—Les voleurs de grands chemins.—Utilité d'un rubat.—Mexico et ses monuments.—La banlieue.—Les ruines de Tlalmanalco.

Le peuple de Mexico est composé de métis de toutes les teintes, et de quelques Indiens fournissant au commerce les domestiques mâles ou femelles, les *cargadores* et les porteurs d'eau. Dans les faubourgs, c'est une fourmilière de femmes et d'enfants en guenilles, d'ignobles bouges d'où s'échappent des odeurs méphitiques. Tous ces êtres, rongés de vermine, les cheveux épars, ne présentent que l'aspect d'une population étiolée par le mauvais air, la mauvaise nourriture et la débauche. Souvent, sur la porte des masures, une femme accroupie tient entre ses genoux la tête d'un enfant; elle semble s'efforcer, mais en vain, d'arrêter la fécondité de la population parasite qui le dévore; quelquefois c'est un heureux soldat qui jouit de ce doux privilége. En vérité, cela rappelle les singes du Jardin des Plantes.

Les *barrios* ou faubourgs sont des quartiers qu'un étranger, la nuit venue, ne peut parcourir sans danger. Les habitants nous portent une haine féroce, en grande partie inspirée, il faut bien le dire, par les prédications du clergé.

A leurs yeux, nous ne sommes que des *hereges*, hérétiques sans foi ni loi : notre présence n'est pour la république qu'un sujet de troubles, de discordes et de malheurs mérités : nous modifions leurs habitudes, nous rions de leurs cérémonies religieuses, nous bafouons leurs ministres ; c'en est assez, malgré la fausseté d'une accusation si absolue et si générale, pour attirer sur nous les poignards.

Le jour, les *pulquerias* ou débits de *pulque*, liqueur tirée du maguey, espèce de boisson épaisse, blanchâtre et fort vineuse, ne cessent de verser au métis comme à l'Indien une ivresse abrutissante. Vous les voyez alors se traîner, l'œil mort, la bouche bavante, murmurant des paroles incompréhensibles ; d'autres se précipitent sous l'impulsion d'une folie furieuse, et d'autres, roulés dans la fange, offrent au passant le plus déplorable des spectacles.

Cette population des faubourgs est en même temps le réservoir où vient puiser chaque parti pour s'en faire de vaillants soldats. C'est la chair à pâté de l'armée, et telle est la soumission ou l'abrutissement de ces malheureux, que deux recruteurs cernant une *pulqueria*, ou pénétrant dans une de ces cours populeuses, ramènent avec la plus grande facilité tout un troupeau de ces pauvres créatures. On les conduit au palais, et là, mettant entre les mains de chacun un sabre ébréché et quelque carabine impossible, le malheureux est fait soldat par la grâce du commandant de place et pour le plus grand malheur de la république. Chaque nouvel engagement de l'armée demandant des contingents nouveaux, *la leva*, la levée recommence.

La campagne ouverte, la femme suit l'homme et le nourrit en campagne ; aussi rien de plus original qu'une armée mexicaine : les femmes, les enfants, les chiens la font ressembler à une émigration ; c'est l'armée de Xerxès en guenilles. Il est facile de comprendre qu'au premier tournant de la route, au premier bois qui peut déguiser sa fuite, le soldat improvisé reprend le chemin de son faubourg ou de son *jacal;* il lui arrive ainsi d'un moment à l'autre de servir coup sur coup les deux partis contraires.

Quelquefois il vend son équipage, fusil, sabre et giberne, le tout pour une piastre ; le gouvernement le rachète pour dix ou quinze. C'est un commerce assez heureusement pratiqué, et dont le bénéfice pour la république est des plus clairs. Malgré la beauté de son climat, l'inaltérable sérénité de son ciel et l'état de fainéantise dans lequel il semble croupir avec délices, le *lepero* de Mexico considère la vie comme une terrible épreuve, puisqu'il se réjouit de la mort des siens. Il rappelle alors ces tribus des Thraces qui jetaient des cris de désespoir à la naissance de leurs enfants, et chantaient à leur mort des actions de grâce. A Mexico, la basse classe semble avoir hérité de cette barbarie.

Un enfant meurt, on le couche dans une bière ouverte, puis on l'ensevelit sous les fleurs; sa pauvre petite figure livide est seule visible au milieu des héliotropes, des jasmins et des roses. Un parent, quelquefois le père lui-même, charge le cadavre sur sa tête; puis il part suivi des siens qui causent gaiement et se promettent une belle journée. L'on arrive à quelque logis où la fête funèbre doit avoir lieu; les libations commencent, les jeux s'organisent, la partie s'échauffe, les danses enivrent; l'orgie est si douce, qu'on oublie parfois le petit mort sur une table, ou qu'on trouve au matin le cadavre profané loin de sa bière, au milieu des débris de toutes sortes. Pauvres mères! Combien doivent hurler de désespoir, écrasées par la tyrannie des coutumes!

Gabriel Ferry, dans ses études sur le Mexique, nous a conté ces enterrements scandaleux, en même temps qu'il nous laissait de magnifiques types de moines qui disparaissent chaque jour. On ne saurait faire rien de mieux ni de plus exact.

Les moines et les *padres* forment, avec les *leperos*, une alliance indissoluble. Ils se traitent de père à fils, et ces derniers habitent presque tous des maisons appelées *de vecindad* et qui appartiennent aux corporations religieuses ou au clergé. L'un est toujours le débiteur de l'autre ; mais celui qui reçoit le plus n'est pas celui qu'on pense : aussi le *padre* peut-il impunément traverser des routes infestées de voleurs ; on le dépouille rarement, et quelques esprits forts se hasardent seuls à lui demander la bourse ou la vie. On appelle ordinairement les voleurs du nom familier de compères, *compadres*.

En revenant de Tehuacan de las Granadas, nous fûmes arrêtés contre toute vraisemblance aux portes de la ville même par un monsieur fort bien vêtu, accompagné de son domestique. C'était, je crois, un colonel de la brigade Cobos qui, sachant qu'il y avait deux étrangers dans la diligence, crut à une bonne aubaine. Cet aimable officier nous demanda cinquante piastres d'une voix terrible. Je fis la quête, et nous ne pûmes, malgré toute notre bonne volonté, en réunir plus de dix à onze.

Je les lui offris le plus gracieusement du monde, fort désolé de ne pouvoir mieux faire, et sur son refus de les prendre, alléguant que nous voulions le tromper, je les remis tranquillement dans ma poche. Il visita la diligence, et voyant qu'en somme il se pourrait bien que nous n'eussions pas davantage, il se décida, maugréant et jurant, à les accepter.

Ce vol insolite était une véritable surprise : on

n'avait jamais arrêté la diligence en cet endroit, les *compadres* ayant marqué la route par étapes comme une chose réglée d'avance.

De Tehuacan à Puebla, il fallut se résigner trois fois à l'aimable invitation de retourner ses poches.

Nous avions parmi nos compagnons de route un homme grand et sec, porteur d'une figure entièrement rasée, auquel il ne manquait que la tonsure pour laisser deviner un curé de village. Le lecteur doit être averti que les prêtres au Mexique, surtout à la campagne, portent rarement le costume ecclésiastique. Un simple rabat nommé *cuello*, garni de perles ou simplement bordé d'un liséré blanc, suffit pour distinguer un membre du clergé.

A peine remis de notre mésaventure, mon voisin, c'était l'homme en question, se tourna vers moi, et tirant de sa poche un rabat assez sale, me dit en me le montrant : « *Amigo*, voici mon arme, et vous verrez qu'elle en vaut bien une autre. » Il m'expliqua son stratagème, mit son rabat et attendit.

Je m'inquiétais peu des voleurs pour mon compte. Je n'avais rien à perdre. En sortant de Tecamachalco, deux ou trois milles au delà, nous vîmes un petit berger dans un champ, qui de loin nous faisait signe, en nous désignant le lit encaissé d'une rivière à sec. En effet, deux compères à cheval, la figure voilée par des mouchoirs à carreaux, enjoignirent au postillon d'arrêter, et aux voyageurs de descendre. Le respect de l'autorité me paraît être, en principe, une vertu ; aussi nous hâtâmes-nous d'obéir. Mais en voyant nos poches vides, ces gentilshommes de grande route jetèrent des cris de paon ; jamais l'indignation vertueuse d'un galant homme, arrêté dans la plus louable entreprise, n'égala celle de ces délicieux détrousseurs.

« On nous avait déjà volés ! » C'était indigne, cela ne s'était jamais fait ; ils n'en voulaient rien croire, et le conducteur lui-même fut obligé de donner sa parole d'honneur que le fait, tout extraordinaire qu'il fût, était exact. Il fallut se rejeter sur les bagages, chose assurément fort désagréable : le volume est gros, la valeur problématique, la vente difficile, enfin !

En ce moment l'un d'eux aperçut le *cuello*, le rabat de notre ami : sa figure rébarbative s'adoucit aussitôt d'un sourire. Je vois encore la scène. L'autre voleur était fourré sous la bâche de la voiture, se faisant ouvrir et visitant en toute sécurité les coffres qu'elle abritait.

« Ah ! *padrecito* (petit père), s'écria celui d'en bas, avez-vous aussi des bagages ? » Et comme son acolyte demandait, en montrant une mallette : « A qui cela ? —La mienne, répondit l'homme au rabat.—La vôtre, petit père ? répond le voleur. Hé ! là-haut ! laisse cette malle, mon ami : c'est celle du *padrecito*. »

Puis se retournant vers le *padre* de circonstance :

« Ah ! *padrecito*, lui dit-il, nous ne sommes point des voleurs ; vous n'en croyez rien, n'est-ce pas ? Mais les temps sont si durs! Nous avons des enfants à nourrir. Cher père, donnez-moi votre bénédiction, nous sommes d'honnêtes gens, je vous le jure. »

L'homme au rabat s'empressa de lui octroyer une faveur si humblement demandée et qui lui coûtait si peu. La diligence repartit. « Le tour est joué, » me dit mon vis-à-vis. Pour moi, je ne pus qu'éclater de rire.

Ce respect du peuple et de la classe moyenne pour les *padres* est si tenace que, quoi que beaucoup de ces derniers fassent pour l'éloigner d'eux, par leur conduite et la publicité d'une vie scandaleuse, ils ne peuvent y parvenir. Chacun sait aussi bien que moi que le clergé mexicain n'offre pas le modèle de toutes les vertus.

Malgré tout, rien ne peut dessiller des yeux si aveuglément prévenus. Aussi quand, par suite d'une révolution quelconque, les moines sont en masse expulsés d'une ville, la route de l'exil est semée de femmes à genoux qui viennent accompagner de leurs larmes le départ de leurs chers confesseurs. Elles s'empressent à baiser la tunique du martyr et remplissent à l'envi la main du cordelier de pièces de monnaie, ou à défaut, de bijoux de toute valeur.

Quand ils reviennent, c'est un triomphe.

Mais laissons l'étude des hommes, et consacrons quelques lignes aux monuments de Mexico et de ses environs.

Le premier, le plus important, sans contredit, est la cathédrale.

La cathédrale forme le côté nord de la place d'Armes, dont le palais forme l'est, la Députation le sud, et le *Portal de las Damas* l'ouest. Commencée sous le règne de Philippe II, en 1573, elle ne fut véritablement terminée qu'en 1791, au prix de 2,446,000 piastres, soit 12,330,000 fr.

Vu de la place, l'édifice se présente sous l'aspect majestueux des églises de la seconde moitié du seizième siècle. La façade est remarquable par le contraste frappant de la simplicité qui la distingue des autres édifices religieux de la ville. Elle a trois portes placées entre des colonnes doriques; ces portes communiquent avec la grande nef et les deux nefs latérales.

Au-dessus de la porte principale, deux étages superposés et ornés de colonnes doriques et corinthiennes supportent un petit clocher de forme élégante, couronné de trois statues, représentant les vertus théologales. De chaque côté s'élèvent les tours, d'un style sévère, terminées en coupole, et dont la hauteur est de 78 mètres.

L'intérieur est tout or. Un chœur immense remplit toute la grande nef et se relie, par une galerie de composition précieuse, au maître-autel, imité, m'a-t-on dit, de celui de Saint-Pierre de Rome.

Les deux nefs latérales sont destinées aux fidèles,

et l'on n'y voit ni chaises ni bancs d'aucune sorte. Les Mexicaines, qui s'empressent à l'office divin, s'agenouillent ou s'asseyent sur les dalles humides, la ferveur leur défendant probablement une position moins humiliée qu'exigerait pourtant leur santé délicate. Les hommes ont le loisir de se tenir debout; ils sont rares, du reste, à l'intérieur de l'église; ils s'arrêtent plutôt à la porte, où ils attendent en causant l'arrivée des dames et la fin du service, se trouvant récompensés au delà de leur patience par une œillade discrète ou par un gracieux salut.

Parmi les objets d'art que renferme la cathédrale, il faut rappeler une petite toile de Murillo, connue sous le nom de *Vierge de Belen*, et qui n'est pas une des meilleures du grand peintre. L'église la considère comme son joyau le plus précieux. La toile est en assez mauvais état et le tableau demanderait un rentoilement immédiat.

Il faut citer encore une Assomption de la Vierge en or massif, du poids de 1,116 onces.

La lampe en argent massif suspendue devant le sanctuaire a coûté 350,000 francs.

Le tabernacle, également en argent massif, est estimé 800,000 francs.

Citons encore des monceaux de diamants, d'émeraudes, de rubis, d'améthystes, de perles et de saphirs, une quantité prodigieuse de vases sacrés en or et en argent, pour une somme inimaginable.

La cathédrale renferme le tombeau d'Iturbide, le plus terrible ennemi de l'indépendance, son soutien plus tard.

Contre le mur de la tour gauche et regardant l'ouest, se trouve le fameux calendrier aztèque, découvert le 17 décembre 1790, tandis qu'on travaillait à la nouvelle esplanade de l'Impedradillo. Il fut enchâssé dans les murs de la cathédrale par ordre du vice-roi, qui en fit prendre soin comme du monument le plus précieux de l'antiquité indienne. Nous pourrions donner ici un résumé de l'œuvre de Gama en ce qui concerne le calendrier ; mais, faute de place, nous sommes forcé de nous abstenir, nous réservant de publier plus tard des documents aussi intéressants. En tout cas, voici le titre de l'ouvrage où chacun pourra puiser d'amples renseignements :

Description historique et chronologique de deux pierres indiennes trouvées à Mexico en 1790, par D. Antonio de Leon y Gama. — Mexico, 1832.

Le *sagrario* est une immense chapelle formant dépendance de la cathédrale. Là se font les mariages, les enterrements et les baptêmes, et le saint Sacrement y reste sans cesse exposé à la vénération des fidèles.

Il est impossible de ne point s'arrêter devant la porte du *sagrario*, et quoique l'ensemble soit d'assez mauvais goût, on ne saurait s'empêcher d'admirer le luxe inouï de ses sculptures et de son ornementation.

Nous avons parlé de la coutume religieuse qui impose encore aujourd'hui à chaque piéton de s'agenouiller dans la rue, ou tout au moins de s'arrêter et de se découvrir au passage du saint Sacrement; nous trouvons dans certaines chroniques de l'époque qu'il fallait jadis se joindre à la procession et accompagner le saint viatique jusqu'à la demeure du malade, si bien que la foule, grossissant à chaque pas, finissait par constituer une masse énorme. Le vice-roi lui-même n'en était pas exempt, et plusieurs fois il se vit obligé de prendre la tête de la colonne.

En sortant de Mexico par la porte de Belen, et suivant l'aqueduc qui se dirige du côté de Tacubaya, on arrive au château de Chapultepec.

Véritable oasis dans la vallée, Chapultepec s'élève sur un monticule volcanique d'environ deux cents pieds; il est entouré d'eaux vives et couvert d'une végétation splendide, le voyageur peut y admirer à son gré une vue panoramique des plus délicieuses. On y remarque de magnifiques *sabinos*, espèces de cyprès dont quelques-uns atteignent soixante-quinze et quatre vingts pieds de circonférence, et dont la vieillesse vigoureuse brave les ravages des siècles.

Chapultepec est un des plus anciens souvenirs du Mexique. Au viii° siècle, suivant de vieilles chroniques, la colline était déjà le siége d'une colonie d'habitants industrieux et remarquables par leur civilisation.

Pendant une longue période, les peuples nomades venant du Nord, se pressent, se succèdent et se mêlent sur ce terrain si souvent disputé, jusqu'à ce que l'avant-garde des hordes mexicaines accueillies par *Jolotl,* roi des Chichimèques, obtint la permission de s'établir à Chapultepec.

Depuis la fondation définitive de México, Chapultepec s'est converti en un lieu de pèlerinage. Plus tard, la dévotion populaire se refroidissant, les rois aztèques en firent un musée historique, et ses rocs furent destinés à transmettre à la postérité la physionomie des grands souverains du Mexique.

Axayacatl, suivant Tezozomoc, fit placer sa statue sur un rocher de la colline, et le P. Acosta prétend avoir vu de beaux portraits en bas-relief, de Montézuma II et de ses fils, sur pierre vive.

Au temps de Montézuma II, Chapultepec devint résidence impériale.

Le château moderne élevé par les soins du vice-roi Mathias de Galvez, s'est transformé, en 1841, en école militaire, et dernièrement Miramon, après l'avoir restauré, en avait fait sa résidence.

Mais revenons à Mexico.

Sur la place de la Douane, place toujours encombrée d'attelages de mules et de chariots vides, se trouve le couvent de Santo Domingo, bien déchu de son ancienne splendeur. Il sert, en temps de guerre civile, de forteresse aux prononcés qui, du haut des clochers, fusillent à leur aise leurs ennemis logés sur les *azoteas* des maisons, ou sur les tours des couvents voisins. A défaut, l'on choisit pour point de mire le piéton hasardeux que la nécessité chasse de son logis, l'étranger surtout quand on le reconnaît au loin.

Aussi le cloître de Santo Domingo ne présente plus que l'aspect de la désolation. Les tableaux qui ornaient les galeries sont à moitié crevés, et les murailles sont noires de la fumée des camps. Les beaux jours de Santo Domingo remontent à l'inquisition, dont il fut le siége. Les annales font remonter à l'an 1646 les fêtes qui célébrèrent le premier auto-da-fé de Mexico. Quarante-huit personnes succombèrent à l'inauguration du terrible tribunal dont les décrets s'exécutèrent jusqu'au commencement du siècle.

Autre chose est le couvent de San Francisco. Placé entre la rue du même nom, celle San Juan de Letran et Zuletta, il couvrait une superficie de près de soixante mille mètres carrés. Coupé de cloîtres magnifiques, de cours et de jardins, c'était, à notre avis, le plus considérable et le plus riche de Mexico.

Deux églises, dont les intérieurs sont couverts de gigantesques autels de bois sculpté et doré, trois chapelles délicieuses, des cloîtres couverts de tableaux, en faisaient un monument des plus remarquables; mais la politique a renversé le couvent, percé des rues au travers des cloîtres et vendu les jardins. Les garnisons qui occupèrent l'édifice aux jours de lutte ont, comme à Santo Domingo, laissé les tristes marques de leur passage; le couvent est dans un état déplorable.

La façade qui regarde la rue de San Francisco présente un portail magnifique.

Cette porte est un composé bizarre de pilastres renaissance, couverts de figures en bas-relief, surmontés de chapiteaux composites, et séparés par de niches ornées de statues. Le tout est d'une richesse d'ornementation extraordinaire, d'un goût peut-être douteux, mais d'un remarquable fini de détail, et l'on admire d'autant plus ces sculptures que, au dire de la chronique, elles ne sont point dues au ciseau de l'artiste, mais au pic grossier du tailleur de pierre.

Aujourd'hui, m'a-t-on dit, la porte de San Francisco n'existe plus; le couvent est démoli, les matériaux dispersés, le terrain vendu.

On regrette que le gouvernement libéral, dans sa hâte de détruire les couvents, n'ait point su conserver ce magnifique échantillon de l'art mexicain.

Le couvent de la Mercie n'est qu'une immense bâtisse dont rien, ni l'église, ni la façade, ne peut attirer l'attention du passant; mais son cloître est le plus admirable de Mexico.

De blanches colonnes aux arceaux dentelés forment d'immenses galeries encerclant une cour dallée, dont une fontaine bien modeste orne le centre. Ces colonnes légères et les dentelures finement découpées rappellent le style grenadin qu'on voit se développer avec tant de splendeur dans la cour de l'Alhambra.

Placé au centre d'un faubourg des plus populeux, le cloître, par sa solitude et son silence, forme un contraste frappant avec le tumulte et l'agitation du dehors. Rien ne peut se comparer à la tristesse qui règne dans ses murs. De temps à autre un *aguador* vient remplir à la fontaine ses *cantaros* et ses *chochocoles* (urnes et pots qui lui servent à transporter l'eau). Quelquefois la tunique blanche d'un religieux vient animer une seconde le désert des galeries, pour disparaître aussitôt dans l'ombre des vastes corridors, peuplés de cellules désertes pour la plupart.

Aux murailles des galeries sont suspendus de nombreux cadres avec personnages grandeur nature, représentant des scènes religieuses, les martyrs de l'ordre, et les saints qui l'ont rendu célèbre. Toutes ces physionomies muettes, dans l'extase de la prière ou de la douleur, n'offrent aux yeux que poses violentes et tableaux d'horreur. Ce ne sont que dislocations, bûchers, supplices de tous genres.

Parmi ces personnages, les uns lèvent au ciel leur tête coupée dont le sang les inonde, d'autres vous tendent à l'envi leurs moignons sanglants ou leurs membres calcinés. Un dégoût invincible envahit tout votre être; vous vous reportez à ces temps de sainte fureur où l'on béatifiait la souffrance, où l'on avait soif de supplice et vous bénissez le ciel de vous avoir fait naître dans un siècle moins barbare, où Dieu se contente d'hommages plus faciles et de moins horribles sacrifices.

La Mercie possède encore une belle bibliothèque où l'amateur pourrait découvrir des trésors; et le chœur de l'église, composé d'une centaine de siéges en chêne sculpté, est un des plus beaux que je connaisse.

Le Salto del Agua est la seule fontaine monumentale que possède Mexico. Placé en dehors des grandes voies de circulation et dans le centre d'un faubourg, il termine l'aqueduc qui, partant de Chapultepec, amène à Mexico les eaux de ses sources. C'est une construction oblongue, ornée d'une façade fort médiocre. Au centre, un aigle, aux ailes déployées, soutient un écu meublé des armes de la ville. De chaque côté, des colonnes torses avec chapiteaux corinthiens supportent deux figures symboliques de l'Amérique et de l'Europe, qu'accompagnent huit vases à moitié brisés. Suivant les historiens de la conquête et les anciens auteurs mexicains, le Salto del Agua et l'aqueduc qu'il termine avaient remplacé l'ancien aqueduc de Montézuma, bâti par Netzahualcoyotl, roi de Texcoco, sous le règne de Izcoatl, c'est-à-dire de 1427 à 1440. Nous lisons aussi dans Clavijero, que deux aqueducs amenaient l'eau de Chapultepec à la capitale. La bâtisse était un mélange de pierre et de mortier, la hauteur des aqueducs de cinq pieds, la largeur de deux pas. Ces aqueducs occupaient une chaussée qui leur était exclusivement réservée, et amenaient l'eau jusqu'à la ville et de là dans les palais impériaux.

Quoique l'aqueduc fût double, l'eau n'était fournie que par un seul à la fois, facilitant ainsi la réparation de l'autre, afin que l'eau arrivât toujours pure. Il faut avouer que les Mexicains d'autrefois avaient plus de prudence et plus de soin de leurs monuments que ceux de nos jours, qui laissent tomber les leurs en ruine.

En parcourant les environs de Mexico, on trouve à Popotlan, à deux lieues environ de la ville, l'un des plus poétiques souvenirs de la conquête. Ce fut à l'ombre du vieil *ahuahuete* (cyprès) que Cortez vint reposer ses membres endoloris et pleurer son effroyable défaite du 1er juillet. L'arbre fut appelé depuis : Arbre de la nuit triste.

Rappelons rapidement les causes qui amenèrent ce déplorable événement.

Montézuma était prisonnier des Espagnols, et la noblesse mexicaine, voulant encore fêter son roi dans les fers, offrit au monarque malheureux un bal, dans le palais même qui lui servait de prison. Alvarado commandait en l'absence de Cortez, mais il ne voulut permettre la réunion qu'à la condition expresse que les Mexicains s'y rendraient sans armes. Le palais se remplit, à l'heure fixée, des nobles mexicains vêtus de leurs plus riches parures et couverts de leurs joyaux les plus précieux. C'était un océan de plumes aux vives couleurs, une richesse incroyable de plaques d'or, un amas prodigieux de perles, de diamants et de pierres précieuses. A l'aspect de tant de richesse, les Espagnols furent éblouis, leur convoitise s'éveilla terrible, leurs regards s'allumèrent, la soif de l'or les enivra, et l'assurance de l'impunité leur fit commettre la plus infâme des trahisons. D'un commun accord, ils se précipitèrent comme des tigres sur la noblesse sans défense, et se gorgèrent à l'envi de carnage et d'or.

La nation frémit à la nouvelle de cet attentat sans nom, mais le respect inspiré par le roi prisonnier la maintint encore. Cortez, du reste, était absent, et l'on comptait sur sa justice et le châtiment des coupables.

Cependant, il arrivait vainqueur de Narvaez et son entrée fut triomphale. Aveuglé par le succès, Cortez se borna à quelques réprimandes, espérant que le temps apaiserait l'indignation populaire.

Mais le désespoir et la colère des Mexicains arrivèrent à leur paroxysme, et la mort de Montézuma ne permit plus l'espérance d'aucun arrangement. Ce fut alors une guerre à mort, sans trêve ni merci. Les arquebuses et les coulevrines furent impuissantes contre ce flot toujours renouvelé d'assaillants désespérés. Les Espagnols indécis, troublés, durent songer à la retraite. Cortez lui-même perdit en cette circonstance la présence d'esprit qui ne l'avait jamais abandonné. Devant l'énormité du péril, son courage chancela ; il voulut fuir et crut déguiser sa retraite à la faveur d'une nuit pluvieuse.

La troupe espagnole, suivie des Tlascaltecas ses alliés, abandonna donc cette ville, témoin de tant de triomphes. Chaque soldat chargé d'or suivait péniblement la route obscure ; nul danger apparent n'arrêtait sa marche, la ville était silencieuse. Quelques heures encore tout était sauvé. Mais au moment de franchir les ponts de la rue de Tlacopan, des milliers de guerriers surgirent de tous côtés. Ce fut une mêlée horrible, un mélange épouvantable de cris de douleur et de hurlements de rage, un combat sans nom, où l'élite de la troupe espagnole périt sans gloire dans les eaux bourbeuses des fossés et sous la hache impitoyable des Mexicains. Cortez, Ordaz, Alvarado, Olid et Sandoval échappent avec peine, suivis d'une poignée des leurs. Ils fuient et s'éloignent désespérés, n'osant rappeler cette nuit sanglante.

Ils arrivèrent ainsi jusqu'à Popotlan où Cortez, pleurant, dit-on, vint s'étendre sous le vieux cyprès.

« O Cortez ! s'écrie un de nos compatriotes, Alvarado et vous tous, valeureux comme Thésée, mais insatiables comme Cacus, vous ne méritez pas des statues de marbre, mais d'argile ! Loin d'être les apôtres de la civilisation, votre valeur n'a servi qu'à l'abrutissement du peuple dont vous deviez améliorer le sort en l'initiant aux mystères d'une destinée supérieure.

« Que reste-t-il de vos actions héroïques? Un peuple déchu de son ancienne splendeur, d'un christianisme douteux, et s'enfonçant chaque jour dans une abjecte barbarie : quelques pages glorieuses, mais impures ; une rue du nom d'Alvarado, un vieil arbre décrépit et solitaire, devant bientôt mêler ses cendres à celles des malheureux dont il rappelle le souvenir funèbre. »

C'est encore à notre savant ami, M. Jules Laverrière, que le voyageur de la vallée de Mexico doit la découverte des ruines de Tlalmanalco et quelques renseignements sur leur origine. Du reste, nul mieux que lui ne connaît le plateau, et personne n'est plus capable de le mieux dépeindre. A une lieue et demie de Chalco, le touriste se dirigeant vers les volcans, monte une petite côte, passe devant la magnifique filature de Miraflores, et se trouve, à quelques milles au delà, devant le village à demi ruiné de Tlalmanalco. Au milieu du cimetière, près de l'église moderne, s'élèvent les superbes arceaux dont la création remonte aux premiers temps de la conquête. Ces ruines, selon M. Laverrière, sont les restes d'un couvent de franciscains, dont les travaux restèrent inachevés.

L'architecture de ces arceaux est vraiment extraordinaire, et la forme des colonnes, les chapiteaux et les sculptures tiennent du mauresque, du gothique et de la renaissance. La création est toute espagnole et reporte l'imagination de la cathédrale de Burgos à l'Alhambra. L'ornementation porte un cachet mexicain, riche, capricieux, fantastique et mi-symbolique.

Mais si le dessin est espagnol, l'exécution est toute mexicaine, et l'ensemble de l'œuvre a l'empreinte des deux civilisations. Les ruines de Tlalmanalco sont uniques dans leur genre au Mexique, et l'on ne retrouve nulle part rien qui leur puisse être comparé.

Il reste au voyageur, pour bien connaître la vallée, à faire une excursion à San Agustin, à Tacubaya et à Nuestra Señora de Guadalupe. San Agustin est un assez joli village à quatre lieues au sud de Mexico. Toute sa célébrité lui vient du jeu qui, à la fête patronale, attire les Mexicains et les étrangers qui viennent y tenter la fortune. Il faut avoir, au moins une fois dans sa vie, assisté à cette réunion extraordinaire, où la dignité la plus exquise préside aux arrêts de l'aveugle déesse.

Dans une salle immense s'étend un vaste tapis vert, disparaissant sous des amas d'or. On y joue au *monte*, espèce de lansquenet. Le banquier n'a qu'une chance raisonnable, et les probabilités sont bien partagées, à l'opposé des jeux de Hombourg, qui sont une véritable duperie.

L'enjeu est considérable ; rien ne vient contrarier la chance du joueur, la ponte étant illimitée.

Vous pouvez en principe, si vous en avez les moyens, ponter le total de la banque sur table, c'est-à-dire de quatre à cinq cent mille francs. Cela s'appelle *tapar el monte*. Il faut ajouter que ce cas est rare, mais un bonheur quelque peu suivi peut amener ce résultat.

Entrons, la salle est pleine ; l'or seul est admis. Les cartes s'étalent et s'appellent. Perdants ou gagnants reçoivent ou repontent sans qu'un geste malheureux ou qu'une parole déplacée vienne interrompre la partie qui se continue. Au milieu de cette assemblée où se déroulent à chaque instant les péripéties de la plus terrible des passions humaines, on entendrait voler une mouche, le silence est absolu. Combien, cependant, s'éloignent désespérés !

On parle d'un *padre* riche, qui quelquefois arrive suivi d'un domestique porteur d'une *talegue* d'or (quatre-vingt-cinq mille francs). Il s'arrête, regarde un instant les coups, combine, observe, calcule et se décidant pour une carte qui lui plaît, dépose comme enjeu la somme entière.

Le croupier appelle, il écoute sans émotion apparente, gagne ou perd avec le même calme, allume tranquillement une cigarette et se retire.

Les fêtes de Tacubaya n'ont point la même célébrité ; on y joue comme partout au Mexique, mais la merveille de Tacubaya, c'est la propriété de don Manuel Escandon, résidence délicieuse, entourée d'eau, coupée de lacs et de cascades, et contenant toutes les flores du globe. Un horticulteur émérite en dirige l'entretien, et nous rendons hommage à l'urbanité charmante du propriétaire de la villa et de son neveu don Pepe Amor, qui en font les honneurs avec tant de grâce.

Guadalupe est un village à deux lieues au nord de Mexico. Un chemin de fer vous y mène en quelques minutes.

Guadalupe est le grand pèlerinage du Mexique, et l'église se trouve sur le Tepeyac même où Tonantzin, la mère des dieux mexicains, respirait les vapeurs du copal, aux lieux où fumait le sang des victimes humaines. La Vierge y possède une chapelle privilégiée où les miracles se succèdent sans relâche. Placée au sommet d'une pointe de rocher relié à la chaîne principale et qui fait promontoire dans la plaine, la chapelle regarde Mexico et permet au voyageur de parcourir de l'œil tout le panorama de la vallée.

Au pied du rocher, une fontaine merveilleuse, couverte d'un dôme magnifique, prodigue moyennant redevance, à tous les infirmes du globe, les vertus curatives de ses eaux sacrées.

Chaque jour, l'Indien crédule y vient renouveler sa provision épuisée, réciter ses humbles prières aux pieds de la Vierge, et s'en retourne satisfait d'avoir un instant contemplé la divine image. Les jours de fête, c'est une masse énorme de population accourue de tous les points du Mexique; tous les costumes y sont réunis, tous les types s'y confondent : ce ne sont partout que cris de joie et bruit de cloches. Les marchands de toute espèce étalent aux yeux des promeneurs des fruits de tous les climats; l'Indienne y fabrique des tortilles et de grandes galettes à la graisse rance, dont l'odeur vous prend à la gorge. Le *pulque* coule à plein bord. Vous vous retirez fatigué de ces bruits, la tête embarrassée par ces parfums de rôtisseur, couvert de poussière, et vous rentrez avec une vague réminiscence de la foire aux jambons de Paris.

IV

ANECDOTES ET RÉFLEXIONS

Il peut sembler curieux, par le temps qui court, de tracer quelques esquisses mexicaines et de conter des anecdotes qui mettent le lecteur au fait de coutumes qu'il ne connaît guère.

Mon dessein, en écrivant ces lignes, n'est point de faire de la politique pas plus actuelle que rétrospective ; car, malgré tout mon désir d'être juste dans mes appréciations, il se pourrait que, malgré moi, mes sympathies se déclarassent pour tel ou tel, chose bien égale au lecteur assurément.

Non, je parlerai de l'un et de l'autre, taisant quelquefois les noms, et tout aussi indépendant envers le parti de l'Église, que je respecte, qu'envers le parti libéral, qu'on blâme aujourd'hui. Des deux côtés, les hommes se valent; ils sont Mexicains. Quant aux principes, c'est une affaire d'appréciation.

Je ne dirai que ce que j'ai vu, et cela suffira, je pense; car, au Mexique, le possible n'est guère vraisemblable, et les on dit pourraient m'attirer des contradictions.

Je laisse dormir le passé. Il m'est dur néanmoins de ne pouvoir faire preuve d'érudition sur la conquête, les vice-rois, l'indépendance; sur l'empereur Iturbide, qu'on fusilla comme un chien, et Santa-Anna, qui jouit tranquillement de ses rentes.

J'arrive à Comonfort, qui, chacun le sait, se retira tranquillement à Vera-Cruz, il y a quelque cinq ans, chassé par Zuloaga son ami, Osollo, un charmant garçon, et le jeune Miramon, qui voyage aujourd'hui pour son plaisir. A cette époque, j'arrivais précisément à Mexico, et j'avais à peine eu le temps de me choisir un gîte, lorsque j'aperçus quelques *leperos* amoncelant des pavés dans la rue.

Il y avait là-dedans une intention de barricade qui m'intrigua, et, m'informant aussitôt, j'appris avec étonnement que nous étions en révolution. Je ne m'en doutais vraiment pas.

En effet, la citadelle s'était prononcée; elle avait pour elle le couvent de Santo Domingo et celui de San Agustin; quelques guerillas, en outre, arrivaient à toute vapeur.

Comonfort tenait le palais, la cathédrale et San Francisco.

J'ai dit, au précédent chapitre, ce qu'est un *pronunciamento;* c'est une charge de mauvais goût, qui, malheureusement, au Mexique se renouvelle trop souvent. Ces messieurs s'amusent, et c'est affaire entre eux; mais les étrangers en souffrent et leurs intérêts sont cruellement compromis.

Bref, chacun fit ses barricades, face à face, à courte distance les uns des autres, sans plus se déranger que s'il se fût agi du barrage d'un ruisseau ou du dépavage d'une rue : s'arrêtant, prenant haleine, soulevant un pavé, se lançant une injure, quelque chose d'énorme, par exemple, et que je ne saurais redire, car leurs jurements sont fort orduriers. Quant au fusil, pendant deux jours il n'en fut pas question, et l'on n'entendit siffler des balles que lorsque les barricades terminées, chacun se trouvait parfaitement à l'abri.

Comme on le voit, cela peut s'appeler faire la guerre en amateur.

Pour les principes nouveaux proclamés par Zuloaga et C°, je me dispenserai d'en parler; je n'ai jamais rien pu comprendre à tous les plans (car cela s'appelle un plan) de ces messieurs.

Je les ai vus monter au pouvoir, en descendre, y remonter encore, moins légers, je vous prie de le croire, à la descente qu'à la montée : c'est là certainement le seul et véritable plan, s'enrichir; et il est bon, soyez-en sûr, car on ne recommencerait pas aussi souvent.

En somme, et avec de la bonne volonté, je me suis aperçu d'une chose : c'est que le clergé et l'armée voulaient conserver le privilége d'être jugés par leurs pairs (cela s'appelle les *fueros*), et qu'une partie intelligente et éclairée de la nation n'entendait pas de cette oreille.

C'est peut-être mauvaise volonté de sa part, entêtement ou mauvaise entente de ses intérêts. Je me rappelle cependant qu'en France, autrefois, on avait réclamé contre cette manière de faire. De plus, le clergé veut conserver ses biens; il possède comme les deux tiers du Mexique. On les lui a donnés, n'est-il pas juste qu'il les garde ?

Voilà toute la guerre ; et depuis tantôt quarante ans, l'un tire à hue et l'autre à dia : « Je les garderai... tu ne les garderas pas. »

Il y avait donc des barricades ; une entre autres au pied de ma maison : j'étais aux premières loges. San Agustin tirait sur nous ; quand je dis nous, c'est une figure, et c'est de la barricade que je veux parler. Chacun faisait son devoir et tirait, en détournant la tête, sur des ennemis absents, car on ne pouvait distinguer personne et je n'apercevais pas le plus petit plumet à l'horizon.

Néanmoins, je fus obligé de me retirer de ma loge d'avant-scène : une balle, puis deux frappèrent la console de la fenêtre, une autre entra dans l'appartement. Je compris que c'était bien à moi que s'adressait cette plaisanterie. Je me retirai. C'est là, du reste, le côté plaisant de cette sorte de guerre ; on se tue rarement entre soi, mais le passant ou l'étranger risque fort d'attraper une balle égarée.

Ce fut alors que, pour la première fois, j'aperçus le président Comonfort ; il inspectait les barricades, payant de sa personne et encourageant les siens. Malgré tout, l'enthousiasme baissait visiblement, car la paye devenait rare, et la victoire est au dernier écu.

Comonfort est un gros bonhomme tirant à l'obésité, un peu mou, m'a-t-on dit, mais plein de cœur et trop clément. Ceux qui le chassèrent furent tous ses obligés.

Les partis étaient en présence depuis huit jours : cela devenait gênant et menaçait de se prolonger encore : toutefois on prenait son temps et l'on se reposait mutuellement de tant de fatigues. Chaque jour, de huit à onze heures du matin, on avait vacance. C'était alors des visites de l'un à l'autre, une poignée de main par-ci, une injure par-là, et cependant, les cuisinières allaient aux provisions, de manière que personne ne souffrait de la faim, ce qui ne manquait pas de charité des deux parts.

De plus, chaque parti s'adressait des cartels et des défis ; l'un d'eux, je ne sais plus lequel, proposa donc à l'autre une bataille en rase campagne. Ne vous semble-t-il pas voir deux champions prudents se toiser avec fureur et s'écriant : « Sortons, monsieur, sortons, » et ne sortant jamais. Cela me fit cet effet-là, car ni l'un ni l'autre ne voulut sortir, se trouvant bien où il était; jusqu'à ce que, je l'ai dit plus haut, les partisans de Comonfort, n'ayant plus le sou, passèrent à l'ennemi qui en avait.

Comonfort se retira donc sans être inquiété. Ces messieurs entrèrent au palais; il y avait foule; les cloches sonnaient à toute volée, et ce fut vraiment un beau jour pour nous, qui, depuis trois semaines, ne pouvions sortir du logis. On s'embrassait sur la place du Palais; c'étaient des cris de triomphe et des hourras, et viva Miramon, et viva Zuloaga! puis les courbettes de ces jours, les dévouements et les protestations, toute la comédie du succès. Comme il y avait beaucoup de moines sur la place et que les grands chapeaux à la Basile s'agitaient avec enthousiasme, je compris que le clergé devait avoir gagné quelque chose, et je m'en réjouis fort.

Ce n'était partout que proclamation sur proclamation. J'avais lu les autres et je lus celles-là; c'est toujours, on le sait, la même histoire : anarchistes, voleurs, incendiaires, etc.; ce sont douceurs que chaque parti s'adresse, et vraiment entre les deux le cœur balance, car tous deux volent impunément.

Les rues de Mexico, pendant ces jours de fête, offraient un spectacle vraiment singulier; la foule se composait surtout de *leperos*, tous plus ou moins chargés de pièces de coton ou d'indienne gagnées dans leur zèle à rétablir la circulation ; il faut ajouter que quelques barricades étaient faites avec des ballots d'étoffes et que ces dépouilles étaient étrangères et ne coûtaient rien à la nation.

Il y avait, parsemant la foule, un grand nombre de moines et de *padres*. Chacun d'eux jouit d'une physionomie toute particulière, et j'en veux dire quelque chose.

Le père de la Mercie est sombre d'habitude; il porte en lui quelque chose de la désolation de son couvent et s'occupe de science. On le voit rarement faire l'œil aux passantes.

L'augustin a quelque chose de dégagé dans sa marche et de guerrier dans son attitude; cela n'a point droit de surprendre ; il a vu tant de *pronunciamentos*, ses cloîtres ont si souvent servi de casernes et ses clochers de forteresses, que le soldat a déteint sur lui.

Le dominicain regrette l'inquisition; mais, quant au franciscain, c'est la perle des moines, il est tout à l'amour. Bien des fois je l'ai vu poursuivant les belles filles dans les rues; indifférent à l'âge, au type, à la naissance, il a pour toutes des sourires aussi bien que des bénédictions.

Quelques dames cependant n'acceptent pas comme pain bénit des propositions au moins déplacées, et je puis parler d'une charmante Française qui n'échappa qu'avec peine aux obsessions de l'un d'eux. L'enragé, car il faut être enragé vraiment, ne se rebutait point devant l'indignation de notre compatriote; il continuait à lui sourire malgré ses gestes d'horreur, et, croyant mieux faire ou se rappelant peut-être le « *vous m'en direz tant* » d'une femme célèbre, il tira de sa poche une poignée d'onces; nouvelle galanterie qui força la dame en question à se réfugier chez moi. Pour lui, inébranlable dans sa persévérance et sachant du ciel que frappant on vous ouvre, il se planta devant la porte et attendit.

—Tenez, le voilà, me disait cette pauvre femme, me montrant son persécuteur; le voilà, le monstre, s'écriait-elle avec indignation.

Pour lui, touchant effet de la charité chrétienne, il lui rendait baiser pour injure.

Mais il ne suffit pas de chanter victoire, et rien n'est fait, s'il reste quelque chose à faire; on connaît la phrase, elle a beaucoup servi, et Miramon, qui s'efforçait de copier l'immortel général de l'armée d'Italie, en bourra plus tard ses proclamations. Voilà comme on abuse des plus belles choses.

Une fois donc le pouvoir organisé, c'est-à-dire Zuloaga nommé président, les factieux de la veille poursuivirent les rebelles du lendemain; ces changements sont de tous les siècles, de tous les pays et ne blessent personne. Osollo fut donc nommé général en chef de l'expédition; il partit. C'était un charmant garçon qui donnait à tous de grandes espérances;

une victoire le rendit célèbre, mais il ne fit que passer, on l'oublia. Étrange chose que la renommée ! il avait l'âme généreuse, l'éducation française, les idées libérales; quelques paroles imprudentes le trahirent, une colique l'emporta en quelques jours. Miramon lui succéda. Vous avez peut-être entendu prononcer ce nom-là; nous en dirons quelque chose tout à l'heure, j'ai hâte d'arriver à Zuloaga.

Je ne puis parler qu'avec respect d'un aussi haut personnage, un président n'est pas un homme ordinaire, et celui-ci moins que tout autre. M. Zuloaga fut croupier de jeu dans un établissement de *monte*, puis général; ici, j'ai quelque doute : fut-il premièrement général et croupier par la suite; le cas est incertain, je crois qu'il cumulait. Arrivé à la présidence, il y réussit peu, et son passage aux affaires n'a de saillant que deux aventures que l'on croira difficilement, et qui sont parfaitement vraies.

On célébrait la fête de l'indépendance et Zuloaga présidait à l'Alameda une assemblée de députés et de fonctionnaires publics; on parlait des jours immortels, des héros de l'indépendance, Hidalgo, Morelos, Iturbide, beaux discours et vaines paroles; quand un inconnu s'avança tenant à la main un jeu de cartes sale, et le jeta à la figure du président : la cérémonie se trouva, on le comprend, interrompue. Chacun s'empressa autour du premier fonctionnaire de l'État; mais lui, en homme qui sait vivre et qui connaît les cartes, et qui sait tout ce qu'on peut attendre de leurs bizarres caprices, s'essuya la figure avec le calme d'une grande âme, et la séance continua. Quant à l'audacieux, il avait disparu.

Plus tard, lorsque Miramon lui fut adjoint comme substitut-président, Zuloaga le suivit en campagne, et fut escamoté six mois. Escamoté? dira-t-on, c'est par trop fort, un président escamoté, cela ne s'est jamais vu; en vérité, je réclame pour le Mexique, cela s'est vu, cela s'est fait, et le plus extraordinaire de la chose, c'est qu'on n'y fit pas attention. Quinze jours après la disparition de la victime, deux officiers rapportèrent à sa femme en deuil, l'un son épée, l'autre ses pistolets, tout comme dans Marlborough, mais là s'arrête la comparaison. On le crut mort. Six mois plus tard, Zuloaga reparut et le pays fut assez ingrat pour ne point célébrer ce grand jour! On ne s'en occupa même pas. Soyez donc président pour si peu! Miramon, qui lui succéda, est un garçon de trente-deux à trente-quatre ans, brave, cela n'est pas douteux, mais, m'a-t-on dit, de peu de moyens. Poussé par une femme ambitieuse, de beaucoup d'esprit, dit-on, et bas-bleu par-dessus le marché, il a fait son chemin et rapidement, car en dix-huit mois il devint, de capitaine, président.

Je ne connais madame qu'indirectement, mais je puis donner sur son compte une anecdote qui peindra mieux que toute chose au monde les étranges mœurs de ce pays. Je tiens la chose de première main de madame X... elle-même.

Madame X... tient à la porte de Mexico un charmant petit cabaret, avec ombrage et jeu de boule. On dîne parfaitement chez elle; de plus, elle est polie et avenante, ce qui ne gâte rien. Elle eut pour *commadre*, commère, madame Miramon, alors qu'elle n'était que mademoiselle Concha de Lombardo, ne songeant point assurément qu'un jour elle se verrait assise sur le fauteuil présidentiel du Mexique. O coup du sort! vanité des vanités ! je pourrais à ce sujet me livrer à de longues considérations philosophiques, je suis bon prince, et je passe; la loi de succession au fauteuil est rapide au Mexique. Miramon n'est plus président, et madame n'est plus présidente.

Ce fut à son passage au pouvoir que se rapporte mon histoire : en bonne princesse qu'elle était, en charmante femme qu'elle est toujours, madame Miramon venait visiter sa bonne amie, sa commère, madame X...

Celle-ci, honorée, comme vous le pensez bien, d'une condescendance aussi grande, abandonnait à la hâte casseroles et poêle à frire, pour entamer avec la présidente de longues causeries, où la politique n'était point étrangère :

—Tu devrais bien, disait madame X... (vous voyez l'intimité!) tu devrais bien dire à ton mari qu'il fasse telle ou telle chose, cela nous irait, et si cela continue il perdra nos sympathies. Les impositions forcées nous étouffent, tâche donc d'arranger cela.

—Et dis-moi, ajoutait madame X.., que feras-tu quand ton mari ne sera plus président? car il faudra bien un jour faire place à quelque autre.

—Ah! répondait ingénument la présidente, j'irais à Paris et à Londres voir l'impératrice et la reine.

Et la conversation roulait intéressante de la cuisine à la politique, pour revenir aux chiffons.

M. Gavarni pourrait introduire l'anecdote dans son *Histoire de politiquer*.

La biographie de Miramon ne manque pas également de traits d'un haut comique; alors que substitut-président, et de fait, chef de la république, il se livrait à l'exercice de la savate ou de la boxe avec des ouvriers français qui chantaient la *Marseillaise* dans un cabaret aux portes de Mexico, la chose est vraie. Voyez-vous d'ici le président rentrant au palais avec l'œil au beurre noir! Plus tard, on ne l'a pas oublié, quelque temps avant sa chute, Miramon forçait en plein jour le coffre-fort du consulat d'Angleterre pour enlever trois millions ; j'étais présent, il y avait foule et murmures et indignation, mais ce fut tout, et l'Angleterre ne fit que protester, et Miramon se promène sans doute sur nos boulevards! Voilà qui est profondément triste.

Ce que je viens de raconter des Mexicains et les anecdotes qui vont suivre n'ont point pour but de faire mépriser un peuple dont j'ai reçu de vives marques de sympathie : loin de moi l'idée de déverser le ridicule sur des natures bonnes au fond, mais déplorablement perverties.

Le Mexicain a, pour toutes ses faiblesses, au besoin pour tous ses crimes, une excuse : le manque d'éducation, le défaut absolu d'organisation sociale. Mais, en nous reportant au moyen âge, au temps de nos guerres religieuses, et même au règne de Louis XV, nous trouverions chez nous plus de misères et de violences de toutes sortes. C'est l'histoire des deux chiens de Lycurgue.

Au Mexique, on ne peut s'étonner que d'une chose, c'est que, dans l'état où se trouve la république, il n'y ait pas plus de vols et plus d'assassinats. Enlevez à Paris sa garde de police, à la France sa gendarmerie, et vous m'en direz des nouvelles !

Quoi qu'on dise, notre nature est plus violente que celle des peuples qui habitent les pays chauds. Au Mexique, point de suicide par amour, jamais il ne m'en fut cité d'exemple ; l'homme d'affaires résiste en stoïque au désespoir que peut amener une faillite, et le suicide du négociant est plus rare encore que celui de l'amoureux. Le duel, qui vous présente la mort comme un Anglais son ami, avec la froide politesse d'un homme bien élevé, ne lui sourit guère. La rixe, voilà son élément ; le couteau marche, l'un d'eux succombe, il meurt, c'est fort bien : il n'a pas eu le temps d'y songer.

Serait-ce que le sentiment de l'honneur est moins développé chez eux? S'ils tiennent davantage à la vie, c'est peut-être que la leur est plus douce que la nôtre ; c'est peut-être encore une affaire d'éducation. Les Romains s'injuriaient comme des crocheteurs et ne se battaient pas.

Ce que l'on raconte des guerres incessantes des Mexicains, de leur sang-froid dans la vengeance, de leur cruauté dans les exécutions sommaires, ne peut qu'amener l'erreur sur le jugement que mérite la nation.

Les passions et les haines enfantées par les discordes civiles couvrent des instincts meilleurs. Le châtiment le plus légitime reçoit rarement son exécution, s'il n'est promptement appliqué. On en est chaque jour témoin parmi ces revirements soudains de la politique locale. Faites qu'à travers les cris de mort au traître, l'homme engagé dans la tourmente échappe un moment aux premiers élans du triomphe, sa vie est assurée.

Cela prouve, en somme, que le Mexicain manque d'énergie. Il aime trop la paix, c'est pour cela qu'il a toujours la guerre. Une vingtaine d'hommes turbulents bouleversent l'empire : la loi de Lynch et quelques exécutions rapides réduiraient tous ces coureurs de route, et ces loups féroces se changeraient en moutons paisibles.

Cette étrange apathie à laisser faire et à souffrir, leur avait attiré d'un journaliste français l'apostrophe suivante qui ne manque pas d'éloquence et qu'ils ne lui pardonnèrent jamais.

« Ce n'était pas de l'*atole*, leur disait-il, qui coulait dans les veines de la Convention. » L'*atole* est une solution fade et liquide de farine de maïs et d'eau.

Quelle que soit donc la férocité que nous ayons vue régner dans les trois dernières années de lutte, ne faisons point retomber sur les instincts nationaux les scènes désolantes dont le Mexique a été le théâtre : ce serait plus injuste encore que d'inscrire au compte de la moralité des gens de bien et donner pour type du caractère social en France les monstrueuses horreurs de nos mauvais jours.

Le voleur, au Mexique, ne peut être considéré sous le même point de vue que chez nous : ce n'est pas un scélérat, c'est un homme comme tout le monde..., au Mexique. « Certes, me disait un ami, je n'ai nul goût à m'approprier sans façon le bien d'autrui ; mais j'ai souvent envié le sort du voleur : il est le roi de la situation ; pour peu qu'il mette d'entrain et d'adresse aux exploits de son art, il est partout vanté, comblé d'éloges, et les salons comme les ruelles mal famées applaudissent à ses ingénieux hauts faits. »

Le Mexicain aime à conter les aventures où il a figuré comme victime ; il ne s'en plaint pas ; les grands événements l'intéressent, les petits accidents l'amusent. J'ai vu, dans les rues de Mexico, des gens bien élevés se montrer du doigt, en étouffant de rire, un apprenti filou qui escamotait, à vingt pas de leur cercle, le mouchoir d'un passant, auquel ils allaient ensuite en se moquant, demander des nouvelles de sa poche déserte.

Les voleurs de mérite sont bien connus : on les rencontre parfois dans la rue ; on les salue affectueusement, plusieurs même s'empressent à leur serrer la main. Dans les circonstances graves, les juges trouvent difficilement des témoignages pour condamner un coupable : personne n'a jamais rien vu ; on craint de se faire une querelle avec l'accusé devenu libre ou avec ses amis ; on se laisse voler, dans la crainte de se faire un mauvais parti.

Au Mexique, le jeu est dans les mœurs, comme le vol. Les maisons de *monte* sont tenues par les gens les plus honorables, qui parlent volontiers de leurs occupations incessantes et qui tonnent contre l'oisiveté, mère de tous les vices. Dans les grandes fêtes du tripot, à San Agustin par exemple, on rencontre des familles au complet, grands parents et petits-enfants, qui s'encouragent mutuellement à tenter les hasards du sort et qui trouveront toujours une bourse ouverte pour les aider à conjurer les malheurs de la fortune.

En 1854, un sacristain de San Francisco, bien connu pour sa dévotion, eut l'idée suivante : il feignit avoir gagné le lot de vingt mille piastres (cent mille francs) à la loterie de la Havane. Le bruit s'en répandit et chacun de féliciter l'heureux sacristain. Lui, cependant, voulut rendre grâce au ciel d'une faveur si grande; il organisa donc une cérémonie religieuse d'une pompe exceptionnelle : le **haut clergé** serait présent et l'évêque (moyennant salaire) devait y faire un sermon sur la bienveillance du Seigneur s'étendant à la réussite des gens pieux; c'était de circonstance.

La grande société de la ville était invitée; mais pour une fête aussi prônée, le mobilier des églises ne devait point suffire, et le sacristain s'en fut quêter, dans toutes les maisons riches, les objets de luxe servant au culte particulier de chacun. On s'empressa de lui fournir chandeliers d'or et d'argent massif, parures de la Vierge et de l'Enfant Jésus, broderies précieuses, perles et diamants : il y en eut pour une somme considérable.

Tout se passa bien; le sermon de monseigneur fut des plus éloquents, la cérémonie splendide.

Le soir, pour couronner la fête, le sacristain fûté disparaissait avec toutes les richesses d'emprunt qu'on ne put jamais retrouver. Le tour passa pour bien joué, l'on ne fit qu'en rire. Voilà de la tolérance.

Un prêtre me racontait qu'il existe, à San Hypolito (l'hôpital des fous à Mexico), une image de la Vierge, d'un caractère particulier : elle est fort laide et presque noire, se rapprochant du type indien. Les filles publiques de la ville l'ont en grande vénération et viennent chaque jour la supplier de leur accorder pour la nuit une ample moisson d'amants. Lorsque le hasard a favorisé le commerce de ces malheureuses et qu'elles se trouvent satisfaites du produit de leurs charmes, elles s'empressent auprès de la Vierge pour la remercier de ses faveurs, et lui offrent en reconnaissance, une partie de leur gain, la priant de leur continuer sa toute-puissante protection.

Voilà, certes, vis-à-vis de l'Immaculée-Conception, un singulier genre de piété.

Pendant mon séjour à Mexico, un Mexicain ou un Espagnol se prit de querelle avec un Français. La scène se passait au café, devant de nombreux témoins. Il y eut voies de fait, une rencontre fut décidée. On prit rendez-vous, pour le lendemain cinq heures, à l'Alameda. Notre compatriote attendait son adversaire en retard et désespérait déjà de le voir arriver. Au moment de partir, celui-ci parut à cheval, suivi d'un domestique : il mit pied à terre et s'approcha ; un ample manteau le couvrait en entier, de manière à cacher ses mouvements. Il aborda le Français en souriant, et quand il fut à deux pas du malheureux qui s'attendait à des excuses, il le renversa d'un coup de pistolet qu'il avait sous son manteau : le misérable n'avait pas même osé montrer son arme. L'homme à terre, l'assassin remonta tranquillement à cheval et disparut. Voilà du courage.

Au temps de nos démêlés avec le Mexique, lors de l'occupation de Vera-Cruz par l'amiral Baudin et de la prise de San Juan de Ulloa par le prince de Joinville, Mexico se trouvait dans une agitation extraordinaire.

Il y avait des élans de patriotisme et des bravades insolentes à l'adresse de nos malheureux compatriotes. Un jour, au café de la Gran Sociedad, trois officiers, parlant de l'armée française d'occupation, s'étaient échauffés outre mesure, et les motions les plus bizarres se succédaient sans relâche.

—Moi, disait l'un, que Santa-Anna me donne un régiment, et je me charge de mettre tous ces *gavachos* (terme de mépris) à la raison. — Moi, disait l'autre, j'irai les lasser jusque sur leurs vaisseaux. — Par la sambleu! s'écria le troisième, vous n'êtes que deux bravaches; je voudrais, moi, les tenir là, leur enfoncer mon épée dans le cœur et me la passer fumante sur les lèvres!

—Toi, lui dit un Français bien connu pour ses aventures extraordinaires et mort depuis peu, toi, mon bonhomme, tu passerais avec délices sur tes lèvres une épée teinte de sang français? Tiens, voilà ce que tu te passeras. Et, joignant le geste à la parole, il lui cira deux fois la moustache avec son doigt.

Le Mexicain, stupéfait, garda l'outrage. Voilà de la forfanterie.

A propos d'officiers, il est avéré qu'au Mexique, pour une armée de trente ou quarante mille soldats, le nombre des généraux suffirait aux cadres de deux millions d'hommes; quant à l'état-major, colonels, lieutenants colonels, etc., le chiffre paraîtrait improbable. La fortune de tous ces parvenus est du reste singulière; pour quelques chefs sortis de l'école militaire de *Chapultepec*, la statistique, s'il y avait lieu, fournirait une quantité prodigieuse d'officiers supérieurs sortis des classes les plus infimes, dont quelques-uns ne savent pas écrire, et dont la majeure partie ne doit ses épaulettes à grains d'épinard qu'à des exploits peu chevaleresques, accomplis sur les grandes routes de la république : de ce nombre, il faut citer C..., ancien épicier d'Orizaba, dont la renommée au Mexique est des plus impopulaires, et dont les exactions sont devenues proverbiales. Il paya, dit-on, 500,000 fr. à M... le droit d'expédition contre la ville libérale d'Oaxaca qu'il abandonna ruinée après trois mois d'occupation. Marquez, dont on vante les talents militaires et dont la cruauté au-dessus de tout éloge reçut une éclatante consécration dans les massacres de Tacubaya.

L'un voiturier, l'autre chapelier, un autre, ancien laquais à l'ambassade de Guatemala, conquit en une année son titre de général, et gouvernait en dictateur la vallée de Mexico. Le plus remarquable de tous, paillasse émérite dans un cirque de province, se trouvait, cinq ans plus tard, gouverneur de la capitale, sous la présidence de M... Jamais la fortune inconstante ne distribua plus au hasard distinction plus imméritée.

Tous ces hommes à demi-solde, ou sans autre paye que de rares gratifications, ne reculent devant aucune violence pour assurer une existence précaire (en campagne du moins) : dénués de principes, sans autre éducation que celle donnée par le frottement des villes, privés de sens moral qu'on perdrait à moins, leurs expéditions dans les provinces rappellent les razzias des Bédouins ou les rafles des boucaniers de la Tortue. Généreux comme des voleurs, dirait Beaumarchais, ils satisfont largement aux caprices des leurs ; les coffres vides, ils demandent au crédit les satisfactions d'une prodigalité sans pudeur, quitte à nier leurs dettes avec une assurance impassible, trop souvent justifiée par la complaisance d'un juge ami ou de témoins sans vergogne. L'audace néanmoins réussit quelquefois à les confondre, et l'intimidation sait arracher de leurs mains ce que la sentence d'un jugement ne saurait obtenir.

Je peux donner à l'appui l'anecdote suivante : M' M... avait depuis longtemps, auprès du général Valencia, une facture en souffrance ; démarches, visites, citations, tout était vain : Son Excellence invisible se refusait à tout accommodement comme à tout à compte; son palais cependant retentissait de cliquetis joyeux et de bruits de fête; bals et dîners s'y succédaient sans relâche; mais Son Excellence ne payait pas. M. M..., à bout de patience, pénètre un soir sans invitation dans la salle de bal, armé de sa terrible facture. Il y avait foule : on jouait, on dansait, et le général faisait avec grandeur les honneurs de sa maison; en apercevant M. M..., sa figure perdit de sa sérénité, mais trop bien appris pour laisser rien voir de la surprise que lui causait l'intempestive apparition de son créancier, ou plutôt craignant un éclat, il s'empressa près de son nouvel hôte.

— Eh! mon fils, quel honneur! voilà qui est bien, et je ne m'attendais pas à pareille fortune. Puis appelant un domestique :

— Holà! Pablo, s'écria-t-il, du champagne par ici.

— Général, répond M. M..., je ne suis point ici pour danser, mais pour exiger le montant de ma facture ; voilà vingt fois qu'au palais et chez vous on me refuse votre porte : vous avez été jusqu'à ce jour insolvable et introuvable à la fois, il me faut mon argent.

L'Excellence pâlit affreusement, et le menaça tout bas de le faire jeter par la fenêtre; mais le créancier élevant la voix, il le pria poliment de passer dans son cabinet, et fermant la porte à clef :

— A nous deux, lui dit-il, d'une voix terrible, et, mêlant à ses menaces d'affreux blasphèmes, il saisit

une canne : on eût dit que le dernier jour de Mr M...
était arrivé. Mais, sans se déconcerter le moins du
monde, le créancier s'approcha d'un air résolu, et
saisissant Son Excellence au collet :

—Mettez bas cette canne, lui dit-il, et surtout
payez, ou, par la corbleu ! je vous étrangle comme un
poulet. L'Exellence lâcha le bâton, et du ton le plus
naturel et le plus amical :

—Allons ! mauvaise tête, lui dit-il, pas de scandale,
voilà ton argent ; et, fouillant dans un tiroir, il paya
le tout en or au créancier presque épouvanté de son
succès.

Depuis lors, ils furent toujours amis, et le général,
ou payait comptant, ou faisait des dupes ailleurs.

La composition des cours de justice est aussi remarquable que celle de l'armée, et je ne sais si l'épithète de vénale est suffisante pour caractériser les manœuvres de certains juges.

L'anecdote suivante en peut donner une idée; je fus témoin de la chose et je puis parler *de visu* : Un de mes amis se trouvait en procès avec un avocat de la plus déplorable réputation ; il s'agissait d'une somme réclamée par ce dernier, et qu'à tort ou raison, il prétendait ne pas devoir ; les antécédents de mon ami plaidaient en sa faveur : c'était la première fois qu'il se trouvait en discussion pour affaire de ce genre, et l'avocat bien connu pour ses chantages avérés, comme pour une conduite des plus compromettantes; une simple information devait éclairer la religion du tribunal.

Le jour de la citation, et en présence du juge, X. déclara sous serment ne pas devoir, expliquant l'origine du débat, et se proposant de citer trois témoins à l'appui de son dire. L'adversaire affirmait et jurait de même ; mais il ne pouvait offrir que son affirmation personnelle. L'affaire fut renvoyée à huitaine. X. s'en fut tranquille : les témoins étaient connus, honorables, et la cause lui paraissait gagnée. Pendant l'intervalle, il reçut la visite du juge en personne, qui, tout en causant art, commerce et théâtre, sut adroitement amener l'objet du procès.

—Ami, disait-il, nous connaissons votre adversaire : il est coutumier du fait, et vos témoins sont inutiles.

Il s'étendit alors en épithètes vigoureuses sur la conduite de l'avocat, et partit en accablant X. de louanges métaphoriques.

—Adieu, lui dit-il en se retirant, envoyez simplement votre homme d'affaire pour entendre le prononcé du jugement.

Huit jours après, mon trop confiant ami était condamné à payer la somme en question, plus les frais, etc. Toute réflexion serait ici superflue : les deux fripons avaient partagé.

En vivant au milieu de cette population mexicaine, si passionnée pour les fêtes et le jeu, si attachée à ses vieilles superstitions et à ses vieilles coutumes, si fatalement ignorante et prétentieuse, si voluptueusement ennemie d'un travail et d'un joug quelconque, sans administration, sans police, sans mœurs et sans lois, il vous passe d'étranges idées sur le sort réservé à cette immense république.

Quarante années de luttes, de guerres civiles et de dévastations effroyables, n'ont pu tarir la source de ses richesses. Quelques mois d'arrêt lui donnent une nouvelle vigueur, et tout semble revivre au moment que tout doit succomber.

C'est une belle proie pour qui saura la prendre. Mais nous ne sommes plus au siècle des conquêtes, l'on jette en vain sur le vieux monde un regard interrogateur; le Mexicain lui-même ne saurait à quelle puissance s'adresser pour fonder, dans sa patrie dévastée, un ordre régulier et des institutions qui lui manquent.

Il abhorre l'Espagnol dont les tyrannies lui sont toujours présentes; il aime le Français et respecte l'Anglais; quant à l'Américain, il en éprouve une terreur indéfinissable : il semble qu'il devine en lui le futur envahisseur de sa patrie, le dominateur de sa race.

Tout faisait présager ce résultat, et quoique le nombre des Américains soit fort réduit dans ses provinces, le Mexique néanmoins, encerclé dans les vastes bras de l'Union, en subissait l'irrésistible ascendant.

Au nord, la Californie, dans son incroyable prospérité, menaçait déjà ses frontières et convoitait la

Sonora ; au nord-est et à l'est le Nouveau-Mexique et le Texas cédés par Santa-Anna, avaient jeté jusqu'au centre l'influence de la civilisation yankee, et Minatitlan au sud n'était plus qu'une colonie américaine.

Il était réservé à la France de secouer le Mexique de son engourdissement. Mais il a fallu des circonstances extraordinaires : le cataclysme d'un grand peuple et le génie d'un grand prince, pour l'arracher à la pente fatale qui l'entraînait à l'Amérique.

La scission des États-Unis rejette pour un longtemps le Mexique sous l'influence européenne, et l'expédition actuelle assure à la France une prépondérance sans conteste sur cette contrée la plus riche du globe.

A son origine, l'expédition alliée, dirigée dans le simple but d'une réclamation de créance, s'engageait dans une entreprise impraticable, et ne pouvait que se heurter contre l'impuissance d'un débiteur insolvable. Le Mexique, dans l'état où l'a réduit la guerre civile, privé de ressources et malgré la meilleure volonté du monde, n'aurait pu rembourser la moindre échéance, et la saisie de ses douanes ne pouvait que le précipiter dans de nouveaux désordres. Mais il semble que la Providence ouvre à ce pays une perspective nouvelle.

Aujourd'hui le Mexique lui-même ne peut qu'applaudir au succès et au développement de l'expédition française. Libérale, la France ne peut que lui imposer un régime libéral, et les clameurs des partis n'en imposeront point à la clairvoyance de l'empereur.

L'Amérique seule protestera; mais, abattue déjà par l'effroyable guerre qui la dévore, réduite à l'impuissance par la reconnaissance probable du Sud, elle ne pourra qu'assister d'un œil jaloux à la renaissance du magnifique empire qui lui échappe.

Maîtresse des grandes villes de la république, Vera-Cruz, Puebla, Mexico, Queretaro, etc., la France verra le Mexique, reconstitué par ses soins et son influence, enrichi de voies ferrées, décuplant en quelques mois ses immenses richesses, assurer à nos manufactures l'écoulement de leurs produits, verser entre nos mains les trésors métalliques dont il regorge, et s'élancer dans l'avenir vers une prospérité qu'il n'eût jamais rêvée. Comme compensation, n'est-il point permis de penser que l'isthme de Tehuantepec doit nous revenir un jour? Ne serait-ce pas une admirable possession que celle qui mettrait en nos mains la grande voie de transit du golfe au Pacifique? Magnifique pendant à la vaste entreprise de l'isthme de Suez.

V

TEHUACAN

Départ pour Mitla.—État des routes.—Tehuacan.—Aventures de Pedro.—La venta salada.—Fâcheuse rencontre.—Teotitlan del valle.—La fonda.—Une nuit dans les bois.—Tetomabaca.—Le jaguar et le torrent.—Quiotepec.—Le huero Lopez et sa troupe.—Les Talages.—Cuicatlan.—Don Domingillo.—Le cheval volé.—La vallée d'Oaxaca.

Quelques mois de séjour à Mexico m'avaient donné de la langue espagnole une habitude suffisante pour me permettre d'affronter sans crainte les embarras d'une expédition lointaine. La saison des pluies tirait à sa fin ; je partis aux derniers jours de septembre. J'emportais avec moi tout mon bagage artistique, et les escortes qui surveillent la route jusqu'à Puebla me garantissaient un voyage tranquille. Pour ce qui regarde l'embranchement de Tehuacan, il n'en est pas de même : la contrée, peuplée de voleurs, n'est point gardée; des attentats quotidiens arrêtent toute circulation. Je suivis donc les conseils d'amis prudents, et je laissai aux mains des muletiers qui font le voyage par les montagnes le gros de mon bagage, c'est-à-dire trois caisses, ne me réservant que l'indispensable pour un séjour de quelques semaines; le tout, m'assurait-on, devant me parvenir à Oaxaca quelque vingt jours après mon arrivée. J'avais en outre dans cette dernière ville, des instruments et divers produits qui, en cas de besoin, devaient me permettre de mener à bonne fin les travaux que je me proposais d'y faire.

J'avais avec moi mes boîtes à glaces et divers objets; en tout, la charge d'une mule. Un Mexicain de mes amis m'accompagnait. J'avais à Tehuacan deux chevaux qui m'attendaient; j'étais donc sûr d'arriver sans encombre. C'est ce que nous allons voir.

Par un hasard singulier, la diligence de Puebla à Tehuacan ne fut point arrêtée. On expliquait ce phénomène par la fin tragique de deux voleurs imprudents qui, la veille, avaient eu la maladresse de s'adresser à une forte troupe d'*arrieros*. Ceux-ci s'étaient défendus, à la profonde surprise des *compadres*, qu'ils laissèrent sur place.

Ma première visite, en arrivant à Tehuacan, fut pour nos montures; deux mois de repos devaient leur avoir procuré un embonpoint respectable et prêté de nouvelles forces pour un voyage de longue durée; mais j'éprouvai en les retrouvant une amère désillusion. Il n'avait fallu rien moins qu'un jeûne de quarante jours pour amener les pauvres bêtes à l'état de maigreur, de dessiccation où elles étaient réduites. Je craignis un instant qu'elles ne pussent nous porter.

Je fis au brigand qui les avait en garde les plus violents reproches sur son indigne conduite ; mais lui me tendit, en protestant de ses bons traitements, une note d'apothicaire qu'il fallut payer.

Puis, comme la ville n'avait rien de bien intéressant à m'offrir, je louai une mule, j'arrêtai un domestique pour nous accompagner, et je disposai tout pour le départ.

Il deviendrait banal de parler de guerre civile : c'est l'état normal de la république. Donc, le général commandant la place de Tehuacan, concevant quelque doute sur la moralité de mon compagnon de voyage, et le prenant pour un factieux allant rejoindre les révoltés d'Oaxaca, se mit en tête de nous retenir. De plus, le pauvre Pedrito (c'était le nom de mon ami) fut arrêté et mis au secret. La chose s'était faite en mon absence, et je me hâtai d'aller trouver le général. Pedrito n'était pas à coup sûr un homme dangereux ; je le connaissais de longue main ; c'était un bavard comme on en trouve tant, parlant de tout au hasard, mêlant la politique aux légèretés de langage d'un gamin et aux bouffonneries d'un clown. J'expliquai au commandant de place le caractère de mon compagnon ; je l'assurai qu'il y avait quiproquo et qu'il confondait le Pedrito qu'il tenait entre ses mains avec un autre Pedrito compromis dans certaines intrigues à Mexico. L'Excellence ne crut point à mes allégations, et, devant la persistance et la vivacité de mes observations, menaçait de m'arrêter moi-même.

L'affaire de Pedro s'envenimait, des dénonciations et des inimitiés particulières indisposaient le général; on parlait de le renvoyer à Mexico.

Quant à Pedro, qui se prenait au sérieux, comme tous les gens de son esprit, et qui ayant approché quelques hommes du gouvernement, jouait volontiers à la mouche du coche, il adressait à son geôlier les supplications les plus tendres et les plus basses, si elles n'eussent été bouffonnes; puis, me prenant à part :

— Ami, me disait-il d'un air tragique et les yeux en larmes, tu porteras à mon père la nouvelle de ma mort, car ces brigands méditent de m'assassiner : deux d'entr'eux seront apostés sur la route, et je serai fusillé dans l'ombre, martyr de mes saintes convictions.

En fait de convictions, Pedro n'en avait aucune; mais qui n'aime à se poser en martyr à l'occasion! Quand je vis que la détention se prolongeait, et que Pedrito maigrissait à vue d'œil, j'écrivis à Puebla avec ordre de télégraphier à Mexico, afin d'obtenir un mot de recommandation du commandant de place, pour son confrère de Tehuacan Il fallut trois jours pour la réponse; il était temps : l'esprit craintif de Pedro commençait à se détraquer. Nous partîmes enfin après huit jours de retard.

Tehuacan se trouve en Terre Tempérée, et le chemin d'Oaxaca suit en pente douce jusqu'en Terre Chaude. La première journée se passa sans encombre; les chevaux, quoique rappelant la célèbre monture du héros de la Manche, se soutenaient encore, grâce à leur jeunesse et aux huit jours d'abondance dont ils avaient joui lors de la détention de Pedro. Le soir, nous couchions à San Sebastian, à huit lieues de Tehuacan.

Nous étions en Terre Chaude, et des champs de cannes se rencontraient çà et là sur le passage des ruisseaux; les habitations changeaient aussi d'aspect; à côté des maisons toujours massives des Espagnols, on retrouvait le jacal de roseaux de l'Indien, remplaçant la hutte en terre des hauts plateaux, et c'est une chose étrange assurément de rencontrer en Terre Chaude les races indiennes d'une teinte jaune clair, comparées à la teinte foncée des Indiens du nord; c'est, du reste, toujours la même attitude soumise, la même application au travail des champs; le niveau de l'oppression a passé sur toutes ces races en leur donnant un caractère commun. Ce n'est que dans les âpres hauteurs de la sierra que l'homme reprend un aspect plus noble, et semble avoir respiré dans l'air de ses montagnes inaccessibles le souffle vivifiant de la liberté.

A Venta Salada, nous donnâmes aux mules quelques instants de repos. La plaine coupée de ravins qui s'étendait devant nous jouissait d'un assez mauvais renom; quelques déserteurs battaient la campagne. N'étant point armés, nous avions tout à redouter d'une rencontre avec eux; nous cheminions cependant, sondant de l'œil les plis du terrain, et rien de suspect jusqu'alors n'était venu confirmer nos craintes, lorsqu'au détour d'un sentier nous nous trouvâmes nez à nez avec un malheureux en chemise, assis à poil sur un vieux cheval écorché.

Il pleurait à chaudes larmes et ses deux poignets portaient l'empreinte sanglante d'une corde.

—Eh! l'ami, d'où venez-vous, lui dis-je, et qui vous réduisit à cet affreux état?

—Ah! monsieur, répondit-il en sanglotant, n'allez pas plus loin; tenez, vous voyez d'ici le lit desséché de cette rivière, ils étaient là trois pandours; je revenais de San Antonio; ils m'ont tout pris, mon zarape, mon cheval, mon argent, mes belles calzoneras à boutons d'acier, tout; et voyez mes bras : ils m'ont pendu par les poignets, et pour mon alezan doré, ils m'ont donné cette vieille rosse que vous voyez. Jésus! monsieur, retournez.

Pedrito se grattait la tête, et mon domestique me regardait d'un air piteux; je ne me sentais point à l'aise, je l'avoue. Nous tînmes conseil. La majorité se prononçait pour une retraite immédiate; mais le lendemain offrait les mêmes inconvénients, moins de chance peut-être; il fallait ou passer ou renoncer au voyage. Eussé-je eu vingt troupes de voleurs à mes trousses, je voulais passer. En cas de besoin, nous aurions pu fuir; mais, outre le désagrément de la chose, la mule chargée eût toujours été capturée; aussi, pensant avec raison que ces messieurs avaient dû détaler pour partager leur butin et que le malheureux dépouillé serait par le fait notre sauvegarde, je fis signe au domestique d'avancer, et nous nous mîmes en route.

—*Vaya se V^d con Dios*, me cria l'homme en chemise; que Dieu vous garde! et il disparut.

Le ravin était désert; pas le moindre voleur à l'horizon. Nous arrivâmes à Teotitlan sans encombre autre que quelques fausses alertes que nos esprits impressionnés par l'accident du matin étaient tout disposés à accueillir.

Teotitlan est une petite ville perchée sur un mamelon escarpé, d'une défense facile et que les partis se disputent sans cesse. Il y avait garnison, et le fortin, au midi de la place, sur l'éminence qui la domine, montrait fièrement deux pièces de petit calibre.

Les maisons, cachées sous la feuillée des grands zapotes, des pacaniers et des grenadiers couverts de fruits, respiraient le bien-être et le mystère. J'allai frapper à la porte d'une *tienda* de belle apparence, où je demandai le vivre et le couvert pour nos chevaux et pour nous.

Le domestique s'empressa de décharger nos bêtes

et de leur verser une abondante provende. Pour nous, couchés à l'ombre et reconfortés par une coupe de mezcal, nous attendions dans une douce impatience que le repas fût servi.

Nous devions partir à trois heures du matin pour atteindre, avant la grande chaleur, *Totamabaca*, but de l'étape, en passant par *San Martin* et *los Cuises*.

L'arrivée de deux étrangers dans un village offre toujours un nouvel aliment à la naïve curiosité des habitants ; aussi la porte de la tienda était-elle encombrée. Je remarquai un individu de mauvaise mine qui semblait s'attacher au domestique avec une persistance inquiétante ; nous étions assurément l'objet de la conversation, et je craignais quelque confidence indiscrète. Le drôle n'y avait pas manqué. Je l'appelai, lui demandant ce qu'il avait à faire avec l'homme en question, il me répondit ingénument qu'on l'avait interrogé sur notre voyage, qui nous étions, d'où nous venions, où nous allions, et qu'il avait répondu de façon à satisfaire l'inquisition en personne. Je le réprimandai pour sa sottise, et je compris qu'il nous fallait changer notre itinéraire et l'heure du départ.

Je lui demandai s'il connaissait bien le pays, et, sur sa réponse affirmative, la lune étant dans son plein, nous partîmes à minuit, prenant par le *monte* (le bois).

Pancho connaissait si bien son affaire, qu'une demi-heure après nous étions égarés à ne pas nous retrouver. Nous errions, depuis deux heures, au milieu des ronces, des plantes grasses aux pointes d'acier et d'épais taillis, sans pouvoir trouver un sentier convenable; il fallut descendre de cheval pour soulager nos bêtes. Tantôt le hurlement d'un chien nous guidait à gauche, et tantôt le cri d'un coq nous attirait à droite ; nous finîmes cependant par apercevoir, à la lueur incertaine de la lune, les murailles blanchissantes d'une habitation.

Après un quart d'heure de cris d'appel éveillant les aboiements des chiens, au milieu d'un vacarme à réveiller un mort, un Indien de mauvaise humeur vint nous demander la cause d'un tel bruit. Je lui exposai mon cas, mais il fallut parlementer longtemps pour le décider à nous ouvrir en grommelant. Il se radoucit néanmoins à la vue d'une pièce blanche, et voulut bien, moyennant quatre réaux, et s'éclairant d'une torche, nous remettre dans le bon chemin.

Au petit jour, nous étions loin déjà, hors de toute atteinte ; seulement nos chevaux s'étaient blessés dans le bois et tous deux boitaient affreusement. Je dus faire la moitié de la route à pied, chose dure en tout pays, mais déplorable par un soleil de plus de cinquante degrés.

Pedro, en vrai Mexicain qu'il était, resta plus longtemps sur sa bête ; mais comme elle menaçait chute à chaque pas, il lui fallut aussi descendre. Il faisait une triste figure vraiment, et nous arrivâmes en piteux état au village de Tetomabaca.

Les chevaux demandaient un repos forcé. Un Indien du village, expert dans l'art de guérir, vint examiner les malades; j'en fus quitte pour lui payer sa visite; le lendemain les chevaux n'allaient guère mieux, et comme il n'y en avait point à vendre dans le village, au grand désespoir de Pedro, nous nous mîmes en route.

Quatre lieues seulement nous séparaient de Quiotepec; mais au delà, cinq journées encore pour atteindre Oaxaca.

La perspective était des plus désolantes. Six journées de marche! pas un pouce d'ombre dans le sentier, le paysage est d'une sécheresse extrême, et le *monte* n'offre en fait de végétation que de pauvres mezquites au maigre feuillage; les chevaux boitaient de plus belle. Pedro poussait des soupirs déchirants, nous étions tous deux rouges comme des homards et inondés de sueur; nous remontions cependant pour passer les rivières, et ce fut ainsi, clopin clopant, tantôt portés, tantôt portant, que nous débouchâmes sur la rivière de Quiotepec, torrent impétueux et profond qu'on traverse en pirogue et dont un Indien a le monopole. Il était tard, six heures au moins, et déjà nous entendions le bruit sourd de la rivière, quand un jaguar énorme bondit derrière nous, dans le chemin creux où nous étions engagés. La mule, quoique chargée, fit un bond prodigieux, et les chevaux oublieux de leurs blessures s'élancèrent en avant. Le jaguar cependant nous adressa le sourire félin qu'imite si bien le chat faisant le gros dos au chien qui le guette, puis passa tranquillement, franchit le talus, et disparut. J'avais éprouvé à son aspect une émotion bien sentie, c'était ma première rencontre de ce genre, et faite dans une circonstance désagréable; j'en vis et en entendis d'autres par la suite, et je m'aguerris avec le temps. Mes deux suivants, non plus rassurés que moi, allumèrent un feu sur le bord de la rivière, car la nuit se faisait sombre et le jaguar est alors mauvais coucheur. L'Indien du bateau n'était pas à son poste, et comme le village se trouve à une certaine distance, nous nous égosillâmes en vain à l'appeler un quart d'heure durant. Une nuit à la belle étoile, sans souper, ne nous offrait qu'une perspective des moins attrayantes. Je me déshabillai donc, j'attachai mes vêtements sur ma tête et enfourchant mon malheureux cheval, je risquai le passage, parfaitement assuré, grâce à mon talent de nageur, d'atteindre l'autre bord, si ma monture se laissait emporter.

Il n'en fut rien heureusement; j'arrivai au village, et le passeur s'en vint immédiatement chercher mes compagnons d'infortune.

Une surprise nous attendait à Quiotepec. J'avançais au hasard dans une obscurité profonde, lorsqu'un énergique *Quien vive?* Qui vive? m'arrêta court :

« Ami, » répondis-je, et j'avançai. Deux hommes armés gardaient le sentier; ils me demandèrent d'où je venais, où j'allais, et l'un d'eux me conduisit au quartier général, c'est-à-dire dans une bicoque, où le chef d'une troupe en guenilles siégeait au milieu de son état-major. J'ignorais à qui j'avais affaire.

Le chef en question me demanda de nouveau qui j'étais, où j'allais, et mes papiers. Je lui tendis une lettre du ministre de France constatant ma qualité d'envoyé du gouvernement en mission artistique : mon interlocuteur prit la lettre à l'envers, eut l'air d'y jeter un coup d'œil d'autorité, puis passa la missive à moins ignare que lui. J'ajoutai que j'avais un compagnon, plus un domestique, et que l'Indien passeur était allé les chercher. « C'est bien, dit-il, asseyez-vous, nous verrons vos compagnons. » Il y avait bien, tant dehors que dedans, une troupe de cent cinquante hommes d'une mine des moins rassurantes.

Sur ces entrefaites, arriva Pedro, suivi du bagage.

—Eh! Pedrito, comment vas-tu? s'écria l'un des assistants, et là-dessus, coup de théâtre, reconnaissance, tableau! Il y eut des *abrazos* et des serrements de main : je fus présenté, ce qui me permit d'apprendre que je ne me trouvais rien moins qu'en présence du *Huero Lopez*; *huero* veut dire blond, et comme Lopez avait les cheveux et la barbe de cette couleur, on lui avait donné le surnom de *Huero*. C'était un homme de trente-six à quarante ans, jeune encore, et dont la physionomie n'avait rien de féroce ; il avait cependant, dans un rayon des plus étendus, une terrible réputation. Le *Huero Lopez* était un chef de voleurs émérite, autour duquel cinq ou six ans de brigandages impunis avaient groupé la fleur des sacripants de la province ; la troupe variait de cent à deux cents hommes, et comme elle commençait à devenir respectable, le chef, depuis peu rentré en grâce auprès du gouvernement libéral, avait fait sa paix avec le monde. Il n'était plus corvéable de la potence ; loin de là, le gouvernement constitutionnel lui avait octroyé le grade de commandant. La carrière des honneurs lui était ouverte, il n'avait plus qu'à poursuivre.

Le *Huero Lopez* avait dirigé sa première expédition contre Teotitlan que nous avions quitté la veille, et dont il s'était emparé après un assaut des plus opiniâtres.

Aussi, la soirée se passa-t-elle à raconter les hauts faits de ses officiers, la mort du général un tel, dont voici le vainqueur, me disait-il, en me montrant un de ses acolytes. On avait fait tant de butin, fusillé tant de réactionnaires ; l'un était mort bravement, l'autre s'était fait tirer l'oreille ; tous détails fort intéressants et qui soulevaient le cœur.

Cependant il s'inquiétait de notre voyage, s'étonnant que nous fussions arrivés jusqu'à lui sans accident; puis, en bon prince, et avec une galanterie merveilleuse, il s'informa si nous avions faim, et, sur l'affirmative de nos estomacs aux abois, il commanda deux tasses de chocolat qu'on apporta chaud et mousseux à faire plaisir, nous promettant pour le lendemain quelque chose de plus substantiel.

Voyant mon hôte en si belle humeur, je lui contai la mésaventure de nos bêtes et le priai de vouloir bien me changer mes deux chevaux invalides contre deux autres en meilleur état, me proposant de payer la différence. Il y acquiesça de tout cœur, et remit au lendemain la négociation de l'affaire. Il n'y a vraiment plus vertueux qu'un coquin parvenu.

Malgré tout le charme d'une réception si flatteuse, je crus prudent d'éviter à ses hommes des tentatives inhospitalières à l'endroit de mes bagages; aussi, le tout fut-il empilé dans la cabane même où sommeillait le chef. De notre côté, nous dûmes songer à trouver un gîte.

Le temps était couvert, la nuit orageuse, la chaleur asphyxiante; impossible de songer à dormir sous un abri quelconque; j'étendis donc mon manteau de gutta-percha dans la cour, sur la terre nue, je pris ma selle pour oreiller et je m'endormis.

Toute la nuit, cependant, je fus agité, tourmenté par des démangeaisons effroyables, et de gauche et de droite, Pancho mon domestique, et Pedro mon ami, s'agitaient comme moi. Quel réveil, hélas! Tous trois avions à la figure des marques rouges et sanglantes de deux centimètres de largeur; les bras et les jambes en portaient également, et c'était une fureur de picotements à n'y pas tenir.

Le *talaje*, tel est le nom du charmant inconnu qui nous avait martyrisés, est une espèce de petit ver qui, la nuit, s'attaque à tout être étendu sur la terre; aussi les habitants de Quiotepec couchent-ils sur des planches élevées de quelques pouces au-dessus du sol.

Au petit jour, un trompette avait sonné la *diane*, et chaque soldat, avec l'aplomb des troupes régulières, s'était aligné pour passer une inspection; sitôt qu'elle fut terminée, je rappelai au commandant sa promesse de la veille, et l'on s'occupa de me choisir deux chevaux; les miens étaient véritablement jeunes et vigoureux, quelques jours de repos les remettraient infailliblement, et ce n'était pas en somme une mauvaise affaire que je proposais là.

Guidé par un lieutenant du Huero, je fixai mon choix sur un alezan bas sur jambes mais trapu, de huit à dix ans d'âge, et sur un gris pommelé plus jeune, grande et jolie bête, gracieuse sous le harnais, et d'une prestance remarquable. Je montai les deux, et fis avec chacun un temps de galop; ils me parurent doux, dociles, et je me confondis en remerciments. Ne voulant pas, de mon côté, être en reste de générosité avec mes hôtes, je donnai cinq piastres d'étrenne au garçon qui me les sella. A dix heures, après un déjeuner copieux, j'allai prendre congé du futur général et je partis.

Ah! la belle chose qu'un bon cheval, pour courir le monde à travers les sentiers d'un pays inconnu! Joyeux et fiers nous avancions, nous faisant un jeu des plus âpres montées, et nous livrant dans les plaines à des *fantasias* échevelées.

Ah! la belle chose qu'un bon cheval! Ah! la poétique chose! alors que dans une course rapide, le souffle du zéphyr vous fouette la figure comme un vent de tempête! le doux être qu'un coursier soumis, esclave de son frein, calme à la voix du maître ou se précipitant comme l'aquilon!

Ainsi nous chantions, Pedro et moi, célébrant les vertus de nos compagnons nouveaux et bénissant la main qui nous les donna.

La journée fut belle assurément, et la pauvre mule fut seule à la trouver longue. A midi, nous étions à Cuicatlan, délicieux village caché sous la verdure aux pieds de montagnes à pic. Le soir, à six heures, nous entrions au galop dans la rue de Don Domingillo; mais, ô terreur! d'affreux murmures nous poursuivent; en peu d'instants les cris augmentent, le village entier, l'alcade en tête, est à nos trousses; au voleur! arrêtez, au voleur! Je regardais Pedro, Pedro me regardait, nous cherchions vainement à qui pouvaient s'adresser ces cris et ces clameurs,

> Nous étions seuls dans la carrière,
> Aveuglant de flots de poussière
> Nos acharnés persécuteurs.

En vérité, l'illusion n'était plus permise, il fallut s'arrêter.

Ce cheval m'appartient, dit un Indien désignant l'alezan; il me fut volé la semaine dernière, et je le réclame; tout le village m'est témoin. Pedro se trouvait démonté. Je protestai de toutes mes forces alléguant l'échange que j'avais fait le matin même, et le retour que j'avais donné. Nous parvînmes, mais au pas, jusqu'à la *fonda*, où deux Espagnols et leurs femmes étaient arrivés avant nous; je les pris pour juges de l'affaire. Le Huero Lopez était une autorité reconnue, je croyais avoir fait un échange honnête, et je protestai de nouveau de la pureté de mes intentions. Ce cheval est à moi, répétait l'Indien, je veux mon cheval; cette raison valait mieux que toutes les miennes; en fin de compte, il me fallut parlementer.

« Venez avec moi, dis-je au féroce propriétaire, n'est-il pas juste que j'achève ma route, et forcerez-vous ce pauvre homme à faire vingt-cinq lieues à pied. Pedro m'appuyait, on le comprend sans peine : Venez avec moi jusqu'à la ville, vous ramènerez votre cheval, et je payerai vos peines. »

L'alcade trouva la proposition acceptable, et le marché fut conclu. Je compris alors la générosité du bon Lopez; le commandant avait troqué deux chevaux volés et qu'on pouvait lui réclamer à chaque instant, pour deux chevaux légalement acquis et que personne ne pouvait revendiquer comme siens; il a dû bien rire de ma simplicité. Le tour était bon néanmoins, je ne pouvais qu'en rire moi-même; Pedro criait : Vertu, tu n'es qu'un nom !

De Don Domingillo, deux routes conduisent à la vallée d'Oaxaca ; la première, grande et belle, achevée sous l'administration de Juarez, alors qu'il était gouverneur de la province, contourne les hauts sommets de la Cordillère pour aboutir à la naissance de la première des trois vallées qui composent le *Marquesado;* l'autre est un simple sentier suivant le *rio de las Vueltas,* petite rivière aux mille détours courant enchaînée dans des montagnes à pic; impraticable pendant la saison des pluies, ce sentier n'est suivi qu'en temps de sécheresse : la rivière étant alors guéable dans tout son parcours, le voyageur y gagne une journée de marche. Nous suivîmes ce dernier.

Notre petite troupe formait une caravane de dix personnes en y comprenant les domestiques et l'Indien du cheval. C'est avec bonheur qu'on s'enfonce dans ces gorges profondes où les eaux du torrent entretiennent une fraîcheur délicieuse et une éternelle verdure; le sentier se perd à chaque instant sous l'ombre des grands arbres, traverse la rivière, se perd de nouveau, puis la traverse encore : soixante et dix fois, dans un parcours de deux lieues nous traversâmes le torrent. Le sentier s'élève alors, la vallée s'élargit, quelques haciendas de cannes, çà et là de pauvres villages, puis la montagne aux escarpements rapides où souvent le cavalier est forcé de mettre pied à terre pour soulager sa monture : le matin, nous étions en Terre Chaude et le soir nous parcourions les forêts de chênes et de sapins des hauts sommets. A sept heures, nous arrivions à Etla, dans la plaine, et le lendemain nous étions à Oaxaca.

VI

Oaxaca.—La ville.—Les mœurs.—Le bal.—Le clergé.—L'histoire de don Raphaël.—Les passions politiques.

Oaxaca, comme toutes les villes de la Nouvelle-Espagne, est divisée en carrés parfaits, presque toujours orientés, à savoir chaque façade regardant un des points cardinaux. Quoique ayant moins souffert de la guerre civile que les villes du nord, par suite de son éloignement des centres révolutionnaires et de la difficulté des chemins qui la relient aux provinces voisines, Oaxaca n'en est pas moins déchue de son ancienne prospérité. Il m'était réservé de voir achever sa ruine.

Admirablement située au point d'intersection de trois vallées fertiles prodiguant à l'envi les produits des deux mondes, elle offre, en fait de monuments, une charmante église avec portail renaissance mélangé de mauresque d'une richesse extrême, mais que déparent deux clochers bâtards; la cathédrale, construction massive qui n'a rien pour attirer le regard, et le couvent de Santo Domingo, colossal établissement avec cloîtres magnifiques et des escaliers d'un grandiose qui ne le cède en rien au plus monumental de nos escaliers royaux.

La place, attenant à une promenade ombreuse, est de belle dimension, flanquée d'un côté par le palais, édifice de construction moderne; elle est bordée des trois autres par des *portales,* galeries couvertes, à piliers ou à colonnes. Le marché, où se pressent des Indiens de toutes nuances, est d'une richesse incroyable en légumes et en fruits de toutes sortes; les poires, les pêches, les raisins y sont amoncelés auprès d'énormes *cherimoias,* d'ananas et de bananes : aussi la vie est-elle facile, et l'on ne rencontre dans la ville, en fait de mendiants, que quelques estropiés et des aveugles. La grande sécheresse de l'atmosphère et la lumière éblouissante du plateau y causent de nombreuses affections ophthalmiques; je fus obligé moi-même de renoncer à toute lecture devant les accidents inquiétants auxquels ma vue devenait sujette.

Presque toutes les maisons d'Oaxaca n'ont qu'un rez-de-chaussée; il ne faut point leur demander d'architecture, les rues n'offrent aux regards de l'étranger que de simples murs percés de fenêtres avec grilles, sans sculpture et sans ornementation aucune. L'édilité de la ville exige que toutes les maisons soient peintes en couleurs foncées ou peu photogéniques; hors le blanc, vous y trouverez toutes les couleurs de la palette. Si l'extérieur des habitations est ingrat et nu, l'intérieur est presque toujours charmant; un vaste *saguan,* porte cochère, vous introduit dans une cour carrée, entourée pour l'ordinaire d'un portique assez gracieux, et plantée de grenadiers, d'orangers et d'une espèce de cédrats à fruits ronds nommés *toronjo,* et dont la tige atteint des proportions énormes. Des parterres de fleurs s'épanouissent à l'ombre des arbustes, et des roses grimpantes s'allongent autour des colonnes.

Tout cela est propre, bien tenu, plein de fraîcheur, de gazouillement d'oiseaux et de senteurs enivrantes.

La vie, on le comprend, se passe toute au dehors, dans ces pays du soleil.

La galerie sert à la fois de salle à manger et de salon.

Ces petits jardins, qui sont la joie de la vie intérieure, sont d'un entretien difficile et coûteux; chaque fleur exige, comme première condition d'existence, un pot isolé au moyen d'une sébile en terre pleine d'eau, de manière à former une île. Les arbustes sont également entourés d'un anneau concave en ciment, qui les isole.

Cette précaution est prise contre les *arrieras,* espèce de fourmis à corselet épineux nommées charretières, qui atteignent une grosseur remarquable, et dont la rage de destruction est sans égale. Ces fourmis sont une plaie pour les maisons. Comme les voleurs et autres gents malfaisantes, elles ne travaillent guère que la nuit, ce qui leur assure ordinairement l'impunité. Leur établissement principal est toujours à une distance considérable du théâtre de leurs dégâts; aussi est-il impossible de les détruire, et la longueur de leurs galeries les met hors d'atteinte de toute espèce de châtiment. Leur nombre est si extraordinaire et leur organisation si merveilleuse, qu'il leur arrive de dépouiller, en une nuit, de ses bourgeons, de ses fleurs et de ses feuilles, un oranger de grande dimension; les unes montent et découpent les feuilles par grandeur voulue, tandis que d'autres attendent au pied de l'arbre la besogne des découpeuses; et tel est l'instinct de ces petits animaux, qu'ils savent attendre que l'arbre soit raisonnablement chargé de feuilles, de manière que la moisson en vaille la peine. Je les ai vues surveiller un rosier que j'affectionnais, et ne le dépouiller qu'au moment où les boutons allaient s'épanouir.

Les tremblements de terre sont annuels à Oaxaca, et les murs de ces maisons si basses ont la plupart jusqu'à deux mètres d'épaisseur. Ces tremblements, sur un sol rocailleux, n'agissent point par oscillation comme dans la plaine mobile de Mexico, mais par trépidation, mouvement plus dangereux s'il est possible, et qui,

CHAPITRE VI. — OAXACA.

par des ébranlements successifs, détruit en un clin d'œil les édifices les plus solides. A Oaxaca comme à Mexico, je fus témoin d'un de ces terribles phénomènes ; il fut violent, mais de courte durée ; assez long cependant pour épouvanter l'âme la plus résolue et me donner le temps de me précipiter dans la cour. L'instinct de la conservation bannit toute convenance et toute pudeur : je trouvai le personnel de la maison, hommes et femmes,

> Dans le simple appareil......

d'aucunes enveloppées dans un drap et d'autres parfaitement nues ; tout ce monde éclatant en prières ferventes, je vous assure, et en supplications passionnées.

Dieu n'a besoin que d'une petite secousse pour constater le nombre de ses fidèles.

Le danger passé, une vieille domestique de la famille expliquait tranquillement à son fils une formule au moyen de laquelle on pouvait prévenir tout désastre.

Le palais et la cathédrale en furent tous deux pour une corniche dont la chute ne blessa personne, et des crevasses qu'on s'empressa de combler.

Au sud-ouest de la ville se trouve le mont Alban, qui se relie à la chaîne de la Misteca ; au nord-ouest la sierra Madre envoie jusqu'aux maisons du faubourg le prolongement de ses derniers contre-forts. Le San Felipe, point culminant de la sierra, borne l'horizon de la ville au nord, et lui prodigue en tout temps des eaux fraîches et limpides. Ainsi placée, Oaxaca ne doit rien envier aux plus belles villes de la république.

Tout fédéral que soit le Mexique, le lien qui unit chacune de ses parties est des plus faibles, et l'on peut dire qu'il n'y a d'autre nationalité que la nationalité de province. L'habitant de Puebla est un Poblano, celui de Chiapas un Chiapaneco, nul ne vous dira qu'il est Mexicain. Cet esprit de clocher se retrouve partout, mais nulle part il n'éclate avec autant de violence que dans la jolie ville d'Oaxaca.

Rien n'est bon, n'est beau, n'est bien, n'est admirable en dehors de ce petit État, et quoique tirant toute chose du dehors, pour ce qui regarde la mode, l'industrie et les arts, il semble que ce soit un tribut que l'univers lui paye et dont il ne doive aucune reconnaissance.

Quelques habitants poussent cette faiblesse jusqu'au ridicule le plus insensé; il n'est pas jusqu'à leurs femmes qu'ils ne dotent des avantages les plus singuliers et des vertus les plus extraordinaires. Mon séjour ne m'a rien appris à cet égard, et je laisse à d'autres plus heureux le soin de les découvrir.

Il faut attribuer cet amour-propre excessif à la concentration d'une existence toute locale, que des relations plus suivies avec le monde viendront sans aucun doute modifier un jour.

Le besoin de société, l'esprit de réunion sont fort développés à Oaxaca. L'on arrive promptement à l'intimité avec des gens qui se livrent avec abandon, et le même jour vous donne presque autant d'amis que de connaissances; je n'affirmerai point pour cela qu'il faille compter sur eux dans une circonstance difficile : le dévouement est une fleur rare par toute la terre; mais ils s'empresseront pour une démarche, vous combleront d'avances, de lettres de recommandation, vous couvriront de leur influence, s'il y a lieu, déployant une affabilité constante et une bienveillance infatigable.

La causerie est vive et animée, l'esprit agressif et mordant des petites villes y déroule avec complaisance les mille et un riens d'une chronique passablement scandaleuse, qu'entretient une morale relâchée. La politique, dans laquelle les femmes jouent un rôle considérable, jette en pâture à la conversation des petits cercles un aliment toujours nouveau.

Cette tendance est naturelle dans un pays où la bureaucratie absorbe toutes les ambitions : être ou n'être pas employé, c'est pour eux une question de vie ou de mort; aussi les partis y sont-ils toujours sur la brèche pour attaquer ou pour défendre : quoi de plus simple que la guerre civile dans de telles conditions?

Il n'est pas rare de rencontrer parmi ces jeunes ambitieux des talents remarquables, une instruction solide, fruit d'un travail obstiné, et le don de deux ou trois langues qu'ils parlent avec facilité.

Comment expliquer qu'une fois au pouvoir, ces brillantes qualités disparaissent pour faire place à une nullité désespérante? C'est qu'ils trouvent à leur tour, chez les autres, cette opposition systématique qu'ils pratiquaient eux-mêmes avec une si déplorable obstination; c'est que tout est paralysé chez eux, et que leurs facultés suffisent à peine à défendre contre leurs agresseurs les positions qu'ils viennent si péniblement d'acquérir. Les beaux projets de réforme sont oubliés, le service public abandonné, la désorganisation se précipite, la gangrène arrive à sa dernière période, l'État se meurt : voilà le Mexique. Réactionnaires et libéraux se reprochent mutuellement, dans ce langage qu'on connaît, leurs fautes réciproques; tous deux sont également coupables et ravaillent avec une émulation impie à l'anéantissement complet de leur beau pays.

Le président Juarez est une des illustrations de l'État d'Oaxaca : de sang indien pur, il est fils de ses œuvres et doit tout à lui-même. On le voit passer du barreau d'une ville de province au gouvernement de l'État, arriver à la présidence de la cour suprême et s'asseoir, honnête homme, sur le fauteuil présidentiel. Son administration, comme gouverneur de l'État d'Oaxaca, a laissé derrière lui un parfum de probité qu'on respire rarement au Mexique, et les améliorations qu'il s'efforça de répandre dans le service public donnent une preuve de son dévouement au bien-être de ses concitoyens. L'organisation des villages indiens de la sierra qui font partie de la province, et dont il est originaire, lui fait le plus grand honneur : on est surpris d'y trouver des écoles obligatoires, d'où sortent des Indiens sachant lire, écrire et compter; on en croit à peine ses oreilles, alors que les sons de l'orgue des temples ou les fanfares des instruments de cuivre vous rappellent les goûts de votre patrie lointaine au milieu du sauvage aspect de la montagne.

Je ne sais si le Mexique placera Juarez au nombre de ses grands hommes; mais c'est à coup sûr une personnalité remarquable. Au milieu de la pénurie de talents qui l'entoure, il a pour lui cette probité si méritante en son pays, une constance glorieuse à ne point désespérer de sa cause, une obstination molle, mais infatigable à lasser la fortune, une douceur de caractère que travestissent ceux qui l'ont peu connu. Plusieurs m'en ont dit du bien; chaque fois que je le vis, il me rendit service.

Parmi les personnalités remarquables d'Oaxaca, il faut rappeler une pauvre vieille, dernière descendante de Montezuma. Le gouvernement, m'a-t-on dit, lui faisait autrefois une pension suffisante pour assurer une existence honorable à cette princesse déchue, et les Indiens, une fois l'an, venaient rendre hommage à l'arrière-petite-fille du grand roi.

La señora Silva, sur un trône, entourée du prestige inoffensif de sa haute naissance, recevait des Indiens prosternés la muette expression d'un religieux respect. Mais la pension se réduisit insensiblement suivant les fluctuations des finances ; aujourd'hui, le dernier rejeton d'une race impériale s'éteint dans la solitude et la misère.

J'ai dit que les mœurs étaient relâchées : l'intimité des familles entre elles prête à la familiarité des jeunes gens des proportions dangereuses.

Les amourettes naissent comme des fleurs sous ce ciel merveilleux. Si les fenêtres ont des grilles, les maisons sont basses, et le diable est leste. L'amour, au Mexique, a conservé de sa tournure espagnole : il lance des madrigaux, fait jouer la sérénade, improvise sur la guitare, et ne craint pas d'employer la gazette pour envoyer un sonnet à sa belle. Il s'accroche encore, mais rarement, à l'échelle de soie.

Le mariage consacre pour l'ordinaire ces unions anticipées ; mais lorsqu'un inconstant porte à d'autres idoles l'encens d'un cœur volage et que la délaissée ne peut dissimuler le fruit de sa faute, le monde n'impose à la pécheresse qu'une réprobation indulgente. « *Hubo una desgracia*, dit-on : elle eut une mésaventure. » Quelques mois d'éloignement arrangent les choses; de temps à autre cependant la comédie tourne au drame, drame atroce, vengeance de cannibale. Telle est l'histoire du señor Eusebio. J'ai connu les personnages, j'ai assisté au dénoûment, j'essayerai de vous la dire.

Don Eusebio peut avoir de quarante-cinq à cinquante ans; il paraît jeune encore; ses épaules larges et trapues, sa marche facile et légère malgré l'embonpoint qui commence à l'envahir, lui donnent l'apparence d'une force peu commune; sa tête est grosse sur un cou charnu; les lèvres sont épaisses, la bouche est grande; tout le bas de la figure dénote des instincts où la violence le dispute à la sensualité; ses yeux sont jaunes tirant sur le vert et pleins d'une expression jalouse et méchante.

Il jouit d'une réputation douteuse, et son passé renferme des mystères.

Sa maison, placée au nord de la cathédrale, n'a rien qui la distingue des demeures voisines : elle se trouve parallèle à un couvent de femmes qui fait le coin du carré suivant, et s'ouvre de ce côté par deux fenêtres à grillage en bois.

Don Eusebio n'a pas d'amis, et sa maison fut pour ainsi dire déserte jusqu'au jour où ses filles devinrent de grandes personnes. Il en a trois. Héléna, la première, ressemble à don Eusebio et paraît en avoir tous les instincts. C'est une grande et superbe fille chez qui la vie déborde; elle a toutes les beautés provocatrices : la hanche saillante, des bras robustes et ronds, des épaules grasses, une gorge audacieuse, des lèvres rouges et ce teint pâle et mat des natures passionnées; ses yeux noirs avaient une fixité embarrassante. A l'époque dont nous parlons, la chronique s'était déjà maintes fois occupée d'elle; mais elle n'avait point eu de *desgracias*.

Une cour nombreuse se disputait ses sourires, et quelques robes noires se mêlaient à la foule. Le père autorisait, cherchant un gendre. Oaxaca respirait dans un entr'acte de guerre civile, et les réunions se succédaient sans relâche. Sur ces entrefaites, un jeune homme de Mexico vint passer quelque temps dans le Marquesado, vivant chez son père, voisin de don Eusebio, et dont la maison occupait, à cinquante mètres plus bas, le milieu du carré de face.

La famille de don Rafael se composait de doña Marianita, sa femme, de Louisito, un fils tard venu, le Benjamin, et du nouvel arrivant.

Henrique rapportait de la capitale une tournure dégagée, cet air de suffisance qui plaît aux femmes et des prétentions de blasé que les sots affichent volontiers; une moustache longue et pointue lui donnait un petit genre matamore qui ne messeyait point; il avait l'œil d'un bleu tendre, et sa chevelure blonde, naturellement bouclée, était fort belle.

En somme, on le disait beau cavalier, il le croyait plus que tout autre; mais, à mes yeux; il perdait la moitié de ses avantages par un rire bête qu'il lançait éternellement et à tout propos, ce qui chez bien des gens lui avait fait une renommée de bel esprit.

On lui prêtait mille aventures; c'était pour Héléna une conquête à faire. La famille d'Henrique possédait quelque bien; c'était pour don Eusebio le mari demandé.

Du reste, la chose allait de soi. Henrique renoua sans difficulté des relations d'enfance, et, malgré les avertissements de son père qui n'estima jamais don Eusebio, il fut en quelques jours du nombre des intimes.

A première vue, il fut ébloui. On ne pouvait rêver plus belle maîtresse. Pour Héléna, jeune et coquette, elle éprouva quelque satisfaction de l'effet produit et ne demanda pas mieux que de plaire.

Il fut bientôt évident qu'Henrique était le préféré. Aussi le cercle des adorateurs diminua chaque jour; quelques-uns seulement cherchèrent à disputer au Mexicain une conquête si belle; mais ils n'eurent plus qu'à se retirer devant la persistance de ses succès.

D'autres tournèrent bride et déposèrent aux pieds de la sœur des hommages dont l'aînée ne voulait plus.

Rien de moins p... nique que cette passion facile; mais la jeunesse v... se sur toutes choses un tel torrent de fleurs, qu'on se méprend volontiers sur des liaisons qu'on croit éternelles et qui ne sont que d'un jour.

Henrique me raconta souvent les premiers bonheurs de son amour naissant. Il me parlait de ses promenades solitaires dans la vallée, de ses rencontres fortuites à San Felipe, de ces charmants dîners à Santa Maria del Tule sous les ombrages du vieux Sabino; mais l'amour-propre chez lui l'emportait sur l'amour, et son œil brillait plus encore en me disant ses triomphes, le dépit de ses rivaux repoussés; et l'éclatante satisfaction que lui valaient les préférences d'une aussi belle personne.

Don Rafael fermait les yeux et voyait tout.

Cependant le tête-à-tête est difficile dans une maison ouverte à tout venant, où se croisent et s'ébattent une foule de domestiques et d'enfants; il fallait un dénoûment; mais Henrique ne pensait point au mariage. Il y eut alors d'humbles demandes, des supplications et des résistances : toute cette habile et naïve comédie de l'amour à laquelle nous croyons si facilement et dont, en somme, les femmes sont presque toujours victimes. Henrique, désespéré, parlait de départ; à cette époque, il était vraiment épris. Héléna céda.

Par une nuit obscure, Henrique escaladait la grille de bois d'une fenêtre, s'accrochait à la corniche et bondissait sur l'*azotea* (toit plat). Héléna, tremblante, l'attendait sous un bosquet de jasmins. Don Eusebio avait tout vu.

Un mois de sérénades, d'entrevues mystérieuses, de rendez-vous dangereux pleins de poignantes émotions, prolongea le délire de cette première nuit d'amour.

Les observations de don Rafael n'arrêtèrent point l'heureux Henrique.

On jasait cependant, et les rivaux éconduits surent lui dire, à mots couverts, qu'il n'était pas le seul heureux, et qu'en tout cas il n'avait pas été le premier.

Henrique refusa d'y croire, et sa position compromettante, peut-être son courage, ne lui permirent pas d'imposer silence à ces bruits insultants; mais son amour baissa; il ne se montra plus aussi souvent dans la maison de don Eusebio : les nuits le surprirent plus rarement sous ce bosquet parfumé témoin de ses premiers soupirs, et l'escalade de l'*azotea* lui sembla d'une prodigieuse difficulté.

La fière jeune fille lui demanda compte de son insultante froideur; Henrique se défendit faiblement, protesta, balbutia et voulut se retirer. Il y eut alors une scène de violence qui l'épouvanta ; mais voyant qu'elle allait perdre son amant, Héléna devint tout à coup tendre, pressante, suppliante; elle le prit comme un enfant dans ses bras, le couvrit de baisers et de caresses passionnées.

—Que deviendrai-je sans toi, lui disait-elle; je t'aime et n'adore que toi; je suis seule au monde; tu l'as vu, je n'ai plus d'amis : tous se sont éloignés. Ton amour, mon Henrique, c'est ma seule joie sur terre, c'est mon avenir, ma vie, mon seul bonheur. Ne m'abandonne pas! Et puis, ajouta-t-elle en le voyant se fondre devant ces témoignages passionnés, je n'osais te le dire, Henrique, je suis mère. Que devenir si tu t'en vas? Mon père, oh! mon père me tuerait.

Cette confession terrifia le pauvre amant. Il revint néanmoins, mais sombre, craintif, désillusionné, ne sachant plus comment rompre des liens de fer.

Don Eusebio jugea prudent d'intervenir. Il surprit Henrique chez Héléna, obtint une confession complète, et ne permit au malheureux de s'éloigner que sous serment d'épouser sa fille.

Il fallut tout dire à don Rafael. Devant de pareils faits, toute observation était inutile, et la conférence se termina par un refus énergique de jamais consentir à ce mariage.

Henrique n'aimait plus; la nuit venue, à l'heure où si souvent il s'agenouillait près d'elle, il sella son cheval et partit.

Le lendemain, don Eusebio aux aguets, fut étonné de ne point le voir; il s'informa, connut le départ, rentra. Il était calme, quiconque l'eût rencontré n'eût point deviné ce qui se passait en lui; il croisa plusieurs personnes auxquelles il répondit, en souriant, aux compliments banals, insultes déguisées que chacun lui adressait, car tout se savait déjà.

Une fois chez lui, l'orage fit explosion; il brisait,

en les touchant, les meubles qui tombaient sous sa main, ses yeux étaient sanglants, il épouvanta les siens, on n'osa lui rien dire. Héléna pleurait en silence.

Cependant, il reprit quelque pouvoir sur lui-même, et voilant sa fureur, il sella son cheval et sortit la cigarette à la bouche comme en un jour de *paseo*.

Henrique n'avait que deux chemins à prendre, la route de la sierra par Vera Cruz, c'est-à-dire faire un détour de plus de cent lieues, et le chemin de Tehuacan le plus facile et le plus rapide. Le doute n'était pas possible, une fois hors de la ville, don Eusebio mit son cheval au galop et fit presque huit lieues d'une traite ; il sut qu'Henrique était arrivé le matin et s'était reposé trois heures. C'était une demi-journée d'avance. — Fils de chien, je t'atteindrai, murmurait-il. Il rafraîchit les naseaux de son cheval, et prit par le rio de las Vueltas.

Henrique, croyant le sentier coupé par le torrent, avait pris la route presque carrossable de la montagne ; du reste, ignorant la poursuite, il prenait son temps ; le cheval de don Eusebio, vigoureux et fort, dévorait l'espace.

Henrique arriva, vers les quatre heures du soir, à Don Domingillo, et fut se loger à tout hasard à l'entrée du village chez un Indien qu'il connaissait, fit renfermer son cheval et ne sortit qu'à la nuit tombante, sans s'éloigner cependant et fumant un cigare.

Il lui sembla tout à coup entendre le galop précipité d'un cheval; un frisson terrible le saisit, il reçut, me racontait-il, comme un coup d'épée en pleine poitrine, et, se dissimulant derrière une cloison, il vit déboucher du sentier de las Vueltas don Eusebio lui-même, couvert de poussière, son cheval haletant et rendu. Il passa près de lui et mit pied à terre à deux cents mètres environ à la seule *fonda* du village.

Henrique rentra dans la cabane de l'Indien auquel il conta partie de son histoire, lui donna dix piastres pour se taire, et fut s'ensevelir au milieu des épis de maïs dans une espèce de grenier suspendu sur quatre pieux. Le mors de son cheval, sa selle et son zarape, lui furent jetés d'en bas. Il attendit.

Don Eusebio apprit, en blasphémant, qu'Henrique n'avait point paru; il voulut cependant s'en assurer, visiter la *fonda* du haut en bas, et s'en fut errer comme un chacal dans le village : aucune trace, rien qui pût le guider. Il remonta et se dirigea du côté de la cabane en question. Au débouché de la route, Henrique le vit venir et se crut perdu. Don Eusebio entra, donna le signalement du cheval et de l'individu, déposa une piastre dans la main de l'Indien, et lui fit détailler toutes personnes qui avaient dû passer devant lui.

— C'est un ami que je désire rejoindre, disait don Eusebio, et nous devions nous trouver en ce village;

je suis en vérité bien étonné de ne le point voir. Il examinait avec soin l'intérieur de la cabane, saisit avec violence un mors suspendu dans l'obscurité, l'examina, et ne le reconnut point.

—N'as-tu point de cheval, l'ami? demanda-t-il encore.

—Si, monsieur, une vieille jument couchée là-bas dans le *patio*, si vous voulez de la lumière; nous l'irons voir.

—C'est inutile, répondit don Eusebio, que déroutait l'assurance de l'Indien. Il s'approcha néanmoins, jeta un coup d'œil dans la cour, et comme l'animal était couché, que la nuit était assez sombre, il ne le reconnut pas non plus; Henrique, la mort dans l'âme, suivait du haut de son observatoire suspendu tous les mouvements de son ennemi,.

—Maudit! s'écria don Eusebio, en partant. Il a dû suivre jusqu'à Cuicatlan, ajouta-t-il tout bas, à demain. Cuicatlan n'était qu'à deux lieues. Henrique fut sauvé, mais ne dormit pas de la nuit.

Vers les trois heures, il entendit le trot d'un cheval s'éloignant dans la direction de Tehuacan, c'était don Eusebio continuant sa poursuite. Henrique attendit une heure environ, et suivit le même chemin; mais, à deux kilomètres du village, il laissa sur la droite la rivière que venait de traverser don Eusebio; prit à gauche, et s'enfonça dans la Misteca. Deux jours après, don Eusebio rentrait à Oaxaca, et reprenait ses occupations. L'enfant ne vint jamais au monde.

Don Rafael néanmoins sentait la vengeance planer au-dessus de sa tête, divers guet-apens dont il se tira par bonheur, laissaient deviner la main de son ennemi : le temps, pensait-il apaiserait l'affaire. Il n'en fut rien.

Deux ans après, les événements que nous venons de raconter, C... prit la ville; ses troupes occupaient le palais, la cathédrale et le couvent qui se trouvait sur l'alignement des deux maisons ennemies; de temps à autre, les partis tiraillaient entre eux. Don Rafael, portes et fenêtres closes, ne permettait à aucun des siens le moindre coup d'œil au dehors, sa tendresse de père lui faisait craindre un malheur. Pour don Eusebio, toujours à l'affût comme un tigre guettant sa proie, il quittait rarement sa fenêtre observatrice. Un jour, sur le midi, comme de la matinée on n'avait entendu le son d'un coup de fusil, doña Marianita ouvrit la fenêtre. Louisito s'y précipita pour regarder, elle-même ne put se défendre d'un moment de curiosité. Pour Dieu! s'écria le père, retirez-vous. Au même instant une explosion isolée se fit entendre, et l'enfant, une balle au front, tombait dans les bras de sa mère.

—Jésus! fit-elle. Ah! Jésus! mon fils! mon fils! Ah! Dieu! elle s'affaissa, on la crut morte aussi.

Elle tenait l'enfant dans ses bras; tous deux couverts de sang formaient un épouvantable tableau;

don Rafael, muet, hagard, épouvanté, se précipita sur eux : il était bien mort, le doux enfant.

Don Rafael traîne depuis ce jour une vie à demi-éteinte, quant à doña Marianita, elle est folle.

Le clergé encourage par son exemple cette dissolution de mœurs qui se retrouve un peu partout dans le Mexique ; mais il est difficile de trouver une province où il affiche avec plus de naïveté le relâchement de ses mœurs.

La première fois qu'il me fut donné d'observer cette étrange manière de vivre, c'était au bal où l'on me présenta à mademoiselle X..., fille du curé X..., qui lui-même, en habit de ville, se trouvait présent.

Je sus depuis que grand nombre de ces messieurs avaient famille, que plusieurs d'entre eux menaient grand train, donnant bals et banquets, qu'un autre, exception il est vrai, entretenait trois sœurs à la fois, desquelles il avait des filles, dont chacune était dotée sur les priviléges de telle ou telle église dont il était curé.

Plus tard, me trouvant dans une maison de jeu d'assez bas étage, j'y rencontrai deux prêtres en soutane, et l'un, tutoyant ponteurs et croupiers, jurant comme un damné, tenait sur ses genoux une fille publique avec laquelle il s'était associé ; il y avait là cinquante personnes peut-être, et de tout ce monde j'étais le seul que la chose étonnât.

Quand, chez un peuple, le sens moral est à ce point

perverti, que de pareils exemples ne soulèvent que les plaintes discrètes des honnêtes gens et que toute indignation est morte, il faut se voiler la face et désespérer du salut de ce peuple.

VII

Long séjour.—Phénomènes photographiques.—Les trois vallées.—Santa Lucia.—Santa Maria del Tule.—Le Sabino.—Mitla.—Les ruines.—Le village.—Les pitajas.—Clichés perdus.—Prise de la ville.—Mont Alban. —Le vieux couvent.—Deuxième expédition.—Siége de la ville.—Départ pour Vera Cruz.

J'attendais mes bagages depuis deux mois, ils n'arrivaient pas ; je craignis que l'état des routes ne permît pas à l'expéditeur de me les envoyer, il fallut donc me mettre à l'œuvre avec les ressources que m'offrait la ville. Je fabriquai du nitrate et du fulmicoton, j'avais des glaces et l'un de mes instruments; je trouvai de l'éther et de l'alcool. Pour développer l'image il me fallut employer le sulfate de fer qu'on trouve partout.

Mes premiers essais ne furent pas heureux, les clichés des monuments de la ville étaient mauvais. Quelques jours après j'en fis d'autres meilleurs, presque satisfaisants. Je préparai donc mon expédition de Mitla, car je devais retourner au Yucatan, remonter à Palenqué, traverser la sierra et faire le tour de la province de Chiapas, en passant par Tehuantepec pour revenir à Oaxaca. J'aurais voulu faire ce long voyage avant la saison des pluies s'il était possible, et le temps pressait.

Mais quand je voulus partir, je m'aperçus que mes produits ne marchaient plus.

Pendant huit jours, je fis les essais les plus variés, je me servis de bains vieux et nouveaux, j'avais une douzaine de collodions différents, j'employai tous les développants et tous les fixateurs; peine inutile. Le collodion arriva même jusqu'à perdre toute sensibilité. Avec une exposition de cinq minutes au soleil, et un instrument double, je n'obtenais qu'une tache blanche à l'endroit du col.

Désespérant de réussir je mélangeai tous les collodions et j'attendis.

Quelques jours après, je voulus tenter un nouvel essai, je fis un cliché le matin à sept heures, il était bon : à sept heures et demie, insensibilité. Le lendemain, j'en fis deux, sans pouvoir en réussir un troisième; le surlendemain trois et, par progression, chaque jour en faisant un de plus, mais pas davantage. Tout à coup le collodion ne m'apportait que des positifs sur verre; un autre jour des négatifs, et cela sans qu'il me fût possible de faire l'un ou l'autre à mon choix. J'ai vainement cherché la clef de phénomènes aussi curieux et je laisse aux photographes érudits le soin d'en trouver les causes. Ma position était des plus embarrassantes, je craignis un moment de ne pouvoir réussir. J'aurai donc fait, me disais-je, trois mille lieues dans le but de rapporter en Europe l'image de ces ruines merveilleuses, si peu connues, si intéressantes, pour me trouver devant elles impuissant à les reproduire !

J'éprouvai pendant ces jours de sombres découragements et de terribles défaillances ; j'étais sans nouvelles de mes bagages, et l'état de la province allait empirant chaque jour. Je fus sur le point de faiblir et d'abandonner la partie. Je parvins cependant à remonter ce moral affaibli, et, quoi qu'il dût m'en coûter, je voulus achever mon œuvre. Attendre ! Que la patience est une belle chose pour qui sait la pratiquer !

Les vallées m'offraient une longue série de courses et d'observations ; j'avais mon cheval, et chaque jour, seul le plus souvent, je parcourais l'une ou l'autre, indifférent aux aventures périlleuses de ces excursions solitaires.

La vallée de l'ouest, la première en venant de Mexico, n'offre au voyageur que des terres cultivées, des villages et des haciendas, quelques élévations douteuses où la science n'a rien à prendre, et le touriste rien à copier : c'est la moins riche de ces trois vallées et la moins intéressante. Dans la seconde se trouve un vaste couvent, commencé par Cortez, inachevé aujourd'hui et fondé sur l'emplacement d'un temple indien dont quelques murailles d'*adobes* (briques en terre cuite au soleil) subsistent encore. Il semble que les constructeurs de l'édifice moderne se soient servis de ces murailles pour remplacer les échafaudages dans leur construction. Ces murailles de terre sont en effet au milieu de la nef et soutiennent encore diverses parties d'un clocher moderne. L'*adobe* a pris la consistance de la pierre, les murs paraissent devoir résister à l'action du temps aussi bien que l'édifice espagnol, et, dans la suite des siècles, ne formant qu'une seule et même ruine, le voyageur étonné de cette création étrange confondra l'œuvre de marbre des vainqueurs et l'humble monument des vaincus.

Ces ruines confondues n'offrent-elles pas à l'esprit de l'observateur une image saisissante de cette civilisation espagnole du nouveau monde, qui n'a laissé derrière elle que souvenirs perdus, solitude et désolation? Ce mur de terre, humble mais solide encore, soutenant cet édifice incomplet, n'est-ce point l'image vivante de cette race indienne, humble aussi, soumise et opprimée, gémissant depuis trois siècles sous le poids accablant d'une civilisation menteuse, ruine aujourd'hui d'un monument inachevé?

La route qui conduit à ce vieux temple domine la vallée; couverte de *tumuli* vierges jusqu'à ce jour de toute profanation, elle offre à l'antiquaire des témoignages précieux de la civilisation indienne.

Ces éminences, selon toute probabilité, sont des

tombeaux d'où l'on pourrait exhumer de riches trésors scientifiques. Je m'efforçai, mais vainement, de faire des fouilles : les Indiens se sont fait une religion de ne point laisser toucher à ces vieux souvenirs de leurs ancêtres. Il m'eût fallu l'appui du gouvernement que l'agitation des esprits et la menace d'un siége m'empêchèrent d'obtenir.

A l'ouest d'Oaxaca, touchant la ville, se trouve le mont Alban, montagne aux pentes rapides comme toutes celles de la Cordillère, et surmontée d'un plateau d'une demi-lieue carrée au moins.

Ce plateau, qui semble travaillé de main d'homme, n'offre plus aujourd'hui qu'une arène bouleversée, des masses imposantes de mortier de pierres, percées de souterrains étroits, des forts, des esplanades, des contre-forts et de gigantesques pierres sculptées. Les souterrains sont formés par des dalles de grandes dimensions à murailles parallèles, et dont la voûte est remplacée par deux immenses pierres s'appuyant l'une sur l'autre. Ces pierres sont revêtues de sculptures offrant des têtes de profil qui rappellent un type étranger, le passage lui-même est étroit, ne permettant qu'à une seule personne de s'avancer à la fois.

Les plus grandes masses se trouvent au sud du plateau. Elles affectent en général la forme carrée et se composent d'une pyramide tronquée à talus fort rapide, d'une hauteur de vingt-cinq pieds environ;

d'une enceinte qu'on peut suivre encore, et d'énormes monceaux de maçonneries ruinées, autrefois demeures, palais, temples ou forteresses de ces nations disparues.

Le tout est semé de débris de poteries d'une finesse extrême et d'un vernis rouge et brillant. Un Italien de Mexico fit, il y a quelques années, pratiquer des ouvertures dans ces monceaux de pierres; il en retira des colliers d'agate, des obsidiennes travaillées, et divers bijoux d'or d'un fini merveilleux.

Quel musée n'enrichiraient pas des fouilles faites avec soin!

Le mont Alban est, à notre avis, l'un des restes les plus précieux et bien certainement le plus ancien des civilisations américaines. Nulle part nous n'avons retrouvé ces profils étranges d'une originalité si frappante, que vous leur cherchez en vain quelque chose d'analogue, dans les souvenirs du vieux monde.

Ces ruines n'ont rien de commun avec les ruines de la vallée, non plus qu'avec celles de Mitla; les matériaux ne sont point les mêmes et l'architecture est différente. Ici vous ne trouvez que l'*adobe*, de la terre; à Mitla, un mélange de terre battue et de gros cailloux plaqués de briquettes de différentes grandeurs; dans les forts qui défendaient les palais, l'*adobe* encore: au mont Alban, vous n'avez que des constructions en pierre, reliées par le ciment et le mortier de chaux.

Les murs des temples étaient perpendiculaires aux plafonds, se coupant à angle droit; Mitla présente la même architecture.

Au mont Alban, au contraire, vous retrouvez la construction dite *de Boveda*, c'est-à-dire deux murs perpendiculaires jusqu'à hauteur d'appui, et s'inclinant l'un vers l'autre jusqu'à ne plus former qu'un écartement de vingt-cinq centimètres, fermé par une dalle. Il semble, en vérité, que les fondateurs de ces ruines, chassés autrefois par des émigrations du nord, aient poursuivi leur retraite vers le sud, traversé la *sierra* de Chiapas, et, se divisant en deux branches, l'une suivant jusqu'à Guatemala, l'autre aboutissant aux plaines du golfe, fondé les palais de Palenqué et plus tard les monuments du Yucatan, qui ont avec les ruines du mont Alban plus d'un point de ressemblance.

Quoi qu'il en soit de cette supposition, nous croyons pouvoir affirmer que le Marquesado offre aux voyageurs le plus vaste et le plus riche sujet d'étude.

Partout des tumuli, des temples, des palais, des ruines, un amoncellement étrange de terres réunies, des masses ruinées de maçonneries, en un mot, des traces irrécusables d'envahissements successifs et de luttes effroyables!

Le Marquesado, avec ses vallées fertiles, devait offrir aux émigrations des peuples un séjour facile dans leur marche vers le sud; il semble avoir été, dans cet univers, le grand chemin de l'homme, où chaque race, à son tour, laissa tomber quelqu'un de ses souvenirs[1].

Je dus suspendre mes promenades dans la campagne : l'armée libérale envoyée contre Cobos, alors à Teotitlan, s'était dispersée sans combat ; Oaxaca pouvait encore se défendre avec douze cents hommes formant la garnison de la ville ; le gouvernement avait de l'argent et des munitions, il jugea plus prudent de décamper dans la nuit, laissant la ville sans autorité, sans police et sans protection contre les faubourgs.

On craignait un pillage, et tous les intéressés, c'est-à-dire les commerçants et les gens riches, organisèrent un comité de vigilance. Chacun dut prendre les armes pour veiller à la sûreté publique. On expédia sur-le-champ au chef de l'armée réactionnaire un exprès pour hâter l'arrivée de ses troupes, et chacun, en attendant, monta sa garde et fit patrouille. J'offris mon bras comme chacun, et du reste tout se passa bien ou à peu près, la première nuit fut seule orageuse ; il y eut quelques fusillades, deux ou trois arrestations, plus un assassinat.

Le malheureux était un préfet des environs, qui revenait chargé de la capitation de son village, et qui ne savait rien des événements de la ville. Hélas ! il en fut la première victime. A l'entrée d'un faubourg, il reçut un coup de feu qui le renversa de son cheval ; laissé pour mort, on le dépouilla des 1,500 fr.

---

[1]. Le P. Antonio de Remesal raconte qu'on retrouvait dans la vallée les traces de dix langages différents.

qu'il portait, de son zarape, de son cheval et de son chapeau.

Ranimé par la fraîcheur de la nuit, il eut le courage de faire plus d'un kilomètre. Je le rencontrai titubant comme un homme ivre; ses gémissements m'attirèrent près de lui, et je n'arrivai que pour le voir s'affaisser évanoui. J'appelai, on vint, et nous le transportâmes dans la boutique d'un épicier, où on l'étendit mourant sur quelques sacs vides. La balle avait dû traverser le poumon; le médecin appelé ne le regarda même pas : il n'avait que peu de temps à vivre.

Une femme arriva, sa maîtresse, me dit-on. Un prêtre était là, qui lui jeta à la hâte une absolution de circonstance; puis il se passa une comédie qu'on pourrait appeler la comédie de la mort ou du testament.

La femme se penchait à l'oreille du blessé qui ne l'entendait plus :

« A qui donnes-tu la maison? » Puis, plaçant à son tour son oreille sur la bouche du mourant, elle prenait à témoin le prêtre et les personnes présentes, que telle maison lui était donnée. Le prêtre approuvait, un complaisant rédigeait.

« A qui telle valeur? —Au clergé, » fit-elle sur un signe du confesseur.

« A qui telle propriété? » Et le testament, terminé de cette manière, on fit circuler le papier pour que chacun signât. Quelques personnes s'abstinrent et je fus du nombre. Le testament fut-il reconnu valable? Je l'ignore. Le lendemain, les troupes réactionnaires firent en triomphe, au son des cloches et des fanfares, leur entrée dans la ville. Je pouvais donc continuer mes excursions.

A l'entrée de la troisième vallée au sortir d'Oaxaca, se trouve le village de Santa Lucia, célèbre par ses combats de coqs. Deux lieues plus loin, sous des bosquets de goyaviers, de cherimoias et de grenadiers, se cache le joli village de Santa Maria del Tule. Le vieux arbre appelé *Sabino*, qui ombrage la cour d'une petite chapelle, est connu dans toute la république; de loin, le dôme de verdure qui couronne son énorme tronc ferait croire à l'existence d'un petit bois. De près, il frappe de stupeur et d'admiration par son prodigieux développement[1].

Le tronc, dans son plus grand diamètre, mesure quarante pieds; sur une autre face, il peut en avoir trente. A vingt pieds au-dessus du sol, il conserve les mêmes dimensions. A cette hauteur, il se bifurque et ses branches vigoureuses, semblables à des chênes centenaires, portent à cent pieds de là l'ombre de leurs rameaux protecteurs. Il n'est pas aussi haut que le comporterait l'énormité de son diamètre, et je ne suppose point qu'il dépasse cent cinquante pieds.

---

1. Voyez l'épreuve parfaitement réussie de l'album. Planche XXVIII.

Outre la taille du géant, ce qui surprend le visiteur, c'est l'étonnante vigueur qui le distingue; il est plein, et les incisions faites dans l'écorce ne résistent pas au delà d'une année. Que de chiffres entrelacés, que de serments prirent le vieil arbre à témoin d'éternelles amours! Mais, image du temps qu'il personnifie, son écorce mobile les raye à jamais de sa surface, comme le temps du cœur qui les dicta.

Les Indiens veillent cependant à ce qu'aucune main profane ne s'attaque au vieux monument; comme pour tout ce qui tient à leur passé, ils entourent le sabino d'une superstitieuse vénération; nul ne le visite que sous leur surveillance; ils balayent et nettoient chaque jour le pied de l'arbre, et ne souffriraient pas qu'on en brisât le moindre branchage. L'Indien a la religion du souvenir, et peut-être, dans les nuits d'orage, entend-il gémir la voix des ancêtres dans les rameaux centenaires du vieux sabino.

Quelques voyageurs expliquent ce phénomène de végétation par la réunion de trois troncs divers. Nous l'avons examiné avec soin, et nous n'avons pu y découvrir qu'une seule souche, à laquelle sa vigueur ménage encore des siècles d'existence. Nous avons entendu des horticulteurs et des savants affirmer que l'arbre de Santa Maria del Tule devait avoir au moins de deux mille cinq cents à trois mille ans. Or, ce serait une preuve de plus de l'antiquité de la civilisation dans la vallée, car le sabino est un arbre cultivé, on ne le trouve que près des ruines, comme aujourd'hui dans les lieux de plaisance des rois aztèques, à Chapultepec, Culloacan, Texcoco, etc. Trois mille ans ! nous remontons à la période égyptienne; il y avait donc dans cette vallée des hommes, une civilisation, des palais. Quels horizons pour les esprits chercheurs, et quelles conséquences peut en tirer la philosophie !

En poursuivant à l'est, la vallée se resserre; vous traversez Tlacolula, vous longez les collines aux pieds desquelles des carrières à ciel ouvert présentent encore des blocs à moitié taillés par les anciens constructeurs de Mitla.

En obliquant à droite, vous arrivez jusqu'à San-Dionysio, dernier village de la plaine qui s'arrête brusquement, pour déboucher sur Totalapa.

La vallée de Tlacolula, comme celle qui se dirige au sud, est le centre d'une riche culture; nous voulons parler de la cochenille. Depuis trois siècles, l'Indien retire de ce produit des sommes immenses; il cultive en outre le maïs, la canne à sucre, le blé qui vient parfaitement; il exploite des mines d'or et d'argent que lui seul connaît; rien ne lui manque pour s'assurer une vie heureuse, abondante et facile. Grand nombre d'entre eux pourraient, au besoin, se permettre un certain luxe : il n'en est rien.

Comme tout peuple ignorant, l'Indien est imbu de superstitions, mais je n'ai trouvé que dans le Marquesado, l'avarice passée à l'état de vice national. Dans toutes les parties du monde, l'homme cache le numéraire, mais il en jouit et sait s'en servir au besoin. L'Indien ne jouit jamais; il produit et ne consomme pas. Quelle que soit sa fortune, ses richesses enfouies, la somme de ses productions, il vit de la même manière; sa cabane ne se distingue point de celle du pauvre, il a pour éternel vêtement l'ample pantalon de cotonnade grossière et le gros zarape de laine; pour nourriture, la tortille et le *frijol* aiguisé de *chile* (poivre rouge).

L'Indien voyage avec ses vivres, sa bourse meublée de quelques réaux pour la *copita de mezcal*, car il adore l'alcool; mais voilà tout. Jamais un Indien ne pourra vous rendre sur une piastre, il faut le payer en monnaie; il ne pourrait changer.

Je vis un jour un Indien demander quatre réaux à un commerçant auquel il avait vendu, la veille, pour 1,500 fr. de cochenille dont il avait reçu l'argent.

—Que diable as-tu fait de ton argent? lui demandait l'acheteur.

— *Ah! señor esta colocado*, il est placé, répondit-il. Cela voulait dire qu'il était enterré; mais où? chacun l'ignore, sa femme la première, ses enfants ne le savent pas davantage. Quand il meurt, son secret s'éteint avec lui. Riche, il ne lègue aux siens que la misère, avec la même inutile passion d'acquérir. Si par hasard il découvre un trésor inconnu, il respecte le secret du propriétaire quel qu'il soit, et, loin d'y toucher, le recouvre religieusement.

J'ai rencontré un manœuvre souvent sans ouvrage, qui m'affirmait avoir découvert deux cachettes renfermant des sommes importantes auxquelles il s'était gardé de rien enlever. « Indique-les moi, lui dis-je, et je te payerai cher. » Sans s'attacher à la naïveté de ma demande, il me répondit qu'il ne le pouvait pas; et comme je m'efforçais d'apprendre l'origine d'une superstition aussi bizarre : « Cela ne se doit pas, » dit-il.

On a calculé que les vallées doivent renfermer, en numéraire enfoui, quelque chose comme quinze cents millions !

Quelle effroyable perte pour la société, qu'une telle somme enlevée à la circulation !

Je n'ai connu qu'une exception à cette règle. C'était à Mitla, près des ruines; une vieille Indienne d'une fortune immense, mais suspecte (car on l'attribuait à la découverte de plusieurs trésors), s'était fait bâtir une maison magnifique, avec cour plantée d'arbres d'agrément et de fleurs rares. Elle avait toute une basse-cour d'oiseaux étrangers, des paons, des hoccos, des oies de Barbarie, des cygnes, etc.; ses appartements étaient pleins de meubles modernes en acajou; mais je m'aperçus qu'elle n'avait rien à faire avec ce luxe, et que son gendre, un métis ambitieux, porterait, devant les dieux indiens, la peine d'avoir dérogé à une habitude aussi invétérée.

Pour elle, son petit palais n'était qu'une espèce de musée, au milieu duquel elle restait parfaitement étrangère; jamais un lit d'acajou n'avait abrité son sommeil; elle couchait à terre, sur un paillasson; son costume était celui des siens, une pièce de laine attachée autour de la taille, et toute sa vie se passait dans une petite *tienda* occupant le coin de sa maison, où elle débitait à ses compatriotes le maïs, le mezcal et le coton.

Mitla, où une charrette à bœufs avait transporté mon matériel, se trouve dans la partie la plus inculte et la plus ingrate de la vallée. Adossé aux montagnes, il y règne sans cesse un vent violent qui dessèche tout; la végétation y est presque nulle et ne présente guère que des plantes grasses appelées *pitayales*, qui servent aux clôtures et dont le fruit est délicieux; il atteint la grosseur d'un œuf de cygne, la pulpe est jaune-rouge, piquetée de points noirs, et d'une saveur comparable à celle de la fraise. C'est un rafraîchissant fort à la mode dans les chaleurs, et les habitants en tirent un assez joli revenu sur les marchés d'Oaxaca.

Les ruines de Mitla [1] qui occupaient, au temps de la conquête, un immense emplacement, ne présentent plus aujourd'hui que l'ensemble de six palais et trois pyramides ruinées.

La place du village contient une bâtisse en carré

---

1. Voir l'album, *Cités et ruines américaines*, pl. I à XVII.

long dont les revêtements de pierre n'offrent aucune sculpture ; d'une longueur de trente mètres sur une largeur de quatre environ, elle n'a qu'une seule ouverture, sur l'un des petits côtés. La destination funéraire des palais de Mitla pourrait aussi lui être appliquée, en admettant, vu sa simplicité, que cette sépulture était réservée à quelques personnages de second ordre.

La maison du curé est le premier édifice au nord, sur la déclivité de la colline. C'est un enchevêtrement de cours et de bâtisses, avec parements ornés de mosaïques en relief, du dessin le plus pur. Sous les saillies des encadrements, on retrouve des traces de peintures toutes primitives où la ligne droite n'est pas même respectée : ce sont de grossières figures d'idoles et des lignes formant des méandres dont la signification nous échappe.

Ces peintures se reproduisent avec la même imperfection, dans tout palais où un abri quelconque sut les préserver des atteintes du temps.

L'incorrection de ces dessins accolés à des palais d'une architecture si correcte, ornés de panneaux de mosaïque d'un si merveilleux travail, jette l'esprit dans d'étranges pensers : ne pourrait-on trouver l'explication de ce phénomène dans l'occupation de ces palais par une race moins avancée que celle des premiers fondateurs ? C'est une simple hypothèse que j'émets.

J'ai donné à cette première ruine l'appellation de *maison du curé*, car le vénérable prêtre qui l'occupe depuis un demi-siècle sut profiter des murs inébranlables de l'édifice ancien, pour se ménager une retraite vaste et confortable, recouverte aujourd'hui d'un toit moderne.

L'église du village, attenant à cette construction, est tout entière composée des matériaux du vieux palais.

Au-dessous, à gauche, se trouve la pyramide tronquée d'origine indienne, surmontée d'une chapelle moderne. La pyramide est en adobes avec escalier de pierre. Les Espagnols eurent soin de faire disparaître jusqu'au moindre vestige de l'ancien temple qui devait la surmonter. Le grand palais, dont l'ensemble est encore entier et dont la toiture seule est absente, se compose d'une immense bâtisse en forme de *tau*, dont la façade principale regardant le sud est la plus belle, la plus considérable et la mieux conservée des divers monuments de Mitla. Elle a quarante mètres de face et enveloppe une pièce de même étendue, dont six colonnes monolithes d'environ quatorze pieds soutenaient la couverture. Trois portes larges et basses donnaient accès dans la pièce, dont le sol était couvert d'une épaisse couche de ciment.

Sur la droite, un couloir obscur communique avec une cour intérieure également cimentée, dont les murs, comme la façade principale, sont couverts de panneaux de mosaïque et de dessins avec encadrements de pierre. La cour est carrée et donne jour à quatre pièces étroites et longues, couvertes du haut en bas de mosaïques en reliefs dont les dessins en bandes se superposent en variant jusqu'à la toiture.

Les linteaux des portes sont d'énormes blocs qui atteignent cinq et six mètres.

Le second palais a été un des plus maltraités de Mitla, parmi ceux qui existent encore. La porte seule est debout avec son linteau sculpté, et deux colonnes à l'intérieur témoignent de la même ordonnance observée dans la grande pièce déjà décrite.

Le quatrième palais se distingue dans sa façade orientale par des panneaux beaucoup plus allongés. Quatre palais, les plus importants peut-être, se trouvent au sud-ouest de ceux que reproduisent nos photographies ; ils sont à moitié rasés et enterrés, car les murailles ne s'élèvent plus qu'à trois ou quatre pieds au-dessus du sol : les énormes assises, les blocs immenses qui les distinguent, leur prêtent une importance plus considérable que celle des palais debout aujourd'hui. Les Indiens se sont emparés de ces ruines, ont fixé leurs demeures au milieu des cours, et les murailles leur servent de clôture.

Les matériaux employés, nous l'avons dit, sont la terre battue, mêlée de gros cailloux et revêtue de pierres. Des souterrains s'étendent au-dessous des ruines ; une fois déjà ils ont été ouverts, mais l'attitude hostile des Indiens les fit refermer avant qu'on ait pu les parcourir et en retirer les trésors qu'ils renferment. Je voulus vainement poursuivre la même entreprise ; il m'eût fallu l'appui d'une cinquantaine d'hommes au moins pour protéger mes travaux, et je ne pus l'obtenir d'un gouvernement désorganisé qui ne pouvait se soutenir lui-même.

On n'arrivera jamais à la connaissance parfaite de ces monuments, tant que dureront au Mexique ces bouleversements perpétuels ; la vie des voyageurs est sans cesse à la merci du premier pandour venu, comme à la discrétion des populations indiennes ; il lui arrive tous les jours, comme cela m'arriva, de se voir enlever le fruit de six mois de travail, d'une dépense énorme et de fatigues sans nombre : j'eus des clichés brisés et presque toutes mes notes enlevées.

Du reste, les ruines vont se détériorant chaque jour : les Indiens hâtent cet anéantissement déjà trop rapide, et, poussés par une superstition des plus bizarres, ils accourent par bandes des plus lointains villages et s'emparent de ces petites pierres taillées en brique qui composent les mosaïques, persuadés qu'entre leurs mains, elles se changeront en or. L'administration locale devrait bien mettre un terme à ce vandalisme stupide ; il suffirait pour cela d'un ordre à l'alcade du village, et d'un gardien qu'on relèverait chaque jour.

Les caprices du collodion avaient bien voulu me permettre de réussir les reproductions des ruines; j'en avais une vingtaine que je fis transporter à dos d'homme, et que je m'empressai de vernir à mon retour à Oaxaca. Comme je n'avais pas de vernis Sœhné, j'en fis un à l'ambre et au chloroforme, qui ne me réussit point; je résolus alors de les protéger provisoirement avec une couche d'albumine, recette donnée par Van Monckhoven, dans son *Traité de photographie*.

Les clichés vernis, je les mis sécher au soleil, et m'occupai déjà du jour de mon départ : il devait en être autrement.

J'allai dans la ville rendre quelques visites, me proposant au retour de déposer religieusement mes clichés dans leurs boîtes à rainures.

Ah! monsieur Monckhoven qu'avez-vous fait! Je rentrai; de loin les glaces me parurent d'une transparence extraordinaire, je m'approchai : quelle fut ma stupéfaction de voir que tout avait disparu, la contraction de l'albumine avait tout enlevé.

Certes, c'était un grand malheur; mes produits et mes ressources épuisés me faisaient désespérer de réussir; ajoutez à cela que les troupes libérales, chassées trois mois auparavant, venaient à leur tour assiéger les réactionnaires. La ville allait être fermée; il y avait plus de cinq mois que j'attendais, et pas de nouvelles de mes bagages!

La position était désastreuse; j'appelai à mon aide

tout mon courage, et je me rendis une seconde fois à Mitla.

Je ne pus trouver que mon vieux charretier pour m'accompagner : les chemins étaient coupés par des bandes armées, et chacun restait chez soi.

J'étais seul, complétement seul; mais j'y mis une telle persistance et une telle énergie qu'en cinq jours, ne dormant pas et passant la nuit à préparer mes glaces et mes produits, j'achevai de nouveau mon ouvrage; il était temps : mes forces étaient à bout, et j'eus toutes les peines du monde à regagner la ville. Les troupes ennemies couronnaient déjà les hauteurs; les rues étaient coupées de barricades, le feu commençait. Le danger n'existait à vrai dire pour personne, et l'ennemi nous offrait plutôt le spectacle d'un feu d'artifice que celui d'un bombardement ; nuit et jour, une batterie de deux pièces de douze et deux mortiers, placée sur la colline, lançait boulets et bombes sur le couvent de Santo Domingo, où s'étaient renfermées les troupes de Cobos; mais les bombes éclataient presque toujours à quelques centaines de pieds au-dessus de l'édifice, de manière que les habitants, du haut des terrasses de leurs maisons, pouvaient juger en toute sécurité de la valeur des coups, et suivre de l'œil les éclats des bombes.

Lorsque, de l'un ou de l'autre camp, un boulet atteignait approximativement le but, alors c'étaient des hourras, des hurlements de sauvages, et l'habile tireur était mis à l'ordre du jour. Cependant la vue de cette guerre inoffensive n'avait que peu d'attrait à mes yeux, et j'attendais avec impatience qu'elle se terminât; mais huit jours se passèrent, puis quinze, et la discussion n'avait pas fait un pas : chaque parti conservait prudemment sa position, l'un sans faire de sortie, l'autre sans tenter d'assaut. Il fallait en finir. J'allai faire mes visites d'adieu, et serrer la main des personnes qui voulurent bien me montrer quelque amitié pendant mon long séjour. Je dois à la reconnaissance de rappeler avec quelle grâce je fus reçu chez M. Lançon, négociant français, avec quelle amabilité madame Lançon sut me faire l'honneur de sa délicieuse retraite, mettant à ma disposition les ressources d'une bibliothèque choisie, à laquelle je dus d'échapper à l'ennui de bien des jours. Il est si rare d'unir, comme madame Lançon, tant de vertus privées à une aussi solide instruction, que le souvenir de sa bienveillante hospitalité est inséparable chez moi de l'admiration que j'éprouve pour ses mérites. Puissent ces quelques lignes lui porter un jour le témoignage de ma sincère gratitude!

Mes préparatifs de départ terminés, j'eus toutes les peines du monde à trouver des mules et un domestique qui consentît à me suivre; il fallait en outre, qu'il connût la sierra, et qu'il entendît le métier d'*arriero*, ce qui n'est pas facile. Une mule mal chargée s'écorche et se tue en quelques jours de marche, surtout dans les montagnes où descentes et montées impriment aux ballots un mouvement de va-et-vient des plus pénibles pour l'animal. Je payai deux mules et un mulet avec leurs appareils, espèces d'énormes bâts, 150 piastres (750 fr.) et c'étaient d'assez pauvres animaux.

Quant à José, je dus lui promettre le double de la paye ordinaire, 20 fr. par jour. Pour moi, j'avais comme monture le cheval gris, objet de mon échange avec le Huero Lopez et que personne ne m'avait heureusement réclamé.

VIII

Le rancho dans le bois.—Ouajimoloïa.—L'escorte.—La sierra.—Yxtlan.—Macuiltanguis.—Les Indiens et leurs villages.—L'alcade officiant.—Le topil et le vieillard.—Osoo, le fabricant d'orgues.—La descente de Ouasimulco — Yetla. —Tustepec. — Tlacotalpam.—Alvarado.—Vera Cruz. — Le siége.

Quoique porteur de passes des deux partis, je n'étais pas sans appréhension du côté de mes vues. Mes bagages et l'argent qui me restait m'importaient peu : mais pour quelques voleurs bien élevés, on en rencontre une foule, de manières détestables, faisant main-basse sur tout objet d'une valeur quelconque, et brisant ce qu'ils jugent inutile d'emporter. J'étais bien résolu à défendre mon trésor au prix de ma vie ; mais j'étais seul, et le résultat d'un engagement contre plusieurs, était au moins douteux. José se serait éclipsé sans remords, je le savais bien ; aussi ne comptais-je pas sur lui.

J'avais pris le chemin de la montagne, et j'allais faire un détour de plus de cent lieues pour éviter les compadres qui occupaient la route de Mexico : il eût été pénible assurément de tomber ainsi de Charybde en Scylla, rien de plus probable cependant. La première partie de la journée se passa bien, ou à peu près : solitude complète, de loin quelques échos affaiblis du canon de la ville, la joie d'un succès relatif aux difficultés de l'exécution, le départ considéré comme une délivrance, ne me jetaient dans l'esprit que des idées riantes.

Outre José, j'avais, pour compagnon de route, un ami dont les gentillesses charmaient mon isolement. L'ami en question était un magnifique ara rouge admirablement apprivoisé. Je l'avais apporté de Chiapas lors d'un premier voyage, et depuis lors il ne m'avait plus quitté. Fait aux expéditions lointaines, il avait une telle habitude des voyages, qu'il se tenait libre et à son aise sur la charge d'une mule, se promenant jacassant tout le jour, et s'accrochant du bec dans les moments difficiles; quelquefois, il demandait à venir auprès de moi ; je le mettais alors sur le pommeau de ma selle, mais il préférait mon épaule, et me contait alors une foule de jolies choses en me mordillant l'oreille. Il avait ses ailes entières; il pouvait partir et s'envoler, et n'avait pour le retenir près de moi qu'une longue habitude aidée d'une grande et véritable affection.

Quant à José, je m'aperçus bientôt que j'avais à faire au plus affreux hâbleur qui fut jamais; il ne connaissait pas plus le pays, qu'il ne savait charger une mule, et je dus faire avec lui mon apprentissage d'*arriero*.

A chaque instant, il fallait mettre pied à terre, resserrer telle charge, en redresser une autre, et parfois tout refaire; les récriminations eussent été vaines en pareil cas : je pris mon mal en patience, mais nous n'avancions guère.

De plus, messire José n'avait point eu la valeur en partage; il tremblait à chaque rencontre, et je le voyais toujours sur le point de lâcher pied. Comme je m'extasiais devant cette timidité féroce, il se redressa comme un capitan et prétendit me prouver qu'il était l'homme le plus courageux du monde; à cet effet, il m'expliqua que, s'il tremblait parfois, c'était de crainte d'être pris comme déserteur et réincorporé, qu'il avait quitté son corps à la vérité, mais en vue de venir en aide à sa mère veuve et dont il était l'unique soutien. Je devais assurément l'approuver, disait-il; il ajoutait que, pour preuve de sa valeur, il m'allait montrer ses blessures. Là-dessus, José se mit en devoir d'ouvrir sa chemise et de quitter son pantalon. Je le suppliai de n'en rien faire, et lui ordonnai au besoin de s'en tenir là de ses démonstrations à l'appui, l'assurant que je le croyais sur parole.

—*Un cobarde !* un poltron, moi! ajouta-t-il; j'ai deux coups de lance dans le dos. J'éclatai de rire à cette preuve sans réplique : ce qui m'attira de mon fidèle suivant une mauvaise humeur qui ne tint pas devant un verre de *mezcal*.

Cependant nous étions arrivés au pied de la sierra, et les mules n'avançaient plus qu'avec peine dans un sentier rapide. Il est, du reste, dans la coutume de ne jamais forcer une mule le premier jour de marche ; il faut qu'elle se fasse petit à petit et qu'elle se brise à la fatigue.

En vertu de ce principe, nous nous arrêtâmes, sur le midi, dans un petit *rancho* caché dans un ravin de la sierra. Le propriétaire était un montagnard de bonne mine, qui m'engagea fortement à ne pas poursuivre ; le bois était plein de déserteurs, auxquels il me serait difficile d'échapper.

—Reposez-vous, me dit-il, voilà ma cabane ; en attendant, comme nous avons un poste dans le haut du goulet, je vais aller, si cela vous convient, chercher deux hommes auxquels je me joindrai pour vous servir d'escorte ; nous partirons au milieu de la nuit, et vous arriverez de bonne heure à Uajimoloia.

Je consentis de grand cœur à cet arrangement, qui me donnait une sécurité si précieuse ; une fois dans la sierra, je n'avais plus rien à redouter ; on n'y avait jamais connu de voleurs.

Mon homme partit donc, et nous déchargeâmes les mules. Le *jacal* était tellement petit que nous ne pûmes nous y loger. Ce n'était, au dire de sa femme, qu'une habitation provisoire, qu'une maison de campagne, où tous deux venaient surveiller la récolte d'un magnifique verger de pêchers.

L'Indienne nous prépara quelques morceaux de *tasajo* (lanières de viande sèche) et un plat de frigoles; j'avais apporté du pain. Quant au repos, il me fut impossible d'en goûter ; une fois entré sous l'abri de cette affreuse cabane, je fus envahi par une nuée d'insectes de toutes sortes, pinolillos, puces, scorpions, etc.; il en pleuvait, et j'eus beau m'étendre au dehors, il me fut impossible de m'en délivrer.

Vers minuit, l'Indien, de retour avec ses deux amis, me réveilla ; les mules furent chargées et nous nous mîmes en route. La nuit était sans lune, l'obscurité profonde et la pente tellement rapide que j'étais à moitié couché sur mon cheval ; de temps en temps il fallait arrêter et donner aux mules un instant de repos ; leur respiration était bruyante, saccadée, haletante : je craignais à tout moment de les voir rouler dans les gouffres qu'on devinait à droite et à gauche. Pour moi, je descendis de cheval et préférai laisser ma bête libre suivre sans fardeau les mules qui nous précédaient. Cependant le froid augmentait en raison de notre ascension, jusqu'à devenir incommode. Les bois retentissaient des sifflements mystérieux de quelques maraudeurs, et, de loin en loin, on voyait briller les feux d'un campement de charbonniers.

Le jour commençait à poindre quand un : Qui vive ! nous arrêta : c'était le poste libéral d'où deux de mes guides étaient descendus me chercher; on vint nous reconnaître, et quelques minutes après je me chauffais voluptueusement au feu du bivouac.

Ils étaient là une cinquantaine d'hommes gardant un défilé et ne permettant à personne l'entrée de la sierra. Cinq d'entre eux se détachèrent donc pour me remettre, à Uajimoloia, entre les mains du commandant des divers postes échelonnés dans ces hauteurs. Le soleil était au-dessus de l'horizon et le froid avait disparu. Nous parcourions de magnifiques forêts de sapins, nous engageant parfois au milieu de chaos de roches écroulées rappelant les gorges d'Apremont; les sites étaient beaux, grandioses, sauvages, et dans des éclaircies de verdure, à quelques mille pieds au-dessous, l'œil se perdait dans les profondeurs de la vallée.

Le *rancho* de Uajimoloia, où nous arrivâmes à dix heures, est un établissement d'Indiens charbonniers, composé d'une ferme et de trois ou quatre cabanes; la culture de la pomme de terre, qui atteint à peine la grosseur d'un œuf, et l'élevage d'un troupeau de vaches sont les seules occupations des habitants.

Le commandant, jeune officier de vingt-cinq ans au plus, me parut ne pas goûter les charmes de sa solitude; il demandait un changement à grands cris. Puis, s'étant informé des nouvelles du siége, ayant constaté ma qualité d'étranger, il me donna le laisser-passer nécessaire, et je lui souhaitai meilleure fortune.

La descente est à pic, et ce ne fut que par mille détours et presque toujours à pied que j'arrivai, le soir fort tard, au premier village de la sierra. J'étais rompu de fatigue, et je m'étendis avec délices sur les bancs du *cabildo* (maison destinée aux voyageurs), laissant à José le soin de procurer à nos malheureuses bêtes le fourrage et le maïs dont elles avaient si grand besoin. Pour moi, je m'endormis sans manger, le sommeil avait tué la faim. Aussi fîmes-nous la grasse matinée. Il était tard quand nous nous dirigeâmes vers Ixtlan, la capitale de la montagne.

L'ara, enchanté d'avoir abandonné les hauteurs glacées du rancho pour un climat plus doux, jacassait comme une pie ; mais les mules faisaient piteuse figure.

Comme je l'avais prévu, toutes trois étaient écorchées ; le *macho* (le mulet) surtout avait l'échine dans un état déplorable, et les choses ne pouvaient qu'empirer jusqu'au jour de l'arrivée.

De mes trois animaux, ce mulet m'avait paru le plus intelligent ; aussi l'avais-je chargé du fardeau le plus précieux, mes caisses de clichés. Les mules ses compagnes, plus jeunes et mieux découplées, allaient un peu à la légère, et plusieurs fois je les vis glisser et ne devoir qu'à un rare bonheur de ne point rouler au fond des précipices ; mais le mulet avait un grand défaut, et la prudence qui le faisait n'avancer que parfaitement sûr de son point d'appui donnait à sa façon de faire toute l'apparence d'une paresse invétérée; aussi me tenais-je volontiers derrière lui pour exciter son amour-propre au moyen de quelques coups de pied bien appliqués; depuis longtemps, j'avais renoncé à la cravache dont il se souciait comme d'une figue.

En vérité, le mérite a toujours quelque faiblesse qui lui fait contre-poids; on a les défauts de ses qualités. Outre sa paresse, mon animal avait la mauvaise habitude de se plaindre sans cesse, ce qui lui avait valu de José, son chef de file, le surnom de *pujador* (soupireur). En effet, il poussait à tout moment des soupirs épouvantables, des soupirs à émouvoir les rochers de la route; ah! quels soupirs! et notez que sa charge ne pesait pas soixante kilos : c'était paresse toute pure.

Me voulant assurer si sa charge était mal assise et le gênait, malgré sa légèreté relative, nous le déchargeâmes, ce qui parut lui causer un sensible plaisir, et pendant que José resserrait son bât, il se mit à geindre de plus belle, quoique n'ayant aucun fardeau. C'était décidément une manie; qui n'a les siennes? On le rechargea et nous partîmes; mais le *pujador* avait un vice, un vice, hélas! dont je fis la douloureuse expérience : il était sournois et rancunier.

Comme j'étais à cheval, les encouragements que je lui prodiguais touchaient à l'endroit sensible, et j'avais la bonhomie de croire à l'impunité. Il m'observait néanmoins de temps à autre, étudiant la position et mitonnant sa vengeance. Il finit sans doute par trouver l'instant favorable : au moment où je m'y attendais le moins, et comme je me préparais à lui administrer une nouvelle correction, il fit brusquement un bond de côté et me lança fort adroitement une ruade qui m'atteignit au gras de la jambe.

>Cet animal est fort méchant,
>Quand on l'attaque il se défend.

Je n'avais rien à dire, et je laissai à José le soin de ménager un animal aussi susceptible.

Le chemin qui conduit à Ixtlan côtoie des établissements miniers d'or et d'argent, où de grosses meules de pierre, mises en mouvement par des mules, broyaient le minerai. Les habitations des propriétaires sont magnifiques et les cabanes indiennes, disséminées alentour, respirent une aisance et un bienêtre rares dans la république. C'est que la sierra jouit, à l'abri de ses rochers impraticables, d'une tranquillité qu'on ne trouve nulle part. Nous étions encore dans les bas-fonds, et la vue très-bornée, ne nous permettait pas d'admirer les panoramas splendides qui se déroulent devant l'habitant des hauteurs; ce ne fut qu'en approchant d'Ixtlan que je pus juger de la grandeur du paysage et de la profondeur des horizons.

Je trouvai réunis, dans le chef-lieu de la sierra, les membres de l'ancien gouvernement d'Oaxaca; il y avait affluence de troupes, et des convois d'Indiens et de mules, porteurs de vivres et de munitions, se hâtaient dans la direction de la vallée. On ne doutait pas de la prise de la ville en quelques jours; mais je sus plus tard que le siége avait duré quatre mois, ce qui est un long temps pour une place sans murailles et sans défense. Il est vrai d'ajouter que les assiégés étaient plus nombreux que les assiégeants, ce qui arrive parfois au Mexique.

A Jxtlan, je pris un guide pour nous conduire à Macuiltanguis, car décidément José m'aurait égaré dans ce labyrinthe de sentiers qui croisent en tous sens la montagne.

Plus nous avancions et plus la nature déployait de beautés. C'était, à chaque pas, des sites enchanteurs et variés; une culture des plus riches étalait sous nos pas un tapis de verdure où les teintes les plus diverses se succédaient tour à tour. C'était l'orge, le maïs, le froment, des prairies artificielles, des bouquets de bois et, çà et là, les cabanes indiennes entourées d'orangers, de limons doux et de grenadiers en fleurs. Cette nature est joie et fête; la sierra possède toutes les beautés : la grandeur dans les lignes, le sauvage dans ses roches escarpées, la naïveté dans ses villages, le vierge dans ses hauteurs, et, par-dessus tout, son ciel d'un bleu si pur et cette atmosphère transparente qui enveloppe toutes choses du voile magique de ses colorations.

Parfois, le son d'une cloche d'église montait des profondeurs jusqu'à nous comme une fumée d'encens et répandait une rosée de prière au milieu de ces splendeurs.

Un torrent grondait à nos pieds, perdu dans l'invisible, et le village qui nous regardait d'en face semblait à portée de la voix : il fallait trois heures pour l'atteindre.

Quelle journée pleine et rapide je passai, et combien ces douze heures de marche me parurent courtes!

Il était six heures quand j'atteignis Macuiltanguis, perché comme un nid d'aigle sur un plateau escarpé. Je me fis enseigner le *cabildo*, maison commune destinée aux voyageurs. Chaque village doit en avoir une. Mon arrivée avait été signalée à l'alcade, qui m'envoya l'un de ses *topils*.

L'alcade, dans les villages indiens, est toujours assisté de deux *topils*, qui ont ordre de se mettre à la disposition des voyageurs pour fournir, moyennant un prix fixé, du maïs et du fourrage aux chevaux et la nourriture que peut offrir le village.

Le *topil* en question me fournit immédiatement ce dont mes bêtes avaient besoin, et, pour ce qui me regardait, une métis, voisine de la *casa real*, me servit en quelques minutes le repas le plus confortable que pût désirer un estomac affamé. J'eus du pain blanc comme la neige, un *mole de huajolote* admirablement réussi (dinde en ragout avec purée de poivre long), un plat de frigoles, du fromage et des fruits. J'avais pour boisson du *pulque* mousseux et une demi-bouteille d'*aguardiente*.

Je soupai, ma foi, délicieusement, et ne craignis pas un verre de trop ; le *topil*, du reste, me faisait les honneurs de chez lui avec un empressement qu'égalait seule ma générosité à lui verser rasade sur rasade ; aussi se leva-t-il légèrement ému, mais enchanté d'avoir fait ma connaissance. Il me parlait de son village avec enthousiasme et voulut me donner des preuves de sa haute instruction. Il lisait parfaitement et possédait quelques idées géographiques ; mais il pataugea horriblement dans l'histoire et se perdit tout à fait en abordant la politique. Sur ces entrefaites, quelques curieux des deux sexes s'étaient assemblés dans la cour du *cabildo*. Un mendiant aveugle vint les rejoindre, portant en bandoulière une guitare invalide.

C'était le ménétrier du village, et sa vieille figure ridée, où se jouaient encore quelques sourires, rappelait l'aveugle de Bagnolet. Il répétait, comme lui, les refrains de sa jeunesse ; il mettait dans ses chants toute la poésie des regrets, et savait arracher de cette guitare fêlée des sons touchants. Peut-être étais-je le jouet de mes illusions, peut-être aussi le souvenir des merveilles que j'avais parcourues, disposait mon âme aux admirations faciles, et sans doute j'eusse trouvé ravissants les cris les plus discordants.

Néanmoins, tout s'agitait autour de moi, le vieillard avait abandonné les chants mélancoliques du passé, pour entonner des chansons modernes, et l'entraînement de la danse avait saisi tout le monde. Garçons et filles, à l'envi, frappaient en cadence la mesure du *zapatero*, mon *topil* faisait mille extravagances, et se trémoussait comme un démon.

Je m'étonnai bien un peu qu'un homme aussi grave, qu'une lumière de la science, se compromît à ce point, et j'étais disposé à le rappeler au respect de sa dignité, quand je réfléchis qu'un rien m'eût entraîné dans le même abîme. Je me contentai d'applaudir et de faire circuler à profusion les rafraîchissements les plus propres à entretenir l'enthousiasme; il fallut se quitter cependant, et le vieux barde se retira satisfait, comme tout le monde. Le lendemain, le spectacle se déployait à mes yeux, grandiose comme celui de la veille, sans jamais lasser mon admiration. Le soir, j'arrivai aux pieds d'une montagne dont les plateaux, disposés en amphithéâtre et séparés par des pentes à pic, figuraient un escalier de titans; trois villages se trouvaient échelonnés sur ces hauteurs; je m'arrêtai au dernier, c'était le village d'Ozoc. Les mules étaient dans un état déplorable et rendues de fatigue, le repos d'un jour leur était nécessaire.

Je pris gîte dans la maisonnette d'un charpentier

instrumentiste, dont la renommée, comme fabricant d'orgues, était universelle dans la sierra.

J'allais m'engager au delà dans des sentiers plus difficiles encore, car une fois sur le versant du golfe, les pentes, aussi rapides que celles que j'avais parcourues, étaient glissantes et dangereuses. Je voulais m'adjoindre un ou deux Indiens pour leur confier mes clichés, n'osant même plus m'en rapporter au *pujador*. Je passai donc le jour tout entier dans le village. C'était un dimanche, et de bonne heure, j'entendis le son des cloches; il y avait affluence aux portes de l'église placée à vingt mètres au-dessous de mon logis; je voulus assister à la cérémonie religieuse. Je fus surpris, en entrant dans le temple, de n'y point apercevoir le prêtre : sans doute, il allait venir; du reste, la tenue des Indiens était édifiante, et rien ne faisait prévoir le dénoûment burlesque de la cérémonie. L'officiant n'arrivait pas, quand, à ma grande surprise, je vis un Indien revêtu du surplis, entonner près de l'autel des chants religieux pendant que d'autres se livraient à divers exercices dont je ne pouvais saisir la signification.

Ce doit être le sacristain, pensai-je, et ses acolytes; mais point.

Comme toutes les églises, celle du village possédait un choix varié de saints, placés dans des niches et sur des estrades. Les officiants saisirent deux de ces statues, les placèrent sur des brancards, et commencèrent en dedans, puis au dehors, une série de processions accompagnées de chants, le tout d'un air grave et dans un recueillement parfait ; je n'avais pas aperçu le *padre;* désespérant de le voir arriver, je laissai la procession et remontai à la cabane de mon hôte. Ma première question fut pour m'informer de l'absence du curé et de cette étrange manière de célébrer le service divin ; il me répondit que le *padre* s'était retiré devant des démonstrations malveillantes, et que, dans bien des villages de la sierra, les curés avaient abandonné leurs églises pour les mêmes motifs. Je trouvai la chose fort mal et lui exprimai la réprobation que m'inspirait une impiété si grande.

—Baste ! me répondit-il, nous nous passons fort bien de *padre*, tantôt l'alcade, tantôt un autre, se charge de dire la messe. (L'impie appelait cela dire la messe !) Et vous avez vu que tout se passe parfaitement. D'ailleurs, ajouta-t-il, le *padre* nous coûtait, bon an mal an, quelque chose comme 4,000 piastres, (20,000 fr.) Son absence nous est donc une grande économie.

Le décret de Juarez établissant le mariage civil avait, je crois, amené ce bouleversement dans la montagne.

—Je suis le seul à perdre dans cette affaire, reprit mon hôte, mon commerce ne marche plus aussi bien, et les villages sans curé regardent à la dépense d'un orgue ; mais, comme ils sont fous de musique, il est probable que les commandes reviendront. Je remarquai que l'exil du *padre* n'enlevait rien aux sentiments religieux des Indiens ; ils observent sans infraction le repos dominical, nul ne travaillait aux champs, et le jour entier se passa pour eux en cérémonies dans l'église. L'Indien est l'être le plus essentiellement théocratique de la création, et nul ne s'incline avec plus de respect devant le nom du Seigneur ; du sorcier des peaux rouges au grand lama, du bonze au pape, quiconque lui parle au nom de la divinité, lui impose ses lois.

Comment expliquer chez ces montagnards de la sierra ce besoin d'idées et de cérémonies religieuses alliées à cette indifférence du prêtre?

Je ne me trouvais certes pas au milieu d'un peuple de philosophes : qui donc leur apprit que la religion est indépendante des fautes de ses ministres, que l'idée de Dieu est éternellement belle, jeune et pure quel que soit celui qui la répand?

Il me semble avoir remarqué que partout où le cultivateur est riche, où le paysan possède, le fidèle a moins de ferveur. Le propriétaire travaille le dimanche, le manœuvre s'y refuse et se rend à l'église ; l'un a la rage d'augmenter son avoir, l'autre désespère de jamais acquérir. En cela s'explique parfaitement l'indifférence de l'Indien de ces montagnes pour le prêtre, chacun est propriétaire d'un lopin du sol, il n'aime point à donner, il lui semble doux de pouvoir se marier sans frais devant l'alcade, au lieu de payer au *padre* 125 fr. pour une bénédiction nuptiale. L'Indien de l'Anahuac, serf presque toujours, ne possédant rien que ses deux bras, se réfugie tout entier dans l'idée religieuse et personnifie son Dieu dans le *padre* qui le dirige ; il lui donnera tout au besoin, il a si peu de chose, et l'aumône du vieux martyr n'est pas un des moindres revenus du clergé dans cette partie de la république ; mais tout cela ne résout pas la question, et je ne puis me rendre compte de cette étrange anomalie.

La chose la plus remarquable à noter, c'est que les Indiens de la sierra paraissent former une masse homogène, présentant les mêmes types, ayant les mêmes aptitudes, formant un corps de nation, à l'encontre de la diversité des races qui les entourent.

Grands et bien faits, d'une teinte jaune clair, doués d'une intelligence remarquable et d'une instruction peu commune, ils se trouvent sans conteste placés en première ligne parmi les nations aborigènes du Mexique, et l'historien qui cherche les origines de la civilisation éteinte que représentent les palais de Mitla, pourrait trouver au milieu d'eux quelque tradition perdue ou quelque précieux document. Pour moi, je ne quittai pas sans regret ces montagnes enchantées ; les huit jours que j'ai passés au milieu de ces populations hospitalières resteront comme l'un de mes plus charmants souvenirs.

Les sommets de la montagne de Cuasimulco sont

presque toujours glacés; une couche de neige couvrait la terre quand nous y arrivâmes, ma troupe et moi. Nous formions caravane; plusieurs Indiens, chargés de fardeaux divers, se rendaient dans la plaine. A partir de ce point élevé, le coup d'œil change brusquement, c'est le désert à la porte de la civilisation, les champs cultivés ont disparu, et la forêt vierge étend, à perte de vue, le manteau de son épaisse végétation.

Aux sapins des sommets se mêlent déjà des chênes rabougris; quelque cent mètres plus bas, vous trouvez les arbres de la Terre Chaude, vous entrez pour de longues heures dans la demi-obscurité d'un ombrage que ne perce jamais un rayon de soleil, l'humidité vous pénètre, les orchidées se mêlent aux lianes, et les fourrés deviennent impénétrables.

La descente qui conduit aux plaines du golfe est si rapide et si glissante, qu'il a fallu de distance en distance étayer la terre du sentier, au moyen de pièces de bois transversales, de manière à simuler un immense escalier; la même inclinaison se continue près de huit lieues, avec quelques alternatives de montées et de descentes, avant d'arriver à la plaine. Pas une habitation dans tout le trajet; des torrents qu'il faut traverser avec prudence, et de temps à autre des éclaircies où le soleil et l'ombre, se jouant au milieu de cette végétation splendide, produisent les plus magnifiques décors.

Cuasimulco est un misérable rancho, peuplé de *Sambos,* métis de nègres et d'Indiens.

Il est impossible de trouver un contraste plus frappant que celui qui existe entre les industrieux habitants de la sierra et la race dégénérée au milieu de laquelle je me trouvais. Placée dans des conditions merveilleuses pour tout produire, possédant une terre fertile au delà de toute expression, et qui n'offre, comme difficulté de culture que la rapidité des pentes, elle croupit dans une épouvantable misère, fruit d'une paresse sans excuse.

Ces malheureux ne produisent que le maïs nécessaire à leur consommation, et quand la récolte manque, il leur faut aller mendier au loin ; mais ils ont soin d'entretenir un vaste champ de cannes dont ils distillent de l'eau-de-vie ; aussi s'enivrent-ils perpétuellement. J'eus toutes les peines du monde à me procurer un peu de maïs pour le cheval et les mules. Je dus faire venir l'alcade auquel je fis une rude semonce sur son indifférence à l'égard d'un étranger, et le menaçai de me plaindre aux autorités de Tustepec. Il finit par m'envoyer quelques mesures de grains, et, comme fourrage, deux paquets de jeunes cannes à sucre dont les bêtes se dégoûtèrent aussitôt.

Le *cabildo* était à l'unisson de l'entourage ; c'était un toit de chaume ouvert à tous les vents, où je m'installai de mauvaise humeur, car j'avais fait la route à pied, et cette journée de douze lieues, dont plus de huit par une descente de 40 degrés, m'avait mis les jambes dans un état pitoyable. Mais la journée suivante fut plus terrible encore; c'était une suite de petites montées où l'on n'avançait que pour reculer d'autant; il fallait littéralement marcher à quatre pattes. Je vis combien j'avais eu raison de m'aider d'un Indien pour le transport de mes clichés; les mules trébuchaient et s'acculaient à chaque instant. Le *pujador* lui-même vit échouer tous les efforts de sa prudence; enfin, l'une des mules manqua des deux pieds de droite et disparut. Je poussai un cri d'effroi; on entendait dans le fond du ravin mugir les eaux d'un torrent, je la crus perdue. Les Indiens qui m'accompagnaient déposèrent aussitôt leurs fardeaux et, s'aidant du *machete*, ils s'ouvrirent un passage dans le taillis où la mule s'était engouffrée. Je les suivis, et à cinquante pas au-dessous du sentier nous trouvâmes l'animal étendu sur le côté; un arbuste assez fort le soutenait par le milieu du ventre et l'avait empêché d'aller plus loin.

La pauvre bête avait eu plus de peur que de mal, elle en fut quitte pour quelques écorchures sans gravité, à la tête et à l'une des jambes de derrière. On eut toutes les peines du monde à la mettre sur pied, l'ayant préalablement déchargée : mais ce fut bien autre chose pour la tirer de là et atteindre la hauteur. Nous perdîmes plus de deux heures par cet accident, heureux de ne pas l'avoir payé plus cher.

CHAPITRE VIII. — LA MONTAGNE.

On comprendra sans peine que j'allais à pied, et que je laissais à mon cheval le soin de sa conservation personnelle. Ce fut avec un vrai bonheur que je vis s'éteindre la dernière colline, et que je pus fouler en toute sécurité le sol de la plaine.

A Yetla, même incurie, même misère qu'à Cuasimulco, et la nature n'est qu'un jardin! Comme à partir de ce dernier point, la route se continuait facile jusqu'à Tustepec, je payai l'Indien qui m'avait accompagné; il me remercia, regagna ses montagnes et je poursuivis seul mon voyage.

José avait repris la direction de ses mules et tout alla bien d'abord; nous entrions dans la région des cours d'eau, quelques-uns larges et profonds dont il faut connaître les gués. Pendant l'hiver, alors que les pluies ont gonflé les torrents, les Indiens établissent d'un bord à l'autre un pont de lianes qui s'accroche aux arbres des deux rives. Ces passerelles vacillantes sont de vrais chefs-d'œuvre; il est difficile en les voyant de comprendre comment le seul poids du tablier et des accessoires n'entraîne pas la chute de l'ouvrage.

Elevées de cinq à six mètres au-dessus de la rivière, d'un développement considérable, elles supportent néanmoins de lourds fardeaux, et pendant trois mois l'on n'a pas d'autre moyen de passage. Je n'eus pas à en faire l'épreuve. Le gué qu'on m'avait indiqué n'avait rien qui le distinguât clairement, et j'étais fort embarrassé : je croyais me rappeler qu'il devait être quelques mètres au-dessus du pont et, après maintes hésitations, consultant José dont la mémoire n'était pas plus fidèle que la mienne, je dirigeai les mules au-dessus de la passerelle : à mon grand désespoir, je les vis s'enfoncer aussitôt, plus que le comportait un gué ; je lançai mon cheval au galop pour les ramener, mais je ne pus les empêcher de poursuivre ; je crus mes clichés perdus, car les boîtes avaient aux trois quarts disparu dans l'eau. L'ara, se voyant au milieu des flots, poussait des cris déchirants ; je suivais désolé, ne quittant pas mes clichés de l'œil, indifférent à toute autre chose qu'au danger qu'ils couraient devant moi, sans que j'y pusse rien.

Ce fut une véritable agonie ; chaque soubresaut de la mule perdant pied, nageant et marchant tour à tour, me jetait dans de nouvelles angoisses ; ce fut long comme un siècle, et la largeur de la rivière me parut infinie. Je ne respirai que lorsque je les vis à l'autre bord, où j'arrivai en même temps qu'elles.

Je m'empressai de décharger le tout et d'ouvrir les boîtes. Elles étaient remplies d'eau que je versai doucement, de peur que la couche de collodion humidifiée ne se soulevât de la glace ; il n'y eut heureusement que peu de mal, les bords seuls s'étaient décollés ; le séjour dans l'eau, si long pour moi, n'avait été que relativement court, et trois d'entre eux seulement avaient souffert. Je les retirai tous des boîtes mouillées, et je les étendis immédiatement au soleil : quand ils furent secs nous repartîmes. Dorénavant, je n'avais plus les mêmes risques à courir; les cours d'eau, beaucoup plus considérables, exigeaient un bac pour les voyageurs et les marchandises; d'ailleurs nous approchions de lieux plus civilisés où je pouvais me procurer assistance au besoin. Les deux journées qui me restaient à faire furent une véritable promenade ; de jolis villages cachés sous la feuillée, s'étageaient sur la route ; quelques Espagnols et des Français étaient venus planter leur tente dans ces lieux charmants, et j'eus l'extrême bonheur de pouvoir converser dans ma langue, ce qui, depuis longtemps, ne m'était arrivé.

Les métis offraient à l'œil ce costume gracieux des femmes de la côte, costume transparent qui ne voile qu'à demi leur buste élancé, aux chairs de bronze. Les bois étaient parsemés de gigantesques *sapotes mamey*, dont les fruits énormes se balançaient au-dessus de ma tête; la chaleur était forte, mais le sentier longea pendant longtemps les bords d'une rivière dont les eaux limpides permettaient de suivre dans leurs ébats des poissons de toute espèce. Parfois, des volées de perruches et des perroquets à tête jaune s'envolaient à notre approche, et des couples de grands aras verts faisaient retentir les bois de leurs cris perçants. Mon vieil ami redressait la tête à ce langage connu, parfois il répondait comme à un appel, et l'inquiétude qui l'agitait me fit craindre qu'il ne m'abandonnât. Je le pris sur moi, et ses caresses me prouvèrent victorieusement qu'il n'en avait pas la moindre idée.

Tustepec est un grand village placé sur la rive gauche du Papaloapam. Les Indiens de la montagne viennent s'y approvisionner de toute chose, comme y entreposer certains produits de la vallée d'Oaxaca.

A Tustepec, je rencontrai deux compatriotes que les vicissitudes du sort avaient conduits dans ce coin reculé du globe. L'un, vieux Basque à la figure énergique et d'une vieillesse vigoureuse, cultivait lui-même, aidé de domestiques, des plantations de tabac et de coton; il voulut bien m'offrir l'hospitalité. Fort considéré dans le village, il avait amassé à la sueur de son front une fortune indépendante, et comme il n'avait point eu d'enfants de la compagne qu'il s'était donnée, il avait adopté une jeune et belle fille que les galants commençaient à courtiser. L'autre, mort depuis, homme du monde, autrefois riche spéculateur de coton, avait eu sa fortune compromise dans des achats malheureux; il avait pris pour femme une fille de couleur, sa maîtresse, et, tout à l'encontre du vieux Basque, lui faisait un enfant chaque année.

Quoique profondément désillusionné des choses de ce monde, et connaissant par expérience le néant des richesses, il ne désespérait point de rétablir sa fortune et me faisait part du résultat espéré de telle plantation; il s'appliquait surtout à la culture du tabac. Ancien disciple du Caveau, il possédait Collé, Panard et Béranger, dont nous chantions ensemble quelques refrains en dégustant des vins de France, bonheur que je n'avais point goûté depuis six mois. Il faut avoir été privé pendant ce long temps de toute communication avec la dive bouteille, pour apprécier à sa valeur la jouissance que procure le choc d'un verre ami.

Comme je devais m'arrêter à Tustepec pour m'embarquer sur le Papaloapam, je vendis chevaux et mulets, et payai à José le compte de ses journées. Le pauvre garçon me quitta les larmes aux yeux et ne demandait pas mieux que de me suivre au bout du monde. Il oubliait sa mère, dont il était le seul soutien; je le lui rappelai, il me donna l'*abrazo* mexicain et partit.

Durant mon séjour, M. B. me conduisait dans les diverses plantations du village; il m'expliquait la culture des produits, le rendement de chacun d'eux, passant en revue la canne à sucre, le tabac, le coton, le maïs, la vanille, etc. Il se plaisait à me dire la fécondité de la terre.

Le millième n'est pas cultivé, la carrière est ouverte à tous; il suffit, pour devenir propriétaire, de se faire naturaliser citoyen de la commune, et vous avez le droit de choisir, dans le territoire du village, telle position qui vous convient le mieux; vous n'avez d'autre obligation que d'abattre les bois et d'enclore le champ. Il m'expliquait avec quelle facilité l'émigrant pourrait se créer l'aisance et le bien-être qu'il atteint avec tant de peine aux Etats-Unis. Le coton est de première qualité, le tabac classé parmi les meilleurs crus, les forêts regorgent de vanille. Mais la grande culture est interdite, les bras manquent, il faut pour ainsi dire cultiver soi-même, car le naturel qu'on emploie vous abandonne après quelques jours de travail, jusqu'à ce que, son salaire épuisé, la faim le ramène à vos champs.

Trois jours s'étaient écoulés, la *canoa* m'attendait; c'était un énorme tronc d'acajou creusé, mesurant quarante pieds de longueur sur six de large; l'équipage se composait de quatre hommes. Deux bateaux pareillement montés nous accompagnaient.

De Tustepec, on met habituellement quatre jours pour atteindre Alvarado, à l'embouchure du fleuve. Quatre jours de navigation dans une pareille embarcation, par un soleil d'enfer, peuvent passer pour des plus pénibles. Ajoutez-y des moustiques affamés et des nuées de mouches imperceptibles plus terribles encore, et vous aurez une idée des charmes du voyage. Les bords du fleuve sont plats et presque déserts; en approchant de la côte, vous traversez Casamaloapam, Tlacotalpam, un peu plus bas deux colonies américaines, et vous arrivez à Alvarado.

Un mouvement étrange animait le petit port, deux vapeurs chargeaient du bois, des armes, des canons et des hommes. Je demandai la cause de ce déménagement, et l'on me répondit que Miramon, ayant mis le siège devant Vera Cruz, viendrait probablement s'emparer d'Alvarado ; on voulait donc qu'il n'y trouvât rien en fait de munitions de guerre et d'engins utiles dans un siége.

Trois goëlettes déjà chargées attendaient que les vapeurs les remorquassent. Je m'embarquai sur l'une d'elles, et le soir nous étions à Vera Cruz.

Il y avait sept mois que j'étais sans nouvelle de Mexico et je me réjouissais d'en apprendre quelque chose ; mais je jouais de malheur, la ville était entourée, le siége commencé, et des batteries à huit cents mètres de la place montraient déjà la gueule de leurs canons. C'était la seconde fois que je me trouvais à pareille fête.

A peine débarqué, je rencontrai un ami qui me prit pour un revenant. Je passais pour mort depuis trois mois ; on me disait assassiné dans les environs de Mitla et le récit du combat que j'avais soutenu, les détails horribles du meurtre étaient parvenus je ne sais comment à Mexico. Un artiste de l'endroit en avait fait un dessin fort exact et s'apprêtait à l'envoyer à l'*Illustration*. Je lui écrivis immédiatement de suspendre l'envoi, ou du moins de modifier le tableau.

J'étais donc de nouveau prisonnier pour un temps indéfini ; car on ne savait combien pourrait durer le siége, et Miramon avait juré de prendre et d'anéantir la ville. Les moyens de destruction du général n'étaient pas, heureusement, à la hauteur de sa colère ; il fit ce qu'il put, c'est-à-dire beaucoup de mal inutilement, mais ne tint ni l'un ni l'autre de ses serments.

Je reçus à mon arrivée la plus bienveillante hospitalité dans la maison d'un négociant dont le nom, connu dans toute la république, est synonyme de grandeur d'âme, de dévouement et de générosité, je veux parler de M. Joseph Lelon, homme d'esprit, riche d'instruction, jeune d'idées. Je lui adresse de loin, en même temps que ce tribut d'éloges mérités, mes remerciements pour les bontés qu'il me prodigua. Sa maison, du reste, est la plus avenante de Vera Cruz; toute une pléiade de jeunes et vaillants commis la remplissent du bruit de leur gaieté gauloise, et je prie mes bons camarades Alfred et Léonce Labadi de me considérer comme leur débiteur, pour les moments agréables que je passai près d'eux.

Mais les événements se précipitaient, les habitants avaient envoyé leurs femmes et leurs enfants sur les vaisseaux marchands à l'ancre dans la rade; les familles pauvres avaient émigré dans le fort de San Juan d'Ulloa, de sorte que la moitié de la ville était déserte. Ceux qui restaient fabriquaient à la hâte des *covachas*, espèces de retraites couvertes de poutres énormes et doublées d'une épaisse couche de peaux de chèvres, de manière à former des abris à l'épreuve de la bombe.

La ville, admirablement fortifiée, n'avait rien à craindre de l'ennemi. Cent cinquante canons de fort calibre répondaient aux quelques pièces de Miramon, et quoique le tir ne fût ni juste ni bien nourri, les artilleurs de Vera Cruz démontèrent en quelques jours les batteries des assiégeants; cependant une couple de mortiers de quatorze faisaient un ravage effroyable; ils tiraient jour et nuit, et lancèrent plus de cinq cents bombes; deux tombèrent sur la maison que j'habitais, une troisième vint, qui coupa mon lit en deux; inutile de dire que je n'étais point couché; mais ce qui peut paraître incroyable, c'est qu'un éclat de la même bombe, du poids de cinquante livres, enleva la queue de mon ara, perché sur une échelle dans la cour. En personne bien élevée, l'oiseau se trouva mal, mais en fut quitte pour un évanouissement et quelques gouttes de sang qui prouvaient combien le projectile l'avait rasé de près.

Au milieu de ce remue-ménage, je voulus prendre quelques vues photographiques et j'allai me placer à cet effet sur l'un des belvédères de la ville; mais on ne me laissa pas poursuivre mes opérations : l'autorité s'émut de cet appareil braqué dans la direction de l'ennemi et me prit pour un conspirateur faisant des signaux; les deux instruments me furent enlevés et transportés au quartier général, et j'eus toutes les peines du monde à les avoir.

Je n'avais du reste que des remerciements à l'adresse de la police, car le pavillon fut emporté peu après par un boulet, et le pied de ma chambre brisé du même coup. Il est évident que j'eusse pris là ma dernière vue. Le bombardement durait depuis trois semaines et les munitions de l'ennemi étaient épuisées ; mais il attendait deux vaisseaux espagnols chargés d'articles de guerre, et l'on ne pouvait prévoir où se seraient arrêtées les choses, si un vapeur américain ne se fût emparé de ces deux barques. Miramon, déçu dans son espoir de détruire la ville, se retira la rage dans le cœur, pour succomber six mois après. On connaît son histoire.

J'eus, pendant mon séjour, l'honneur de voir pour la première fois le président Juarez, qui m'accueillit avec bienveillance et se hâta de me faire donner des lettres de recommandation pour le gouverneur actuel du Yucatan, où je comptais me rendre à la fin du mois. Nous étions au 20 avril ; et le vapeur espagnol qui fait le service arrivait le 28 pour partir le 30. Je n'avais pas trop de ces huit jours pour préparer mon expédition. Il s'agissait de trouver des produits chimiques, des glaces et de l'argent, hélas ! que je ne pouvais faire venir à temps de Mexico. Par un hasard tout providentiel, mon ami Alfred Labadi avait nouvellement reçu de France une caisse contenant des alcools rectifiés, de l'éther à 62° et des iodures, toutes choses que je n'aurais pu trouver sur place ; il me fallut renoncer aux glaces et me contenter de simples verres assez mauvais dont quelques-uns se brisèrent par la suite, me causant une perte irréparable. Quant à l'argent, M. Lelon m'ouvrit généreusement sa caisse. Tout étant prêt, je partis.

IX

LE YUCATAN

Départ de Vera Cruz.—Le vapeur *Mexico*.—Sisal.—Les Indiens prisonniers.—Merida.—La semaine sainte à Merida.—Types et coutumes.—Première expédition à Izamal.—L'antique voie indienne.

Le 30 avril, je m'embarquai sur *le Mexico*, vaisseau sale, lent, lourd, dont le service est détestable. Le 31 mai, nous étions en vue des terres yucatèques et de Sisal, notre port de débarquement. Le Yucatan est le pays des ruines le plus riche sans contredit en monuments américains, il en est couvert du nord au sud, et nous y trouverons les plus vastes, les plus importants et les plus merveilleux ouvrages de ces civilisations originales.

Placé à l'extrémité sud de la confédération mexicaine, le Yucatan[1] en fait nominalement partie; car je

1. Le pays de Yucatan, abordé pour la première fois par Cordova en 1517, puis exploré par Grijalva, ne tarda pas à être conquis par don Francisco de Montejo, qui rassembla à ses frais

n'ai jamais bien compris quelle espèce de lien l'attachait à la république; indépendant par le fait, il appartient aujourd'hui à l'opinion avancée, dite libérale, représentée à Mexico par le président Juarez, le premier Indien pur sang qui arriva jamais au pouvoir; demain, au moment où j'écris, peut-être s'est-il rallié au parti réactionnaire! Les révolutions sont permanentes en ce curieux pays, et les changements à vue n'y surprennent personne.

Le Yucatan n'a guère qu'une seule voie de communication avec le monde. Le vapeur *Mexico* dessert le petit port de Sisal, venant et retournant de la Havane à Vera Cruz. Ce trajet a lieu une fois par mois, quand le vapeur n'a point à réparer ses avaries ou à nettoyer sa coque, ce qui lui arrive de temps à autre. Le commerce, presque nul du reste, n'emploie que quelques goëlettes de petit tonnage et des bâtiments côtiers d'un mince format. Sisal et Campêche, Campêche surtout, se trouvent le centre du commerce yucatèque. Placé au sud-ouest de Cuba, entre le vingt-deuxième et le dix-septième degré de latitude nord, le quatre-vingt-huitième et le quatre-vingt-quatorzième de

---

une petite armée de 1,500 hommes, dès 1527, pour soumettre ce vaste territoire. La civilisation maya qui régnait au Yucatan était fort différente de celle des Aztèques vaincus par Cortez. C'était sans doute à cette civilisation, mais dans un âge que la science ne saurait indiquer, que l'on devait plusieurs des magnifiques monuments qui excitent aujourd'hui si vivement notre curiosité.

longitude ouest, le Yucatan n'est qu'un immense banc calcaire, de quelques pieds à peine élevé au-dessus du niveau de la mer, et dont les côtes n'offrent ni port ni abri; aussi les vaisseaux d'un fort tonnage sont-ils forcés de stationner au loin, à trois milles à peu près, ce qui rend le débarquement fort pénible en toute saison, fort périlleux par la brise, et tout à fait impossible lorsque le vent du nord souffle dans ces parages.

Placé sous la zone torride, doué d'une température des plus brûlantes, le Yucatan, sauf les parties avoisinant Tabasco et Belize, jouit d'un climat relativement sain, et cela, grâce à la sécheresse de l'atmosphère. Les côtes y sont, comme toutes celles du golfe, tributaires du *vomito*; il y règne en été, mais doux et rarement mortel : l'épidémie réservant ses fureurs pour les centres d'émigration. Le Yucatan, qui n'offre pas un cours d'eau, on peut même dire pas une goutte d'eau, n'a qu'un immense bois taillis, semé sur sa plaine monotone; aussi le paysage n'existe-t-il pas, vous avez toujours cette même ligne d'horizon, droite, continue, désolante. Mais, terre de prédilection pour le voyageur, le Yucatan est riche en souvenirs : monuments prodigieux, femmes ravissantes, costumes pittoresques, il a tout pour impressionner; il parle au cœur, à l'âme, à l'imagination, à l'esprit, et quiconque le peut quitter avec indifférence ne fut jamais un artiste et ne sera jamais un savant.

Je surveillai le débarquement de mes bagages avec une sollicitude toute paternelle; les marins mettaient du reste à leur besogne une brutalité pleine de dangers pour mes instruments et mes flacons de produits chimiques, et ce fut avec plaisir que nous quittâmes les flancs du vapeur. Il s'agissait de toucher la terre; trois heures de bordées nous permirent d'atteindre le petit môle en bois qui fait de Sisal un port de mer: ce ne fut pas sans une certaine joie, tout séjour en mer, de quelque durée qu'il soit, m'étant particulièrement désagréable.

L'arrivée du vapeur avait jeté quelque animation sur la plage, et deux ou trois dames attendaient à l'abri d'un hangar le passage des voyageurs. Nous fûmes soumis à l'inspection de ces señoras, qui n'ont probablement de tout le mois d'autre distraction que celle-là. Je me fis indiquer la *fonda*. Quand je me fus assuré du bon état de toutes choses, je pus me livrer sans remords à une réfection des plus copieuses, n'ayant, pendant ces trois jours de traversée, rien pu prendre sur ce déplorable vapeur.

Sisal est un bourg de douze cents âmes environ, défendu par un fortin en ruines où veillent quelques vieilles pièces de canon rouillées et silencieuses. La rade est parsemée de coques brisées ou enterrées dans le sable, tristes témoins des violences du nord. Les maisons, abritées par des cocotiers, meublées de hamacs, offrent le confort des climats chauds : de l'ombre et des courants d'air.

Groupés dans la cour de la *fonda*, quelques Indiens attirèrent mon attention. Ils étaient pour la plupart presque nus; les femmes portaient un simple jupon, les petits ne portaient rien : tous étaient maigres, mais bien bâtis ; ils avaient un air de fierté sauvage que je n'avais point remarqué parmi les individus de l'espèce que j'avais rencontrés dans le village. On me dit que c'étaient des Indiens *bravos* faits prisonniers dans une dernière expédition et qu'on les expédiait à la Havane. Là, ils sont vendus à des planteurs 2,500 à 3,000 fr., et leur doivent, pendant dix ans, leurs services, soit à la ville, soit à la campagne, comme les Chinois ou les coolies : après quoi ils sont libres. Mais on a toujours soin de prolonger cette espèce d'esclavage, et ils restent à Cuba ou meurent à la peine. De toutes manières, le Yucatan s'en débarrasse; ils n'y reviennent jamais.

A quatre heures du soir, la diligence nous emportait vers Mérida au galop de ses cinq mules. Une plaine couverte d'efflorescences salines s'étendait autour de nous, la couche épaisse et continue était blanc de neige, et sans la chaleur torride qui nous accablait, on se serait cru volontiers sur quelque lande antarctique. Le mois de mai est un vilain mois pour visiter le Yucatan; la terre est sans verdure, le taillis sans feuillage ; tout est sec et laid ; les pluies de juillet lui donnent à coup sûr un air de fête que je n'ai point vu et que je ne peux décrire. Pour le moment, le taillis s'étendait au loin, monotone, couleur de cendre ; quelques arbres à vert feuillage faisaient tache sur ce triste tableau ; les ronces et les lianes pendaient desséchées d'un arbre à l'autre, et l'on voyait le rocher calcaire percer le sol à chaque pas, comme le squelette d'un cadavre momifié.

Au travers du bois, passaient des bestiaux exténués cherchant vainement un brin de verdure dans les ronces du taillis. Plus loin, le cadavre de l'un d'eux, entouré de *zopilotes* dévorants (espèce de vautours), témoignait de l'inflexible stérilité du sol jusqu'à la saison des pluies. Ainsi, sous un ciel de feu, au milieu d'une nature désolée, aveuglé de poussière, on arrive au premier relai.

Mais le soleil baisse, l'ombre s'étend, le crépuscule commence, quelques souffles de la mer parviennent jusqu'à vous, le corps accablé se réveille, le paysage prend une teinte mystérieuse, l'âme s'abandonne à des rêveries bizarres que vient compléter l'apparition de blancs fantômes. C'est l'Indienne *yucatèque*, au *fustan*, jupon lâche ou empesé, orné de broderies bleues, jaunes ou rouges, couverte du *uipile*, tunique très-ample, qui laisse les bras et les épaules nus, et tombe sans ceinture jusqu'à mi-jambe et de l'écharpe, blanche aussi, voilant la tête, s'enroulant autour des bras ou flottant au gré du vent. Plus la nuit s'avance, et plus le chemin s'anime ; de lourdes voitures font entendre au loin le grincement de leurs essieux criards, les mules se saluent de hennissements prolongés, puis des groupes d'Indiens paraissent ; une courroie d'écorce enveloppe leurs fardeaux, appuyés sur l'épaule, mais portés par la tête ; ils vont tristes, rapides et sans bruit : trois siècles d'oppression pèsent sur leur âme éteinte. A votre approche, ces silencieux passants s'inclinent ou se rangent respectueusement sur le bord du chemin.

Je fus naturellement amené à établir un parallèle entre cet homme sombre et le nègre. J'avais vécu avec les Indiens de plusieurs contrées et les esclaves de l'Amérique. Deux mots pourront peindre ces deux martyrs de la conquête.

L'Indien, en quelque part du Mexique qu'on le prenne, libre ou opprimé, est triste, silencieux, fatal : il semble porter le deuil d'une race détruite et de sa grandeur déchue ; c'est un peuple qui meurt.

Le nègre, au milieu des chaînes de l'esclavage, rit et danse encore ; il a l'insouciance de l'enfant, l'ingénuité d'un peuple qui naît.

La danse de l'Indien a tout le cachet de son caractère : il glisse en mesure, piétine à peine, sa figure reste impassible, et le chant d'amour qui l'accompagne ne semble qu'une longue complainte.

Le nègre, au contraire, s'élance en bonds désordonnés, en postures lascives, sa cadence est une tempête et son chant un violent éclat de rire.

Au deuxième relai, nous nous arrêtâmes ; il était huit heures, et le Yucatèque ne peut vivre sans prendre le chocolat trois fois par jour au moins ; chacun prit donc une tasse, suivi du classique verre d'eau. La besogne achevée, je me hâtai de courir dans la rue du village, où, malgré la nuit, j'espérais saisir quelque trait original de la physionomie du pays. Je n'y trouvai rien de particulier, que cet air de mélancolique tristesse répandue sur les maisons délabrées, sur les animaux et sur les gens. La rue, presque déserte, était silencieuse ; on n'entendait pas un cri, et les enfants eux-mêmes semblaient porter le joug de cette mélancolie profonde. Aucun symptôme de curiosité ne les attirait à moi ; ils me regardaient passer, craintifs ou indifférents, sans intérêt comme sans passion. Une seule personne s'approcha de moi, vrai fantôme sous son vêtement blanc : c'était une pauvre mendiante affligée d'une affreuse lèpre ; son corps décharné, sa figure hideuse me firent une impression pénible. Je me hâtai de lui jeter un réal et je regagnai la diligence ; on repartait. Nous arrivâmes à Mérida[1] vers dix heures du soir. A notre premier voyage, Mérida possédait une *fonda* (hôtel), chose

---

1. Mérida fut fondé sur les ruines de l'antique cité indienne qu'on désignait sous le nom de Tihoo : on la construisit en 1541, par les ordres du petit-fils de Francisco de Montejo. Elle réclamait des priviléges comme capitale du Yucatan dès l'année 1543. (Lopez Cogolludo, *Historia de Yucatan*.)

rare dans ces parages; à ma seconde expédition, la *fonda* n'existait plus, et le voyageur n'avait de ressource que dans l'hospitalité payante d'une maison particulière. Je m'étais, à mon premier séjour chez doña Rafaela, lié d'amitié avec l'excellent docteur D. Macario Morandini, Italien, spirituel polyglotte, grand voyageur, ayant plusieurs fois fait le tour du monde, et par conséquent l'un des plus intéressants conteurs que j'aie rencontrés. J'appris, à la descente de voiture, que M. Morandini exerçait encore à Mérida, et que, la *fonda* n'existant plus, il vivait dans la maison du señor D. Joaquim Trugillo. Je m'empressai de me faire conduire chez cet excellent homme, que j'avais aussi connu l'année précédente. D. Joaquim m'accueillit avec plaisir et mit à ma disposition une fort belle chambre munie de son hamac. C'est, en fait de mobilier, tout ce qu'il est nécessaire d'avoir.

Quant à D. Macario, il fut étonné de me revoir, ce bon docteur! et n'en pouvait croire ses yeux. Il m'avait quitté l'année précédente; j'allais alors à Palenqué, Mitla, Mexico; je devais de là retourner en France, et certes, je ne pensais pas moi-même revoir jamais le Yucatan; et puis ces liaisons loin du pays sont pleines d'un charme tout particulier, quelles que soient leur date et leur durée. C'est en ami qu'on se quitte, et c'est avec bonheur qu'on se revoit. Aussi, quand le docteur, après avoir mis ses lunettes, car il est fort myope, m'eût reconnu, ce fut une série d'acclamations et un déluge de questions auxquelles je ne pus répondre. Je lui expliquai simplement la cause forcée de mon retour, comment les voleurs m'avaient dépouillé et brisé mes clichés, et comme quoi j'étais forcé de recommencer mes travaux. Il s'était passé bien des événements depuis mon voyage : le gouverneur de l'État, Erigojen, avait quitté le fauteuil de la présidence pour la paille du cabanon; D. Agustin Acereto l'avait remplacé. Guerre civile sur guerre civile ; les Indiens avaient anéanti une forte expédition organisée contre eux, et tout faisait craindre une attaque de leur part. Voilà le sommaire des nouvelles que me donna le docteur. Je me retirai vivement contrarié : cette victoire des Indiens *bravos* rendait mes expéditions fort dangereuses, principalement celle qui devait me mener à Chichen-Itza, enclavé dans leur territoire. Néanmoins je m'endormis bientôt, grâce au balancement de mon hamac, et ne me réveillai que fort tard avec un affreux torticolis. C'est l'effet ordinaire du hamac pour quiconque ne s'est point familiarisé avec son usage; or depuis longtemps j'avais rompu avec cette coutume, il me fallait un nouvel apprentissage. Je me hâtai de sortir pour profiter des quelques instants de fraîcheur de la matinée. J'allai visiter cette ville charmante, son marché si animé, admirer ces métis au galbe de vierge, aux formes accusées, aux chairs de bronze dans leur attrayant costume.

Voyez-les portant, gracieuses, le corps cambré, leurs paniers de fleurs et de fruits, avec leur main levée au-dessus de l'épaule; souriantes et faciles, elles céderont avec la même grâce et les fleurs de leur corbeille, et les roses de leur sourire.

Mérida, autrefois capitale de tout le Yucatan, partage aujourd'hui la suprématie avec Campêche qui, depuis 1847 ou 1848, forme un État séparé. Ce fut en 1847 qu'éclata cette effroyable révolte des Indiens qui a ruiné le Yucatan et qui menace chaque jour de le rayer du nombre des États policés.

Voici en quelles circonstances :

Lors des démêlés de Campêche et de Mérida, cette dernière résolut de soumettre la ville rebelle, et, comme les troupes manquaient, on eut la malheureuse idée d'armer les Indiens et de les emmener comme auxiliaires dans l'expédition projetée.

Campêche, défendue par une bonne enceinte et par une garnison courageuse, ne put être prise. On brûla quelques faubourgs et l'armée dut se retirer; mais les Indiens, poussés par quelques métis, brûlant du reste de s'affranchir d'un joug effroyable, ne voulurent point rendre leurs armes et commencèrent cette guerre de dévastation, qui s'est continuée sans interruption jusqu'à ce jour. Après avoir brûlé leurs villages, ils s'enfuirent en masse au fond des bois où ils se bâtirent une capitale, *Chan Santa Cruz*. De là partent incessamment des expéditions meurtrières. Ils détruisirent ainsi ou ruinèrent à moitié Izamal, Valladolid, Sakalun, Tikul, Tekax, une foule de villages et d'*haciendas*. Pour eux, c'est une guerre d'extermination où il n'est point fait de quartier : femmes, enfants, vieillards, leur haine s'attache à tous les blancs, leur furie vengeresse ne connaît point de pitié.

On raconte qu'à Tekax ils tuèrent à *puro machete*, au sabre seulement, deux mille cinq cents personnes en trois jours. Les supplices les plus barbares accompagnent ces exécutions; les femmes, mises nues et violées, servent de jouet aux jeunes gens qui suivent ces expéditions; les mutilations les plus épouvantables achèvent leur supplice. Certains prisonniers sont en outre réservés pour les fêtes nationales de Chan Santa Cruz. Là, un anneau passé dans le nez, on leur fait jouer le rôle de taureau dans un cirque; poursuivis par les pierres, les flèches et les lances, ils rendent le dernier soupir au milieu d'un supplice sans nom : on ne les abandonne que lorsque le corps, ne formant qu'une plaie, tombe de douleur et d'épuisement. Malgré toute l'horreur de ces vengeances, on ne peut s'empêcher de voir en ces exécutions quelque chose de providentiel; on regrette pourtant qu'un peuple innocent paye la dette de sang que lui laissa l'Espagne, seule responsable devant Dieu de tant d'infamies commises dans le nouveau monde.

Quant aux Yucatèques, leurs représailles sont marquées au coin de la douceur et de l'humanité. Ils se bornent à circonscrire autant que possible la marche envahissante des Indiens et à transporter leurs prisonniers à la Havane, où, comme nous l'avons dit, ils remplissent le rôle de coolies chinois. Quoi qu'il fasse, le gouvernement est impuissant à contenir les révoltés. Ceux-ci, pleins d'une soif inextinguible de vengeance, fanatisés par leurs bonzes, car ils ont renoncé à la religion menteuse qui les opprimait, se jettent sur les blancs comme des bêtes féroces, sans crainte, indifférents à la mort; chaque meurtre leur ouvre au ciel de leurs aïeux une existence divine, ou sur la terre une transformation brillante. Ils possèdent aujourd'hui les meilleures terres de la péninsule, et ce malheureux pays ne traîne plus qu'une existence morne et décolorée. Le Yucatan est à l'agonie et le corps politique semble prêt à rendre le dernier souffle ; rongé par trois plaies sanglantes, trois guerres civiles à la fois : guerre de Mérida à Campêche, guerre des partis à l'intérieur de l'État même, guerre indienne, on s'étonne de le voir respirer encore.

Eh bien ! quoi qu'il en soit de cette indifférence impie, de cette rage parricide des blancs, on se prend de sympathie étrange pour ce malheureux peuple. Bon, beau, intelligent, c'est le plus remarquable de la république mexicaine; celui qui a fourni le plus d'hommes capables comme politiques, poëtes et historiens. Obligeants au suprême degré, hospitaliers comme on ne l'est plus, je conserverai toujours une grande admiration pour leurs vertus privées, en même temps qu'une affection sincère et une reconnaissance profonde.

Parmi les églises de Mérida, la cathédrale est la plus remarquable. C'est un assez grand édifice de style jésuite ; le portail fort simple est flanqué de deux statues, œuvre d'un artiste du cru, et qui passent pour fort belles aux yeux des habitants [1]. Les maisons n'ont qu'un étage, la plupart qu'un rez-de-chaussée ; les toits sont plats, les cours à colonnades et plantées de palmiers sont fort gracieuses, et les vastes corridors sont tendus de hamacs pour la sieste.

La grande place faisant face à la cathédrale est plantée de *ceibas*, ornée de fleurs et entourée de maisons à portiques ; elle est charmante, mais on n'y vient guère que le soir : le jour, la chaleur est trop intense, et chacun reste enfermé chez soi. Le théâtre, petite salle enfumée, s'ouvre de temps à autre à quelque troupe espagnole, et la principale distraction consiste en promenade en *calezas*[2], où les jeunes filles étalent la fraîcheur de leurs toilettes et distribuent les éclairs de leurs yeux noirs.

Le marché abonde en fruits du tropique : ce sont les *ciruelas*, espèce de prunes ; les ananas et les bananes de plusieurs espèces ; la *cherimoia*, le roi des

---

[1]. La cathédrale de Mérida fut achevée en 1598, la ville avait été érigée en cité épiscopale dès 1561.
[2]. Espèce de volante, voiture havanaise.

fruits tropicaux; la *guanavana*, variété du précédent, mais d'un développement énorme et qui ne sert qu'aux *dulces* (confitures); l'*auacate*, fruit à beurre; les dattes et le coco, l'orange, la pastèque, le melon, le *mango*, la *papaya*, toute la famille des *sapote*, *chico, prieto, blanco, mamey, de Santo Domingo*, petit, rouge, blanc, etc.; les patates, le *camote*, etc.

L'exportation fait peu de chose; le principal revenu des *haciendas* consiste dans la vente du *jenequen*, fil tiré d'une espèce d'agave, plante textile dont on fait d'excellents cordages et avec laquelle les naturels confectionnent leurs hamacs. Le Yucatan produit la canne dans les lieux humides, le tabac, le maïs et le frijol, haricot qui compose, comme dans toute la république, la nourriture exclusive des Indiens.

Mérida contient près de vingt-cinq mille habitants, et je me suis laissé dire qu'il y avait plus de vingt mille femmes pour environ quatre mille mâles. Les naissances sont en moyenne de cinq pour un, et les guerres civiles, les Indiens, l'exil, établissent cette différence énorme entre les deux sexes. Aussi les maris y sont-ils rares, et les jeunes filles fières d'en trouver. Les célibataires y courent, m'a-t-on dit, bien des dangers. Lecteurs, j'en suis revenu sain et sauf.

J'arrivai à Mérida le mercredi de la semaine sainte de l'année 1860, et je voulus, avant d'entreprendre mon voyage dans l'intérieur, voir les cérémonies religieuses dont on m'avait beaucoup parlé. On travaillait avec ardeur dans l'église à tout disposer pour ces augustes fêtes; de tous côtés, on édifiait les chapelles ardentes ; c'était un luxe de verroteries de toutes couleurs, une dépense inouïe de fleurs. Le jeudi, les processions commencent, pour continuer jusqu'au samedi. Les colonies espagnoles, comme la métropole, sont folles d'images et de statues de saints. Chaque église se montre fière de telle ou telle statue, représentant saint Joseph, ou la Vierge, ou saint Antoine; et Mexico, de ce côté, peut en revendre à toutes les parties du monde. Le culte des images a toujours été le bien venu chez les Indiens qui ont besoin, dans la simplicité de leur nature, de matérialiser l'objet de leur adoration; aussi ne voit-on pas une église indienne dans les districts les plus rapprochés, qui ne soit munie d'un petit musée de saints. Je ne fus pas aussi surpris que je pensais l'être, à la vue de toutes ces cérémonies religieuses que j'avais admirées à Mexico; et n'était le luxe déployé par les señoras qui se parent, en ces jours de deuil, de leurs plus brillants atours, et les délicieux costumes des métis qui se portent en foule à ces cérémonies, je n'eusse pris aucun intérêt à la chose.

Tantôt la foule promenait le Christ entre quatre soldats romains, suivi de la Vierge aux Sept-Douleurs, et plus loin de sainte Élisabeth munie d'un mouchoir trempé de larmes; le lendemain, une Cène copiée de Léonard de Vinci, un Crucifiement d'après

Rubens, ou la sainte Trinité avec tous ses attributs. Chaque sujet était revêtu de costumes précieux, et la Vierge étalait des parures de perles et de diamants d'un grand prix. Une musique des plus primitives précédait chaque procession, et, dans les églises, des orgues de Barbarie déployaient, en l'absence de tout autre orchestre, le luxe de leur répertoire. Je me rappelle avoir entendu le vendredi saint, dans une chapelle faisant face à la cathédrale, l'un de ces instruments vraiment barbare, entonner la *Monaco* pour déplorer la mort du Sauveur. Le soir, la ville de nouveau sillonnée par les processions, offrait à l'œil une illumination des plus splendides. Chaque maison, tendue de tapis aux riches couleurs et de rideaux de mousseline brodée, jetait la lumière de milliers de cierges sur le passage des saintes reliques, et la foule immense, dont chaque individu portait un luminaire, la masse bigarrée, les señoras aux riches costumes et les vêtements gracieux des métis, formaient un tableau extraordinaire et présentaient un aspect des plus féeriques.

Les fêtes terminées, il me fallait penser à mes expéditions; j'étais arrivé muni de lettres du président Juarez. Il avait mis à me recommander au gouverneur du Yucatan une bienveillance empressée : je lui adresse de loin mes remerciements bien sincères. J'ai pareillement des actions de grâces à rendre à M. Manuel Donde, qui me donna des lettres pour le juge de

Citax, et des recommandations à Tikul, pour l'homme d'affaires de don Felipe Péon et de don Simon Péon, propriétaire d'Uxmal, et qui, plus tard, mit généreusement à ma disposition toute une escouade de ses Indiens. Partout enfin je n'ai trouvé que bon accueil, des mains tendues pour serrer les miennes et des sourires de bienvenue.

Le lundi de Pâques, je traitai avec un entrepreneur de voitures qui devait me fournir une *caleza* de voyage à trois mules; la *caleza* est une espèce de volante avec arrière-train pour les bagages. Il fut convenu que nous partirions le mardi matin, de deux heures et demie à trois heures; car, autant que possible, on a soin de voyager la nuit, pour éviter aux mules les terribles chaleurs du jour. Je dormais profondément, quand le domestique vint frapper à ma porte; il s'empara aussitôt de mon bagage qui fut attaché à l'arrière-train, ainsi que la chambre noire et les produits chimiques; j'avais près de moi, et le plus souvent sur mes genoux, les deux boîtes à glaces afin que les violents cahots de la route ne les brisassent point. Je me rendais à Izamal, ce qui n'est qu'une simple excursion de seize lieues, avec route carrossable; je n'avais point à m'éloigner des endroits habités.

Partis le matin, nous arrivâmes le soir vers les trois heures, et je m'empressai de rendre ma visite au gouverneur, don Agustin Acereto, auquel je remis la lettre de Juarez. Don Agustin mit à ma disposition ce qui m'était nécessaire, me promettant, pour ma prochaine expédition à Chichen-Itza, une escorte suffisante pour éviter un coup de main.

Izamal, à en juger par l'importance de ses ruines, dut être autrefois un grand centre de population[1]. Les alentours sont parsemés de pyramides artificielles, et deux, entre autres, sont les plus considérables de la péninsule. Placées face à face, au centre de la petite ville moderne, à un kilomètre l'une de l'autre, elles étaient composées d'une première pyramide de deux cent cinquante mètres de côté sur quinze de hauteur, servant de base à une seconde beaucoup plus petite et adossée au côté nord de la première. Sur cette seconde pyramide, se trouvait le temple d'où le prêtre ou le chef pouvait facilement haranguer la multitude assemblée à ses pieds sur les vastes plateaux de la première pyramide. Les Espagnols détruisirent le cône tronqué de l'une et construisirent sur le plateau un immense cloître ainsi que l'église paroissiale d'Izamal. La base d'une autre élévation artificielle, enclavée dans les cours d'une maison particulière, contenait encore des restes de figures gigantesques, dont l'une fut donnée par Stephens et Catherwood

---

1. Selon un historien moderne, les ruines d'Izamal appartiendraient à la même période que celle de Mayapam et Palenqué; c'est-à-dire qu'elles remonteraient à la plus haute antiquité. La tradition en fait un lieu de sépulture au prophète Zamma.

dans leur album lithographique; et c'est ici le cas de rappeler de quelle manière on entend l'histoire. Ces messieurs placent les figures ci-dessus dans un désert; au pied de la pyramide, se trouve un tigre en fureur, tandis que des Indiens sauvages l'ajustent avec leurs flèches. A force de vouloir faire de la couleur locale, on fausse l'histoire et on déroute la science. Ces figures se trouvent au milien même de la petite ville d'Izamal. Combien d'erreurs on relève chaque jour en voyage, dans les relations des littérateurs (voire les plus illustres, à commencer par Chateaubriand)! Que d'idées fausses répandues dans le peuple par les enthousiastes qui s'extasient devant un brin d'herbe, éclairé par un autre soleil et quelque peu différent de ceux que nous foulons aux pieds; que de sottes déclamations sur les forêts vierges, le soleil africain, le ciel mexicain, sur la majesté de telle nature rabougrie! et quelle rage éprouve-t-on de vouloir tout changer?

On me fit remarquer une figure du même style, mais plus gigantesque, nouvellement découverte. Ce fut en enlevant les pierres éboulées depuis des siècles et qui encombraient le pied de la pyramide, qu'on aperçut tout à coup une tête de douze pieds de hauteur, entourée d'ornements bizarres, d'un genre cyclopéen. Ce sont de vastes entailles, espèces de modelages en ciment, dont il est difficile de donner une idée; la tête elle-même est modelée de la même manière ; ainsi, par exemple, deux énormes cailloux forment la prunelle des yeux, et au moyen du ciment, ils modelaient la paupière ; ils obtenaient les ailes du nez et les lèvres par le même procédé, et nous retrouvâmes plus tard quelque chose de semblable dans les bas-reliefs de Palenqué, qui sont (je parle de ceux qui ornent les piliers du palais), comme à Izamal, de simples modelages en ciment. Izamal, du reste, nous semble la première étape de la civilisation au Yucatan et pourrait bien être contemporaine de Palenqué, dont les ruines portent un si grand cachet d'antiquité. L'une des choses qui excita le plus mon admiration fut une route, dont il n'est, autant que je sache, fait mention nulle part et que l'on me fit remarquer, se dirigeant d'Izamal sur Mérida. Elle longe, un mille ou deux durant, la route moderne, et en la suivant dans les bois, en soulevant la couche de débris et d'humus qui la cache, on découvre une voie magnifique de sept à huit mètres de largeur, dont les assises sont en pierres énormes surmontées d'un mortier de pierre parfaitement conservé, lequel est couvert d'une couche de ciment de deux pouces d'épaisseur. Cette route se trouve partout à un mètre et demi environ au-dessus du sol, de façon que, pendant les grandes pluies, le voyageur était toujours à l'abri de l'inondation. La couche de ciment semble posée d'hier. Il n'y a pas lieu de s'en étonner, quand on songe que les véhicules à roues ne devaient pas exister chez ces peuples manquant d'animaux de trait ; tout se faisant à dos d'hommes, une route aussi solidement établie devait difficilement se détériorer. Ce qui surprend, c'est l'épaisse couche d'humus qui recouvre cette voie ancienne. Dans une contrée aussi sèche, où la végétation est si rachitique, on se demande quelle série de siècles il a fallu, pour produire quarante centimètres environ de détritus. En somme, je ne rapportai d'Izamal que trois clichés, regrettant que mes moyens ne me permissent pas de faire des fouilles qui, certainement, eussent été productives.

X

CHICHEN-ITZA

Seconde expédition. — Citaz. — Piste. — Le christ de Piste. — Chichen-Itza. — Les ruines. — Le musicien indien. — Le retour. — Le médecin malgré lui.

Izamal n'avait été qu'une excursion ; ce fut ma sortie d'essai, et j'éprouvai à combien de vicissitudes les collodions seraient sujets par la suite. La chaleur au Yucatan est toujours fort élevée, le thermomètre variant dans cette saison, nous sommes en avril, de trente-six à quarante degrés ; quarante-deux fut le maximum ; il s'y maintint pendant deux jours. Nous dirons pourquoi. La culture au Yucatan, comme dans Tabasco et les montagnes de Chiapas se pratique de la manière suivante. Travailler la *milpa* veut dire préparer la terre à recevoir le grain ; on a fait aussi le verbe *milpear*, récolter, de là, *milpa*, la moisson. Chaque propriétaire, *hacendado*, désigne dans ses terres chaque partie de bois devant être abattue pour faire place à la semaille du maïs. Toute la presqu'île est couverte de bois. Les Indiens se rendent donc au lieu indiqué, coupent, abattent bois et taillis, puis laissent sécher sur place. Ceci se passe généralement au mois de septembre ou octobre ; six mois de soleil calcinent ces branchages ; au mois d'avril qui précède les pluies, on dispose les bois de manière que, le feu une fois allumé, l'incendie se propage facilement à toute la masse abattue. Dans le même mois, vers le midi, se lève régulièrement un vent impétueux qui pousse les flammes en tourbillons et facilite l'incendie, *quemason*. Si tout brûle bien, c'est une chance de bonne récolte, les cendres fument la terre, sinon l'on perd une masse de terrain préparé qui, restant embarrassé par les cadavres des arbres, ne donne plus qu'une maigre récolte. Une fois ceci fait et les premières pluies tombées, l'on pique le maïs et l'on attend.

Chaque chose au monde, chaque coutume est la résultante des divers milieux où l'on s'agite. Cette manière de cultiver est toute indienne. Ainsi, outre la difficulté de labourer une terre dont l'arête calcaire écorche de toutes parts la couche végétale, le défaut d'animaux domestiques et d'instruments de fer avait forcé les Indiens à chercher une méthode plus expéditive de préparer le sol à la culture. Ce vent régulier, qui s'élève chaque jour à la même heure, leur donna probablement l'idée de brûler afin de débarrasser la terre; n'ayant pas de bestiaux, et par conséquent pas d'engrais, la cendre put le remplacer, et comme dans une contrée où la chaleur est intense les bois étaient de peu de valeur, on n'eut aucun sacrifice à faire pour suivre ce qui s'offrait si naturellement à l'esprit. Je reviens au thermomètre. Tout le monde sait que, d'après un principe physique, la chaleur se concentre et s'accumule sans cesse dans une serre et que, par la superposition de plusieurs vitrages, on peut arriver à l'ébullition; or, la *quemason*, au Yucatan, opère en grand le même phénomène. Quand, dans toute la péninsule à la fois, on brûle la *milpa*, l'atmosphère se couvre d'épais nuages de fumée; on ne voit plus le soleil qu'au travers d'un brouillard qui rappelle le verre noirci dont on se sert pour observer les éclipses; si le vent tombe, la fumée reste suspendue et forme serre. Le calorique se concentre, s'amasse, et le thermomètre monte quelquefois au delà de quarante-deux degrés.

La chaleur devient alors intolérable.

Mon premier soin en rentrant à Mérida fut de préparer mon expédition pour Chichen-Itza. Je nettoyai donc mes glaces afin de les retrouver toutes prêtes en arrivant, m'évitant ainsi dans les ruines une besogne difficile et désagréable. Je remplis un litre de collodion normal prêt à être sensibilisé, et comme j'avais remarqué, lors de ma première expérience, que sur des plaques de trente-six centimètres sur quarante-cinq, le collodion était sec dans le haut avant d'arriver au bas du verre, je le composai de cent dix parties d'alcool contre quatre-vingt-dix d'éther et un pour cent d'iodure ; encore étais-je obligé de le verser en toute hâte et de précipiter immédiatement la glace dans le bain.

Le collodion ainsi composé est fort léger, très-délicat, et j'éprouve aujourd'hui combien il adhère peu à la glace; mais c'était la seule manière de réussir pour d'aussi grandes dimensions, et je fus obligé d'employer la même recette dans toutes mes expéditions successives. Tout étant prêt, je fixai le jour du départ. Cette fois, je l'avoue, je ne partais pas sans émotion : les ruines étaient loin, j'allais seul, ces légendes d'Indiens barbares, les actes de férocité commis par eux, leur dernière victoire qui grandissait encore la terreur de leur nom, tout cela me troublait et m'impressionnait vivement. Suivant la coutume, la *caleza* fut à ma porte à deux heures, et, le tout emballé le mieux possible, les mules m'entraînèrent avec rapidité sur la route d'Izamal. La matinée était fraîche et délicieuse, la nuit sombre et le bois plein de mystère. Quelques lucioles jetaient au vent leurs dernières étincelles; de temps à autre, de lourdes charrettes s'arrêtaient au bruit de la *caleza* lancée au galop et aux cris de mon domestique, se rangeaient sur le bord de la route, afin d'éviter tout accident. Plus tard, une bande orangée laissait deviner le jour, et comme le premier rayon de soleil dorait la cime des arbres, le bois retentit des cris perçants des *chachalacas*, du babillage infernal des perruches et des sifflements aigus du geai bleu; quelques lapins fuyaient sous les épines et des volées de cailles croisaient la route. Tout ce gracieux petit monde saluait le jour et lui souhaitait la bienvenue. La *chachalaca*, dont j'ignore le nom savant et dont l'appellation indienne n'est qu'une heureuse onomatopée, est une espèce de gallinacée à chair dure et coriace. J'en tuai deux, mais elles étaient immangeables; peut-être n'étaient-elles plus de la première jeunesse. J'eus cependant occasion d'essayer d'en manger d'autres par la suite et toujours avec le même insuccès.

A quelques lieues de Mérida, je vis passer une once; mais j'eus à peine le temps de mettre en joue, elle avait disparu; le domestique, pas plus que les mules, n'avaient paru effrayés. Mais le bruit cesse comme il a commencé; ce charmant tapage s'envole avec la fraîcheur; le soleil se montre, tout se tait. A dix heures, un silence absolu règne dans le *monte* (le bois). Après un repos de quelques heures donné aux mules, nous reprenions la route d'Izamal; il était cinq heures quand nous y arrivâmes.

Le correspondant de la poste fut assez aimable pour m'offrir l'hospitalité, et le matin, de bonne heure, je me rendis chez D. Agustin Acereto, afin de lui demander les lettres qu'il m'avait promises. Il me les fit donner, me recommandant de me hâter le plus possible et de rester à Chichen-Itza le moins longtemps que je pourrais, les circonstances ne lui permettant de répondre de rien. Je lui fis mes adieux et je partis. Mais au moment de monter en *caleza*, je m'aperçus avec épouvante que le devant de ma chambre noire était entièrement défoncé; je m'empressai de délier les bagages afin de mieux constater le désastre; il me parut irréparable, et je m'abandonnai à un dépit bien naturel en pensant qu'il me faudrait retourner à Mérida pour faire réparer ma caisse. Mon hôte, heureusement, vint adoucir mes regrets, en m'assurant qu'un de ses amis, menuisier à Izamal, se ferait fort de réparer le précieux objet. La glace dépolie, fort heureusement, n'était point cassée, et je n'ai jamais compris comment elle a pu résister pendant tous mes voyages.

Je fis immédiatement porter la chambre noire chez l'individu en question, qui me la promit pour le soir même. Il tint parole. La caisse était tant bien que mal réparée; en somme, elle pouvait servir. Je me réservais de la faire mettre complétement à neuf à mon retour à Mérida.

Ce ne fut, après tout, qu'une journée de perdue. Je la passai visitant la petite ville, les pyramides qu'elle renferme, causant avec les habitants, cherchant des légendes et des traditions. Ce fut peine perdue; je les trouvai d'une ignorance crasse, et, malgré toute ma bonne volonté, je n'en pus rien tirer; absorbés dans leur admiration de clocher, chacun me demandait, avec un air de satisfaction profonde, quel était le pays qui, dans mes longues pérégrinations, m'avait séduit le plus et quelle ville la plus charmante? J'étais obligé de convenir qu'Izamal était certainement le lieu le plus privilégié que j'eusse visité sous le soleil : et ces bonnes gens de sourire doucement, sûrs qu'ils étaient de ma réponse. Ce sentiment d'admiration, cet amour pour la patrie se retrouve partout, mais plus violent à mesure que l'on descend la chaîne civilisée. J'ai rencontré de ces malheureux me demandant si l'on savait manger du pain dans mon pays, si l'on y buvait de l'*anizado*, espèce d'alcool, et autres naïvetés de ce genre.

Izamal fut la dernière ville brûlée par les Indiens sur la route de Valladolid du côté de Mérida; mais les habitants ont, depuis quatorze ans, réparé leurs maisons en ruine et dissimulé leurs pertes. Au delà d'Izamal, tout fut dévasté; aussi la campagne prend-elle, à mesure qu'on s'éloigne, des teintes plus mélancoliques et des airs de triste solitude; les rencontres sur les routes deviennent rares, et l'on n'aperçoit plus que de loin en loin la tête de quelques palmiers dénonçant l'existence d'un *rancho* isolé ou d'une chétive *hacienda*. Quant aux villages, ils apparaissent noirs, brûlés, en ruine; on dirait que la vie s'est retirée de ces lieux désolés; les rues sont désertes, nul être vivant ne les anime, le grognement de quelques pourceaux étiques est le seul bruit qui se fasse entendre, et les vautours, silencieusement posés sur le chaume des toits, semblent veiller un cadavre.

La nuit fut déplorable. Je m'endormis plein d'idées sombres et n'eus point de songes couleur de rose; je pensais à ma patrie si lointaine, à ma mère, si triste autrefois à mon départ, à toute cette famille que j'avais laissée unie et heureuse, pour courir seul les sentiers du grand univers; quelques regrets me faisaient penser au retour, et j'eus de la peine à secouer ce premier accès de faiblesse.

Le lendemain, nous arrivâmes à Citaz, petite bourgade où devaient s'arrêter les mules; les ruines se trouvent à six lieues de là, dans le bois, et l'on y arrive, à cheval, par de petits sentiers d'Indiens.

J'avais laissé, au village précédent, un ordre du gouverneur, afin qu'on envoyât quelques soldats pour m'accompagner. Je donnai au juge de Citaz une lettre semblable qui lui recommandait de me donner autant d'hommes qu'il serait nécessaire. Cet honorable magistrat se mit à ma disposition et me fit d'abord conduire à la petite cabane, *casa real*, maison royale, servant d'abri aux voyageurs. On y suspendit mon hamac et je m'y étendis avec délices, brisé que j'étais par trois journées de cahots sur une route de rochers.

La cabane était voisine du corps de garde, et je pus me faire une idée de la vie étrange que mènent ces populations déshéritées. Tous les hommes valides, y compris les métis seulement, sont appelés aux armes et à la défense de la communauté menacée. Les Indiens, esclaves pour ainsi dire, sont exclus de cette mesure. Ces malheureux, restés sous le joug, n'ont tiré d'autre profit de leur fidélité qu'une misère plus profonde et une menace de mort suspendue sur leur tête ; leurs frères révoltés leur ont voué une haine plus implacable qu'aux blancs eux-mêmes; on les appelle Indiens *hidalgos*.

La moitié de la population veille donc l'arme au bras, pendant que l'autre moitié travaille ou dort; des sentinelles, relevées d'heure en heure, font une garde perpétuelle, et, au moindre signe suspect, une bombe, placée sur la voûte de l'église, éclate, avertissant le village voisin du danger que court telle ou telle localité. Des courriers sont, en outre, expédiés de toutes parts, afin de précipiter les secours.

Citaz avait une physionomie plus sombre encore que tout ce que j'avais vu. Les maisons étaient brûlées, et les anciens habitants, chassés par les Indiens, étaient revenus bâtir un misérable abri dans l'intérieur même de la ruine, préférant cet imminent danger de mort à la douleur d'abandonner leur foyer dévasté. Vers le soir, j'eus la visite du juge, du curé, du commandant. Je priai ces messieurs de vouloir bien me procurer les chevaux nécessaires à ma personne et des Indiens pour transporter mes bagages;

on mit à me satisfaire une obligeance charmante ; l'alcade fut mandé, le juge lui traduisit ma demande ; je lui donnai l'argent nécessaire, car on paye toujours d'avance, et il promit que le lendemain, à la première heure, les Indiens seraient à ma porte.

Le capitaine voulut m'accompagner à Chichen : il me recommanda un sergent qui parlait très-bien l'espagnol et qui devait me servir d'interprète pour les ordres que j'aurais à donner aux Indiens, ceux-ci ne parlant que le maya. J'engageai donc le sergent.

Le curé de la Cruz Montforte voulut aussi venir avec nous ; son grand âge faisait de cette excursion un voyage très-fatigant ; mais sa curiosité, au sujet de ces ruines qu'il n'avait jamais vues, était trop éveillée pour qu'il y renonçât. Il avait un cheval fort doux, disait-il, et douze lieues n'étaient pas une affaire. Mon arrivée l'intriguait au plus haut point. Ce brave homme ne pouvait comprendre qu'un simple motif d'art ou de science m'eût poussé à quitter ma patrie, à traverser l'Océan, *el mar* (cette idée le faisait frémir), pour venir simplement dessiner des ruines que les habitants du pays ne connaissaient même pas.

—Il y a quelque chose là-dessous, me disait le *padre* ; il est probable que votre nation habitait autrefois ces palais, et l'on vous envoie pour les visiter, étudier les lieux et voir s'il serait possible de les réparer, afin qu'un jour elle pût revenir les occuper. Le *padre* n'en pouvait mais, et son système de probabilité n'avait certainement pas le sens commun. Les Espagnols ont, autant que possible, entretenu cette abjecte ignorance, n'appelant l'attention de ces pauvres colonies que sur la métropole, et leur faisant croire qu'il n'y avait que l'Espagne au monde.

Vers les huit heures, ces messieurs eurent la bonté de me faire servir à souper : quelques *tortillas*, des *frijoles* et un petit poulet en composaient le menu ; le tout fut couronné d'une tasse de chocolat que mes hôtes voulurent bien partager avec moi. Après une causerie de quelques heures et des plus étranges, je vous assure, nous nous séparâmes.

—Nous ne savons jamais en nous couchant si nous reverrons la lumière, me dit le juge en me quittant. Cet aimable bonsoir était fait pour rassurer mes esprits.

Néanmoins je dormis d'un profond sommeil et me réveillai au moment du départ, rempli de courage et sous le coup d'une émotion toute nouvelle. J'allais entrer sur le territoire ennemi ; j'allais voir enfin ces ruines magnifiques dont j'avais lu de si merveilleuses relations ; il n'y avait plus aucun danger à mes yeux, ou plutôt il ne faisait qu'ajouter un nouveau charme à cette expédition moitié artistique et moitié militaire. Ma troupe se composait pour le moment de vingt-cinq soldats et Indiens, et devait se grossir à Piste. C'était une faible escorte ; cependant je jetais des yeux satisfaits sur cette troupe bariolée, je me voyais à la tête d'une expédition originale et je pensais avec quelque fierté, je l'avoue, qu'on avait rarement fait de la photographie dans ces conditions.

A partir d'Izamal, en se dirigeant sur Citaz et Valladolid[1], le pays, de complétement plat qu'il était, commence à légèrement onduler. Ces ondulations se dirigent du nord au sud, rappelant les vagues de la mer, elles vont croissant en hauteur quand on s'approche de Valladolid, jusqu'à atteindre une hauteur moyenne de quinze à vingt pieds. A partir de Citaz, se dirigeant sur Piste, c'est-à-dire au sud-ouest, le sol devient brisé, cassant, hérissé de petits monticules; aussi, quand nous partîmes au petit jour, perchés sur des selles détraquées, le cheval retenu par un simple bridon, je fus quelque temps à prendre mon assiette, craignant à tout moment de voir ma monture se couronner sur les roches du sentier.

Les jambes pendantes, la figure battue par les branches des arbres, quelquefois enlacé par les lianes, il fallait une attention soutenue pour garder son équilibre; il y avait loin de là aux belles cavalcades du *paseo* de Mexico.

Le cheval, cependant, accoutumé aux difficultés de la route, trébuchait sans tomber, et nous arrivâmes sans encombre à un *rancho*, distant de trois lieues de Citaz, où nous entrâmes nous reposer. Le soleil était haut, la chaleur suffocante, la route monotone, et

1. Vainqueur des Kudules, le neveu de l'adelantado Montejo fonda Valladolid en 1543, sur le territoire des Chanachaa.

cette tristesse qui chargeait l'atmosphère semblait croître à mesure que nous nous éloignions des centres habités.

Ce *rancho*, ou petite habitation, était le seul reste d'un village autrefois florissant, maintenant désert. Autour de nous, l'on n'apercevait que des ruines noircies par le feu, et l'ancienne église effondrée ne laissait voir que son clocher délabré et ses murailles déjà couvertes d'une végétation parasite.

L'habitant de cette cabane isolée écrasait, au moyen d'un *trapiche*, moulin primitif, manœuvré par une mule, des cannes à sucre, dont le suc mis en énormes pains faisait toute sa fortune; trois ou quatre femmes métisses composaient le personnel de l'habitation. Le propriétaire nous offrit immédiatement une *jicara de posole*. La *jicara* est une tasse faite avec l'écorce d'un fruit, et le *posole* une pâte de maïs cru, délayée dans de l'eau. C'est une boisson assez insipide, mais rafraîchissante; j'en consommai d'énormes quantités par la suite : elle possède le double avantage de nourrir et de désaltérer.

Après une halte d'une demi-heure, le vénérable curé se sentant mieux, nous reprîmes le sentier; deux heures après nous arrivions à Piste, village frontière à une lieue des ruines qu'on distinguait dans l'éloignement. Nous avions une soif ardente et une faim canine, et, malgré l'envoi d'un Indien qui devait mettre le village en réquisition, nous ne trouvâmes rien de disposé pour nous recevoir. Je m'en étonnai peu, du reste, en voyant la misère du pauvre *pueblo*, composé de quelques huttes indiennes et portant comme aux alentours la trace indélébile du passage des Indiens révoltés.

Pendant que le sergent, institué le majordome de l'expédition, s'empressait de réparer la négligence de notre émissaire, je montai sur la voûte de l'église, encore debout, afin de jeter un coup d'œil sur les alentours et prendre vue des ruines qu'on apercevait au loin. De là, je distinguai fort bien ce que je sus plus tard s'appeler le Château, le palais des Nonnes; sur la gauche, le *Caracol*, escargot, dont je donnerai la définition, et la Prison, dont nous donnons le dessin. J'examinai l'église, entièrement composée de pierres enlevées aux temples et aux palais dont j'allais étudier les ruines. Il y avait là de fort jolies choses : de petits bas-reliefs représentant des guerriers dans toutes les positions, la tête ornée de plumes et de coiffures bizarres, le nez percé d'une pierre ou d'un morceau de bois. On remarquait aussi beaucoup de fragments de cette ornementation formée de pierres dentelées, distribuées en carrés, avec une rosace au milieu, genre affectionné par les artistes indiens et que l'on retrouve dans tout le Yucatan.

J'entrai aussi dans l'église, un sentiment pieux m'entraînait vers le pauvre sanctuaire; j'avais besoin de prier le Seigneur qu'il me donnât la force et qu'il me permit de secouer cette effroyable tristesse qui m'avait assailli à l'aspect de ces lieux désolés. J'avais aussi à remercier la Providence de la protection toute spéciale qui, depuis deux ans de voyage, m'avait garanti contre les maladies dangereuses et contre les accidents si fréquents dans ces contrées à demi sauvages.

J'entrai, mon vénérable compagnon m'avait précédé; cette église était de sa juridiction et c'était la première fois qu'il venait à Piste; il voulut néanmoins m'en faire les honneurs. L'église était nue, les plâtras des murailles tombaient par larges plaques et quelques bancs vermoulus attestaient l'abandon du saint lieu. Le chœur, comme dans toutes les églises du Mexique, était composé de colonnes torses, droites et cannelées, superposées, avec chapiteaux composites s'élevant jusqu'à la voûte; mais les dorures étaient ternies par le temps ou noircies par la fumée. L'autel se dressait sans nappe dans une désolante nudité, et la porte du tabernacle gisait au loin dans la poussière. Deux candélabres en bois, dénués de cierges, et puis au pied des premières marches de l'autel un Christ courbé sous sa croix, complétaient ce tableau de désolation. Le jour venait de gauche par la porte ouverte et l'église était pleine de tristesse sombre qui ajoutait à l'effet. Jamais émotion plus poignante ne s'empara de moi à la vue de ce Dieu misérable. Je me jetai à genoux et les larmes me vinrent aux yeux. Une tunique ignoble, jadis bleue, incolore et en lambeaux, couvrait à peine ses membres décharnés; ses cheveux souillés de boue, s'échappaient en mèches collées de sa couronne d'épines; le sang ruisselait en gouttes noirâtres sur sa divine figure, et tous les crachats de l'humanité semblaient avoir séché sur sa face endolorie. C'était bien le Dieu des Indiens, de ces pauvres opprimés; l'expression de souffrance et de misère était atroce. Oh! c'était bien là le crucifié à l'agonie, la personnification de toutes les douleurs, et celui-là était un grand artiste qui sculpta le Christ de Piste !

Les Indiens avaient-ils respecté leur ancien Dieu, ou s'étaient-ils enfuis épouvantés devant cette immense infortune?

Comme nous sortions, on vint nous avertir que le dîner nous attendait; il était servi dans la sacristie, et se composait de *tortillas*, de haricots et d'œufs; j'avais quelques bouteilles de *staventum*, liqueur exclusivement yucatèque, miel distillé avec de l'anis, qui nous servit de dessert. — Des petits garçons nous apportèrent d'énormes *ciruelas*.

Je me mis immédiatement à l'ouvrage, préparant des produits pour le lendemain, examinant la chambre noire, les développants et les fixateurs. La nuit vint ensuite; elle fut ravissante; nous dormîmes la porte ouverte, doucement bercés dans nos hamacs.

A cinq heures, j'étais sur pied; les Indiens, chargés, n'attendaient plus que l'ordre de partir. Une douzaine d'entre eux, armés de haches, nous suivaient aussi pour couper les bois et dégager les monuments; quelques soldats de station au village se joignirent à notre petite troupe, qui s'ébranla tout entière, formant un total de quarante-cinq personnes.

Le guide nous conduisit directement au palais des Nonnes, le plus considérable des monuments de Chichen-Itza [1], dont notre ouvrage reproduit la façade principale. On fut obligé d'ouvrir un passage au *machete*. Ce ne fut pas sans peine que nous arrivâmes, déchirés par les ronces et le corps couvert de *garrapatas*, espèce de gros pou de bois qui s'enfonce dans les chairs comme ses confrères, et dont on a toutes les peines du monde à se débarrasser. Je m'installai dans l'une des pièces parfaitement conservées du palais; on posa des sentinelles au loin, afin de prévenir toute surprise, et les Indiens se mirent au travail. Une fois mon cabinet noir organisé, je fis un cliché d'essai ; tous ces braves gens étaient émerveillés de la nature de l'instrument et du phénomène de la chambre noire. Le point obtenu, ils voulurent tous

---

1. Cette ville, qui obtient aujourd'hui une si grande célébrité au point de vue archéologique, faisait partie de l'antique empire de Mayapan, détruit vers l'année 1420 de notre ère. Chichen-Itza était parvenue à conserver son indépendance jusqu'à la fin du xviie siècle. Elle tomba entre les mains des Espagnols, le 13 mars 1697; pendant plusieurs heures, ces temples furent livrés au pillage. (Voy. Juarros, t. II. p. 146).

admirer sur la glace dépolie la reproduction renversée de l'image, et semblèrent frappés de stupeur ; le vieux curé surtout ne pouvait s'en rassasier.

Je laissai les Indiens à leur besogne, et, guidé par le sergent, accompagné de quelques soldats, j'allai visiter le Cirque, que les naturels appellent *Iglesia* (l'église); les habitants avaient pris pour un temple inachevé ce qui n'était qu'un gymnase. Le doute à cet égard n'est plus permis, et l'accord des voyageurs à lui donner cette destination en a fait une certitude. Les emblèmes qu'on y rencontre à chaque pas disent assez que les jeunes hommes de cette nation disparue venaient y lutter de vigueur, d'adresse et d'agilité : on y voit l'aigle, le serpent, le tigre, le renard, le hibou ; c'est dire le courage, la force, la prudence, la sagesse, etc.; il ne reste de ce monument que le bas-relief des tigres, représentant des tigres deux à deux, séparés par un ornement de forme ronde meublé de petits cercles à l'intérieur. Le monument se composait autrefois de deux pyramides perpendiculaires et parallèles, d'un développement de cent dix mètres environ, avec plate-forme disposée pour les spectateurs. Aux extrémités, deux petits édifices semblables, sur une esplanade de six mètres de hauteur, devaient servir aux juges, ou d'habitation aux gardiens du gymnase. Sur la pyramide de droite (regardant le nord), se trouvaient deux chambres dont la première est détruite; elle devait avoir un portique soutenu par deux énormes colonnes dont les piédestaux existent encore.

La seconde, entière aujourd'hui, est couverte de peintures. Ce sont des guerriers et des prêtres, quelques-uns avec barbe noire et drapés dans de vastes tuniques, la tête ornée de coiffures diverses. Les couleurs employées sont le noir, le jaune, le rouge et le blanc. Ces deux salles forment l'intérieur du bas-relief des tigres. Dans le bas et en dehors du monument, se trouve la salle ruinée dont nous donnons les bas-reliefs, qui sont certainement ce qu'il y a de plus curieux à Chichen-Itza. Toutes les figures en bas-relief, sculptées sur les murailles de cette salle, ont conservé le type de la race indienne existante. Le crâne est large, aplati à la partie supérieure, sans pour cela que le front soit bombé ; il forme avec le nez aquilin une ligne presque droite ; l'Indien Yucatèque est un beau type. La forme osseuse du crâne, chez lui, s'éloigne donc du tout au tout de celle des fondateurs de Palenqué, dont le front fuyant et la tête terminée en pointe se retrouve encore chez les Indiens de la montagne : il faut ajouter que le croisement de l'Indien et du blanc donne au Yucatan une race de métis admirable qui ne ressemble en rien aux croisements des autres races indiennes ; de plus, le caractère indien se conserve, quelque éloignée que soit la filiation et quelque blanc que soit le produit, de telle sorte que l'observateur peut reconnaître à première vue un métis yucatèque d'autres métis. Ce fait est au moins étrange, et différencie essentiellement la race yucatèque des autres races indiennes du Mexique.

N'oublions pas que la pyramide de droite possède à l'intérieur, et enchâssé dans le mur, le fameux anneau qui servait au jeu de paume, et qu'a reproduit M. l'abbé Brasseur sur la couverture du remarquable ouvrage le *Popol Vuh*, qu'il a récemment publié.

Le palais des Nonnes est bien le monument le plus important de Chichen-Itza. Considérable dans son ensemble, sa façade n'a qu'une médiocre étendue; mais, travaillée comme un coffret chinois, c'est le bijou de Chichen pour la richesse des sculptures. La porte, surmontée de l'inscription du palais, possède en outre une ornementation de clochetons de pierre qui rappellent, comme ceux des coins de plusieurs édifices, la manière chinoise ou japonaise. Au-dessus, se trouve un magnifique médaillon représentant un chef la tête ceinte d'un diadème de plumes; quant à la vaste frise qui entoure le palais, elle est composée d'une foule de têtes énormes représentant des idoles, dont le nez est lui-même enrichi d'une figure parfaitement dessinée. Ces têtes sont séparées par des panneaux de mosaïque en croix, assez communs dans le Yucatan.

L'intérieur de l'édifice se compose de cinq pièces de grandeur égale dont la forme, commune à Palenqué, ne varie jamais; on dit en espagnol de *boveda*, qui n'exprime aucunement cette architecture toute particulière; *boveda* veut dire voûte, et ces intérieurs n'y ressemblent nullement; ce sont deux murs parallèles jusqu'à une hauteur de trois mètres, obliquant alors l'un vers l'autre, et terminés par une dalle de trente centimètres.

Les linteaux des portes sont en pierre. Chichen n'offre que quelques rares échantillons de linteaux de bois, qu'on trouve partout à Uxmal. Le corps principal du palais des Nonnes, flanqué de deux ailes placées à distances inégales, s'appuie à une pyramide perpendiculaire, sur la plate-forme de laquelle se trouve un édifice très-soigné, percé de petites pièces avec deux niches faisant face à la porte et traversé par un couloir qui, s'ouvrant à l'orient, va donner sur l'extrémité occidentale du palais. Ce second édifice est lui-même surmonté d'un autre plus petit, le total formant un palais de trois étages. On arrive à la première plate-forme par un escalier gigantesque fort rapide, composé de quarante à quarante-cinq marches. Il y avait là, quand j'y montai, tout un monde d'oiseaux, de serpents et d'iguanes, des cailles entre autres dont l'une fut prise à la main, de beaux oiseaux verts et bleus, au cri plaintif, s'harmoniant parfaitement à la solitude des ruines. Les iguanes couraient, sautant de branches en branches, et je ne pus en attraper aucune.

Le développement du palais et de la pyramide est d'environ soixante-quinze mètres. La pyramide avait été fouillée par Stephens, je suppose, mais il n'avait trouvé qu'une masse de mortier de pierre, qu'il renonça à percer d'outre en outre, laissant béante une énorme excavation qui montre suffisamment l'excellence des matériaux et la solidité de l'ouvrage. Le bâtiment appelé *la Carcel* (la Prison) par les indigènes, on n'a jamais su pourquoi, est un édifice parfaitement conservé. Placé sur une pyramide peu élevée (de deux mètres environ), il se compose d'un seul corps de logis, avec trois portes au couchant, éclairant une galerie de la longueur du palais. Cette galerie est percée de trois salles qui ne prennent jour que par des portes intérieures correspondant aux portes du dehors; nous n'avons jamais remarqué, dans les ruines du Yucatan, pas plus que dans celles de Mitla et de Palenqué, un seul édifice à fenêtre. D'autres ruines s'offrent encore de tous côtés à la vue du voyageur. Ce sont le *Caracol* ou l'Escargot, bâti en manière de mur à limaçon; le Château, que surmonte une pyramide de cent pieds au moins, puis un énorme bâtiment près des Nonnes, mais totalement dénué de sculptures; des amoncellements de pierres taillées indiquent encore la place d'autres édifices, le sol au loin en est couvert. Quant à l'*hacienda* de Chichen-Itza, ses bâtiments et ses chapelles, perdus dans le bois, attendent que les Indiens étant soumis, le maître revienne leur donner le mouvement et la vie qui les ont abandonnés.

Le propriétaire actuel vit à Mérida; il me proposa la cession de sa propriété et des ruines pour la somme de deux mille piastres. C'était peu ; mais, hélas ! j'étais trop pauvre pour l'acheter ; elles sont trop loin pour tirer parti de tant de choses précieuses ; abandonnées au ravage des temps, exposées à la barbarie de certains voyageurs, ces magnifiques ruines vont se dégradant chaque jour ; quelques siècles encore et pas une pierre ne se dressera pour rappeler aux hommes l'existence de ces civilisations éteintes. Le *Cenote* de Chichen-Itza n'est qu'une vaste citerne naturelle à ciel ouvert. Il n'a rien de remarquable.

Formés par l'affaissement de la couche calcaire, les *cenotes* qui parsèment le Yucatan et lui fournissent de l'eau en chaque saison affectent toutes les formes, depuis l'immense rotonde où l'on pénètre par le trou de la voûte jusqu'à la citerne à ciel ouvert. Quelques-uns, ornés de cristallisations, offrent un coup d'œil grandiose, et celui de Bolonchen, donné par Stephens, est un des plus remarquables. Plus tard, nous en avons rencontré d'autres dans la direction d'Uxmal ; nous en parlerons en temps et lieu.

Quant au degré de civilisation de Chichen, nous avons cru pouvoir le considérer comme plus avancé qu'à Izamal, où les pyramides et les figures énormes dénotent plus d'antiquité avec moins de perfection dans les détails ; à Chichen, la masse des ruines forme ville ; les édifices, les temples et les monuments qui, par leur simplicité, rappelleraient des habitations particulières, les places publiques même, font songer à un état civil plus avancé, et de la théocratie pure, on pourrait passer à une théocratie militaire.

Huit jours s'étaient écoulés, et chaque matin on m'engageait à me hâter : il tardait à ces messieurs de revoir leurs pénates et les ruines étaient muettes pour eux. Depuis longtemps déjà le vieux curé avait repris la route de Citaz, bien fatigué de son excursion ; je ne le revis plus, et je sus par la suite qu'il était mort des suites de sa visite à Chichen. Pauvre curé ! pour moi, le temps passait rapide ; j'étais pourtant accablé de fatigue, le visage brûlé, les bras couverts de coups de soleil ; je ne puis me rendre compte de l'insensibilité de ma machine à l'endroit de ce climat dévorant. Chaque soir, je m'étendais avec délices sur mon hamac suspendu aux arbres des ruines ; on allumait un feu pour éloigner les tigres et l'on soupait. Quelquefois les Indiens entonnaient un chant monotone, mélopée plaintive qui précipitait le sommeil. Je me laissais vivre, sans regard vers le passé, sans souci de l'avenir.

J'avais distingué, parmi les travailleurs indiens, un jeune homme à figure fine et intelligente : c'était l'artiste de la bande ; un soir, il me voulut donner un échantillon de son talent.

Il coupa une branche d'arbre mince et flexible dont il enleva l'écorce, s'en fut dans le bois chercher une racine d'une espèce particulière, fort longue, fort déliée, et s'en servit comme d'une corde à boyau pour tendre la branche en forme d'arc. Du pouce de la main gauche, il maintenait contre le fil un morceau de bois sec qui figurait le chevalet, et dans sa main droite il tenait un autre morceau de bois dont il se servait comme d'archet. Puis, approchant sa bouche d'une extrémité de ce violon primitif, l'ouvrant ou la fermant tour à tour, il tira de ce naïf instrument des sons d'une douceur infinie; il passait de quelques airs espagnols qu'il avait retenus aux mélodies indiennes, pleines de tristesse et de mélancolie, se rappelant et improvisant tour à tour. J'éprouvais à le suivre un charme étrange, et le plaisir qu'il me voyait prendre à l'écouter redoublait l'élan de sa verve poétique. Il joua longtemps; je le récompensai au delà de ses espérances.

Le neuvième jour, j'avais terminé mon travail et je précipitai le départ. Arrivé à Citaz il fallut montrer aux autorités du petit village les vues dont le *padre* leur avait conté des merveilles. Je m'exécutai aussitôt; mais ce fut pour eux une désillusion profonde, et comme une raillerie; ces clichés négatifs ne parlaient point à leurs yeux ignorant les mystères de la photographie; ils me remercièrent néanmoins, mais bien convaincus de la nullité artistique des trésors que j'emportais.

L'une des idées fixes, chez la plupart des métis, c'est de prendre tout étranger pour un médecin. Je portais toujours avec moi une petite boîte de drogues et un *Manuel* Raspail. A Chichen-Itza, j'avais eu occasion de soulager le vieux curé d'une courbature par des frictions prolongées de pommade camphrée. C'en fut assez pour établir à leurs yeux ma réputation de docteur. A Citaz, il me fallut donc écouter les doléances de quelques individus, mais sans prévoir jusqu'où mon ministère improvisé pouvait me conduire. Vers le soir, une autre visite m'arriva. C'était un jeune homme, marié depuis trois ans à peine, et dont la femme, jeune et jolie, disait-il, ne lui donnait point d'enfants. Je lui avouai bien sincèrement tous mes regrets de la stérilité de sa compagne, l'assurant que je n'y pouvais rien, et qu'il devait, dans un cas semblable, s'adresser à quelque médecin de Mérida. La confession de mon ignorance ne fut à ses yeux qu'une modestie extrême, et, malgré tous mes efforts pour l'arrêter, il entra dans des détails intimes qui ne laissèrent pas que d'émouvoir mon imagination. Bref, il finit par m'engager à visiter sa femme, désirant que je l'examinasse avec soin. La chose prenait une tournure assez piquante; le mari avait dit que la malade était jolie, circonstance atténuante, je ne me défendais plus que faiblement; ses insistances redoublèrent. Je pensai, malgré moi, au médecin malgré lui, et je ne pus m'empêcher de sourire du rapprochement, désirant du reste que la ressemblance s'arrêtât là, sans pousser jusqu'au bâton.

J'aurais eu mauvaise grâce à ne point me rendre,

je le suivis. La maison était petite, mais propre. Il renvoya une vieille servante, ferma la porte, et me pria d'entrer dans l'exercice de mes fonctions. La malade paraissait une jeune fille encore, elle était vraiment jolie, et la pâleur répandue sur sa jeune physionomie, l'espèce de crainte respectueuse que je lui inspirais, lui prêtaient un air des plus intéressants.

Sans être docteur, les confidences du mari m'avaient indiqué la nature de la maladie, et certes, mon ignorance me rendait impuissant à la guérir. Je tâchai néanmoins de faire bonne contenance, car j'étais plus ému qu'il ne convient à un membre de la Faculté, surtout lorsqu'il s'agit de palper le sein de la malade. Je rougis prodigieusement, lorsqu'il me fallut examiner le siége même de la maladie. Mais, en voyant les deux époux de si bonne foi, je faillis prendre mon rôle au sérieux, et me rappelant à propos l'article Raspail sur le traitement de ce genre d'affections, j'ordonnai bravement l'aloès, le safran et les bougies camphrées, dont j'expliquai l'usage. Je sortis chargé des bénédictions du jeune couple, auquel je prédis la postérité d'Abraham, me jurant tout bas de ne plus accepter semblable tâche à l'avenir, certain, en tout cas, que je n'avais ordonné que choses excellentes ou inoffensives.

Trois jours après, j'étais à Mérida.

XI

UXMAL

Retour à Mérida.—Départ pour Uxmal.—Usialke.—Sakalun.—La famille B.—Tikul.—L'hacienda de San Jose.—Uxmal.—Les ruines.—Le retour.—L'orage.—Les Indiennes de San Jose.

Il faut avoir éprouvé les fatigues de quinze jours d'expédition et de rudes travaux dans ces climats brûlants, pour comprendre les charmes du repos. Je me donnai quelques jours de congé ; ils passèrent comme un rêve.

La maison de don Joaquim est un palais coupé de galeries à colonnes et de cours plantées de palmiers : un vaste réservoir d'eau renouvelée tous les deux jours m'offrait chaque matin le plaisir d'un bain fortifiant ; je m'y livrais comme en pleine rivière à l'exercice de la natation ; puis venait le déjeuner, que nous prenions de compagnie avec mon ami J. Laclos, qu'un heureux hasard avait amené à Mérida le soir de mon arrivée. C'étaient alors des causeries charmantes sur la patrie lointaine, où se mêlaient les historiens de nos jours et les noms aimés de nos littérateurs modernes; c'étaient de longues discussions au sujet des ruines que j'avais visitées et que j'allais revoir; puis venaient les excursions dans le passé, les rêveries de l'avenir : confidences mutuelles, souvenirs évoqués, que vous avez de charmes! Quand la chaleur montait, nous livrant au doux bercement du hamac, l'esprit tranquille, le corps moite, l'âme engourdie, une heure de sieste, fille des climats chauds, achevait cette matinée si bien remplie.

Je m'étais, en outre, lié d'amitié avec ma respectable voisine, la señora C..... Une sympathie subite nous avait rapprochés. Il semblait qu'elle m'eût rencontré dans une de ces vagues existences qu'on croit avoir vécues; ses traits me rappelaient de chers souvenirs.

Malade depuis longtemps, elle en était arrivée au dernier période d'une maladie de poitrine. Abandonnée des docteurs, elle attendait, avec le calme d'une conscience pure, que Dieu fixât le jour de son rappel. Agée de trente à trente-cinq ans, ornée d'une instruction peu commune, douée d'une âme tendre et mystique, ses entretiens étaient pour moi pleins de charmes. Une religion bien entendue versait sur cette nature éprouvée par tant de souffrances le trésor de ses consolations les plus douces. Je me trouvais heureux et fier de l'amitié que m'avait vouée cette pauvre femme.

Que d'heures passées en épanchements intimes, en confidences, en causeries sérieuses, où je m'efforçai de ranimer dans son cœur l'amour des choses de ce monde et l'espoir d'un rétablissement prochain ! Ses yeux voyaient clair dans l'avenir ; elle se sentait partir, triste mais résignée. Quand je la quittai, notre amitié de quinze jours était vieille de longues années, et mes yeux se mouillèrent de larmes quand je lui fis mes derniers adieux.

Je ne devais point oublier que la saison s'avançait ; aussi Antonio vint-il m'arracher un matin aux délices de ma paresse. J'avais perdu l'habitude de me lever aussi tôt, et j'eus toutes les peines du monde à m'arracher du hamac. La voiture attendait, il fallait partir. Il faisait une nuit assez noire ; mon petit conducteur prit à droite ; puis, une fois au dehors de la ville, malgré l'obscurité, malgré les affreux cahots d'une route rocailleuse, il mit ses mules au galop. J'eus beau lui crier de ralentir, qu'il allait tout briser, le gamin faisait la sourde oreille, et nous galopions de plus belle. Tout à coup le ressort de cuir de gauche se brisa ; je fis une effroyable pirouette, et n'eus que le temps de me saisir du tablier, ce qui amortit ma chute. Antonio se trouvait tranquillement assis sur son brancard et semblait ne s'être aperçu de rien ; il s'arrêta cependant au bruit de mes imprécations, qu'appuyèrent immédiatement deux soufflets parfaitement sentis, destinés à réprimer l'élan de mon drôle.

Le jour naissait à peine ; nous nous trouvions alors à quatre lieues de Merida. Que devenir ? Impossible de songer au retour, la *caleza* ne pouvait aller plus loin.

—A deux pas, me dit Antonio, se trouve une habitation ; veuillez garder les mules et la voiture, je vais chercher des cordes et du monde.

Il disparut. J'allumai un cigare et me promenai en l'attendant.

Cinq minutes à peine s'étaient écoulées depuis le départ de mon domestique, quand j'entendis dans le bois, sur la droite, un tumulte effroyable, et je vis déboucher, au triple galop, six Indiens dans un costume étrange. Ils avaient l'air si féroces, je m'expliquai si peu leur présence à cette heure, la rapidité de leur course, leur direction,—ils arrivaient sur moi,— que, rapide comme l'éclair, je me précipitai sur mon fusil que j'armai : je crus mon dernier jour arrivé, persuadé que j'avais affaire à l'avant-garde d'une troupe d'Indiens *bravos*.

Quoique décidé à vendre chèrement ma vie, j'éprouvai, je l'avoue, une surprise qui me parut être de la pire espèce. A moitié caché derrière la botte de la *caleza*, le doigt sur la gâchette du fusil, j'étais dans une fiévreuse attente de ce qui allait arriver. Les Indiens n'avaient d'autre arme qu'un *machete*, ce qui me donna quelque espoir ; mais ils passèrent devant moi comme un tourbillon, sans s'inquiéter de ma présence, et je les perdis bientôt de vue.

Antonio, qui arrivait avec deux hommes, me dit que c'étaient tout bonnement des *vaqueros* indiens préposés à la garde et à la recherche du bétail dans les bois.

Ils portent alors des costumes de peau qui les enveloppent de la tête aux pieds ; les mains sont cachées par le prolongement des manches, et les pieds dans d'immenses étriers en bois recouverts de cuir ; les jambes sont, en outre, garanties par la selle elle-même, faite d'un cuir de bœuf qui, se repliant de chaque côté, forme une espèce de botte. Ce costume, qui ne laisse apercevoir que la moitié d'une face bronzée, donne aux *vaqueros* l'aspect le plus sauvage et leur permet de courir sans crainte au plus épais des fourrés.

Cependant, avec l'aide de ses deux Indiens, Antonio réparait notre accident avec assez d'intelligence ; il remplaça la courroie par une corde sept ou huit fois doublée et me garantit la solidité de la voiture jusqu'à notre arrivée à Tikul. Nous poursuivîmes donc, et, vers les dix heures, nous arrivions à Uaialke, où je rencontrai don Felipe Peon, pour lequel j'avais des lettres de recommandation ; il m'en donna lui-même une autre pour sa maison de Tikul et pour le majordome de l'*hacienda* de San Jose qui lui appartient.

La famille Peon, la plus riche de l'Yucatan, possède la plupart des *haciendas* de Merida à Uxmal, c'est-à-dire un espace de vingt-cinq lieues; cette dernière, où se trouvent les magnifiques ruines du même nom, est la propriété de don Simon.

Uaialke est bien, comme le disait avec orgueil le majordome, la plus belle *finka* de l'Yucatan. On y arrive par une porte monumentale qui s'ouvre sur une vaste cour, plantée d'arbres verts; sur la gauche, s'étend une plantation de *jenequen* (agave dont le fil est d'un revenu considérable); à droite, se trouve un jardin ombragé de palmiers et de manguiers, où l'œil se repose sur les touffes vertes des bananiers et des goyaviers chargés de fruits.

La maison, élevée sur un plateau de quinze pieds au moins, est abordable de tous côtés au moyen d'un escalier continu qui borde la terrasse; une plantation de *sapote* de Santo Domingo, à fruits énormes à pulpe jaune, alternée de rosiers en fleurs, prête son ombrage à la galerie.

Sur le devant se trouve un manége à dépouiller l'agave, et, dans des cours intérieures, s'ébattent quelques daims privés.

Sur le derrière, s'étendent deux vastes clôtures destinées au bétail, et d'immenses réservoirs toujours pleins d'eau les bordent dans toute leur longueur. Deux puits, à chaîne garnie de seaux d'écorce, fournissent jour et nuit à l'alimentation des réservoirs et à l'arrosage du jardin.

Le bétail abandonné dans les bois, où six mois

de l'année il ne trouve qu'une maigre nourriture, vient s'abreuver chaque jour aux réservoirs de l'*hacienda*. Comme nulle autre part il ne trouve une goutte d'eau, la soif répond au propriétaire du retour de ses troupeaux. Il peut tout au plus s'égarer quelque tête dans une habitation voisine, et, comme chaque animal porte le chiffre de son maître, il n'y en a jamais de perdus.

Dix-huit cents bêtes à cornes donnent à Uaialke un revenu considérable, et plus de douze cents Indiens, sujets de l'*hacienda*, travaillaient aux champs du maître ; aujourd'hui, le nombre en est fort réduit : le choléra de 1854 enleva en peu de jours plus de sept cents de ces malheureux.

Deux heures de repos avaient donné aux mules une nouvelle vigueur ; il s'agissait d'atteindre Sakalun avant la nuit.

En approchant de ce dernier point, je retrouvai, comme dans la direction de Valladolid, les traces de la révolte indienne : quelques murs noircis et des cabanes abandonnées formaient la ligne frontière de leurs derniers exploits. Sakalun fut deux fois ravagé ; aussi le village a-t-il un air de tristesse mortelle.

Mon équipage s'arrêta sur la place : Antonio ne savait à qui s'adresser pour réclamer une nuit d'hospitalité. J'allai donc frapper aux portes, mais nul ne pouvait me recevoir, et l'on m'indiqua, de l'autre côté de l'église, la maison d'une pauvre veuve qui, d'habitude, hébergeait les étrangers de passage. Je m'y rendis; elle me pria d'entrer dans sa maisonnette, m'assurant qu'elle ferait son possible pour me procurer le nécessaire. Elle s'excusa d'une manière charmante de ne pouvoir m'accueillir d'une façon plus grande, et le regard de reproche qu'elle semblait adresser au ciel me fit comprendre que la fortune contraire avait dû bouleverser une existence que des manières distinguées, jointes à une figure noble, annonçaient avoir été brillante. Antonio s'en alla dans le bois couper du *ramon* (feuillage pour les mules); de mon côté, j'allai visiter le *cenote*, l'un des plus beaux du Yucatan.

Il est au milieu de la place; l'ouverture en est presque circulaire, sur un diamètre de quinze pieds environ. Un escalier gigantesque de rondins de bois unis par des lianes permet d'arriver à la nappe d'eau qui garnit la surface du fond.

Vous vous trouvez alors dans une vaste rotonde, d'une élévation de près de vingt mètres, d'où pendent d'énormes stalactites; des masses de stalagmites correspondent aux cristallisations supérieures, et quelquefois les deux réunies semblent former à la voûte d'immenses colonnes de support. L'aspect est grandiose, et l'ensemble donne l'idée d'un gothique sauvage.

Au crépuscule, une longue file d'Indiennes, vêtues

de blanc, s'en vont, l'urne antique sur la hanche, puiser l'eau du ménage; à les voir subitement disparaître, on dirait une suite de fantômes s'engloutissant dans les entrailles de la terre.

Le dîner tout servi m'attendait au logis de la veuve; la petite table garnie d'une serviette blanche, quelques assiettes d'une propreté exquise, m'eussent rendu indulgent pour le plus détestable repas; mais tout était bon, bien apprêté, délicieux.

Deux jeunes filles, celles de l'hôtesse, me servaient à table : belles toutes deux, la plus jeune attirait le regard par ses merveilleuses perfections : elle avait treize ans; blanche comme l'albâtre, son buste, qui se dessinait sous la transparence du *uipile* indien, présentait les lignes admirables de la statuaire antique; ses grands yeux noirs, voilés de longs cils, avaient la douce expression d'une résignation touchante; le nez, droit, aux ailes mobiles, disait la facilité de ses impressions, et sa bouche de corail s'ouvrait sur une rangée de perles. Ses cheveux, une rivière de jais, relevés à la chinoise, formaient sur sa nuque blanche deux touffes luisantes reliées par une faveur jaune et percées d'une flèche d'argent.

Cette coiffure élégante et bizarre s'harmoniait au costume indien de la jeune fille. L'air d'innocence et de candeur qui rayonnait de toute sa personne en faisait un idéal que le rêve le plus divin ne pouvait dépasser.

De même qu'une fleur ignorée donne ses parfums au premier qui les respire, de même la belle enfant semblait heureuse de mes admirations, et son visage se voilait de pudeur souriante, sous le feu de mes regards passionnés. La mère me dit son histoire; elle était courte : de terribles événements, une longue misère ; d'origine espagnole, elle me conta l'*hacienda* pillée et incendiée, son mari assassiné, son désespoir, sa fuite, l'exil, puis son retour en ces lieux désolés; elle me dit cette vie sombre et solitaire, et l'avenir plus sombre encore. Des pleurs coulaient sur sa face ridée ; ses filles mêlaient leur douleur à la sienne, et de grosses larmes bondissaient sur leurs jeunes visages comme des gouttes de pluie sur les pétales d'un lis.

Je n'oublierai jamais cette désolation. Ah! que n'étais-je riche, libre, puissant! Et qui sait, pensais-je? Que m'importent les ruines, le monde, l'avenir? Où donc est le bonheur? Heureux qui le rencontre et sait le reconnaître! Je ne pus taire la part que je prenais aux infortunes de mon hôtesse, la joie que j'aurais à les soulager, le désir...; mais j'en dis trop peut-être, un silence d'acquiescement, un sourire d'ange reconnaissant, ce vif besoin d'espoir chez des malheureux, m'avertirent de ne point ajouter les tristesses de la désillusion aux navrantes tristesses du passé ; je me tus.

Il était l'heure de se séparer; j'allai m'étendre,

songeur, dans le hamac qui m'attendait. La nuit porte conseil ; je résolus de hâter mon départ, pour échapper à cette fascination qui m'avait engourdi la veille.

Je la revis cependant, et plus belle, et plus séduisante encore ; deux longues nattes étalaient jusqu'à terre les trésors de sa chevelure d'ébène, et sa tunique de gaze légère, brodée de jaune, voilait à peine les merveilleuses beautés de son corps ; ses yeux, pleins de timides promesses, prenaient mon cœur : mon esprit irrésolu flottait comme celui d'un homme ivre. Il fallait m'arracher à ces enchantements. J'appelai Antonio ; une demi-heure après, les mules attelées m'attendaient à la porte. Je leurs dis adieu.

— Quand reviendrez-vous, dit-elle ?

Je ne la revis jamais. La première des sagesses n'est-elle pas d'éviter le danger ?

Au retour, j'allai prendre à Mouna la route de Campêche.

Il fallut, à Tikul, nous arrêter de nouveau pour réparer la *caleza*, que menaçait un second accident ; de là, nous arrivâmes le soir même à San Jose où je passai la nuit. Les mules et la *caleza* devaient attendre mon retour, car il n'y avait point d'autre route conduisant à Uxmal qu'un sentier traversant les bois. Uxmal est à cinq lieues ; le majordome me loua des chevaux et des Indiens porteurs pour mes bagages. Le sentier gravit les collines qui, du nord-est au sud-ouest, traversent le Yucatan pour aboutir à Campêche et retomber dans la plaine où se trouve Uxmal. Toujours enfoui dans l'épaisseur des taillis, le voyageur n'aperçoit l'*hacienda* qu'en arrivant sur la petite place qui la précède. Rarement habité par le maître, Uxmal n'est qu'un centre agricole où sont groupés les quelques serviteurs de l'habitation. Les ruines se trouvent à 2 kilomètres au sud : des monticules touchent même à l'*hacienda*, d'où l'on aperçoit dans le lointain le palais du Gouverneur et le sommet de la maison du Nain.

Je fis immédiatement porter mes instruments et mes bagages aux ruines, et, le lendemain, je m'installai dans une salle de la partie sud du palais des Nonnes. Au moyen de paillassons et de couvertures, je fis une chambre noire parfaitement obscure, et, sur une table que me fournit l'*hacienda*, j'installai mes bains et mes produits. Deux Indiens avaient pour unique occupation la charge de m'aller querir de l'eau, ce qu'ils faisaient au moyen de jarres. Quatre autres devaient m'aider dans mes opérations, tenir un dais de drap blanc au-dessus de l'instrument, pour que l'intérieur de la chambre ne s'échauffât pas trop; ils avaient à m'ouvrir la porte de mon cabinet noir, à la fermer hermétiquement aussitôt rentré. Quarante autres Indiens furent occupés trois jours à couper les bois, pour dégager les monuments entourés de taillis et souvent couverts de plantes grimpantes. Antonio formait ma réserve et ne me quittait pas: il tenait la lumière, pendant que, au-dessus de ma tête, durant le travail du développement des clichés, les quatre premiers Indiens tenaient également un drap pour empêcher les gravats des voûtes de tomber sur la couche de collodion.

Voici la disposition et l'orientation des ruines.

Je ne parlerai que des principales; car, sur un diamètre d'une lieue, le sol est couvert de débris, dont quelques-uns recouvrent des intérieurs fort bien conservés.

La première au nord[1] est le palais des Nonnes. Au sud-est, à cent mètres de distance, la pyramide surmontée de l'édifice connu sous le nom de maison du Nain; sur la même ligne, mais à l'ouest, à cinq cents mètres environ, la *Carcel;*

Au sud, le palais du Gouverneur avec la maison des Tortues, sa dépendance;

A l'ouest, sur la même ligne, la maison des Colombes;

Au sud de ces édifices, et fort rapprochées l'une de l'autre, deux immenses pyramides autrefois surmontées de temples, dont il ne reste presque plus rien aujourd'hui.

Tout l'espace qui sépare les palais que nous venons d'énumérer est couvert de ruines de moindre importance et de débris de toute sorte.

---

1. Voir le plan dans le texte de M. Viollet-le-Duc, et les vues de XXV à XLIX.

Le palais des Nonnes se compose de quatre corps de logis disposés en carré formant une cour de quatre-vingts mètres de côté.

La façade nord, qui commande l'édifice et semble avoir été la demeure principale du maître du palais, est élevée sur une plate-forme de douze à quinze pieds, dans laquelle se trouvaient disposés des logis bas et de petite dimension, probablement à l'usage des serviteurs. On arrive à la plate-forme par un escalier de face correspondant à l'entrée du palais, percée dans la partie sud. Une petite voie cimentée, bordée de dalles, menait de l'une à l'autre. Cette façade, fort délabrée aujourd'hui, présente un développement de cent sept mètres, et déborde les bâtiments des deux ailes; elle est percée de quatorze couvertures correspondant au même nombre de salles doubles d'égales dimensions, ne recevant le jour que par la porte commune.

Les linteaux des portes sont en bois, comme partout à Uxmal, et soutiennent l'encadrement saillant d'une vaste frise où l'art indien semble avoir épuisé toutes ses ressources.

Chaque porte, de deux en deux, est surmontée d'une niche merveilleusement ouvragée que devaient occuper des statues diverses. Quant à la frise elle-même, c'est un ensemble extraordinaire de pavillons, où de curieuses figures d'idoles superposées ressortent comme par hasard de l'arrangement des pierres et rappellent les têtes énormes sculptées sur les palais de Chichen-Itza. Des méandres de pierres finement travaillées leur servent de cadre et donnent une vague idée de caractères hiéroglyphiques : puis viennent une succession de grecques de grande dimension, alternées, aux angles, de carrés et de petites rosaces d'un fini admirable. Le caprice de l'architecte avait jeté çà et là, comme des démentis à la parfaite régularité du dessin, des statues dans les positions les plus diverses. La plupart ont disparu, et les têtes ont été enlevées à celles qui restent encore.

Les intérieurs, de dimensions variées suivant la grandeur des édifices, sont les mêmes qu'à Chichen; deux murailles parallèles, puis obliquant, pour se relier par une dalle. Cette définition peut s'appliquer à toutes les ruines.

Les salles étaient enduites d'une couche de plâtre fin qui existe encore. Elles sont percées à chaque extrémité de quatre ou huit trous se faisant face deux à deux, destinés à soutenir des rondins de bois de *sapote* rouge, auxquels les habitants de ces palais suspendaient leurs hamacs.

Le hamac est donc d'invention américaine. Ne serait-il pas à propos de chercher si cette coutume était en usage chez les premiers peuples de l'ancien monde? Il n'est rien à négliger dans une étude de ce genre, et l'affirmation d'un fait d'aussi peu d'importance apparente pourrait éclairer bien des obscurités.

Aux petites causes, les grands effets. C'est en tout cas le seul héritage qu'ait légué la race disparue à la race conquérante. Le hamac est d'un usage général dans toute la péninsule yucatèque. Les ouvertures ne laissent apercevoir aucun vestige qui puisse faire supposer l'emploi des portes; les montants de pierre, parfaitement intacts, n'offrent aucune trace de mortaises ou de trous quelconques qu'auraient occupés des gonds de cuivre ou de bois : mais si l'on observe l'intérieur, on remarque de chaque côté de l'ouverture, à égale distance du sol et du linteau de la porte, plantés dans la muraille de chaque côté des supports, quatre crochets en pierre.

Il est alors très-facile de se figurer la manière employée par les anciens habitants pour clore leurs demeures. Il s'agissait tout simplement d'un plateau de bois appliqué de l'intérieur contre l'ouverture, et maintenu par deux barres transversales et parallèles, s'emboîtant dans les crochets de pierre.

L'aile droite de la façade égyptienne n'a que soixante-quatre mètres de développement et cinq ouvertures, mais les salles sont beaucoup plus vastes et plus élevées que dans la façade que nous venons de décrire.

La décoration se compose d'une espèce de trophée en forme d'éventail, qui part du bas de la frise en s'élargissant jusqu'au sommet du bâtiment. Ce trophée est un ensemble de barres parallèles terminées par des têtes de monstre. Au milieu de la partie supérieure, et touchant à la corniche, se trouve une énorme tête humaine, encadrée à l'égyptienne, avec une corne de chaque côté. Ces trophées sont séparés par des treillis de pierre qui donnent à l'édifice une grande richesse d'effet. Les coins ont toujours cette ornementation bizarre, composée de grandes figures d'idoles superposées, avec un nez disproportionné, tordu et relevé, qui fait songer à la manière chinoise. L'aile gauche (*casa de la Culebra*), façade du Serpent, presque entièrement ruinée, devait être la plus belle. Son nom lui vient d'un immense serpent à sonnettes courant sur toute la façade, dont le corps, se roulant en entrelacs, va servir de cadre à des panneaux divers.

Il n'existe plus qu'un seul de ces panneaux : c'est une grecque, que surmontent six croisillons, avec rosace à l'intérieur ; une statue d'Indien s'avance en relief de la façade, il tient à la main un sceptre ; on remarque au-dessus de sa tête un ornement figurant une couronne. La tête et la queue du serpent se rejoignent à l'autre extrémité, et l'on reconnaît parfaitement l'appendice caudal qui distingue le serpent à sonnettes.

La partie écroulée laisse voir l'intérieur de deux salles, où l'on distingue encore les trous destinés aux hamacs dont j'ai parlé plus haut.

Les petites niches en forme de ruche qui ornent

les dessus de porte de la quatrième façade lui ont fait donner le nom de façade des Abeilles. C'est un ensemble de colonnettes nouées dans le milieu trois par trois, séparées par des parties de pierres plates et les treillis qu'on rencontre si souvent; ce bâtiment est d'une simplicité relative, comparé à la richesse des trois autres. Comme la cour, il est en contre-bas, et la grande entrée du palais le partage en deux.

La cour contient deux citernes cimentées, destinées à recueillir les eaux pluviales.

On ne peut s'empêcher d'admirer la richesse d'imagination qui sut grouper dans le même palais une telle profusion d'ornements et les distribuer sur des façades toutes différentes, malgré quelques points de ressemblance.

La maison du Nain, dont Stéphens raconte la légende, est un temple placé sur une pyramide artificielle de soixante-quinze à quatre-vingts pieds d'élévation. Placé à cent mètres environ du palais des Nonnes, il se compose d'un corps d'habitation avec deux salles intérieures, et d'une espèce de petite chapelle en contre-bas tournée à l'ouest; ce petit morceau est fouillé comme un bijou; une inscription paraît avoir été gravée, formant ceinture au-dessus de la porte. Les caractères, brisés pour la plupart, disparaîtront bientôt avec le bâtiment, aujourd'hui dans un état déplorable de dégradation.

La légende de Stéphens a un cachet tout indien ; elle peut intéresser le lecteur. La voici :

LÉGENDE DE LA MAISON DU NAIN

Il y avait une fois une vieille femme, vivant solitaire dans son *jacal*, sur le lieu même où s'élève la pyramide et le petit palais. Cette pauvre vieille se désolait de n'avoir point d'enfants.

Dans sa douleur, elle prit un jour un œuf, l'entoura de chiffons et le mit avec soin dans un coin de sa cabane. Chaque jour, elle l'examinait avec anxiété ; mais l'œuf conservait sa forme première. Un matin cependant, elle trouva la coquille brisée et, dans les langes de coton, une charmante petite créature lui tendait les bras.

La vieille femme, ravie, l'appela son fils, lui chercha une belle nourrice et en prit tant de soin, qu'au bout d'une année, l'enfant marchait et parlait aussi bien qu'un homme ; mais il cessa de grandir.

Plus enchantée, plus ravie que jamais, la bonne vieille s'écria qu'il serait un grand chef, un grand roi.

Un jour, elle lui dit d'aller droit au palais du gouverneur et de le défier à tous les exercices de force. Le nain la supplia de ne point l'engager dans une telle entreprise, mais la vieille exigea qu'il partît. Il lui fallut donc obéir. La garde du palais l'introduisit près du monarque, auquel il jeta son défi. Ce dernier sourit et le pria de soulever seulement une pierre de trois *arrobas* (75 livres). Le pauvre enfant s'en revint en pleurant vers sa mère qui le renvoya, disant : Si le roi soulève la pierre, tu la soulèveras aussi.

Le roi la leva donc, et le nain la leva pareillement. On voulut alors éprouver sa force d'autres manières, mais tout ce qu'avait fait le roi, le nain l'exécutait avec la même facilité.

Indigné d'être vaincu par un si petit être, le roi lui dit alors que s'il ne bâtissait, en une nuit, un palais plus élevé que tous ceux de la ville, il mourrait.

L'enfant, épouvanté, retourna sanglottant vers la vieille qui lui dit de ne point désespérer, et, le matin, ils se réveillèrent tous deux dans le charmant palais qui existe encore aujourd'hui.

Le roi vit avec étonnement ce palais magique; il manda le nain et lui ordonna de réunir deux faisceaux de *cogoiol*, espèce de bois très-dur, avec lequel, lui, le roi, frapperait le nain sur la tête, son petit ennemi devant le frapper à son tour.

Celui-ci courut encore chez sa mère, pleurant et se désolant; mais la vieille releva son courage, et lui ayant placé sur la tête une petite tortille de froment, elle le renvoya près du roi.

L'épreuve fut faite en présence des personnages les plus considérables de l'État, et le roi brisa son faisceau tout entier sur la tête du nain sans lui faire le moindre mal : ce que voyant, il voulut sauver sa tête de l'épreuve qui l'attendait; mais, comme il avait donné sa parole devant toute sa cour, il ne put s'y soustraire. Le nain frappa donc et, dès le second coup, fit voler en éclats le crâne du roi; aussitôt tous les spectateurs chantèrent victoire et acclamèrent le vainqueur comme leur souverain.

La vieille femme disparut alors; mais dans le village indien de Mani, à dix-sept lieues de là, se trouve un puits profond qui mène à d'immenses souterrains s'étendant jusqu'à Merida.

Dans ce souterrain, sur le bord d'une rivière et sous l'ombre d'un grand arbre, une vieille femme est assise, un serpent à son côté. Elle vend de l'eau par petite quantité, mais n'accepte point d'argent pour sa peine; il lui faut des créatures humaines, d'innocents bébés que le serpent dévore. Cette vieille femme, c'est la mère du nain.

La Prison, à l'ouest, dans le bois, semble être une copie du même édifice à Chichen-Itza; même disposition intérieure, même architecture au dehors, avec plus de simplicité.

La *casa de las Palomas* (palais des Colombes) ne présente plus aujourd'hui qu'une muraille dentelée de pignons assez élevés, percés d'une multitude de petites ouvertures, qui donnent à chacun la physionomie d'un colombier.

Cette muraille, espèce d'ornementation bizarre, est élevée en surplomb d'un monument à quatre corps de logis plus considérable encore, comme étendue, que le palais des Nonnes; malheureusement, les quatre façades sont entièrement ruinées et ne présentent plus que des débris où toute trace d'ornementation a disparu.

Le palais du Gouverneur est la pièce capitale des ruines d'Uxmal; de proportions plus harmonieuses, plus sobre d'ornements avec plus d'ampleur, du haut de ses trois étages de pyramides, il se dresse comme un roi, dans un isolement plein de majestueuse grandeur.

Le corps du palais mesure plus de cent mètres; il est élevé sur trois pyramides successives; la première de ces pyramides a deux cent vingt mètres et sert, pour ainsi dire, de marchepied à la seconde; la seconde, de deux cents mètres environ sur quinze pieds d'élévation, forme une immense esplanade pavée autrefois, avec deux citernes, comme dans la cour des Nonnes.

Un autel, au centre, soutenait un tigre à deux têtes, dont les corps reliés au ventre figurent une double chimère. Un peu plus à l'avant se dressait une espèce de colonne dite *pierre du châtiment*, où les coupables devaient recevoir la punition de leurs fautes.

La troisième pyramide, qui sert de plate-forme au

palais, n'a guère que dix pieds d'élévation; un large escalier aboutit à l'entrée principale du monument.

Quant à l'édifice, l'ornementation se compose d'une guirlande en forme de trapèzes réguliers, de ces énormes têtes déjà décrites, courant du haut en bas de la façade et servant de ligne enveloppante à des grecques d'un relief très-saillant, reliées entre elles par une ligne de petites pierres en carré diversement sculptées; le tout sur un fond plat de treillis de pierre. Le dessus des ouvertures était enrichi de pièces importantes, que divers voyageurs ont eu le soin d'enlever. Quatre niches, placées régulièrement, contenaient des statues, absentes aujourd'hui.

La frise se termine par un cordon rentrant sur la saillie de l'encadrement, et figure, par une ligne courbe s'enroulant sur une ligne droite, un ouvrage de passementerie moderne.

Deux passages à angle rentrant s'ouvraient autrefois de chaque côté du palais; les constructeurs eux-mêmes durent les condamner pour les remplacer par deux chambres de moindres dimensions que les autres. Le palais contient vingt et une salles, ne recevant de jour que par l'ouverture des portes; mais les pièces du milieu se distinguent par leurs dimensions colossales; elles mesurent vingt mètres de longueur sur une hauteur approximative de vingt-cinq pieds.

Au-dessus de la porte principale se trouve l'inscription du palais; les caractères sont parfaitement visibles, et donneraient, si l'on en possédait la clef, le nom du prince ou du dieu en l'honneur de qui le monument fut élevé. Au-dessous de l'inscription, un buste, dont la tête manque et dont les bras sont cassés, semble un buste de femme. Le piédestal est orné de trois têtes à rebours, bien ciselées, et d'un type presque grec. En somme, les ruines d'Uxmal nous paraissent être la dernière expression de la civilisation américaine; nulle part un tel assemblage de ruines, maisons particulières, temples et palais; la masse agglomérée des débris indique une ville et fait supposer une société où l'homme, affranchi des entraves d'une théocratie barbare, et peut-être même du lien honteux des castes, se trouvait appelé à l'exercice de certains droits. Le Yucatan, à l'époque de la conquête, était industrieux et commerçant, et c'est le propre de l'industrie d'étendre jusqu'aux humbles les bienfaits d'une égalité relative.

A Uxmal, j'éprouvai dans mes opérations, des difficultés sans nombre : une chaleur terrible, la décomposition des produits chimiques, ainsi que des accidents de toutes sortes faillirent compromettre le succès de mon expédition. Ajoutez à cela des nuits sans sommeil, et vous aurez une idée de ma position.

J'ai dit que je m'étais installé dans le palais des Nonnes, et que j'avais fait ma chambre à coucher de l'un des intérieurs de l'aile sud. Ma première nuit fut charmante; j'avais enlevé les draperies qui masquaient la porte, et les balancements du hamac rendaient la chaleur supportable.

Je dormais seul dans le palais ; les Indiens se refusèrent constamment à passer la nuit dans les ruines ; l'idée seule leur inspirait une frayeur mortelle. Antonio m'avait supplié d'aller chaque soir coucher à l'*hacienda;* c'eût été perdre trop de temps, et comme je vis bien où tendait cette manœuvre, je le laissai libre d'aller où il lui plairait, pourvu toutefois qu'au petit jour il se trouvât, lui et les Indiens, à ma disposition. Ils y manquèrent rarement, et le majordome eut la bonté de veiller à ce qu'ils fussent ponctuels. L'un d'eux n'étant arrivé qu'à huit heures reçut, à ce qu'il paraît, et sans que j'y fusse pour rien, une bastonnade des mieux appliquées. Depuis ce jour, il fut exact. J'étais donc seul, et grâce à mes travaux, à peine étendu sur mon hamac, je dormais comme un bienheureux.

Le troisième jour, je perdis à jamais ce doux repos ; il y avait eu, vers les quatre heures, un orage épouvantable, accompagné d'une pluie torrentielle ; la promenade du soir m'avait été interdite, et je me bornai à prendre quelques notes, assis à la porte de mon logis. La nuit vint, je me roulai sur mon hamac, où je ne tardai pas à m'endormir du sommeil du juste. Mais, hélas ! juste, je ne l'étais point, car je m'éveillai soudain en proie à d'atroces douleurs.

Un bruit d'ailes remplissait la chambre, et, portant les mains au hasard, je sentis une multitude d'insectes froids et plats de la taille d'un grand cafard. Horreur! une multitude d'entre eux passèrent sur ma figure ; je me précipitai pour allumer une bougie, et mes yeux furent frappés du spectacle le plus désolant qui se pût voir.

Dans mon hamac, plus de deux cents de ces affreuses bêtes restaient comme prises au filet ; trente, au moins, de ces animaux, que je me hâtai de secouer, restaient encore sur moi ; j'avais à la figure, aux mains, sur le corps, des enflures qui me causaient une douleur insupportable.

Une grande quantité, parmi ceux du hamac, étaient gras, rebondis et gonflés du sang qu'ils m'avaient tiré ; les murailles étaient couvertes de compagnons de même espèce, qui paraissaient attendre que leurs amis, rassasiés, leur cédassent la place. Comment me défaire de tant d'ennemis?

Je m'armai d'une petite planche et je commençai le massacre. C'était une besogne atroce et dégoûtante à soulever le cœur; le combat dura deux heures, sans pitié, sans merci : j'écrasai tout. Quand je vis la place nettoyée, qu'il n'y eut plus que des cadavres, je fermai hermétiquement la porte et tâchai de me rendormir, deux heures après il fallait recommencer. Ces insectes étaient des *piques* ou punaises volantes. Le lendemain, je changeai mon domicile, mes ennemis m'y poursuivirent encore, et ma vie ne fut plus qu'un enfer.

Pendant huit jours, j'endurai ce supplice, qui fut bien un des plus atroces de ma vie de voyage. Quinze jours après, je portais encore les marques des piqûres de mes adversaires.

Je me trouvais moins de vigueur pour mon travail, travail où j'usais mes forces par une épouvantable transpiration. Le lecteur s'en rendra compte, quand je lui dirai que je consommais quelque chose comme douze litres de liquide, vin et eau mélangée d'alcool, et que le tout s'évaporait, ce qui constituait un poids de plus de vingt-cinq livres.

Chaque reproduction me coûtait jusqu'à deux ou trois essais ; d'autres, parfaitement réussies, se trouvaient perdues par des accidents inattendus et souvent par l'indiscrète curiosité des Indiens, qui, malgré mes défenses expresses, ne pouvaient retirer leurs doigts des clichés terminés que je mettais sécher au dehors. A ce sujet, il m'arriva l'aventure suivante qui faillit compromettre ma réussite dans la reproduction du plus beau de ces palais, la maison du Gouverneur. Je l'avais réservé pour le dernier, afin de pouvoir lui donner tous mes soins. Comme le palais s'élève sur une pyramide, il m'avait fallu construire sur l'esplanade qui le précède un cube en pierre sèche de douze pieds de hauteur, afin d'établir mon instrument au niveau de l'édifice. Mon cabinet noir, installé dans la grande salle du milieu, c'est-à-dire à quatre-vingts mètres du lieu d'exposition, m'avait forcé d'ajouter un drap mouillé à tous mes engins ; j'en enveloppais le châssis, afin que, pendant le temps prolongé de l'exposition et des allées et venues, la couche de collodion ne séchât point.

Je courais pour abréger autant que possible. Comme le palais est fort grand, je résolus de le faire en deux parties, afin de donner plus de détails, et d'arriver à un effet d'ensemble plus saisissant. J'avais mis de côté pour cette reproduction un flacon de collodion parfaitement reposé, sur lequel je comptais, et deux glaces, les seules que j'eusse trouvées ; je n'avais plus d'autres produits, et pas d'autres glaces, il fallait donc réussir, et réussir coup sur coup sous peine de voir la lumière changer et l'éclairage n'être plus le même pour les deux parties du monument.

Je commençai donc, et le premier cliché vint parfaitement : pas une tache, clair, transparent, chaque détail dans ses valeurs, irréprochable en un mot.

Pour le second, un rayon de soleil s'était glissé dans le châssis, la glace se trouvait coupée par une ligne noire qui rendait le cliché impossible. Je me hâtai de nettoyer la glace, mon collodion s'épuisait, et je n'en avais pas d'autre, je le versai donc avec tout le soin possible, et connaissant l'accident qui m'avait fait manquer l'autre, il m'était facile de l'éviter pour celui-là. Tout alla bien, le cliché réussit ; il était de même teinte, de même force, et je me glorifiais déjà de mon triomphe dans une affaire aussi délicate.

Je déposai celui que je venais d'achever pour examiner le premier et mieux juger de la perfection de mon œuvre. Je l'avais à la main, et, le regardant par transparence, je voulus effacer avec le doigt quelques voiles de produits que j'apercevais derrière la glace. O désespoir! quelqu'un avait changé la position du verre, et ma main entière se grava sur la couche impressionnée. Je compris que tout était manqué, et jetant un regard terrible autour de moi, au milieu d'affreuses imprécations, je demandai le nom du coupable; il n'avait garde de se nommer. Je bondissais comme un tigre sous l'excitation de ma colère, et mes Indiens semblaient pétrifiés. Que faire? J'avais laissé dans le palais des Nonnes plusieurs flacons contenant des résidus de collodion sensibilisés; je promis une piastre au premier qui me les rapporterait.

Les pauvres gens se précipitèrent alors comme des flèches, se livrant au milieu des bois coupés à un *steeple-chase* des plus échevelés, auquel mon courroux de photographe ne put tenir; je me hâtai cependant de nettoyer ma glace à nouveau; je n'avais pas terminé qu'ils arrivèrent. Mais, sur quatre coureurs, il y avait trois gagnants, chacun me présentant un flacon. Je n'avais pas prévu le résultat; calcul ou hasard, je m'exécutai de bonne grâce. Il n'était point encore trop tard, et si le dernier cliché passablement réussi ne valait pas les autres, on pouvait au moins s'en contenter.

Uxmal possède aussi l'un de ces vastes étangs artificiels creusés dans les bas-fonds, pour réunir l'eau des pluies, et qui sont appelés à compenser le manque d'eau dans la péninsule. Ces *cenotes* sont d'immenses ouvrages de maçonnerie et de ciment, qui se retrouvent toujours auprès des ruines et des anciens centres de population.

Il était temps pour moi de quitter ces lieux de damnation; mon corps n'était qu'une plaie, j'étais dans un état de maigreur impossible et tanné comme un vieil Indien. Quelques accès de fièvre s'ajoutèrent à mes malaises, aussi je me reposai délicieusement le soir à l'*hacienda*, où le majordome m'avait fait préparer un repas de laitage et de fruits.

Cette contrée a toujours été pleine pour moi d'une ineffable mélancolie; je laissai de côté la fête du village où quelques Indiens s'ébattaient pauvrement sous l'incitation de l'*anisado*, et je passai ma journée, couché à l'ombre des palmiers qui abritent la *noria*, fumant les cigarettes parfumées de la Havane, enfoncé et perdu dans ce bien-être du repos qui suit toute fébrile agitation.

Le soir, la venue des jeunes filles à la fontaine déroulait à mes yeux des scènes de mœurs toutes primitives et pleines d'une poésie antique; suivant leur manière de porter l'urne sur la tête, sur l'épaule ou sur la hanche, comme aussi d'après leurs draperies, leur démarche et leur grâce; tantôt c'était Rébecca dans le désert, des femmes grecques à la fontaine, ou la fille d'Alcinoüs dans son île des Phéaciens. Pour elles, timides comme de jeunes sauvages, embarrassées par la présence de l'étranger, elles masquaient en souriant leur visage par un mouvement de pudeur tout indienne. Ce mouvement, que je n'ai retrouvé qu'au Yucatan et dans les montagnes, consiste à se voiler la bouche seulement au moyen d'une partie du *uipile*.

Nous étions décidément entrés dans la saison des pluies; chaque jour, c'était une averse et l'orage qui la précède; je fis donc partir les bagages de fort bonne heure, afin de les retrouver secs à San Jose, de façon que je pusse changer de vêtements s'il m'arrivait d'être surpris par l'orage. Cela ne manqua pas. Une heure à peine après mon départ d'Uxmal, je fus inondé par des masses d'eau qui entravaient la marche de mon cheval, m'aveuglaient moi-même et me coupaient la respiration; quoique mouillé comme un rat, je m'en inquiétais peu, sachant mes malles à l'abri et me proposant de me changer à mon arrivée; mais point. J'atteignis mes bagages à une demi-lieue de l'*hacienda :* ils étaient, on le pense, dans un état déplorable. Les conducteurs avaient trouvé plus simple de vider une coupe avec les danseurs d'Uxmal et ne s'étaient mis en route que fort tard, alors que je les croyais arrivés. Je les dépassai donc, me hâtant vers San José.

Le majordome, auquel j'exposai ma pitoyable situation, n'avait rien à m'offrir en remplacement de mes effets mouillés, qu'une chemise de rechange dont je dus me contenter. Ce majordome était bien l'homme le plus microscopique du monde, et sa chemise, *proh pudor!* ne me venait qu'aux hanches. Je n'osai, en cet état, m'exposer à l'admiration des habitants, et je me promenai en grommelant dans l'intérieur de l'*hacienda*. Un grand gaillard, surpris comme moi par l'orage, et comme moi vêtu de l'unique défroque du pauvre majordome, n'y mit point tant de façon, il se promenait le cigare à la bouche dans les galeries de l'habitation. C'était un Espagnol, au teint bronzé mais bien tourné de corps, et d'une blancheur remarquable. Aussi les Indiennes, très-friandes de chair blanche, s'extasiaient-elles devant ce nouvel Adonis; il y prit peu garde d'abord, aspirant avec une indifférence de blasé l'encens de leur naïve admiration. Mais son triomphe devint tellement éclatant qu'il en fut embarrassé, le spectacle était des plus comiques et je riais à me tordre.

— *Ve V^d estas p....*, me dit-il faisant retraite, voyez-vous ces coquines...; ne faudrait-il pas leur faire à chacune un enfant?

XII

L'UZUMACINTA

Campêche.—La ville.—L'hôtel.—La canoa.—La traversée.—Carmen.—Don Francisco Anizan.—L'Uzumacinta jusqu'à Palissada.—Le Cajuco.—Quatre jours sur le fleuve.—Le rancho.—San Pedro et la chasse aux crocodiles. Les marais.—L'iguane.—Las Playas.

Le fidèle Antonio fut encore mon guide jusqu'à Campêche, où ses mules me conduisirent en trois longues journées. La physionomie de Campêche diffère en toutes choses de celle de Merida : l'entrée tortueuse des faubourgs, les fossés avec pont-levis et les murailles lui donnent un air de ville de guerre dont elle est glorieuse, et ses combats avec Merida, ses victoires et le siége qu'elle soutint à cette époque, se mêlent souvent à la conversation de ses habitants. Les rues ne sont pas tirées au cordeau, comme toutes celles de la république; ses maisons, inégales et plus élevées que celles des villes mexicaines, lui donnent un air moins oriental. Les monuments y sont rares et sa cathédrale est des plus modestes.

Les riches commerçants possèdent, en dehors des murs, des habitations de plaisance où la flore des tropiques étale toutes ses magnificences, et dont l'ensemble forme à la ville une enceinte de verdure.

Vue de la mer, assise sur le rivage en pente douce, appuyée sur les promontoires de deux collines, avec son bois de palmiers placé sur la gauche comme une aigrette mobile sur la tête d'une jolie femme, Campêche offre un coup d'œil d'une coquetterie ravissante. Le port est mauvais, ou plutôt, il n'y a point de port. De même qu'à Sisal, les navires doivent stationner au loin, de crainte des bas-fonds et des vents du nord. Quoique bien déchue de sa grandeur commerciale, Campêche est encore la ville la plus riche de la Péninsule, et la plupart des maisons de l'île de Carmen ne sont que les comptoirs de ses habitants.

Tout le monde sait que les bois de teinture, connus sous le nom de bois de Campêche, viennent de l'État de Tabasco et de la partie marécageuse de l'État du Yucatan; l'île de Carmen, devenue district libre aujourd'hui, en a pour ainsi dire le monopole; aussi la ville de Campêche décline-t-elle chaque jour.

J'avais une lettre de Juarez pour le gouverneur, don Pablo Garcia. Je trouvai, dans le chef du petit État, un homme bien élevé, parlant plusieurs langues, le français entre autres, avec beaucoup de facilité, et qui me reçut avec une exquise politesse; il se mit avec empressement à ma disposition et, s'étant informé du but de mon voyage, il me donna pour l'un de nos compatriotes à Carmen, don Francisco Anizan, une chaude lettre de recommandation.

Don Pablo est un mulâtre foncé de couleur, d'une physionomie sympathique, fort jeune encore, et qui ne doit qu'à ses talents le poste élevé qu'il occupe. Il lui a fallu vaincre, pour y arriver, l'espèce de *réprobation* qui s'attache un peu partout aux gens de sa race, ce qui lui prête nécessairement un mérite de plus.

Campêche étale le luxe de deux hôtels qui se partagent, en mourant de faim, la clientèle de ses rares voyageurs. Celui qui m'hébergea était assez bien tenu; sa table, abondamment servie, donnait une haute idée de la fortune de son propriétaire, et l'on se demandait comment le modeste écot de trois ou quatre voyageurs pouvait suffire à l'entretien de la maison.

L'hôte voulut bien m'en instruire à mes dépens. Un soir, revenant du môle, où j'avais été prendre l'air frais de la mer, j'entendis le tintement de l'or dans une chambre voisine; la porte était entre-bâillée, j'entrai. Une réunion de douze à quinze personnes était attablée autour d'un tapis vert et notre homme tenait la banque. Il me fit aussitôt un geste des plus galants, m'indiquant une chaise vide et me demandant si je ne ponterais point quelques piastres.

J'avoue mon faible pour cette ironie du sort qui vous prodigue en si peu d'instants les émotions les plus diverses. On jouait le *monte*.

Que de fautes on pourrait rejeter sur le respect humain ! Je crus ma dignité engagée à ponter ; il me sembla que les personnes présentes auraient une faible idée de moi si je regardais à la perte d'une once ou deux, et puis j'étais assis. Je pontai donc et je gagnai d'abord, ce qui est assez l'habitude ; puis, comme toujours, ayant perdu, je me piquai, de telle sorte que, la séance levée, je constatai un déficit de cinq onces (quatre cents francs). J'attendais volontiers que l'hôte me demandât pardon de la liberté grande, et je trouvai l'hôtel un peu cher pour mes moyens.

Notre hôte était mélomane enragé ; mais, comme il n'avait reçu du ciel aucun talent d'exécution, quel que fût du reste l'instrument, il avait mandé de la Havane une serinette de grand format, dont il croyait réjouir ses habitués. Les mêmes airs se succédaient sans relâche, et notre homme avait soin de remonter sa machine avant même que le dernier morceau ne fût achevé. Jamais instrument ne fut plus occupé, mais jamais non plus musique plus agaçante ; c'était à faire ses malles et déloger.

J'avais beau lui dire que, toujours du plaisir, ce n'était pas du plaisir ; il faisait la sourde oreille et n'écoutait que sa musique.

Je me débarrassai de ce cauchemar en me confinant dans mon appartement où, du reste, me clouait une indisposition sérieuse. Je crus avoir la fièvre jaune ; je la désirais depuis longtemps, et je la vis venir avec plaisir ; je savais qu'une fois passée, c'était un sauf-conduit pour l'avenir au milieu de ses invasions périodiques, et j'avais besoin de ce passe-port dans mes voyages.

J'éprouvai, à ce sujet, une désillusion complète ; car, deux jours après, j'étais parfaitement remis et sur le point de partir pour Carmen, à bord d'une *canoa* prête à s'éloigner du môle.

Les *canoas* sont de petites embarcations, d'une facture toute primitive et d'une solidité plus que douteuse, qui font le service de Campêche à Carmen en deux, trois ou cinq jours, suivant la mer et la brise. Toujours en vue du rivage, on jette l'ancre la nuit et le jour, on jette l'ancre au moindre vent. On comprend qu'une courte traversée soit longue avec de telles précautions ; mais le Mexicain n'a rien de la fougue du Yankee ; il prend son temps, va *piano* et s'en trouve bien. Nous étions une foule dans la *canoa*. Elle était chargée de plâtre à couler ; on nous avait entassés dans un espace vide sur le milieu du bateau ; quelques autres s'étaient campés sur la cargaison ; il n'y avait point de bordage pour se retenir, pas plus que de pont pour se garantir de la mer. Il vint à pleuvoir ; on nous jeta simplement une toile goudronnée sur la tête, ce qui nous exposait à une asphyxie générale, à laquelle nous n'échappâmes que par miracle. Le prix du transport n'est pas fort élevé ; aussi la nourriture y est-elle moins qu'abondante, et mauvaise ; j'avais heureusement des provisions. C'est en cet équipage que, après avoir doublé Champoton et l'Aguada, nous atteignîmes Carmen après quatre jours de la traversée la plus accidentée du monde ; il y manquait un naufrage, mais nous eûmes la famine ; aussi je saluai le port d'un œil reconnaissant.

Carmen est une île boisée, humide, plate, élevée de quelques pieds à peine au-dessus du niveau de la mer. Le commerce des bois donne à son port une certaine animation ; il renfermait alors un grand nombre de *canoas* et des trois-mâts barques en charge pour l'Europe ; nous n'abordâmes qu'avec une peine infinie après trois heures des manœuvres les plus gauches.

Je me rendis immédiatement à la maison de don Francisco pour lequel j'avais une lettre de recommandation. M. Anizan est, en même temps que négociant, consul de France à Carmen, et c'est bien l'homme le plus hospitalier que je connaisse ; non-seulement il voulut que je logeasse chez lui, mais s'occupa de mon départ, traita pour moi du transport de mes effets, me ménagea des amis et des protecteurs sur le littoral de l'Uzumacinta, de telle sorte que, sans souci aucun, sans démarche, je me trouvai prêt à remonter le fleuve. L'excellent homme m'avait en outre bourré de provisions.

Le voyageur, en de telles circonstances, incapable de rendre le bien qu'il a reçu, ne peut que former des vœux pour la prospérité des hommes dévoués qui lui tendirent une main secourable.

La nouvelle embarcation, sur laquelle je me dirigeai vers Palissada, remontait à vide pour en redescendre chargée de bois.

C'était une *canoa* dans le genre de celle de Campêche, mais beaucoup plus grande et d'un tonnage de cinquante tonneaux. Elle avait des voiles pour traverser la baie; mais, une fois engagée dans le labyrinthe des îles à l'embouchure du fleuve et dans les sinuosités de la rivière, il lui fallut remonter le courant à *pura palanca*, au croc et à la gaffe; on se figure aisément quel temps il faut à quatre hommes d'équipage pour remorquer, durant un trajet de vingt-cinq ou trente lieues, avec d'aussi faibles moyens, une embarcation d'un tel volume. Ce n'est pas un des moindres désagréments des voyages que ces transports longs et pénibles où l'impatience qui vous tourmente gâte les plus belles choses.

Celui-ci fut pour moi des plus désagréables; outre le mauvais temps,—il plut pendant deux jours,—les moustiques, qui se rencontrent par nuées dans ces parages, nous martyrisaient sans pitié. Je descendis dans le pont de la *canoa,* mais l'odeur atroce et la chaleur suffocante me forcèrent à remonter, et je préférai la pluie aux exhalaisons méphitiques de l'intérieur.

Quant aux moustiques, j'avais bien une moustiquaire pour la nuit, mais les forbans trouvaient toujours quelque endroit par où se glisser, de sorte que, en dépit de mes précautions, j'étais assassiné de plus belle.

Cependant le paysage ne manque pas de certaines beautés : les rives du fleuve s'élevaient à mesure que nous avancions, et la végétation plus vigoureuse débordait en verts arceaux. De temps à autre, un souffle d'air, gonflant la voile toujours déployée, nous faisait franchir une légère distance à la grande joie de l'équipage ; çà et là quelques oiseaux d'eau prenaient leur essor à notre approche pour se reposer et repartir encore, et du haut des berges, de lourds caïmans faisant la sieste roulaient avec bruit dans le fleuve.

Les matinées étaient fraîches, et je me rappelle avoir vu passer, flottant engourdis, trois jeunes crocodiles égarés qui s'en allaient à la dérive. Je résolus de m'emparer de l'un d'eux, ce qui fut la chose la plus facile ; je passai l'une des rames à plat sous son ventre, il y resta comme un objet inerte. Je le mis sur le pont où il ne tarda pas à reprendre ses esprits. Il avait de douze à quatorze pouces de long, et se démenait comme un beau diable quand on le prenait à la main. Il fallait du reste user de précaution ; car, malgré sa tendre jeunesse, il ouvrait une petite gueule parfaitement armée, et se montrait méchant comme une gale. J'en voulais faire un compagnon de route, un ami s'il était possible, et je le gardai deux jours, mais il ne répondait à mes avances que par des bâillements menaçants, et mes bienfaits ne furent payés que de la plus noire ingratitude. Désespérant d'en rien faire, je le rejetai dans le fleuve où je l'envoyai rejoindre ses chers parents. Mais voilà Palissada, avec sa magnifique bordure de *palmas reales* (palmiers royaux) d'une hauteur énorme.

Palissada n'est qu'une succursale de Carmen ; l'un est le lieu de production, et l'autre l'entrepôt.

Chaque maison de Carmen a donc un double comptoir à Palissada, où sont groupés une foule d'Indiens coupeurs de bois. Les chefs de maison entretiennent, en outre, des relations avec les villages indiens de l'intérieur, dont les habitants engagent, moyennant avance, leur travail de l'année.

Le Yucatan et l'état de Tabasco sont les seules provinces, au Mexique, où l'Indien soit pour ainsi dire esclave. Au Yucatan, il est fort mal traité dans les *haciendas*, et bien des chefs d'habitation, pressés d'argent, les vendent en cachette à des exportateurs de la Havane. A Tabasco, ils ont bon air, sont bien vêtus et vivent dans l'abondance ; leur paye est forte, du reste, et voici comment les marchands de bois les retiennent à leur service :

Il est admis que l'Indien des terres chaudes n'aime point le travail; quand il s'y livre, c'est par besoin, pour retomber après dans son inertie naturelle. Cette apathie est l'unique raison de l'état inculte des terrains si fertiles du niveau de la mer. Or, l'État de Tabasco, devant sa richesse à l'exploitation de ses bois de teinture, a porté remède à cette paresse invétérée par un article de sa législation, qui déclare que tout Indien endetté ne peut abandonner le service de son maître avant de s'être intégralement libéré.

Il s'agissait donc d'endetter l'Indien, chose facile pour tous les hommes et par toute la terre. Outre une première avance d'argent qui met d'abord le serviteur sous la dépendance du maître, chaque négociant possède une boutique où l'Indien imprévoyant trouve à crédit tout ce qui peut flatter sa prodigalité. On accroît la dette, on la maintient, suivant le besoin du moment et voilà le serviteur esclave à perpétuité. S'il change de maître, c'est que le second rembourse au premier les avances qu'il a faites. Il y a, en outre, une exploitation des plus habiles. Quoique grassement payé pour un travail, il faut le dire, fort pénible, la somme que débourse le maître, se trouve fort réduite, par l'obligation imposée au serviteur de se fournir de tous objets au magasin de la maison. Des sommes considérables se trouvent ainsi engagées sur la tête des travailleurs, et quand un négociant possède à son service deux ou trois cents Indiens, il n'est pas étonnant qu'il ait déboursé comme avance 3 ou 400,000 fr. Le premier venu ne pourrait donc exploiter les bois de teinture, et, pour former un établissement agricole, il faudrait, on le voit, des sommes importantes.

Un habitant me loua deux hommes et un *cajuco*, tronc d'arbre creusé ; on y installa mes bagages et des provisions, un paillasson pour abri, on calcula les journées d'aller et retour et la location du *cajuco*; le tout monta à la somme de 150 fr. que je payai. Mon équipage était des plus minces et mon canot fort étroit : assis ou couché, je n'avais pas à choisir ; ma seule distraction consistait à tirer des crocodiles nageant à fleur d'eau, les singes qui se hasardaient sur la rive et d'énormes iguanes aux brillantes couleurs.

Le paysage, toujours le même, était d'une monotonie désespérante ; la solitude n'était troublée que par la rencontre de rares canots descendant le fleuve, et la chaleur suffocante me jetait l'âme dans une somnolence triste que je ne secouais qu'avec peine. Dans le haut du fleuve cependant, à mesure qu'on s'éloigne des habitations, cette solitude n'est plus la même : les forêts, dans toute l'exubérance de leur séve, lancent vers le ciel des jets plus vigoureux où toute la gamme des verdures déroule l'harmonie de ses couleurs. Le silence est plein de voix mystérieuses ; il semble que la nature fuit l'approche des hommes pour parler son divin langage.

Cependant nous arrivons à un embranchement du

fleuve ; des marches taillées dans la terre de la rive indiquent un *rancho,* et j'y monte pour acheter des fruits ; mais tout est désert, les piliers de bois supportent encore un toit de chaume ruiné, le lieu me plaît pour une halte, et comme les nuits sont belles, et que la lune est dans son plein, je voyagerai la nuit. Les Indiens y consentent, et nous nous installons. Tout annonçait la présence récente des habitants ; un champ défriché s'étendait au loin, des bosquets de manguiers chargés de fruits ombrageaient la maisonnette, et divers enclos avaient dû renfermer les animaux domestiques. Tout auprès, une plantation de cacaoyers témoignait de l'industrie de l'ancien maître. Le *cacahual,* déjà vieux, contenait un nombre immense de pieds en plein rapport, d'où pendait une multitude de coques aux gousses parfumées ; la solitude était complète ; qu'était devenu le propriétaire de cet ermitage abandonné?

Je m'enfonçai dans le bois, le fusil d'une main, le *machete* de l'autre, pour m'ouvrir un passage au milieu des broussailles et des lianes, quand tout à coup je me trouvai en présence d'une troupe de singes de grande espèce, logés dans les hauteurs d'un arbre. Je m'arrêtai ; de leur côté, ils m'examinaient avec attention ; nulle hostilité de part et d'autre : ils ne cherchaient pas à fuir, et d'abord je n'avais aucune intention de les attaquer. J'étais cependant fort intrigué, j'aurais désiré me procurer l'un d'eux, et ne savais comment faire ; je pensai qu'un blessé me resterait comme prisonnier, et je tirai. Mon fusil contenait des chevrotines, huit chaque coup : l'individu auquel j'adressai mon premier tir, était élevé et bien en vue, j'avais dû le toucher, mais il ne bougea pas, un second coup ne fit d'autre effet que lui occasionner un léger soubresaut, sans lui faire abandonner la place, les autres commençaient à me regarder avec terreur, et se mouvaient lentement dans le feuillage. Je rechargeai, et je vis au troisième coup de feu les bras de la pauvre bête s'ouvrir, pour laisser tomber deux petits singes qu'elle tenait embrassés ; je devinai la cause de son insensibilité apparente, elle avait été protégée par le corps de ses enfants ; l'un tomba ; l'autre, quoique mort, resta suspendu par l'extrémité de sa queue. Pendant ce temps, les membres de la compagnie s'étaient éclipsés, et la mère affaissée, agonisante, sur une grande branche, ne quittait point des yeux les cadavres de ses chers petits. J'eus un véritable remords de ma vilaine action : la douleur de la mère était tout humaine, et je me hâtai d'abréger ses souffrances : elle tomba. J'allai ramasser mes victimes ; les jeunes singes étaient criblés, mais la peau de la mère était en assez bon état ; je priai les Indiens de l'écorcher pour en conserver la fourrure épaisse et belle. Les chasseurs l'emploient par morceaux pour préserver la batterie du fusil de l'humidité des bois.

Les trois malheureux étaient de la tribu des singes hurleurs qui, la nuit, font retentir les forêts de leurs cris épouvantables. Cependant la nuit approchait, les Indiens détachèrent des poteaux de la cabane le hamac dans lequel j'avais reposé, transportèrent à l'embarcation les divers objets qu'ils en avaient débarqués, et la pirogue chargée, nous nous mîmes en route. Mes conducteurs changèrent alors de direction; au lieu de remonter le fleuve comme devant, ils se laissèrent aller au courant du bras que nous avions atteint; celui-ci se dirigeait à l'ouest dans la direction de Tabasco. La nuit vint, et roulé dans mon *zarape*, je m'endormis bientôt.

Quand je me réveillai, il pouvait être onze heures; la lune, alors au milieu de sa course, se reflétait à l'avant de la barque, dans les eaux calmes de la rivière, et semblait nous guider comme une lueur amie. Accroupi à la poupe, l'un des Indiens, silencieux comme un fantôme, dirigeait la marche.

Le fleuve était large, et dans la pénombre où bleuissaient les rives, l'œil saisissait la silhouette gracieuse des palmiers sauvages. Oh! la puissante chose que le silence!

Au milieu de cette contrée déserte, entouré de cette forêt vierge s'étendant au loin, sur les eaux calmes de la rivière et comme une barque chargée d'ombres, le *cajuco* glissait sans bruit.

Le ciel étincelait, et la lumière diaphane de la lune

enveloppait toute chose de son voile magique. Pas un souffle dans le feuillage, pas une ride sur l'onde.

Au milieu de tous ces silences, muet d'admiration, j'avançais, comprenant pour la première fois la poésie de ces admirables solitudes.

Non, rien ne saurait rendre les splendeurs de ces nuits étoilées! Tout, dans cette nature silencieuse, était aspiration, mystère, religieuse éloquence, et, dans ce recueillement universel, le cœur unissait sa prière à la prière des choses. Si parfois les cris éclatants des singes hurleurs, si le rugissement du jaguar |ou le chant lugubre d'un oiseau de nuit venait troubler cet hymne du sommeil, il semblait qu'une puissance inconnue étouffât ces voix, et que la nature entière s'inclinât de nouveau dans un silence plus majestueux encore.

Ne suffit-il pas d'un moment pareil pour rendre à l'âme qui doute la foi qu'elle a perdue?... Abîmé dans la contemplation de ces beautés, écrasé par leur grandeur, je m'enivrais aux sources de cette poésie éternellement jeune et divine, et ne me laissai aller au sommeil que lorsque les premières clartés de l'aurore vinrent dorer la cime des bois. L'un des Indiens cependant m'appelait depuis longtemps :

—Señor, disait-il, señor, levez-vous, nous sommes arrivés.

—Arrivés! m'écriai-je en me dressant, arrivés, où cela?

—A San Pedro, répondit-il, et si vous voulez vous reposer à l'ombre et déjeuner, je vais vous conduire à la maison de don Juan, à qui s'adresse une des lettres que vous avez.

—C'est bien, lui dis-je. Je vis, en jetant les yeux autour de nous, que le paysage était changé : le *cajuco* avait abandonné le cours du fleuve pour remonter un petit affluent. La rivière où nous étions alors n'avait pas plus de vingt-cinq à trente mètres de large, les bords étaient privés d'arbres, mais couverts de plantes aquatiques. Sur la petite lande de droite paissaient quelques bestiaux, et, dans le fond, appuyées au bois, s'étalaient les cabanes à toit de chaume d'un village indien. Mon guide me conduisit à la plus grande de ces habitations et me présenta le propriétaire, don Juan, à qui je remis la lettre de don Francisco. Mon nouvel hôte me donna une poignée de main amicale, et, m'indiquant un hamac, m'invita à m'y reposer ; puis il me pria de l'excuser une minute, m'assurant qu'il serait bientôt tout à moi.

L'intérieur de la case, à jour comme toutes celles de ces parages, annonçait une certaine aisance : la cabane, divisée en quatre compartiments, contenait une *tienda* d'approvisionnement pour les Indiens, des chambres pour les femmes, et la pièce commune, salle à manger, où l'on m'avait installé. La cour, entourée d'une haute clôture, renfermait toute une ménagerie de bipèdes, où poules, canards, dindons énormes, gloussaient et piaulaient à l'envi ; quant à messieurs du grouin, ils semblaient jouir des priviléges les plus étendus, entrant et sortant tour à tour, traversant les pièces, s'y reposant au besoin, et me venant flairer avec une audacieuse familiarité. La cuisine seule leur était interdite, et quand, timidement et en tapinois, comme une bête en faute, ils parvenaient à s'y introduire, un *cutch, cutch*, plusieurs fois répété, les mettait en fuite à l'instant.

Don Juan devait être chasseur, car deux fusils, une poire à poudre et de grands *machetes* pendaient à l'une des cloisons ; j'en étais là de mon inventaire quand il reparut.

—Vous devez être bien fatigué, me dit-il, car trois jours de *cajuco*, par une telle chaleur, sont une terrible affaire ?

—Je le suis si peu, répondis-je, que si vous avez quelque chose de nouveau et de curieux à me montrer au village, je suis prêt à vous suivre.

—C'est parfait, répondit-il ; mais déjeunons d'abord, et plus tard je pense pouvoir vous intéresser quelque peu.

Sur ces entrefaites, la ménagère, grosse femme rebondie, avait couvert une petite table fort basse d'une serviette grise à frange, sur laquelle un ragout de poulet de fort bonne mine, flanqué d'un plat de haricots noirs, nous attendait tout fumant. Une pile de tortilles blanches et minces remplaçait le pain. L'usage de la fourchette est inconnu : l'Indien prend un morceau de tortille, qu'il arrondit en cuiller, pour porter à sa bouche les aliments quels qu'ils soient ; les doigts et le couteau viennent au besoin en aide à cet instrument tout primitif; on se lave les mains en sortant de table. N'ayant point eu de vivres frais depuis trois jours, je dévorais, à la grande satisfaction de mon hôte, auquel mon appétit faisait honneur.

—Avez-vous jamais mangé du caïman? reprit don Juan.

—Ma foi non, répondis-je, et je m'en soucie peu; cela doit être dur et coriace ?

—Pas tant que vous le pensez, n'est-ce pas Hyacinto? fit-il au domestique qui nous servait. Celui-ci répondit par un signe d'assentiment. Il faut que vous sachiez, poursuivit don Juan, que les Indiens de ce village ne vivent guère que de la chair du caïman; cette nourriture est saine, vous le verrez, car tous mes compatriotes sont robustes et, sauf les accès de fièvre qui de temps à autre nous accompagnent jusqu'à la tombe, ils sont les mieux portants du monde. De plus, cela ne coûte rien, car, vous avez dû le remarquer, les caïmans grouillent dans nos rivières, et pêche qui veut. Mais venez, ajouta-t-il en se levant, je veux vous montrer quelques belles pièces de cet étrange gibier.

Je le suivis; dans le premier *jacal* où je pénétrai à la suite de mon hôte, deux crocodiles vivants, les pattes amarrées, le ventre en l'air et la queue coupée, attendaient dans une triste résignation que leur dernier jour fût arrivé.

—On leur coupe la queue par précaution, comme vous voyez, me dit don Juan, car ils feraient des sottises et pourraient casser une jambe du moindre coup.

Je m'approchai des deux monstres, dont l'un avec sa queue devait avoir mesuré quinze pieds au moins; l'autre était un novice. Ils ouvrirent tous deux leur gueule formidable, mais impuissante, frissonnant d'une rage stérile. Les deux ovipares exhalaient une forte odeur, tenant un peu du musc, mais infiniment désagréable.

Nous en trouvâmes encore dans d'autres cabanes, tous dans le même état et destinés au même usage.

—On les prend de deux manières, me dit don Juan : avec un fort crochet garni d'un appât, et il me montrait la trace du fer qui avait percé la mâchoire inférieure, ou bien à la main.—Oh! oh! pensais-je, don Juan me prend pour un autre, mais je ne la goberai point; et comme il me vit sourire :

—Vous paraissez en douter, señor?

—Non, repris-je, oh! non, vous me l'assurez. Néanmoins, je serais enchanté de le voir, et voici même une piastre à l'adresse du héros qui me donnerait ce curieux spectacle.

—La piastre était inutile, poursuivit mon homme, cependant cela ne gâte rien. Et comme nous croisions dans le village, nous rapprochant de sa cabane :

—Holà! hé! Cyrilo... Cyrilo!

Au troisième appel de don Juan, un grand gaillard, noir, maigre et nerveux comme un tigre, l'aborda, son chapeau à la main.

—Qu'y a-t-il pour votre service, don Juan?

—Voilà monsieur qui voudrait bien te voir amener un *lagarto*, il a l'air de douter de tes moyens.

—Oh! ce n'est pas une affaire, reprit tranquillement l'Indien, et pour vous faire plaisir, don Juan...

—C'est une piastre pour toi, mon garçon; ainsi donc, tâche de te distinguer.

Cyrilo demanda cinq minutes pour se préparer, et nous promit de nous rejoindre au bord d'un *bajou*, petite rivière étroite et lente, dans le bois, de l'autre côté du village; pour nous, nous devions prendre une pirogue et nous faire conduire jusque-là.

Quand nous arrivâmes, notre homme était sur la berge nous attendant; il était nu et tenait à la main un fort poignard, dont la lame, longue de huit pouces, semblait un énorme clou, carré à la base. Il avait déjà jeté sur les alentours un coup d'œil de connaisseur. A vingt pas, il nous fit signe d'arrêter et, nous précédant avec précaution, il nous indiquait un point de la rive encombré de touffes de hautes herbes; il n'en était plus qu'à dix pas environ, quand deux caïmans à courte queue plongèrent dans le fleuve comme deux mastodontes.

En moins de temps qu'il ne faut pour l'écrire, Cyrilo se précipita le poignard entre les dents, plongea et ne reparut pas. Nous nous dirigeâmes à toute vitesse vers le lieu du combat; la situation me semblait palpitante, je fouillais la rivière de l'œil, un remous indiquait seul la place où l'Indien avait disparu; quelques secondes, longues comme un siècle, passèrent, l'eau s'agita de nouveau comme refoulée par la puissance d'une hélice, et la queue du monstre frappa la surface d'un coup terrible; puis le corps parut dans une rapide évolution; Cyrilo, souillé de fange, adhérait au ventre du caïman. Ils disparurent encore, laissant une longue traînée de sang.—Bravo, Cyrilo! fit don Juan; pour moi, je ne respirais plus, le sang glacé par la terreur, témoin muet de cette effroyable lutte, je regrettais de l'avoir provoquée.

Cependant, la rivière s'agitait sous les efforts des deux lutteurs et l'eau remontait à la surface en tourbillons limoneux; quelques secondes passèrent encore et Cyrilo reparut, mais seul, couvert de fange, à demi-suffoqué.

Un cri de joie s'échappa de ma gorge comme un cri de délivrance; Cyrilo nageait à nous et je lui tendis la main pour l'aider, mais il sauta lui-même dans la barque, où il fut un instant sans parler.

—*Este c.... me corto el dedo :* Ce j.... f..... m'a

coupé le doigt, fit-il en nous montrant la première phalange de son index mutilé.

Au moment où Cyrilo avait enlacé le monstre corps à corps, son doigt s'était trouvé engagé dans la gueule de l'animal.

— *Pero me lo pago* : Mais il me l'a payé, ajouta-t-il, et nous l'allons bien voir tout à l'heure. Au reste, s'il ne remonte pas, comme il est probable qu'il s'est enfoncé dans la vase, je vais aller le chercher.

Don Juan me fit signe de l'œil, je m'inclinai; cet Indien me parut grand comme César.

Pour lui, il se débarrassait de la fange dont il était couvert et se préparait véritablement à replonger; je l'arrêtai; et tenez, le voilà! fit don Juan désignant une surface blanchâtre flottant de l'autre côté du *bajou*. C'était bien le caïman, le ventre en l'air et la poitrine ouverte de quatre coups de poignard.

Nous le remorquâmes jusqu'au village : il mesurait quatorze pieds trois pouces; j'offris à Cyrilo deux piastres au lieu d'une, et je payai vingt francs son poignard que je conserve encore.

—Veuillez remarquer, me dit mon hôte, que nos Indiens sont les seuls pour exécuter le tour de force que vous venez de voir; c'est pour ainsi dire un don particulier, car vous iriez par tous les villages des alentours sans trouver un pêcheur de *lagartos* à la main. Ce qu'il y a de plus singulier dans cette affaire, c'est que le caïman lui-même ne s'y laisse pas prendre; l'instinct le fait fuir devant l'Indien de San Pedro, tandis qu'il se jetterait sur tout autre pour le dévorer.

—Si vous vouliez nous rester une huitaine, me dit don Juan, je pourrais vous montrer une chasse au jaguar qui ne manque pas d'intérêt.

—Cela est bien tentant, ami don Juan, lui répondis-je ; mais j'ai deux hommes qui m'attendent et une longue traite à fournir; vous me conterez vos chasses, si vous le voulez bien.

—Soit, mais demain matin nous irons pêcher des tortues. Nos Indiens en font un petit commerce et vont en vendre dans les villages, jusqu'au pied des montagnes, à *las Playas* et à Palenqué. Pêcher la tortue se dit *clavar la tortuga*, parce qu'en effet on les chasse au moyen d'un fer pointu emmanché d'un bâton.

Le jour suivant, de fort bonne heure, j'accompagnai don Juan dans son *cajuco*; tous deux nous étions armés de l'engin susdit. L'esquif, guidé par un jeune Indien, nous permettait de sonder çà et là le fond de la rivière; il faut, pour réussir, une certaine habitude, et don Juan avait déjà harponné deux tortues que je n'avais encore senti l'écaille d'une seule; cependant je finis par en amener une, et je jugeai au poids ma prise de peu d'importance. C'était, en effet, une jeune tortue de six pouces de diamètre, dont la cuisinière n'aurait point voulu ; je me dégoûtai facilement d'un exercice où je n'excellais guère, et le soleil montant, nous rentrâmes au village avec cinq magnifiques bêtes, dont la plus grande n'avait pas moins de douze à quatorze pouces de diamètre. Don Juan nous en fit apprêter une : la chair en est graisseuse, fade, et nécessite un fort assaisonnement.

Quant à la chasse au tigre, à laquelle je ne pouvais assister, don Juan me raconta ce que chacun me confirma plus tard, que c'était la chasse du monde la plus innocente et la moins dangereuse, malgré la férocité de la bête.

—Voilà mes chiens, dit-il, en me désignant les roquets assis autour de nous et demandant humblement quelques os à ronger.

—Mais ce ne sont point des chiens de chasse?

—Cela ne fait rien, reprit don Juan ; ils ont assez de talent pour trouver une piste et la suivre, le reste me regarde. Pendant le jour, le tigre est timide ; il se blottit sous quelque roche ou se tient perché sur les branches d'un gros arbre : il dort ; la nuit seulement il est terrible. Voilà mon favori ; c'est le premier de mes pointeurs, dit-il en jetant une moitié de tortille à l'un des petits mendiants, bête un peu maigre, grise de couleur et d'un poil rare, dont rien n'annonçait les remarquables facultés ; nous revenons rarement les mains vides quand nous partons de compagnie ; mais il se fait vieux et je ne sais si je pourrai jamais le remplacer.

—Mais au fait, don Juan ! lui dis-je (car j'aime peu

les précautions oratoires, et mon hôte, assez bavard, menaçait de faire traîner le récit).

—Voici, poursuivit-il en souriant : aussitôt la bête déterrée, si, cachée dans les roches, il s'agit de l'en faire sortir; si, dans la forêt, l'animal fuit devant l'aboiement, monte dans un arbre et tombe, pour ainsi dire, en arrêt sur mon chien, qu'il couve de l'œil en lui adressant, la figure plissée, ces rauques soupirs que vous devez voir d'ici, il ne s'occupe en rien de ma personne et n'a point l'air de me voir; aussi je prends mon temps, je choisis l'endroit, je vise aussi longtemps qu'il me plaît; en un mot, je l'assassine. Vous voyez que cela n'a pas grand mérite. Il se rencontre des cas où l'immobilité du jaguar est si grande, et son attention si complétement absorbée par le chien qui jappe, qu'au moyen d'une branche d'arbre et d'un *lasso* on l'étrangle, pendu ou non, comme le plus inoffensif des animaux. Tenez, j'ai là quelques peaux assez bien conservées, et si vous voulez en accepter une, cela me fera plaisir.

J'acceptai de grand cœur : celle que je choisis était de moyenne taille, et la balle, entrée au défaut de l'épaule, était sortie de l'autre côté. Je ne reverrai plus don Juan, et certes il n'entendra jamais parler de moi; je lui adresse néanmoins mille grâces pour les deux journées que je passai près de lui.

Mon domestique et mes deux Indiens bouillaient d'impatience : l'un s'ennuyait, les deux autres craignaient, au retour, une semonce de leurs maîtres pour tant de jours perdus ; je rentrai donc dans ma prison flottante ; nous espérions atteindre *las Playas* le soir même.

Plus nous avancions et plus les cours d'eau diminuaient d'importance ; les embranchements se multipliaient, en outre, jusqu'à former des entre-croisements et des méandres où devait hésiter l'homme le plus expérimenté : aussi mes conducteurs s'égarèrent-ils tout d'abord, pour arriver au milieu d'un immense marais où peut-être jamais *cajuco* n'avait pénétré.

Quelle joie pour un chasseur ! le marais semblait n'être, proportions gardées, que le vaste réservoir d'un jardin d'acclimatation. Il y avait foule, mais foule immense, de canards de toutes espèces, oies, hérons, cigognes et de grands oiseaux de la même famille, nommés au Mexique *perros de agua*, et tant d'autres dont mon ignorance m'interdit la nomenclature. C'était un babil, un bruit, un grouillement indescriptible ; ces oiseaux étaient peu sauvages, ils nous regardaient étonnés, mais sans terreur ; ils nous laissaient approcher à vingt pas, puis ils s'en allaient vingt pas plus loin pour nous regarder encore. J'en tuai quelques-uns sans beaucoup effaroucher les autres, et, du reste, je les abandonnai, ne sachant qu'en faire.

Je préférais les crocodiles dont le nombre était vraiment prodigieux ; mais, beaucoup plus fins qu'il ne semble, ne montrant presque jamais que le bout du nez et les deux yeux saillants, il fallait une grande adresse pour les atteindre, et, malgré mes coups de feu multipliés, je n'en fusillai qu'un seul.

Mes Indiens cherchaient vainement une issue ; nous finîmes par nous ensabler : nouveau temps perdu. Ils retournèrent en gémissant et s'enfoncèrent dans une espèce de canal entièrement abrité sous l'ombrage, mais presque comblé par les troncs d'arbres. L'eau, dormant sur un fond de vase, dégageait des vapeurs empestées ; des iguanes seules animaient ces lieux désolés ; il y en avait de magnifiques et d'une longueur incroyable ; j'en blessai une de sept pieds, brillante de couleur et perlée comme un beau lézard. Elle avait, de la tête à la queue, la dentelle la plus finement découpée qui se pût voir, et sa gorge, gonflée par la colère, atteignait un développement considérable ; cette poche était surtout l'objet de ma convoitise ; j'en voulais, je l'avoue naïvement, faire une blague à tabac. L'animal, arrêté dans sa course et gravement blessé, se défendait encore, et je dus lui donner trois coups de poignard dans la tête pour l'achever ; mais la bourse en question parfaitement découpée et frottée de pommade camphrée, ne put se conserver ; d'abord, elle perdit ses couleurs, puis les petites écailles tombèrent, et la peau même finit par se couper.

J'avais hâte de sortir de ce canal infect ; quelques embarcations amarrées à la rive nous firent espérer une cabane où mes guides pourraient se renseigner. L'un d'eux disparut un instant, et revint bientôt la figure souriante ; nous approchions ; une demi-lieue au delà nous devions apercevoir le village de *las Playas*. En effet, nous débouchâmes presque immédiatement sur un vaste réservoir où le manque d'eau empêchait la pirogue d'avancer ; il fallut quitter nos bottes, retrousser nos pantalons et pousser à la roue ; mon domestique, néanmoins, n'en voulut rien faire, craignant de compromettre sa chère santé : mais je devais en voir bien d'autres avec lui. Une fois les maisons en vue, je laissai le *cajuco*, promettant aux Indiens d'envoyer du village des porteurs pour les aider et décharger mes bagages. Une demi-heure après, j'atteignais *las Playas* et la maison de don Ignacio où j'arrivai exténué, mourant de soif, et dans l'état d'un homme complétement ivre. J'attribuai ce malaise à la chaleur suffocante, aux exhalaisons méphitiques du canal, et surtout à la demi-heure de marche au milieu de la fange du marais.

La maîtresse du logis m'apporta une *jicara* pleine d'un *posole* sucré que j'avalai d'un trait, une autre encore, puis une autre, car je ne pouvais me désaltérer ; j'entrai alors dans une transpiration abondante et je m'endormis dans le hamac. Deux heures après, l'indisposition avait disparu ; mais, rarement dans mes voyages, je ne crus côtoyer d'aussi près quelque foudroyante maladie.

XIII

PALENQUÉ

De las Playas à Palenqué.—Le village de Santo Domingo.—Don Agustin Gonzalès.—Les deux bas-reliefs.—Les ruines.—Le palais et les temples. — Travaux photographiques. — Insuccès. — Les nuits, apparitions. — Les lucioles.—Les tigres.—Retour à Santo Domingo.

Au sortir de *las Playas*, le sentier, fermé d'abord par une ligne de forêts, s'ouvre bientôt sur une perspective de prairies entourées d'arbres où la nature épuise toutes les féeries de sa vierge fécondité. Des bosquets ombreux, semés au milieu des plaines verdoyantes, paraissent disposés pour le plaisir des yeux, tandis que la ceinture des grands arbres qui bornent l'horizon, lui donnent cet aspect apprêté des parcs anglais uni à la sauvage grandeur des œuvres de la création.

Tantôt le cheval qui vous emporte semble en vainqueur guider vos pas sous des arcs de triomphe où des lianes gigantesques pendent en festons splendides, et tantôt, courbant la tête sous des arceaux étroits, vous glissez comme un chevreuil égaré dans les massifs de la forêt.

Ici, la plaine s'ouvre de nouveau, et dans sa lutte avec le bois qui l'enserre, victorieuse ou vaincue tour à tour, elle se rétrécit, s'allonge, s'agrandit ou se ferme, déployant une variété de contours, une richesse de lignes où les molles ondulations des pelouses factices se mêlent aux âpretés des solitudes.

Là, s'épanouit la flore des savanes; mais plus loin, reprenant ses droits, la forêt jalouse, écrase toute végétation fleurie sous le poids formidable de ses ombres séculaires. Des lièvres effarés sillonnent en tous sens les hautes herbes de la prairie, pendant que des peccaris féroces, indifférents dans leur audace, poursuivent en longue file des sentiers déjà foulés. De grands aras mêlent leurs cris perçants aux hurlements des *zaraguatos* suspendus dans les dômes, tandis que le daim timide vous adresse de loin un regard étonné.

L'esprit est frappé par le rêve biblique de l'Éden, et l'œil cherche vainement l'Ève et l'Adam de ce jardin des merveilles : nul être humain n'y planta sa tente; sept lieues durant ces perspectives délicieuses se succèdent, sept lieues de ces magnifiques solitudes que bornent de trois côtés les horizons bleus de la Cordillère.

C'est au milieu de ces enchantements que le voyageur arrive à Santo Domingo del Palenqué. Étendu sur l'affaissement de deux collines, comme une paresseuse Indienne dans le creux d'un hamac, le village s'étiole dans son isolement, et n'offre plus au regard qu'une rue de gazon vert bordée de cabanes désertes; l'église, placée sur l'éminence, n'est qu'une masure en ruine sans pasteur pour la desservir.

Le village est néanmoins une sous-préfecture, et le fonctionnaire, don Agustin Gonzalès, voulut bien nous offrir l'hospitalité. Quatre ou cinq familles de race blanche habitent la bourgade: don Agustin, don Dionysio, le receveur; je ne fis qu'entrevoir les autres. Entre tous, je remarquai un jeune Allemand, grand admirateur des ruines, naturaliste passionné, qui, peut-être dégoûté du monde, est venu fixer sa demeure à Santo Domingo. Marié depuis avec une fille du pays, il y poursuit des recherches que sa santé chancelante rend de jour en jour plus pénibles.

Longtemps il m'entretint des ruines que j'allais visiter, m'exaltant leur grandeur et leur originalité: il avait découvert, disait-il, cinq ou six temples nouveaux, espacés dans la montagne; il comptait en découvrir d'autres. Mon hôte, don Agustin, me conduisit à la maisonnette faisant face à la sienne, dont le propriétaire possède, incrustés dans le mur de son logis, les deux bas-reliefs si connus et reproduits par tous les voyageurs, représentant: l'un, un personnage debout, couvert d'ornements d'une grande richesse, les jambes chaussées d'espèces de hauts cothurnes; par derrière, un enfant suspendu à sa ceinture, semble pousser des cris de désespoir; l'autre, un vieillard paraissant souffler dans un instrument bizarre, corne de guerre ou calumet, instrument qu'on retrouve dans les bas-reliefs de la chambre écroulée du palais du Cirque à Chichen-Itza ; il a sur la tête, au-dessous de la coiffure symbolique, une couronne de laurier, et ses reins sont couverts d'une peau de tigre. Ces deux énormes pierres avaient été arrachées de l'autel d'un temple, près du grand palais, et apportées à grands frais jusqu'au village. Stephen, dans son ouvrage, les a fort exactement reproduites. Palenqué est encore un lieu d'exil où le gouvernement de Chiapas envoie ses administrés turbulents ; six mois de séjour, me disait-on, calment les plus factieux, un exil de quatre ans équivaut à une sentence de mort. L'ennui, l'isolement, les fièvres abattent les plus vigoureux.

A mon arrivée, le village avait ainsi deux hôtes forcés; don Pio, l'un des bannis, était un personnage bien original. Jeune encore, et d'une taille infiniment petite, il s'agitait en de violentes démonstrations contre la tyrannie de ses persécuteurs. Il chantait sa patrie absente et me faisait des beautés lointaines de San Cristobal des récits enchanteurs. Puis il comptait les jours, désespérait de nouveau, et parlait de sa mort prochaine. C'étaient les *Tristes* d'Ovide dans son exil à Tomes.

Il mêlait souvent à ses discours le nom de *la Pancha,* et longtemps je crus qu'une jument favorite était sa compagne d'exil; il me contait les difficultés qu'elle avait eues à voyager par les sentiers rapides de la Cordillère, ses souffrances, et le déplorable état où elle était réduite.

—Venez la voir, me dit-il en me guidant à la maisonnette qu'il occupait. Il m'introduisit auprès d'une énorme et magnifique personne, *doña Pancha*, son épouse, de deux fois sa taille et de six fois au moins son poids.

Je frémis en pensant à la bévue que j'avais failli commettre, ayant été sur le point de lui demander si son précieux animal avait quelque blessure. Je compris, aux dimensions de cette aimable personne, toutes les difficultés du passage de la *sierra*. *La Pancha* devait avoir éreinté bien des Indiens dans les âpres sentiers de la Cordillère.

Depuis deux jours, don Agustin avait envoyé à mon intention douze Indiens dans les ruines pour couper les bois et dégager les palais; l'ouvrage devait avancer, et je partis pour les rejoindre. J'étais accompagné de mon domestique et d'un guide que l'État de Chiapas impose aujourd'hui à chaque voyageur, moyennant une solde de cinq francs par jour. Celui-ci devait me servir à deux fins : guider mes explorations dans les monuments et surveiller ma conduite à l'égard des palais, sa consigne étant de m'empêcher de commettre toute dégradation quelconque; quatre Indiens nous suivaient également, chargés de mes bagages, d'une table, de divers ustensiles de cuisine et de provisions de bouche.

Les ruines sont à douze kilomètres au moins du village ; c'est une course assez longue. Le bruit des cognées frappant sur les troncs d'arbres m'avertit que nous approchions ; cependant on n'apercevait pas la moindre trace des monuments, la forêt vierge nous enveloppait dans l'épaisseur de ses ombres, et nous n'avancions qu'avec difficulté. J'arrivai bientôt dans l'éclaircie que venait de pratiquer la hache des travailleurs, et je n'apercevais toujours point le palais.

—Ah çà ! mais l'ami, dis-je au guide, où donc se cache le palais ?

—Le voilà, señor, répondit-il, me désignant une masse noirâtre, couverte d'une végétation aussi vigoureuse que celle du sol, et dont la façade était à moitié cachée sous un fouillis de lianes.

En vérité, l'on pouvait passer à dix mètres et ne point l'apercevoir.

Je compris aussitôt les difficultés qui m'attendaient dans la reproduction de ces monuments ; tout était noir, vermiculé, ruiné, perdu ; je ne pouvais, du reste, me mettre à l'œuvre de sitôt, car le travail des Indiens n'allait point aussi vite que je l'avais pensé d'abord, il leur fallait deux jours encore pour me permettre de prendre une perspective de la façade. Il fallait, de plus, abattre au moins les arbres les plus gênants qui couvraient les toits de l'édifice et débarrasser la façade des plantes grimpantes qui en obstruaient la vue.

On installa donc simplement mon bagage dans l'une des galeries; je laissai des ordres pour le dégagement de certaines parties, et je m'enfonçai de nouveau dans le bois, à la recherche des temples environnants.

Un Indien nous précédait, ouvrant un passage à l'aide du *machete*. Chacun de nous en avait un, et je portais de plus mon fusil sur l'épaule, pour les fauves, s'il nous arrivait d'en rencontrer.

Le premier temple, sur la droite du palais, à trois cents mètres environ, et de l'autre côté d'un petit ruisseau, est construit sur une pyramide d'une grande hauteur. L'ascension en est des plus pénibles; les pierres dont était doublée la pyramide s'éboulent sous les pieds; les lianes entravent la marche, et les arbres sont quelquefois serrés à barrer le passage. On se rend difficilement compte de ces ouvrages gigantesques et l'on se demande si les constructeurs ne profitèrent pas des éminences naturelles, si communes en Amérique, les modifiant suivant leur besoin, les élevant ou les aplatissant, après quoi ils doublaient de pierre l'extérieur du monticule.

Le temple en question est une bâtisse oblongue, avec trois ouvertures de face. Ces ouvertures, à angles droits, et dont les linteaux de bois ont disparu, donnent le jour à une galerie intérieure de huit à neuf mètres de long, qui communique elle-même avec trois petites chambres, dont l'une, celle du centre, renferme un autel.

Cet autel, qui rappelle par sa forme l'arche des Hébreux, est une espèce de caisse couverte, ornée d'une petite frise, avec encadrement. Aux deux extrémités de cette frise, dans le haut, se déploient deux ailes rappelant le même genre d'ornementation souvent employé sur les frontons des monuments égyptiens.

De chaque côté de l'ouverture, des ornements en stuc, et quelquefois en pierre, représentent divers personnages, et, tout au fond de l'autel, dans la demi-obscurité, se trouve un vaste panneau composé de trois immenses dalles parfaitement jointes et couvertes de sculptures précieuses.

Le temple dont nous parlons contenait la pierre de la croix que nous ne reproduisons qu'en partie dans notre ouvrage des *Cités et Ruines américaines*. Nous n'avons pu faire autrement. Arrachée de son emplacement primitif par une main fanatique qui voyait en elle la reproduction du signe chrétien miraculeusement employé par les anciens habitants de ces palais, elle était destinée à orner la maison d'une riche veuve du village de Palenqué; mais l'autorité s'émut de cette dévastation et s'opposa au transport de la pierre : elle fut donc abandonnée dans la forêt où je la foulai sans la connaître et sans la voir, lorsque mon guide me fit remarquer ce précieux débris.

CHAPITRE XIII. — PALENQUÉ.

Elle était couverte de mousses, et les sculptures avaient entièrement disparu. Lorsque plus tard je voulus la reproduire, il fallut la frotter avec des brosses, la laver et la dresser contre un arbre.

La partie reproduite dans notre grand ouvrage formait le centre, et représente une croix surmontée d'un oiseau fantastique, auquel un personnage debout, et d'un dessin parfaitement pur, offre en présent un enfant étendu sur ses bras; une inscription, composée de cinq caractères, se trouve à la hauteur de la tête du personnage; quatre autres caractères du même genre existent sur les bas côtés de la croix. Une hideuse figure d'idole forme la base de ce monument.

Les deux autres dalles, aujourd'hui en place dans l'autel du temple, contiennent : celle de gauche, un personnage debout et qui semble dans l'attente du sacrifice qui s'accomplit en sa présence. Derrière le bas-relief, s'étend une longue inscription; la dalle droite est de même couverte de caractères qui doivent donner l'explication de la croix et l'histoire du temple ou de ses fondateurs.

Outre l'appartement qui renferme l'autel, le temple en contient deux autres, à droite et à gauche du sanctuaire. La salle de gauche pénètre par un escalier dans un souterrain qui s'étend précisément sous l'autel même que nous avons décrit.

Il est probable que le prêtre, caché dans ce caveau

ignoré des fidèles, rendait à haute voix des oracles que le consultant prenait pour la voix de ses dieux; tant il est vrai que, depuis la création, les moyens sont toujours les mêmes.

A quelque distance de ce premier édifice, presque sur la même ligne, nous trouvons un autre temple, de même architecture et de même distribution, mais plus petit. Les trois dalles du fond de l'autel sont en place et méritent une description étendue.

Un masque hideux et féroce occupe la partie centrale du bas-relief, les yeux injectés et sortant de l'orbite, la langue pendante, l'affreuse expression de la physionomie attachent à ce masque symbolique l'idée d'un dieu destructeur. Ce masque est porté par deux sceptres en croix qui s'appuient sur une estrade supportée par deux figures humaines accroupies, brisées par la douleur et d'une expression déchirante. Les figures rappellent le vieillard du panneau qui se trouve dans une maison du village de Palenqué et dont nous avons parlé plus haut.

A droite et à gauche, deux personnages debout, également supportés par deux figures prosternées, semblent offrir à la terrible divinité que représente le masque deux créatures humaines, d'une expression moins douloureuse que comique; des deux victimes, celle de droite paraît être une femme.

Quant aux grands bas-reliefs de l'offrande, le type est toujours semblable, et partout à Palenqué il offre les mêmes particularités : le nez et le front en ligne un peu courbe, la tête fuyante, le cerveau comprimé et s'allongeant en pointe.

Comme dans les autres tablettes, les caractères compliqués d'une inscription religieuse garnissent les extrémités.

Ce bas-relief prouve, à n'en pas douter, que les sacrifices humains étaient pratiqués dès l'époque la plus reculée. Ce n'est pas chose naturelle, mais cela montre du moins une filiation chez des peuples éloignés les uns des autres et à des siècles de distance.

On s'étonne de trouver les sacrifices humains établis comme une coutume générale du nord au sud de l'Amérique et se perpétuant aux époques les plus avancées de la civilisation chez ces peuples.

Pour nous, ce phénomène aurait deux causes : la prodigieuse fécondité de ces races et le manque d'animaux domestiques.

Les sacrifices humains auraient de ce côté la même origine que l'anthropophagie, qui n'existe que chez les peuplades privées d'animaux, et qu'on observe à l'état d'exception chez les peuples pasteurs.

Le prêtre, ne pouvant offrir à ses dieux une hécatombe de taureaux, lui sacrifiait une hécatombe humaine; le fait est naturel, tout aussi bien que l'homme mourant de faim qui dévore son semblable.

Nous voudrions voir étudier la question suivante :

L'histoire d'une race contenant une lacune dans sa marche à travers les diverses époques civilisées, passant de l'état sauvage à l'état chasseur, franchissant, par défaut de moyens, l'époque nomade des peuples pasteurs pour arriver aux établissements fixes d'une haute civilisation : ne pourrait-on pas tirer de cette étude des conclusions favorables à l'idée d'une race autochthone américaine, où se seraient fondues plus tard diverses immixtions de races étrangères qui ne purent en modifier les instincts?

La visite à ces temples, si courte que soit la distance, nous avait occupés une partie de la journée; je retournai donc au palais : il s'agissait de régler notre manière de vivre et d'encourager les Indiens dans leur travail.

Vers les quatre heures, ils abandonnèrent les ruines pour regagner le village et revenir le lendemain. Ce fut en vain que je les priai de rester, offrant comme conséquence une augmentation de paye; ils ne voulurent point y consentir. Comme les Indiens du Yutacan, ils conservent à l'égard des vieux palais des idées superstitieuses invincibles, et pour rien au monde ils ne consentiraient à y passer la nuit.

Notre installation fut vite faite; mon domestique établit nos hamacs sous les galeries. Trois pierres en triangle figurèrent le foyer où mijotaient dans des marmites de fer des ragouts inconnus à Brillat-Savarin. Le soir, il fallait songer à la provision de bois pour la nuit ; le guide avait, de ce côté, de bonnes raisons que je partageais du reste, car je n'aimais point à dormir à ciel ouvert dans une obscurité dangereuse avec cet entourage de forêts.

La première nuit fut déplorable, et bien que nous n'ayons été inquiétés d'aucune manière grave, il fut impossible de dormir. Des nuées de moustiques traversant draps et couvertures, dont je m'étais enveloppé malgré la chaleur, m'empêchèrent de fermer l'œil. Il fallut le lendemain renoncer au hamac et et songer à ma moustiquaire. J'étendis par terre les deux ou trois paillassons qui servaient à envelopper mes instruments, et mon lit fut fait; la gaze, bordant le paillasson, fermait toute issue, et mes ennemis m'assiégèrent en vain.

Au jour, je vis arriver mes abatteurs de bois qui se mirent promptement en besogne. Le palais commençait à prendre tournure ; j'espérais commencer mon travail le lendemain.

Ma seconde expédition fut dirigée au sud, à cinq cents mètres au moins du palais. Le guide me fit gravir, comme toujours, une pyramide que surmontait un temple, toujours le même, et dont les dimensions seules varient. Stephens, dans sa relation qui m'a paru si exacte dans certains cas, prodigue à ces petits oratoires des embellissements exagérés, ou qui ont disparu depuis, car je ne pus trouver la plupart d'entre eux.

Un autre édifice, tout auprès du grand palais, ne possède en fait d'ornementation que des dalles juxtaposées, couvertes de caractères. Heureux qui pourra trouver la clef de cette écriture, muette aujourd'hui, et qui nous dira quels furent ces peuples dont l'origine est le sujet des hypothèses les plus contraires! Les piliers de ce temple portent encore les empreintes des bas-reliefs en stuc qui les couvraient du haut en bas.

Au nord du grand palais et à une distance que je ne peux préciser, sur une pyramide moins élevée que les précédentes, existe un autre monument d'une étendue plus considérable et dont Stephens ne parle pas dans sa relation. Il est presque entièrement ruiné, et c'est seulement au moyen de moulages qu'il serait possible de recueillir les documents indispensables à la science pour qu'elle pût étudier avec fruit les débris de bas-reliefs et les inscriptions de cette race anéantie.

Voici la description du palais :

Orienté comme toutes les ruines que nous avons visitées, la façade est tournée à l'est. L'état de ruine de la pyramide oblongue sur laquelle se dressait l'édifice ne permet pas de lui assigner une hauteur exacte, je ne crois pas qu'elle dépasse quinze pieds, et la mauvaise photographie de notre album vient à l'appui de cette supposition. La base de la pyramide pouvait avoir cent mètres de face sur soixante-dix de côté. Un mur perpendiculaire, dans l'axe de la porte de communication des galeries intérieures et extérieures, séparait deux escaliers qui permettaient d'arriver jusqu'au monument.

Je ne sais à quoi peut tenir cette différence dans les plans des palais reproduits jusqu'alors; Stephens donne une pyramide à marches continues, Baradère et Saint-Priest figurent sur la même pyramide un simple escalier dans le milieu. Une partie de l'édifice s'est-elle écroulée depuis? C'est la seule supposition admissible pour expliquer cette divergence dans les dessins et représentations d'un même objet.

Je ne peux avoir inventé le mur perpendiculaire, et la photographie le reproduit.

Le palais se compose de quatre galeries parallèles bordées de bâtiments au sud et à l'ouest. Les galeries enferment deux cours, la première ayant vingt mètres de long sur dix-sept de large; la seconde, de moindre dimension, n'en a guère que quinze sur huit.

La galerie extérieure devait entourer le palais tout entier, et les restes de piliers existants le feraient croire; le plan donné par Stephens dans son ouvrage nous a paru d'une grande exactitude, et il lui a fallu de longues recherches pour le reconstruire aussi parfait.

Aujourd'hui, la galerie extérieure de face n'offre plus que huit piliers debout, et l'espace libre encore est de trente-deux à trente-cinq mètres. La galerie, affaissée à son extrémité de gauche, se trouve, par un plan incliné, reliée avec le toit de l'édifice.

Chaque pilier a huit pieds d'élévation, et chacun possède un bas-relief de même hauteur avec un riche encadrement. Le sujet représente généralement de un à trois personnages : l'un debout, guerrier, prêtre ou monarque dans l'attitude du commandement, la tête couverte d'une parure de plumes, de lauriers ou d'ornements bizarres, les deux autres prosternés en suppliants. Cinq de ces piliers ont le même genre de bas-reliefs; le sixième, celui de gauche, ne porte que des hiéroglyphes. Il est probable alors que les deux piliers suivants, portant aussi des inscriptions, étaient placés au milieu de l'édifice, et qu'un autre escalier correspondant à celui dont l'emplacement est marqué dans notre photographie, donnait accès sur une porte semblable à celle qui s'ouvre du côté de la première cour. L'autre se serait ouverte au sud vers les bâtiments d'habitation.

Tous les bas-reliefs sont dans le plus triste état ; l'un n'a qu'une tête, une jambe, un bras, ou quelqu'autre partie du corps ; il faut beaucoup d'habileté pour les reconstruire. Cependant, avec les profils marqués sur le plat du mur on pourrait y arriver. On reconnaît au décollage de certaines portions des bas-reliefs que les sujets ont été modelés sur le ciment déjà sec dont les piliers sont enduits.

Ainsi que nous l'avons fait observer pour les

temples, chaque dessus de porte était formé par un linteau de bois composé de deux pièces dont les empreintes existent encore au sommet de chaque pilier. Comme ceux du Yucatan, le bâtiment lui-même n'était composé que d'une frise s'élevant du pilier à la hauteur du monument; mais cette frise était plus étroite que celles d'Uxmal, se rapprochant de celles de Chichen-Itza; seulement, au lieu d'être perpendiculaire, elle obliquait un peu sur elle-même.

Il est difficile, aujourd'hui, de juger de l'ornementation de cette frise, il en reste fort peu de chose, ce sont des espèces de méandres, modelés dans le ciment, et dont la manière ainsi que les matériaux employés rappellent le style des monuments d'Izamal.

L'encadrement de pierres est beaucoup plus développé que dans les monuments d'Uxmal et devait former et forme encore au-dessus de chaque pilier une saillie énorme.

L'intérieur de la galerie porte à hauteur d'homme six écussons au milieu desquels on voyait autrefois des figures d'homme et dont il ne reste aujourd'hui que des débris. Ces écussons, placés à l'abri, ont conservé une couleur claire.

Au-dessus des écussons, des ouvertures en forme de trèfle sont creusées dans le mur de soutènement des deux galeries, mais sans le perforer entièrement; elles n'ont guère que dix-huit pouces de creux. Les trois feuilles du trèfle n'ont pas même la forme complétement ronde, car les extrémités sont terminées par de petites dalles. Le dessus de la grande porte affecte la même figure.

La façade et la galerie que nous venons de décrire est noire et couverte de mousses ; j'essayai de la nettoyer et de frotter les piliers, afin de leur donner une couleur plus photogénique, mais sans y réussir ; je fus, du reste, obligé de le faire pour tous les objets que je voulus reproduire. Dans l'origine, l'édifice était entièrement peint, et l'on retrouve encore des traces de couleur.

La seconde galerie répète la première, moins les écussons ; les trèfles y sont également très-profondément creusés.

Le sol de cette galerie devait s'élever à six ou sept pieds au-dessus du niveau de la cour, qui se trouve aujourd'hui fort exhaussée par les détritus de toutes sortes, arbres, pierres, etc. On descendait dans cette cour par un escalier parfaitement conservé ; de droite et de gauche, partant du sol pour atteindre à la hauteur de la galerie, sur laquelle elles s'appuient en pente, se trouvent cinq dalles sculptées, représentant divers personnages dont quelques-uns d'une expression assez heureuse, mais d'un tout autre caractère que les bas-reliefs en pierre et en stuc déjà connus.

La troisième galerie a ses soutiens ornés de la même manière que celle déjà décrite, et ne se distingue que par les soubassements des piliers, en pierres chargées d'ornements et de sculptures bien conservées.

La seconde cour est sans ornementation. Les bâtiments d'habitation, placés au sud des deux cours se composent d'un enchevêtrement de galeries et d'intérieurs de diverses grandeurs, de couloirs et de souterrains où l'on remarque un autel et des pierres de sacrifice; il est fort difficile de pénétrer dans ces intérieurs : la plupart sont affaissés et les autres menacent ruine.

Le même tigre à deux têtes qu'on voit sur l'autel, au milieu de la vaste esplanade du palais à Uxmal, se retrouve à Palenqué, dans le bas-relief oval incrusté à l'intérieur d'un appartement du palais; il supporte une femme ou une déesse à laquelle un personnage à genoux semble offrir un diadème orné d'une haute aigrette de plumes. J'allais oublier de parler du canal souterrain qui coule aux pieds du palais; j'ignore jusqu'où il conduit, et je ne pénétrai pas au delà de dix mètres; d'une largeur de deux mètres sur une hauteur égale, il est couvert d'immenses pierres, qui lui donnent une solidité que n'ébranlent pas encore les dévastations de la forêt. L'eau, qui coule dans ses profondeurs, est toujours limpide et d'une fraîcheur remarquable dans ce climat dévorant.

Une tour carrée de deux étages s'élève dans une petite cour, au sud de la quatrième galerie. Percée de quatre fenêtres à chaque étage, elle domine l'ensemble du palais. Cette tour offre un coup d'œil des plus pittoresques : des arbres énormes ont poussé dans l'intérieur du second étage, et semblent sortir d'une caisse, comme les orangers dans nos serres. Les racines ayant percé les murailles, encerclent la tour comme les cerceaux d'une immense cuve, et menacent de la briser par l'irrésistible pression de leur croissante vigueur.

Je voulus prendre une vue de ce monument original dans son aspect sauvage, et c'était la meilleure de mes reproductions, mais elle fut perdue ainsi que beaucoup d'autres, et les quatre plus mauvaises me restèrent seules.

Du reste, je l'avoue, mon expédition à Palenqué fut un insuccès déplorable. Il m'eût fallu dix fois les ressources dont je disposais, et j'en eus là moins qu'ailleurs; il m'eût fallu des glaces et du collodion, et je n'avais que du papier ioduré dont l'exposition est d'une longueur énorme, la réussite toujours incertaine, et dont le développement demande de l'eau distillée que je n'avais pas, et des soins impossibles dans le désert. J'avais apprécié d'avance les difficultés qui m'attendaient, et chaque jour il en surgissait de nouvelles.

Ainsi, les Indiens ne voulurent point nettoyer les herbes qui couvraient la frise de la façade, pas plus que couper les arbres qui s'avançaient, cachant la plupart des détails. Ils craignaient, disaient-ils, de voir l'édifice s'écrouler sous leurs pieds.

J'avais établi mon cabinet noir dans un souterrain; j'y préparai mes feuilles le matin. Mais l'eau du canal toute pure et limpide qu'elle parût, amenait dans mes lavages des milliers de taches que je ne pouvais prévenir. J'exposais le jour, et, difficulté nouvelle! il faisait une telle humidité dans ces bois, que ma chambre noire, éprouvée par deux années de voyage, se resserrait jusqu'à briser ses jointures, de façon qu'il m'était impossible de faire jouer les châssis. Plus tard, vers le midi, la chaleur était tellement intense, que le bois se contractait avec la même puissance et que tout était à jour. Il fallait alors envelopper l'instrument du haut en bas avec des linges et des vêtements que je mis en lambeaux pour cet usage.

Le soir nous soupions, Dieu sait comment! Ma principale nourriture était le *pozole*, pâte de maïs crue délayée dans de l'eau, dont j'avalais des quantités effroyables. Je recommande cependant au lecteur une soupe d'escargots de la petite rivière, d'une saveur toute particulière, et dont je me régalai plusieurs fois pendant mon séjour à Palenqué.

La nuit venue, éreinté par un va-et-vient perpétuel, il fallait commencer le développement des clichés, opération qui durait jusqu'à minuit, une heure du matin.

Mon domestique et le guide dormaient quand la

voix des tigres ne venait pas troubler leur sommeil. Le guide, un métis du village, aurait voulu nous quitter depuis longtemps, et plusieurs fois la frayeur qu'il éprouvait la nuit lui avait occasionné des accidents terribles. Le malheureux n'osait faire un pas en dehors des feux; j'avais beau lui dire que l'animal le plus féroce n'eût point osé l'attaquer dans une situation pareille, et que certainement, il n'oserait l'approcher, il ne voulait rien entendre et restait dans la zone des feux, c'est-à-dire beaucoup trop près de nous.

Quelquefois, je cédais à la lassitude et chargeais mon homme de surveiller les clichés dans leurs bains; mais, me réveillant en sursaut, je le trouvais plongé dans le plus profond sommeil. Ce fut ainsi qu'une nuit n'en pouvant plus et devant la présence de deux jaguars, révélée par leur râlement trois fois répété, je le priai de veiller deux heures et de m'appeler pour le remplacer. Mais à peine étais-je enseveli sous ma moustiquaire, qu'entendant les râlements se rapprocher, je lui criai de veiller; il me répondit qu'il veillait effectivement, et quelques minutes après, les bruits ayant cessé, j'allais m'endormir, quand j'entendis à dix pas de moi la marche prudente d'un animal; les feuilles sèches criaient sous ses pattes; un léger frisson me passa par le corps; ne faisant qu'un bond en dehors de ma moustiquaire, je passai par-dessus le premier feu, et arrachant mon fusil des mains du misérable qui dormait, je me retournai contre l'animal; mais je ne pus apercevoir qu'une ombre incertaine dans les profondeurs de la galerie.

Le jaguar, car c'en était un, remonta sur le toit du palais et vint précisément se tapir au-dessus de nos têtes. J'essayai, mais en vain, de le toucher avec mon révolver ; je n'osai m'aventurer à sa poursuite dans l'obscurité, et je crus prudent, par la suite, de coucher entre les deux feux que nous allumions chaque soir à dix pas de distance l'un de l'autre. J'avoue même que je ne dormis guère cette nuit-là; le jaguar m'inquiétait, quoique n'ayant rien à craindre de lui. Le matin, au petit jour, il partit par le côté opposé; je le vis bondir du toit sur la pente de la pyramide et disparaître.

Combien souvent arrivait-il aussi que l'orage éteignait mes lumières, dispersait les feux, souillait mes bains chimiques de débris de toutes sortes : il fallait recommencer le lendemain pour échouer encore.

Comme compensation à mes fatigues, j'avais, après l'orage de chaque soir, le spectacle des nuits radieuses ; la lune, se levant tard, glissait obliquement ses rayons argentés dans l'ombre épaisse de la forêt; puis, pénétrant dans l'espèce de clairière environnant le palais, elle jetait dans ma solitude, par le jeu des ombres et des lumières, tout un peuple de fantômes.

Gracieuses ou terribles, lourdes, légères ou diaphanes, mon imagination aidant, ces fantasques apparitions prenaient à mes yeux le corps de la réalité.

Une nuit, nuit merveilleuse, j'assistai à toute une création des plus sublimes mystères de notre histoire religieuse.

Je me rappelle encore une vaporeuse assomption, telle qu'en savait peindre Murillo : les nuées portant la Vierge, le croissant, les longues draperies flottantes, et dans l'ombre de vagues formes d'anges. Puis tout disparaissait, changeait de place, se transformait : une création nouvelle s'élevait comme un rêve au milieu des ombres de la création évanouie. Un moment vint où muet, atterré, confondu, je vis se formuler, mais dans toute sa puissance et dans toute son écrasante majesté, la plus haute expression du génie humain dans les arts : le Dieu de Raphaël séparant les ténèbres de la lumière. Oh! c'était bien là le créateur des mondes, tel que l'imagination humaine l'a pu concevoir, avec cette tête majestueuse, ce front divin, ce geste tout-puissant et sa marche souveraine dans les espaces. Le dessin, la couleur, le lieu, en faisaient non plus un fantôme, non plus une apparition, mais une terrifiante réalité. Tremblant, anéanti, je crus voir Dieu lui-même venant réveiller de leur sommeil séculaire les habitants de ces ruines. J'attendais que la trompette formidable donnât le signal, que la terre s'ouvrit et que les ombres de ces guerriers, de ces prêtres et de ces souverains comparussent devant le Maître de toutes choses. Étais-je le jouet d'un rêve? Je m'avançai doucement, sans détourner les yeux, de peur que la vision s'envolât, puis ayant touché Carlos endormi et l'ayant éveillé : « Tiens, regarde, lui dis-je; vois-tu?—Ah! que cela est beau, fit-il, que cela est grand ! » Il était frappé comme moi ; quant au guide, il ne comprit pas et ne vit pas d'abord, mais la puissante apparition s'empara bientôt de lui, il se mit à genoux et pria.

Quand la lune disparaissait derrière la montagne comme un flambeau qui s'éteint, la forêt entière semblait illuminée par des milliards de lucioles voltigeant en tous sens; alors, attirées par la lumière d'une branche enflammée que nous agitions, elles accouraient vers nous de tous les côtés à la fois, et j'en remplissais un sac de gaze bleue qui, pendu à la voûte de la galerie, composait un lustre d'un effet magique.

J'attendais chaque jour la visite du jeune Allemand; il m'avait promis de me conduire aux temples nouvellement découverts; mais il ne vint pas. Mon guide ne connaissait que les cinq édifices dont nous avons parlé. Je m'aventurai donc seul à la recherche des monuments. J'avais une petite boussole pour me guider, et du reste je n'avais pas l'intention d'aller très-loin. Je connaissais la direction des ruines, elles s'étendent sur une ligne parallèle aux lignes de la *sierra;* je n'avais qu'à suivre : tant mieux si je devais rencontrer quelque chose.

Je n'avançai qu'avec difficulté, et je pensais bien n'avoir parcouru qu'une faible distance après deux heures de marche; j'avais abattu un magnifique hocco à crête noire et blanche, que je destinais à notre souper; je tuai également un serpent vert de plus de deux mètres de longueur, dont je ne connais malheureusement pas le nom. Mais de ruines point. Je commençais à me fatiguer; pourtant, comme il était de bonne heure, je résolus de marcher encore, obliquant du côté de la montagne. Le terrain, coupé de montées et de descentes, m'indiquait assez que j'étais au pied même de la *sierra*. Je finis par trouver un monticule plus rapide que les autres, et quelques pierres taillées me firent espérer que j'avais enfin retrouvé l'un des temples ; je gravis la pyramide et je me trouvai bientôt en présence d'un édifice du même genre que les ruines environnant le palais; la galerie de face, avec deux ouvertures, et les petits intérieurs du fond, l'autel et ses trois pierres, tout était identique. J'étais satisfait. Il s'agissait de regagner le campement et j'y mis plus de temps qu'il ne m'en avait fallu pour m'en éloigner. Je finis néanmoins par retrouver le petit ruisseau, et, suivant son cours, je reconnus la pyramide au temple de la croix : cinq minutes plus tard, je gravissais l'escalier du palais, où je me couchai dans mon hamac, rendu de fatigue et mourant de faim. Le hocco fut vite apprêté; nous le dévorâmes à belles dents.

Les ruines de Palenqué impriment à l'esprit l'idée de la plus haute antiquité; mais rien, dans ces monuments extraordinaires, ne peut lutter de grandeur, d'élégance, de richesse et d'harmonie avec les édifices d'Uxmal. Il n'est pas improbable que les fondateurs des villes yucatèques descendissent des habitants de Palenqué, ou, tout au moins, que leur civilisation ne procédât de cette civilisation beaucoup plus ancienne; dans ce cas, Uxmal en serait l'apogée.

Quant à la ville même, dont l'existence est l'appréciation d'études si diverses, nous ne croyons pas qu'elle exista jamais. Cette multitude de temples, semblables entre eux et fort éloignés les uns des autres, s'étendant sur une ligne de près de quatre-vingts lieues, partant de Palenqué, par Ocosingo jusqu'à Commitan, frontière de Guatemala, ne fait supposer qu'une même civilisation chez toutes les peuplades de ces montagnes, civilisation religieuse, organisation théocratique par excellence. Le grand palais, entouré de ses temples, ne représente, à notre avis, qu'un centre religieux plus considérable que les autres. En voici la raison : quand on parcourt la montagne et qu'on a vécu parmi les Indiens, on ne tarde pas à se convaincre que ces populations ont conservé leur antique manière de vivre, portant à l'idée chrétienne et aux prêtres qui les dirigent le même respect dont ils entouraient leur ancienne religion. Comme autrefois, ils vivent séparés, perdus dans les solitudes de la forêt, loin de l'église comme jadis loin du temple. Les jours de fête et de cérémonie publique, ils accourent au village, accomplissent leurs devoirs religieux, écoutent la voix du pasteur et vont retrouver l'habitation passagère qu'ils ont élevée dans les bois.

C'est ainsi qu'un village paraît ne se composer que d'une église entourée de quelques cabanes, et ne représente qu'une fort modeste population ; mais si vous vous informez, on vous répondra que cette bourgade compte dix mille habitants. Du reste, la ville immense que l'on suppose avoir existé à Palenqué ne se compose pas que d'un palais et de quelques petits temples, mais d'édifices de tous genres et de monuments publics de toutes dimensions. Voyez le Yucatan : à Chichen-Itza, sur une arène de trois kilomètres vous comptez dix édifices et des ruines en quantité ; à Uxmal, dans un rayon plus étendu, pyramides, temples et palais se succèdent sans interruption. Des ruines même de peu d'importance feraient croire à l'existence d'habitations particulières encore debout ; il y avait agglomération et ville incontestablement ; à Palenqué, rien de tout cela.

Ce n'est point à dire que Palenqué manque d'importance. Ses ruines nous paraissent être, pour la science, les plus précieuses, en tant qu'à notre avis, elles sont appelées à nous donner un jour la clef des civilisations américaines. Les nombreuses inscriptions que renferment Palenqué et les temples de la montagne attendent le Champollion qui doit faire cesser le mutisme de leur table de pierre. L'étude assidue des langues *maia*, *zapotèque*, *toltèque* doit amener ce beau résultat. Un homme nous semble destiné à jouer ce magnifique rôle dans l'avenir : M. l'abbé Brasseur de Bourbourg, qui possède ces trois idiomes, pourra sans doute, dans son séjour prochain à Palenqué, nous rapporter ces paroles vivantes.

Cela ne nous dira pas à quelle époque Dieu jeta l'homme sur la terre, ni de quelle manière il le forma ; la science, si haute qu'elle soit, recule impuissante devant ce problème. Mais ayant découvert, par les inscriptions de Palenqué, la date probable de la fondation de ces temples et de l'ère civilisée chez ces peuples, elle pourrait remonter à une époque assez reculée dans les siècles, pour nous dire si ces premiers créateurs furent les descendants du vieux monde ou si elle a le droit de les déclarer autochthones.

Il nous reste à formuler sur ces ruines, un vœu que bien d'autres avant nous ont déjà fait. N'appartient-il pas à une nation comme la nôtre, tête et lumière du monde, de s'emparer de ces monuments précieux, de leur offrir dans nos musées la place que leur importance réclame? Cette absence de tout document sur les origines américaines forme une vaste lacune dans l'histoire de l'humanité; c'est au gouvernement à la combler, et, s'il recule devant les frais immenses que comporterait le transport des originaux, n'a-t-il pas le moulage, si facile aujourd'hui avec le procédé de M. Lottin de Laval, et n'a-t-il pas des hommes pour l'exécuter?

L'Amérique a pris sur nous l'avance; à l'époque du voyage de Stephens, des Américains avaient déjà tenté cette lourde entreprise; ils échouèrent devant la mauvaise volonté du gouvernement de Chiapas. Aujourd'hui, que nos armes victorieuses portent au Mexique les idées civilisatrices et le repos, aujourd'hui que l'influence française va soustraire ce beau pays à l'engloutissement de la civilisation américaine, ne serait-il point à propos de mêler quelques idées d'art et de science à la gloire de nos armes? Une note du gouvernement suffirait pour aplanir toute difficulté et pour doter la France de documents que jalousent l'Amérique et l'Angleterre.

Mes opérations terminées, et comprenant que, malgré mes efforts, je ne pourrais faire mieux, je mandai les Indiens pour enlever mes bagages; ils partirent. J'avais vécu neuf jours dans les ruines.

Mon retour au village fut triste; j'avançais la tête

basse, avec la contenance d'un vaincu, me promettant néanmoins, si Dieu me prêtait vie, de revenir un jour pour arracher à ces ruines des images plus fidèles et les moulages de ses précieux monuments.

XIV

TUMBALA

Départ pour San Cristobal.—De Palenqué au rancho.—Absence des Indiens.—Départ pour le rancho de Nopa.—Chemins affreux.—Désespoir de Carlos, mon domestique.—Famine.—Les singes.—Nopa.—San Pedro.—Trois jours d'attente.—Le cabildo.—Attitude hostile des habitants.—Arrivée des Indiens.—Leur abandon dans la nuit.—De San Pedro à Tumbala.—Trois nuits dans la forêt vierge.—Les jaguars.—Arrivée à Tumbala.

Don Agustin, à notre arrivée à Santo Domingo, s'informa près de l'alcade s'il n'aurait point à ma disposition des Indiens de la montagne se dirigeant vers San Cristobal. Six d'entre eux, du *pueblo* de *Tumbala,* retournaient précisément, le dos libre, à leur village de la *sierra.* Ils devaient suffire au transport de mon matériel et je les arrêtai. Il faut dire que, dans toute la montagne, les Indiens font métier de bêtes de somme, chevaux et mules étant fort rares et ne pouvant franchir les sentiers à pic, seules voies de communication des villages entre eux. Ceci s'applique spécialement au parcours de Palenqué à Iajalum; car, de ce dernier point à San Cristobal, la route devient praticable et les distances peuvent se franchir sur une mule ou à cheval.

Mes préparatifs terminés, je payai, car l'on paye d'avance, coutume déplorable qui amène toujours, du côté des Indiens, des difficultés sans nombre. Don Agustin m'avait donné l'itinéraire à suivre et j'avais inscrit sur mon carnet les noms des Indiens, afin que je pusse réclamer en cas d'accident.

J'avais en outre loué deux chevaux pour Carlos et moi; ils devaient nous porter jusqu'à une première station, au pied de la *sierra* même. C'était une distance de sept lieues épargnées à nos pauvres jambes qu'attendaient plus tard d'étranges épreuves. Un domestique de don Agustin nous suivait pour ramener les bêtes, et comme je n'apercevais pas les Indiens, on me tranquillisa, me disant qu'ils seraient bientôt en marche, et nous rejoindraient à la station. Je serrai donc la main de don Agustin, le remerciant de son obligeance. Don Pio, les larmes aux yeux me donna l'*abrazo* : j'allais revoir sa chère patrie dont trois mois d'exil le séparaient encore; je n'aperçus point *la Pancha*.

Nous arrivâmes au *rancho* vers les dix heures, et comme le guide voulait retourner immédiatement à Palenqué, j'exigeai qu'il restât jusqu'à l'arrivée des Indiens que je ne voyais point venir. La journée entière se passa dans l'attente, recherches, appels, sifflements aigus à l'usage des égarés; tout fut inutile, et l'écho même ne répondait pas. La position devenait gênante : comptant sur l'arrivée immédiate des porteurs, nous étions partis sans autres vivres qu'une énorme boule de *posole*, nourriture fade et peu fortifiante pour des estomacs affamés. Une rivière courait aux pieds du *rancho*, et le guide s'en alla à la recherche des escargots que nous connaissions déjà. Il en fit une ample récolte, ce fut là tout le menu de notre souper.

La nuit venue, et les feux allumés, je m'enveloppai dans mon *zarape*, m'efforçant de prendre mon mal en patience, et persuadé qu'à la première heure les Indiens arriveraient. Il n'en fut rien ; je n'avais garde de laisser partir le guide et ses chevaux ; il était le seul d'ailleurs avec lequel je pouvais m'entendre, les Indiens ne parlant pas l'espagnol, et je saurais au moins, si quelque voyageur arrivait de Palenqué, ce qui avait pu retarder ainsi mes compagnons de route. Je pouvais, au besoin, me servir des chevaux pour retourner en arrière.

Je passai la matinée dans le bois, où je fis une trouvaille extraordinaire, à mes yeux du moins : c'était une tortue de huit à dix pouces de long, dont l'écaille inférieure était garnie à ses extrémités de deux appendices à charnière qui lui permettaient de s'enfermer hermétiquement dans sa coquille et de braver toute espèce d'ennemis. J'éprouvai plusieurs fois la force de résistance de ces portes naturelles et je ne pus les ouvrir. Je pensai d'abord à conserver ce curieux animal, mais ventre affamé n'a pas d'oreilles, je le mangeai. A midi, le bruit d'un certain nombre d'hommes traversant la rivière me fit dresser l'oreille ; nous allions donc partir, je m'élançai au-devant d'eux, mais je ne rencontrai que deux Indiens inconnus auxquels le guide adressa la parole. Ils venaient de Palenqué ; j'appris alors que les porteurs s'étaient enivrés, puis battus et avaient occasionné une espèce d'émeute dans le village. Il avait fallu les arrêter et les enfermer dans la prison, où ils avaient cuvé leur *anizado;* que, du reste, on devait les relâcher ce jour même et que nous les verrions bientôt.

Le guide, dont les chevaux depuis deux jours ne mangeaient que du feuillage et qui lui-même ne demandait qu'à s'en aller, échangea quelques paroles avec les Indiens en question, me dit que ces deux hommes, moyennant une légère rétribution, consentiraient à porter nos couvertures et le paquet que j'avais avec moi; qu'ils nous serviraient de guides dans la forêt et que nous devions atteindre San Pedro dans la journée. Là, disait-il, nous trouverions des vivres en abondance et les porteurs nous y rejoindraient le soir même. Comme on n'aime peu généralement à retourner sur ses pas, que le village était loin et San Pedro à une demi-journée de là, suivant le guide, j'acceptai sa proposition ; il enfourcha son cheval, prit l'autre en main et disparut.

Pour nous, munis d'un long piquet, le fusil en bandoulière et le révolver à la ceinture, nous nous mîmes à marcher à la suite des Indiens. La côte, d'abord assez douce, devint bientôt d'un escarpement extraordinaire; ce n'était plus une marche, mais une escalade. Les deux hommes semblaient infatigables, et nous avions peine à les suivre. Il fallut bientôt quitter veste et gilet dont ils se chargèrent encore; pour eux, nus comme la main, sauf une mince bande de coton remplaçant la feuille de vigne, ils continuaient le pas accéléré.

Je mis d'abord un certain amour-propre à ne point me laisser dépasser, mais il fallut bientôt parlementer; nous haletions, et Carlos n'en pouvait plus. De temps à autre, les Indiens faisaient une halte de quelques secondes, poussaient deux ou trois soupirs en manière de sifflements prolongés et repartaient de plus belle. Je leur fis signe d'aller moins vite, ils ne parurent y consentir qu'à contre-cœur.

Enfin, nous nous arrêtâmes au bord d'un torrent où notre boule de *posole*, notre seule ressource, fort diminuée déjà, s'évanouit tout entière. En fait de vivres, nos deux guides étaient aussi pauvres que nous; il me parut grand de partager.

Nous montions sans cesse, il était cinq heures, et San Pedro ne paraissait point. Estomacs vides, jambes faibles; quoique vigoureux, je ne gravissais plus avec la même facilité les rocs et les aspérités du sentier. Carlos se mit à gémir de plus belle, puis se coucha et refusa d'aller plus loin; je ne pouvais l'abandonner ainsi.

—Voyons, lui dis-je, ne vois-tu pas le sommet de la montagne? nous arrivons, courage! quelques minutes encore et tu te reposeras. Il se relevait, essayait de nouveau, puis s'arrêtait encore. Un moment vint où, les genoux ankylosés, la tête perdue, vraiment fou, il se roulait en désespéré.

—Partez, disait-il, partez, laissez-moi, je veux mourir; tenez, brûlez-moi la cervelle. Ah! maudit soit le jour où je consentis à vous suivre. Il blasphémait comme un damné, pleurait comme un enfant, et je ne pouvais le consoler. C'était en somme une pauvre nature.

Je dus menacer nos Indiens, pour les forcer à nous attendre. Ah! s'écriait Carlos, si nous descendions au moins, je pourrais marcher.

Une diversion vint heureusement lui donner le temps de reprendre ses esprits. Les Indiens, dans le parcours de la forêt, saisissaient tous les bruits, tous les sons, et les moindres murmures de la solitude étaient perceptibles pour eux. Ils avaient un instinct merveilleux pour apercevoir des choses dont je ne me doutais point, et plusieurs fois déjà, ils m'avaient montré des hoccos et des dindons sauvages qui se glissaient sans bruit dans les hautes branches des arbres. Ils n'auraient pas été fâchés de m'en voir abattre quelques-uns, car la soirée s'avançait et notre souper devenait plus que problématique; mais je leur donnai certainement une pauvre idée de mon adresse, car je manquai à quarante pas le hocco le mieux placé du monde; il faut ajouter que mon fusil contenait une balle et trois chevrotines.

Comme les porteurs de Palenqué avaient sur leur dos mes munitions de bouche et de guerre, il ne me restait plus qu'un coup chargé, mon pistolet ne devant m'être d'aucun usage à des hauteurs et à des distances semblables. Au moment dont je parle, nous avions entendu de grands cris sur la gauche, et les Indiens, par une pantomime expressive, me faisaient entendre qu'il y aurait là pour nous quelque belle proie. Nous laissâmes donc Carlos à son repos, et, nous enfonçant dans le bois, nous nous trouvâmes, à dix minutes au delà, en présence d'une colonie de singes hurleurs. Il y avait conciliabule apparemment : assis en rond dans les poses les plus singulières, couchés, debout ou suspendus, il y en avait de tout âge et de toutes conditions.

Un silence général accueillit notre approche; mais pas la moindre velléité de fuite : des regards curieux et quelques murmures d'improbation, ce fut tout.

En vérité, c'est encore une réputation d'esprit usurpée que celle de ces messieurs : j'eus tout le temps de choisir ma victime. Je m'adressai à un fort bel animal, tranquillement assis à cinquante ou soixante pieds au dessus de ma tête et m'offrant la surface entière de ses reins charnus; et qu'on ne me fasse point ici reproche d'attaquer mon ennemi par derrière, je n'étais pas très-sûr de mon adresse, je songeais au souper, et c'était le mieux placé de la bande. Je visai longtemps, la capsule humide rata. Je me hâtai d'essuyer la cheminée et d'y replacer une capsule de mon révolver, je n'en avais pas d'autres; je visai de nouveau et l'animal tomba lourdement : il était mort. La balle avait traversé le corps près du cœur, et l'une des chevrotines avait brisé la queue.

Il y eut alors une espèce de révolution dans le haut, et je crus à une prise d'armes; un singe ventru, de grande taille, le chef de la troupe assurément, poussa deux grondements terribles, s'agita, descendit de vingt pieds au moins, remonta, me lançant des regards furieux. Les Indiens, chargés des restes mortels du défunt, avaient repris la direction du sentier; je m'élançai sur leur trace. La troupe nous suivit un instant, passant d'un arbre à l'autre, toujours grondant, puis les rangs s'éclaircirent, et je n'en aperçus plus qu'un seul en arrivant près de Carlos; l'animal était accompagné de deux jeunes créatures.

Je pensai que c'était la veuve éplorée de ma victime. C'était bien elle, en effet, la malheureuse; elle nous suivait avec ses deux enfants. Nous étions alors sur un petit plateau qui débouchait à quelques centaines de pas, sur le *rancho* de Nopa, simple toit de chaume porté sur quatre piquets, à l'usage des voyageurs attardés. La nuit approchait, il fallut y rester.

La guenon nous avait suivis jusque-là, et s'étant arrêtée sur l'arbre le plus voisin, elle ne quittait plus des yeux le cadavre de son époux. Malgré cette preuve touchante de fidélité conjugale, je n'étais pas ému; je convoitai les jeunes orphelins et je n'eus, à ma honte, que des remords de crocodile, le regret de ne point avoir de munitions pour m'emparer de la mère.

—Mais San Pedro, dis-je à l'Indien, San Pedro? Il me comprit et me fit signe à son tour que San Pedro était encore au diable. Le guide de Palenqué m'avait fait un conte bleu et ne désirait qu'une chose, se débarrasser de nous. Enfin, nous avions des vivres et nous allions manger. Ah! quelle excellente perspective que celle de pouvoir briser un jeûne de vingt-quatre heures après une journée de marche!

Je me chargeai des préparatifs, laissant à un Indien le soin d'allumer le feu. Mon singe était d'un magnifique pelage d'un rouge noir avec les parties jaune orange : c'était un contraste par trop frappant, et je songeai à part moi que, si je m'étais emparé de ses enfants pour en faire des compagnons de route, il eût fallu leur imposer culotte.

Le dépouillement ne fut point aussi facile que je le pensais d'abord; il fallut se mettre à deux pour en venir à bout. La femelle était toujours là, témoin de ce navrant spectacle. L'opération terminée, je me hâtai de trancher la tête de l'animal, tête par trop humaine dans sa nudité sanglante, et dont la vue, malgré mon féroce appétit, m'eût enlevé toute envie de goûter à ce mets original.

Le feu étant allumé, le corps fut lavé, coupé en quatre, le foie et le cœur mis à part comme morceaux de choix, et le tout suspendu sur les branches vertes, au-dessus de la flamme petillante, rôtissait avec ce petit grésillement plein de charmes que fait la graisse, tombant par gouttes sur les charbons ardents.

Nous soupâmes aux flambeaux, car la nuit était venue ; je trouvai le rôti de bon goût, mais le sel manquant, un peu fade ; mariné, le râble eût été délicieux. Le déjeuner se composa des reliefs de la veille. La descente commençait, et Carlos, un peu remis de ses chaudes alarmes, marchait d'un pas plus assuré.

Ce jour-là, le sentier se peupla de troupes d'Indiens chargés, se dirigeant vers *las playas* : nous en croisions à tout instant ; à chaque nouveau passant, je m'informais de San Pedro. L'un d'eux enfin, parlant quelque peu l'espagnol, me répondit qu'il nous restait bien encore six lieues à faire. Nous marchions depuis trois heures, c'était donc, avec la course de la veille, un total approximatif de seize lieues au moins. Une grande et belle rivière, que je ne retrouve point dans la carte de Chiapas, nous barrait la route ; un Indien nous fit passer en pirogue, et deux heures plus tard nous apercevions les cabanes du village.

Là devait commencer une série d'épreuves que la protection toute spéciale de la Providence me permit seule de franchir sain et sauf. San Pedro est un village d'Indiens à moitié barbares, et vous n'y rencontrez pas une figure indiquant le plus petit mélange de sang espagnol. Il se compose d'une centaine de cabanes, disséminées sans ordre sur les petits monticules d'une plaine moutonneuse; l'aspect en est pauvre, sans charme, et d'un sauvage abâtardi; l'église me fit croire à la présence d'un curé, mais il n'y en avait point.

Je me dirigeai vers le centre du village, comptant prendre gîte (en payant, naturellement) dans la première case venue; mais je n'avais plus affaire aux Indiens d'Oaxaca; dans le premier *jacal* où je mis les pieds, au lieu de la bienvenue que j'attendais, je ne trouvai que des femmes qui poussèrent à ma vue des cris d'effroi et s'enfuirent aussitôt. J'avais, il est vrai, mon fusil sur l'épaule, une grande barbe; mais, en vérité, je ne me croyais point d'apparence si redoutable.

Les cris de ces Indiennes avaient attiré, au dehors des cases, toute la population féminine de l'endroit; elle m'environnait avec une curiosité inquiète et se sauvait à mon approche. Comme nous ne parlions pas la même langue, il était difficile de nous entendre; cependant, à l'interrogation répétée du mot *gobernador*, gouverneur (car l'alcade s'appelle gouverneur dans cette partie de la montagne), l'une de ces femmes, plus courageuse que les autres m'indiqua sur la droite une cabane de grande apparence, et je m'y dirigeai, suivi de Carlos.

J'entrai ; trois jeunes filles, nues jusqu'à la ceinture, écrasaient le maïs sur des *metates* (pièces de granit taillées en creux), tandis qu'une vieille femme, aux seins pendants, remuait, au moyen d'une cuiller de bois, un pot fumant, dont les exhalaisons graisseuses sinon délicates, ne laissaient pas que de chatouiller mon odorat. Deux gamins, de dix à douze ans, en nature, complétaient le tableau.

Je produisis moins d'effet dans la demeure du chef que dans les précédentes cabanes ; cependant les jeunes filles suspendirent leurs travaux, et la gouvernante, sa cuiller à la main, fit mine de me barrer le passage, m'adressant dans son idiome une foule de questions inutiles. J'entrai néanmoins, et me servant de cette pantomime à l'usage de tous les peuples, qui consiste à faire agir en va-et-vient l'index devant la bouche ouverte ; je lui fis comprendre que j'avais faim et que je désirais qu'elle me servît, le plus tôt possible, quelque peu du fricot qui mijotait dans sa marmite.

J'appuyai la démonstration de la vue d'une pièce blanche, l'assurant par là de la pureté de mes intentions.

Mais elle me répondit par un geste négatif des plus formels, insinuant qu'elle n'avait rien à m'offrir et que j'allasse voir ailleurs.

—Diable, dis-je à Carlos, nous ne sommes point précisément ici chez des montagnards écossais. Carlos ne comprit pas.

Je voulus reprendre le fil de la négociation interrompue; peine inutile, la vieille ne voulut rien entendre.

Comme je n'avais à espérer meilleur accueil nulle part, et qu'en somme j'étais dans la place, je résolus de ne point faire retraite devant le mauvais vouloir de la vieille.

Quant aux vivres, un coq blanc se pavanait dans la cour au milieu de ses poules, et soit préméditation de ma part, soit mauvaise chance de la sienne, il tomba le premier sous ma main; je lui tordis immédiatement le cou. Toute la famille avait jeté des cris à ameuter le village, je n'en avais pas moins continué ma poursuite, couronnée, comme on le voit, d'un plein succès.

Je présentai donc le coq à la gouvernante, la priant de le préparer : je lui remis deux réaux dans la main, comme prix du bipède, et m'allai coucher sur un banc. Carlos ronflait déjà.

Quelques instants après, l'Indienne m'apportait le coq parfaitement plumé, mais cru et non vidé; et qu'on n'aille pas croire que je charge les choses, je raconte un fait. L'aimable gouvernante me prenait pour un sauvage; la créature civilisée, c'était elle; je représentais à ses yeux la barbarie. Je lui pris donc le poulet des mains le plus respectueusement que je pus, et j'allai l'enfoncer moi-même dans le liquide bouillant de son pot au feu.

Le coq était dévoré depuis longtemps et je dormais, étendu sur mes couvertures, quand on me réveilla brusquement. Deux Indiens se trouvaient devant moi ; c'étaient les premiers que j'eusse aperçus depuis mon entrée dans le village ; ils vont à leur *milpa* dans la journée et ne rentrent que le soir.

Ils avaient des figures hostiles et me firent comprendre qu'il fallait absolument vider la place où je n'avais aucun droit ; d'autres Indiens s'étaient joints aux premiers : toutes ces physionomies étaient menaçantes, je cédai prudemment. L'un d'eux me conduisit au *cabildo*, déjà rempli d'une foule d'Indiens de toutes les parties de la *sierra*, descendant à *las playas* ou remontant à leurs villages ; mais des gens de Palenqué, pas de nouvelles.

Il y avait fort heureusement parmi ces hommes un métis de Chilon, parlant très-bien l'espagnol, auquel je contai ma pitoyable histoire ; je le priai donc, s'il connaissait quelqu'un dans le village, de vouloir bien me recommander à lui, de façon que, si je devais longtemps encore attendre mes bagages, je pusse au moins me procurer le nécessaire sans avoir recours à la violence et sans m'exposer à des accidents fâcheux. Il arrangea l'affaire avec un bon vieux ménage qui, matin et soir, m'envoyait des vivres ; il me promit, en outre, de hâter l'arrivée de mes porteurs s'il les rencontrait sur sa route. Je le remerciai ; il partit.

La nuit que je passai dans cet infâme *cabildo* fut une des plus terribles que puisse retracer ma mémoire. Tous ces Indiens, nus ou en chemise, répandaient dans l'atmosphère une odeur *sui generis* qui soulevait le cœur : sales comme des peignes, ils avaient importé de leur village dans ce cloaque des échantillons de tous les parasites connus, et toute la vermine du globe semblait s'être donné rendez-vous dans cette infecte maison commune.

Je ne pouvais sortir, il pleuvait à torrent.

Enveloppé dans ma couverture, au milieu d'une poussière vivante, je croyais littéralement sentir mon corps se mouvoir et changer de place. Je ne pus fermer l'œil.

Trois nuits encore j'endurai ce supplice et la mauvaise volonté des habitants ; je me rappelle qu'un jour je fus obligé de mettre mon révolver en avant pour me procurer un peu d'eau que me refusait un Indien.

Le troisième jour, j'eus une immense joie ; mes Indiens arrivèrent, ils portaient la tête basse, comme des coupables, et l'un deux me montrait piteusement une large coupure à la jambe, conséquence de l'orgie et de la lutte qui l'avait suivie. Ne pouvant communiquer avec eux que par gestes, tout reproche devenait impossible ; je me trouvais d'ailleurs trop heureux de pouvoir changer de linge et dormir dans un hamac, au-dessus de la pourriture où j'avais croupi trois jours.

J'avais sérieusement craint quelque hostilité des habitants du village; j'avais maintenant de la poudre et du plomb sous la main, j'étais rassuré : de plus, nous partions à cinq heures du matin, tout était pour le mieux dans le meilleur des mondes.

Je dormis donc comme un loir, et quand je m'éveillai, il faisait grand jour. Mon premier regard fut pour mes Indiens et je ne les aperçus pas. Mes bagages étaient bien là, symétriquement rangés, tels que je les avais vus la veille; seulement les lanières d'écorce qui servent à les fixer sur le dos des porteurs avaient disparu.—Mes hommes sont dehors, pensai-je; ils ont voulu respecter mon sommeil. Néanmoins le soupçon me heurta comme un glaive; suivi de Carlos, je me précipitai au dehors : personne des nôtres; j'envoyai Carlos s'informer au village, je ne pouvais croire, après tant de misères déjà subies, à la lâcheté d'un tel abandon.

Cependant la moitié des Indiens du *cabildo* avait déjà disparu, d'autres, se préparant au départ, avalaient à la hâte quelques tortilles, suivies d'un coup de *pozole*, d'autres chargeaient et se mettaient en route. Quand Carlos revint, j'étais seul : il n'y avait plus d'illusion possible, les Indiens s'étaient dérobés pendant la nuit.

Cela sentait la conspiration d'une lieue, et mon parti fut bientôt pris. Je laissai Carlos se désolant, à la garde de mes bagages, et muni de mon fusil et du révolver nouvellement chargés, j'allai parcourir le village, à la recherche de nouveaux porteurs.

Partout je n'éprouvai que des refus; l'argent à la main, j'offris jusqu'à dix fois la valeur des services que je réclamais; je n'obtins que des regards de haine ou des sourires de défi. Résolu de partir envers et contre tous, je me rendis chez le vieil Indien qui, seul, m'avait montré quelques sympathies, et l'emmenant au *cabildo*, je lui fis comprendre qu'il eût à prendre soin de mes bagages, et sur l'heure, lui, Carlos et moi, nous les transportâmes dans son *jacal*.

Cela fait, je mis de côté ce que je pensais utile ou nécessaire pour une marche de trois jours, à savoir: nos couvertures, deux manteaux de gutta-percha pour l'orage, et devant servir de tente au besoin, une boule de *posole* que la vieille Indienne m'apporta, deux livres de jambon cru qui m'était resté de mes provisions avariées, des balles, de la poudre, ma hache et divers ustensiles, etc., le tout devant former deux fardeaux, l'un pour Carlos et l'autre pour moi.

J'avais pris la charge la plus lourde, cinquante livres environ, car je m'étais habitué depuis trois jours à n'être que le serviteur de mon domestique, et longtemps encore je devais continuer ce joli rôle.

Ces apprêts terminés, je hissai le tout sur mes épaules, comme un sac de soldat, au moyen de bandes d'écorce, et dans cet attirail à la Robinson qui devait être du plus haut comique s'il n'avait été des plus lamentables, j'enfilai, guidé par le vieux, le sentier de *Tumbala*. A la lisière de la forêt, l'Indien me montra le petit chemin s'enfonçant dans le bois, eut l'air de me souhaiter un bon voyage, et nous laissa seuls.

J'ignore si ses compatriotes du village avaient dessein de m'attaquer en route, en tout cas j'étais bien décidé à brûler la cervelle au premier qui se présenterait. J'avais huit coups à tirer, ce qui constituait une force respectable.

Il s'agissait d'atteindre *Tumbala*. Je regardais Tumbala comme le terme de mes misères. J'avais une lettre pour le *padre* du lieu; il me savait en route et devait m'attendre.

Mes premiers pas dans cette nouvelle carrière furent chancelants, je l'avoue; les lanières d'écorce me fatiguaient étrangement les épaules, et si j'avais eu quelques difficultés à gravir sans fardeau les premières pentes de la *sierra*, ce n'était que roses auprès de ce qui me restait à faire. Quant à Carlos, je n'en parle pas, il geignait plus que mon mulet des montagnes d'Oaxaca, et ses soupirs lamentables lui eussent à plus juste titre mérité le surnom de *pujador*, soupireur.

Malgré l'ombre épaisse et l'humidité de la forêt, la chaleur me semblait suffocante, et nous n'avancions qu'avec des peines inouïes.

Chaque cinq minutes nous faisions halte, je déchargeais mon sac et reprenais haleine.

Cependant le sentier devenait de plus en plus rapide, et le frottement du pantalon à l'endroit du genou, menaçait de paralyser l'articulation : je le coupai donc à la hauteur des cuisses et j'en éprouvai un immense soulagement. Toute innovation en appelle une autre : je quittai veste, pantalon, chemise, que je pendis à ma ceinture, et je me trouvai tout à fait à l'aise. Carlos ne m'imita point, il craignait de s'enrhumer. Ah! le charmant serviteur que j'avais là!

Je ris d'abord comme un fou de ma métamorphose, et dans cet étrange appareil, la hache et le pistolet au côté, le fusil en bandoulière, le bâton à la main et la poitrine à moitié couverte par une barbe de deux ans, je devais être fait à peindre ; la nuit de bon sommeil que je venais de passer m'avait rendu quelque vigueur, et de temps en temps nous trouvions de l'eau pour nous désaltérer.

Comme la position n'était point si mauvaise, le déjeuner de jambon cru arrosé de *posole*, au bord du torrent, fut même assez gai, et Carlos, qui m'avait encore repassé quelques bibelots de son paquet, commençait à en prendre son parti. Vers les huit heures nous nous arrêtâmes ; il eût été difficile d'aller plus loin ; nous étions parvenus à de grandes hauteurs, il s'agissait donc de trouver de l'eau et d'établir notre campement. J'obliquai sur la droite; à cinq minutes au plus, je rencontrai une source, la place était bonne, et j'eus bientôt fait de nettoyer les broussailles qui garnissaient le sol au-dessous des grands arbres.

Le bois mort ne manque pas et j'en fis une provision à pouvoir entretenir un feu de joie toute la nuit. A l'aide de ma hache, je plantai des piquets formant palissade; en quelques instants, j'eus la carcasse d'une petite tente, que je recouvris d'un manteau de gutta; l'autre, étendu par-dessous, nous permettait de braver l'humidité.

J'avais orienté la tente contre le vent, et garni les côtés de feuilles et de branchages ; aussi, lorsque l'orage de tous les jours arriva, le feu flambait c'était un plaisir, et nous pouvions défier les intempéries.

La nuit venue, nous devions faire alternativement, Carlos et moi, une veillée de deux heures ; on entendait au loin la voix des jaguars, et c'est toujours un voisinage désagréable.

La nuit se passa sans encombre ; je dormis peu, mais on pouvait s'attendre à plus mal. A l'aube j'entendis retentir les chants d'un coq ; il y avait donc des habitations auprès de nous. Je ne cherchai pas à découvrir la cabane, je n'avais d'ailleurs rien à demander; il nous restait encore un peu de *posole,* et je pouvais bien, en tout cas, tuer un singe, une dinde sauvage ou quelque autre gibier. D'ailleurs, à mon appréciation, nous devions arriver à Tumbala sur les midi. Déplorable erreur! nous n'avions fait, avec nos haltes perpétuelles, que fort peu de chemin. Midi vint, deux heures, et, nos provisions épuisées, le bois désert, ne nous faisait plus espérer qu'une nuit semblable à la précédente, moins le souper qui l'avait rendue supportable.

A chaque pas en avant, nos haltes se répétaient plus longues; je sentais avec terreur que l'énergie baissait et que le courage allait m'abandonner; j'eus une défaillance de cœur, elle ne dura point heureusement. Ah! si ma mère me rencontrait! disais-je, et me reportant à la patrie lointaine, j'ambitionnais le sort des plus infimes et des plus pauvres; ils boivent au moins, ils mangent, ils causent, et les fatigues de leurs travaux s'évanouissent au milieu des compensations de toutes sortes que prodigue la vie civilisée.

Il faut avoir souffert un long temps de la privation de ces choses, que dans le monde on traite de satisfactions grossières, pour comprendre tout le prix qui s'attache à leur jouissance, et quelle gloutonnerie se développe chez l'homme le plus maître de lui, à la pensée d'un morceau de viande et d'une simple bouteille de vin.

Alors, mon ambition n'allait pas jusque-là; un morceau de pain m'eût semblé pitance merveilleuse, et je jurai bien de ne plus quitter la France, si Dieu me permettait jamais de la revoir. Vain serment, que bien des voyageurs ont dû faire comme moi, s'ils ont traversé les mêmes épreuves. Cependant la forêt était d'une grandeur merveilleuse, nous entrions dans la zone des fougères arborescentes, et je m'extasiais devant les tiges élancées de ces magnifiques arbustes. Rien ne peut donner l'idée de leur gracieuse élégance, et dans la famille des palmiers, on ne trouve rien à lui comparer ; le cocotier est lourd et gauche auprès de la grande fougère, et la couronne de petites feuilles du dattier n'est plus qu'un ornement écourté près de son magnifique diadème. Le tronc de l'une devait s'élever à quarante pieds, ses feuilles gigantesques en mesuraient au moins quinze, et la tige n'avait pas six pouces de diamètre.

Les plantes parasites s'étalaient en couches épaisses sur l'écorce des arbres, et la famille des orchidées émaillait de ses fleurs rouges, bleues et blanches, la verdure de ce parterre aérien. D'immenses colonies de fourmis *arrieras* croisaient le sentier qu'elles couvraient sur une largeur de plusieurs mètres, toutes chargées de découpures de feuilles, qu'elles portent en l'air comme une voile, ce qui les faisait ressembler à une bande de verdure animée. A la vue de tant de choses belles et nouvelles pour moi, j'oubliais la fatigue et la faim, qui reprenaient bien vite leurs droits.

Vers le soir, je fis la rencontre d'un Indien ; j'en avais croisé d'autres dans la journée, me bornant à leur demander Tumbala, que tous m'avaient indiqué dans la même direction. Celui-ci portait sur son dos une assez grosse boule de pâte de maïs; il consentit à m'en céder une partie pour une pièce d'argent. C'était une réserve pour la nuit.

Je campai, comme la veille, dans un fourré, et tout alla bien d'abord; mais l'orage, d'une violence extraordinaire, se changea en véritable tempête. L'eau envahit notre fragile abri, et j'avais toutes les peines du monde à tenir allumé le feu qui nous gardait. Les arbres s'abattaient autour de nous avec un bruit épouvantable, et des gémissements de bêtes fauves se mêlaient à la voix de l'orage; ce fut une nuit terrible. Sur les onze heures, la pluie s'arrêta; mais le bois, mouillé, charbonnait sans jeter de flamme : nous étions dans la plus affreuse obscurité, je grelottais sous ma couverture trempée; pour comble, les rauques soupirs d'un jaguar se rapprochaient insensiblement. Je priai Carlos de souffler le feu à son tour; il était tombé dans un affaiblissement complet et ne me répondit que par un gémissement de désespoir. Le tigre avait fini par se rapprocher et se tenait à dix pas dans les broussailles qui nous entouraient; ses cris gutturaux se répétaient par intervalles de cinq minutes et m'empêchaient de songer au repos; le fusil à la main, soufflant le feu dont les lueurs mouraient, je m'efforçais de découvrir l'endroit exact où se tenait mon ennemi; ce fut en vain; l'ombre épaisse, ces fourrés impénétrables masquaient sa présence, et je ne pus que tirer au jugé les six coups de mon révolver, sans pour cela lui faire abandonner la place.

Il nous tint bloqués jusqu'à quatre heures du matin, et j'avais passé cette affreuse nuit sans fermer l'œil, soufflant mon feu, grelottant de froid. Il était temps que Tumbala se présentât, et je ne crois pas que j'eusse pu braver encore deux jours de privations et de fatigues semblables; nous y arrivâmes à dix heures. J'avais mis trois jours à faire quatorze lieues.

XV

SAN CRISTOBAL

Tumbala.—Le curé.—La chasse aux dindes.—Jajalun.— Chilon.— Citala.— Le dominicain et son ami.— Mœurs indiennes.—Ouikatepec.—Cankuk. — Les Indiens porteurs. — Ténéjapa. — San Cristobal. — Hospitalité de M. Bordwin.—Les mœurs.—Les églises.—Le psalterion.—Le gouvernement.—Ruines aux environs de Comitan.

En l'absence du curé, à la vue de nos visages terreux et de nos vêtements souillés de fange, la gouvernante du presbytère refusait de nous recevoir. Je lui fis part de l'abandon des Indiens et des événements qui en avaient été la suite, et lui présentai la lettre à l'adresse de son maître ; il se trouvait en promenade aux environs, on l'envoya chercher aussitôt. Du haut de la galerie de sa maison, je le vis venir : c'était un jeune homme de trente ans au plus, en redingote noire et en chapeau de feutre ; sa figure était avenante et sympathique: je m'empressai au-devant de lui, et, m'ayant donné la main :

—*Hombre !* s'écria-t-il, ah ! mon ami, comme vous voilà fait !

Je le mis au courant de mes infortunes, ce qui lui fit pousser des exclamations de pitié.

—Ah! les misérables, fit-il, parlant des Indiens qui s'étaient enfuis; avez-vous leurs noms? — Je lui en donnai la liste.—Justice pour tous, me dit-il, chacun aura son affaire; mais les drôles sont capables de ne pas revenir au village avant deux mois d'ici.

Je confiai au *padre* que je mourais de faim.

—Venez, nous allons prendre un bol de *caldo* (bouillon) en attendant le dîner qui ne peut tarder.

J'avalai le bol de bouillon d'un trait, formant tout bas le vœu que la cuisinière se hâtât de servir.

Je n'avais pas oublié mes bagages, laissés au soin du vieux de San Pedro. Le *padre* fit venir le gouverneur et lui demanda six hommes sur l'heure. Ils arrivèrent, le curé les paya, leur donnant, au sujet de mon matériel, les indications voulues, avec ordre de revenir immédiatement.

Mon hôte alors s'informa de mes travaux, de mon voyage, et surtout des choses du vieux monde. Cependant la table avait été dressée, et ce fut au milieu d'une causerie pleine de charmes que je me livrai aux jouissances d'un dîner, à la somptuosité duquel je n'étais plus habitué; le *padre* vivait bien, et je notai entre autres une dinde sauvage à la chair noirâtre, d'un fumet délicieux; une bouteille de xérès arrosa le tout, et nous terminâmes par quelques *copitas de Comiteco* (eau-de-vie de Comitan). Mais j'étais si faible, que la liqueur du padre, que j'aurais supportée sans fatigue en tout autre cas, me grisa comme un enfant : il était deux heures environ ; j'allai m'étendre sur une peau de bœuf tendue en lit de camp, et je ne m'éveillai que le lendemain à midi.

Toute trace de fatigue avait disparu, je me sentais frais et dispos, prêt à recommencer. Le cher curé m'avait prêté l'une de ses culottes, en attendant que mes malles arrivassent. Je pus donc l'accompagner dans une promenade au milieu de son village.

Les villages indiens se ressemblent tous, et Tumbala n'a rien qui le distingue.

Elevé sur l'un des points culminants de la *sierra Madre*, l'œil domine, du haut de ses rochers, une vaste étendue de forêts. Les deux cents cabanes disséminées sur le plateau ne donnent aucune idée de l'importance du village, dont la population s'élève de dix à douze mille habitants ; mais, vivant pour la plupart dans les bois, ils ne viennent que rarement au village. Souvent, me disait le *padre*, je suis trois et quatre mois sans revoir quelques-uns de mes administrés.

Cette existence sauvage entretient chez ces hommes une vie insouciante et libre, affranchie des liens que leur imposent la présence des blancs.

Indépendants de fait, ils ne reconnaissent le gouvernement de l'État que par une taxe d'un réal par tête et par mois, ce qui donne un total de sept francs cinquante centimes par année. Aussi les revenus de la province de Chiapas sont-ils fort modiques et ne dépassent point, malgré l'étendue du territoire, la somme de soixante mille piastres, trois cent mille francs.

Les seules autorités du village sont le gouverneur, chargé de la collection des taxes ; c'est d'habitude un Indien de la commune, nommé par élection, et dont le pouvoir, tout fictif, consiste à recevoir les ordres du curé ; puis le curé : à lui reviennent tous les pouvoirs, il est prêtre, roi, maître absolu. Non pas qu'il en abuse, car son influence est la seule efficace et peut seule balancer les penchants intraitables de ses sauvages subordonnés. Tous ne s'adressent à lui qu'avec le plus profond respect ; ses paroles sont des oracles et ses arrêts ont force de loi. Il punit ou récompense, et le châtiment qu'il applique est accepté sans murmure. La prison et la bastonnade sont les seules applications de la loi pénale ; elle est simple et primitive, mais suffit à tous les délits ; le nombre des coups varie de douze à cent cinquante, ce qui peut bien entraîner mort d'homme.

Une chose remarquable entre toutes, c'est de voir le système de la réhabilitation établi chez ces peuplades. Il ne peut entrer dans les idées de ces natures primitives qu'un homme puni soit un homme coupable. Tout châtiment lave la faute. Quoi de plus logique, en effet ; le forfait commis, la loi purgée, la société déclare l'individu quitte envers elle comme envers la loi, et le reçoit dans son sein sur le pied de l'égalité la plus complète ; ce privilége s'étend aux fautes les plus graves.

Il arrive souvent qu'un coupable, jugeant sa faute au-dessus du châtiment appliqué, réclame, pour la satisfaction de sa conscience, un supplément de peine, chose toujours accordée ; d'autres fois, il lui arrive de demander tant en plus pour une faute à venir ; cela rappelle quelque peu le temps de la vente des indulgences, et l'histoire de ce voleur émérite achetant d'un moine chargé d'or le pardon de ces fautes passées et de ses forfaits à venir, tuant le moine une fois l'indulgence accordée, puis s'emparant du trésor.

Pendant mon séjour à Tumbala, je vis une mère demander justice contre son fils, qui, disait-elle, lui avait manqué de respect.

Le fils, grand gaillard de vingt-cinq ans, la suivait en riant ; tous deux étaient ivres. Le curé fit à la mère quelques remontrances, elle ne voulut rien entendre, elle criait justice et réclamait douze coups de bâton ; c'était son chiffre, elle n'en voulait pas démordre. Le grand garçon riait toujours.—Baste, dit-il au curé, *señor padre*, donnez-les moi ; ça ne les vaut pas, je le sais bien, mais c'est ma mère et ça lui fera plaisir. Il reçut les douze coups, faiblement appliqués à la vérité, puis mère et fils se jetèrent dans les bras l'un de l'autre, et durent aller boire en l'honneur d'une si belle réconciliation. Deux frères, dans un autre cas, préférèrent douze coups de fouet au déplaisir de se réconcilier.

L'ivresse est de coutume au village; l'on ne voyait qu'Indiens en goguette et l'on n'entendait que le bruit du tambour et des chansons. Je soupçonnai fort les habitants de ne quitter leurs habitations des bois que dans la louable intention de venir se rafraîchir au village, qu'ils abandonnaient, une fois leurs finances épuisées.

En fait d'espèces cependant, ils sont pauvres et n'exportant rien, ne vendant rien, ils ne possèdent d'autre numéraire que l'argent gagné dans les transports qu'ils font pour les blancs des communes plus rapprochées de San Cristobal. Il faut même ajouter que la plus grande partie de ce salaire revient au *padre* par les mille et une ventouses de l'Église. C'est: un mariage, 100 à 125 fr.; un baptême, 25 fr.; un enterrement, 25 fr.; une confession, tant; une messe, tant; le droit d'étole, tant, etc., etc., de façon que la cure de Tumbala rapportait quelque chose comme 25,000 fr. par an. Le curé en expédie la moitié à l'évêque de Chiapas et garde l'autre. Cela n'empêche pas les prestations en nature; chaque jour tant de poules, tant de mesures de maïs, tant de mesures de haricots; au premier appel du *padre*, l'Indien accourt et répare la maison; vous les voyez alors groupés comme les abeilles d'une ruche, travaillant au tambour et, pour ainsi dire, en mesure; ils soignent les chevaux, s'envolent au loin, porteurs d'une missive, et reviennent heureux, leurs commissions remplies. Si le curé voyage, une troupe nombreuse s'élance en avant pour préparer la route, la rétablir, en aplanir les difficultés; et si le cheval ne peut suivre son maître, c'est à qui échoiera l'honneur de porter le saint homme.

En vérité, cela est touchant et fort beau, surtout quand cela s'adresse à des hommes de cœur comme ceux que j'eus le bonheur de rencontrer dans ces montagnes, et le gouvernement de Chiapas pourrait utiliser plus grandement encore une si noble influence.

En toute circonstance, l'Indien consultera le *padre*, ivresse à part, cas auquel celui-ci ne peut rien; il exerce son influence dans tous les détails de la vie de ce grand enfant; quelques-uns semblent croire à sa toute-puissance.

La seconde nuit que je passai dans le presbytère, il y eut un orage assez violent, la foudre tomba deux fois au milieu du village et consuma au ras du sol la cabane d'un habitant. Celui-ci, probablement en partie fine dans une case des alentours, ignorait son malheur, et lorsqu'il revint, en chancelant au logis, il chercha d'abord, mais vainement, sa cabane, ne pouvant en croire ses yeux; il finit par en retrouver la place et s'assit, se désolant, au milieu des cendres de la masure; puis une idée lui vint, le *padre!* Il arriva et se prosternant :

—Ah! *padrecito*, ma maison a disparu, la foudre l'a brûlée; ayant l'air de lui dire : faites, oh! *padre*, qu'elle soit rebâtie et elle le sera.

—Eh! mon pauvre ami, répondit le curé, si tu t'étais moins enivré, peut-être l'aurais-tu préservée de ruine. Va, travaille et reconstruis-la toi-même. Ces incendies sont peu de chose ; avec l'aide des amis, deux ou trois jours suffisent à l'érection d'une nouvelle hutte.

Le curé avait à son service un jeune métis qui se chargeait de fournir à la table de son maître les savoureux gibiers de la montagne; je le suivis un matin, et notre chasse s'ouvrit au sortir du village. Comme les pentes sont toujours et partout d'une prodigieuse rapidité, nous passâmes en peu d'instants de la froide atmosphère du petit plateau à la brûlante température des vallées : quand je dis vallée, c'est une simple épithète pour désigner le fond des gorges. On ne peut appeler ce chaos de pics et de précipices, de descentes et de montées perpétuelles chaîne de montagne, et les vallées n'existent que près des grands cours d'eau.

Nous étions en pleine forêt et souvent nous nous trouvions en présence de ces habitations isolées où l'Indien vit en vrai sauvage, en compagnie de sa femme, de ses poules et de ses chiens. Plusieurs fois déjà, nous avions rencontré des compagnies de dindes et nous en avions deux sur nos épaules; nous ne vîmes point de hoccos, ils habitent plus bas et plus près de la Terre Chaude; mais il y avait une si grande quantité de dindes et si familières, que mon fusil rata six fois sur l'une d'elles sans qu'elle partît pour cela, me donnant le loisir de déboucher mes cheminées, de replacer d'autres capsules et de l'abattre au septième coup. Le *zaraguato*, le singe hurleur, ne vient pas non plus jusqu'à ces hauteurs; il est remplacé par un confrère de même taille, à queue prenante, mais beaucoup plus léger et d'une défiance extraordinaire. On l'appelle *tucha* : ceux-ci, d'habitude, vont par couple et chaque fois que j'en aperçus, ils étaient deux. Ce jour-là, nous en rencontrâmes une paire; il fallut, pour ainsi dire, les tirer au vol. J'abattis la femelle; quant au mâle, loin d'imiter la touchante sollicitude de celle qui, si longtemps, avait suivi le corps de son époux, il abandonna sa femme entre nos mains et disparut comme une flèche. Ceci me fit faire d'étranges réflexions à l'égard des hommes. Mais nous étions plus que chargés, nous avions cinq dindes; mon compagnon en avait tué trois pour sa part et moi deux, mais la *tucha* que j'avais abattue rétablissait l'égalité. J'eusse passé une charmante journée sans l'ascension nouvelle qu'il fallait recommencer pour atteindre le village.

Je trouvai mes bagages arrivés, aucun ne manquait

à l'appel, et comme rien ne me retenait plus à Tumbala, je pris, le lendemain, congé du brave curé, bien muni de vivres et chargé de lettres d'introduction pour les *padres* de la route. Je me dirigeai sur Jajalun. La course se faisait à pied, mais au delà, je devais trouver des chevaux.

Une descente de quatre lieues nous conduisit au bord d'un torrent large, profond et rapide; le *padre* m'avait averti qu'une fois la saison des pluies avancée, on ne pouvait plus le franchir : c'était donc une perspective de trois mois d'isolement dans la montagne; mais il n'en fut rien heureusement, il commençait à peine à déborder.

Un Indien, muni d'une perche, nous passa ballot par ballot, homme par homme, sur trois petites pièces de bois brut, formant radeau; il fallait s'accroupir sur ce fragile esquif, sous peine de le voir chavirer, et l'on n'arrivait à l'autre bord qu'avec une déviation de cent mètres au moins.

Jajalun est un village appartenant au versant du Pacifique; il doit occuper le milieu de la chaîne des Cordillères; aussi, quoique beaucoup moins élevé que Tumbala, les collines sont meublées de sapins et de conifères. Les productions ne varient point, c'est toujours le maïs, le frijol, et l'on ne rencontre la canne et le tabac qu'en arrivant à Ouikatepec. On y parle l'espagnol, et plusieurs familles de métis y possèdent des maisons à murailles de terre, blanchies à la chaux.

Les mœurs y sont autres que dans les villages que nous avions laissés derrière nous, et rappellent la vie des plateaux du haut Mexique. Les tapirs sont communs dans les forêts et sur le bord des torrents; les Indiens les nomment *ante burros*.

Le curé nous reçut, le sourire aux lèvres, la coupe à la main, et se montra, comme celui de Tumbala, plein d'obligeance et de généreuse amitié. Le préfet voulut voir nos papiers, formalité que nécessitait l'état agité des populations, où des Espagnols s'étaient glissés, soufflant la révolte. Il fallut encore se résigner à faire l'étape suivante à pied, impossible de se procurer des chevaux; mais, à Chilon, je devais assurément en trouver.

Le chemin, du reste, était plan et facile, comparé à celui que nous avions parcouru; la route fut donc des plus gaies, et Carlos se permit une romance espagnole en signe de joie : le courage lui revenait, alors qu'il n'en fallait plus.

Nous arrivâmes de Chilon à Citala, sur le dos de deux braves bêtes qui nous déposèrent, frais et dispos, à la cure d'un dominicain chargé de l'administration de l'église.

Mon nouvel hôte séduisait de prime abord, par des manières d'une douceur et d'une distinction remarquables; sa causerie indiquait de l'instruction et beaucoup de lecture. Il n'était point ignorant des choses de l'Europe et, s'il n'était pas très au courant de la politique actuelle, il connaissait du moins l'histoire; mais le caractère qu'il avait étudié, l'homme qu'il admirait par-dessus tout, était le premier empereur. Il s'étendait avec complaisance sur les hauts faits de ce héros, et ne connaissait rien d'admirable comme cette épopée du xix° siècle.

Il avait porté, dans l'appréciation des réformes religieuses, un esprit d'investigation qui peut-être lui eût valu de son évêque un léger soupçon d'hérésie. En somme, il était au-dessus des siens de toute la hauteur de l'homme instruit qui domine l'ignorance. Plusieurs fois il m'interrogea sur les grandes qualités du nouveau souverain qui nous gouverne, et je l'édifiai de mon mieux. Je passai près de cet homme d'élite une journée délicieuse, cherchant en vain comment je pourrais lui prouver ma reconnaissance. D'une nature impressionnable, tendre et communicative, il souffrait cruellement de l'espèce d'exil où sa santé dépérissait, où se consumaient dans l'isolement les plus beaux jours de sa jeunesse : je pensai combien il fallait de mérite, d'abnégation et de dévouement à tous ces jeunes prêtres, pour sacrifier ainsi leur vie à la tâche ingrate qu'ils s'efforçaient de remplir.

Auprès du curé de Citala j'entrai plus avant dans les mœurs indiennes, et je pus me convaincre de l'influence qu'avait la religion sur des esprits barbares, à peine dégrossis. Le dominicain était au confessionnal, et, me trouvant dans l'église, je le vis avec surprise confesser deux personnes à la fois ; chacun des pénitents parlait assez haut pour que je l'entendisse, seulement je ne comprenais point ; mais quiconque d'entre eux se fût trouvé là, ils n'auraient en rien modifié leur voix. — Il m'arrive assez souvent, me disait le prêtre au sortir de son tribunal, il m'arrive assez souvent de confesser le mari et la femme, et comme mes administrés sont, ainsi que toutes personnes au monde, tributaires de l'inconstance humaine, femmes et maris avouent leurs fautes, où amants et maîtresses jouent un grand rôle. Les deux coupables se lancent bien quelques regards furibonds, au travers de mon grillage de bois ; mais absolvant l'un et l'autre sur leur promesse de mieux faire, sans leur épargner une pénitence toujours exactement remplie, les deux époux, réconciliés avant d'avoir vu la paix du ménage troublée, regagnent ensemble leur cabane. La confession s'est faite devant Dieu, Dieu a pardonné, tout est bien : mais si l'Indien surprenait sa femme ou qu'il fût instruit de sa faute d'une autre manière, il la tuerait.

C'est encore une conséquence du système de la réhabilitation. Ne partez pas encore, me disait le dominicain, je vais procéder demain au mariage en masse de plus de vingt jeunes couples ; cela m'évite, ainsi qu'à eux, une perte de temps, et puis au lieu de vingt orgies, nous n'en avons qu'une : c'est de la moralité.

Je m'aperçus que les Indiens de Citala regardaient

leur pasteur avec plus de respect que les Indiens des précédents villages; ils reconnaissaient en quelque sorte sa valeur, et c'était, en tout cas, un témoignage de reconnaissance pour les soins qu'il prenait d'eux; chaque soir ils venaient en longue file, les jeunes filles en tête, baiser ses mains et lui demander sa bénédiction; les étrangers présents doivent accorder la même faveur et je m'empressai de le faire. J'avais donc passé en revue tout le personnel de Citala, et je n'avais point été séduit par les beautés de l'endroit; le *padre,* qui m'observait, me dit alors : « Avouez qu'il est facile de résister à la tentation. » Je m'inclinai; mais sans doute mon hôte faisait exception à la règle, car la gouvernante, est bien de la plus haute antiquité.

La route se poursuit montueuse et difficile jusqu'à Cankuk. Un ami du dominicain, en visite à la cure, me voulut prêter ses deux chevaux, de sorte que nous fîmes la traversée sans fatigue. A Cankuk, plus de chevaux ; mais le *padre* du lieu, toujours aimable et charmant, mit à ma disposition quatre Indiens qui, meublés d'une chaise, devaient nous porter à Tenejapa, c'est-à-dire fournir une carrière de neuf lieues moyennant, je crois, 6 réaux par homme : l'Indien libre relayait son camarade fatigué. C'est un moyen de locomotion fort usité dans la montagne et qui n'a rien de bien attrayant; on éprouve, à monter sur cette bête humaine un sentiment désagréable, où se mêle un profond dégoût pour l'humiliation qu'on impose à l'être de même nature que vous et qui vous porte, ainsi qu'un âne, sur son bât.

Mais le malheureux a si peu conscience de sa dégradation, qu'on s'y fait d'abord, et d'ailleurs vous vous trouvez bientôt absorbé dans les soins de votre conservation personnelle, car il va, vient, repart et s'arrête sans plus s'inquiéter de son ballot vivant que s'il portait une charge de sucre ou quelque baril d'eau-de-vie. Plusieurs fois même je trouvai prudent de soulager ma monture, et je fis à pied toute la scabreuse descente de Tenejapa; il était nuit quand nous y arrivâmes.

Six lieues seulement nous séparaient de San Cristobal.

Du haut des sommets qui dominent la vallée, le voyageur saisit mainte fois des aperçus de la grande ville, au milieu de sa plaine cultivée, mais nue et dépouillée d'ombrages. L'ancienne capitale de l'État de Chiapas s'étend sur un plateau resserré, d'une hauteur de 2,300 mètres environ au-dessus du niveau de la mer. Le climat est moins agréable que celui de Mexico, plus froid et beaucoup plus humide, car il y pleut souvent. La ville, qui ne compte guère aujourd'hui que douze mille habitants, forme un vaste quadrilatère d'où surgissent les clochers modestes de quatre églises qui, sauf Santo Domingo, d'un cachet original, ne rappellent plus le luxe des temples au Mexique. L'ensemble de la vallée est joli, mais n'a rien de la grandeur de celle de Mexico, et les maisons de la ville, presque toutes semblables entre elles, n'ont qu'un rez-de-chaussée fort bas; vous n'y trouvez ni sculpture, ni ornementation quelconque; c'est un grand village d'une apparence pauvre, et pauvre, en effet, aujourd'hui. San Cristobal, depuis l'avénement de la république, n'a fait que perdre en importance et en richesse.

On m'avait parlé d'un compatriote, issu de famille américaine, don Carlos Bordwin; comme l'hôtel est inconnu dans une contrée où le voyageur étranger n'est qu'une exception, j'allai frapper à sa porte. Il me reçut avec bienveillance, mettant à ma disposition son logis, sa table et sa connaissance du pays, qu'il habite depuis plus de vingt ans. Ce n'est pas un des moindres étonnements de l'étranger, dans ces contrées lointaines, que cette générosité d'accueil toute de bienveillance, à laquelle il n'a d'autre droit que son ignorance des lieux et la sympathie que l'isolement inspire. Je trouvai, dans l'homme affable qui m'ouvrit sa maison, plus que l'hospitalité; j'y goûtai les charmes de la famille et les douceurs d'une intimité si précieuse à qui, depuis longtemps, en est sevré.

Premier médecin de l'État de Chiapas, don Carlos doit à sa longue expérience la haute réputation dont il jouit; homme de savoir et d'intelligence, nul ne connaît mieux que lui les ressources de la contrée qu'il habite, et sachant mettre à profit ses connaissances acquises, de premier docteur de San Cristobal il en devint aussi le premier négociant.

Il avait visité les ruines de Palenqué et n'ignorait rien des merveilleux monuments qui peuplent les déserts de Chiapas. Il me racontait, m'engageant à les visiter, que près d'Ococingo et de Comitan, se trouvaient une foule d'édifices anciens, et des pyramides artificielles d'une hauteur prodigieuse.

Je répète, d'après lui, que ces pyramides peuvent atteindre jusqu'à huit cents pieds d'élévation; qu'elles avaient été affectées à la sépulture des chefs et des grands, et qu'elles ne sont que d'immenses ossuaires. Chacune de ces pyramides est percée d'une multitude de puits profonds, hermétiquement fermés par des dalles cimentées; dans chacun de ces puits se trouve un squelette ayant entre ses jambes des urnes de terre cuite, rouge et d'une finesse extrême. Ces poteries, ornées de figures et de dessins de couleur noire, rappellent la forme des vases étrusques.

Que de découvertes à faire et que de précieux documents apparaîtront un jour! Un voyage à ces ruines était des plus attrayants, mais les ressources commençaient à manquer, il me devenait impossible de faire traite sur Mexico, seule ville où je pusse me procurer de l'argent; les lettres n'arrivaient pas ou mettaient jusqu'à deux ou trois mois pour atteindre leur destination; je fus même obligé de vendre divers objets, dont le prix devait me permettre, je l'espérais du moins, d'atteindre Oaxaca sans encombre. Je renonçai donc à l'excursion de Comitan; mon absence de Mexico durait depuis neuf mois et j'avais hâte de m'y rendre.

Le marché de San Cristobal est un des seuls au Mexique, offrant encore cette particularité, qui consiste à faire circuler les grains de cacao comme menue monnaie; cela tient à l'absence de billon dans l'État. Je me suis souvent demandé ce que devenaient ces grains de cacao, après avoir passé dans des milliers de mains indiennes, presque toujours d'une saleté repoussante? Les livre-t-on de nouveau à la consommation? Et quels sont les malheureux condamnés à cette affreuse boisson? Ne serait-il pas original de penser que nous le consommons nous-mêmes, et qu'ayant suffisamment roulés, on nous les expédie en masse? Ce marché n'est pas très-animé et les fruits, parmi lesquels on distingue quelques échantillons de nos produits d'Europe, sont petits et manquent de saveur. Les étroites boutiques qui bordent la place lui donnent un faux air du Temple et de ses environs. La cathédrale, qui se présente en profil, est pauvre et de mauvais goût.

Le clergé de Chiapas, si riche autrefois, s'est vu, dans ces derniers temps, dépouillé de ses maisons et de ses propriétés rurales, c'est dire que le gouvernement est libéral. Les couvents ont subi la même mesure et peuvent à peine nourrir quelques moines, derniers habitants de leurs cloîtres déserts.

Un seul conserve encore l'apparence d'une certaine grandeur, c'est celui de Santo Domingo. Le portail de son église est chargé d'ornements; l'intérieur en est riche et semble imiter, dans ses dispositions, l'intérieur de la cathédrale de Mexico.

Lorsque j'entrai pour la visiter, c'était à l'heure des prières; un prêtre officiait à l'autel, quelques personnes suivaient la messe et la galerie de l'orgue qui, de temps à autre, accompagnait les chants, contenait des jeunes gens et des moines. Je me bornai à parcourir la nef gauche de l'église, m'arrêtant à visiter les chapelles et marchant avec la précaution d'un homme qui ne veut troubler personne. Les fidèles cependant me suivaient de l'œil avec inquiétude. L'élévation vint et je m'approchai d'une colonne où je me recueillis religieusement, sans pour cela m'agenouiller. Il y eut alors une certaine agitation dans l'église, des regards scandalisés et des chuchotements que je ne m'appliquai point d'abord. En même temps, deux diacres se détachèrent du maître-autel se dirigeant vers moi ; je continuai néanmoins ma visite et j'étais arrêté dans une chapelle de la Vierge, lorsque je fus rejoint par les deux acolytes. Ils s'agenouillèrent près de moi, récitèrent dévotement une oraison, puis se levant tout à coup, l'un d'eux, m'apostropha d'une manière furieuse.

—N'êtes-vous point catholique, me dit-il, que

vous insultez ainsi à la majesté du temple et de ses ministres?

Je lui répondis que je n'avais l'intention d'insulter personne; que, dans tous les pays du monde, on avait l'habitude de visiter les églises, même pendant les offices, et que j'avais cru pouvoir user à San Cristobal du même privilége; que puisque, sans le vouloir, j'avais scandalisé les fidèles, je leur en faisais mes humbles excuses.

La douceur et la modération de ma réponse ne fit qu'accroître l'insolence et la rage de mes deux séminaristes.

—Sortez, monsieur, sortez, me dit l'un d'eux, vous n'êtes pas catholique.

—Je sortirai quand il me plaira, dis-je à cet énergumène, et quant à n'être pas catholique, vous avez raison, je suis protestant.

—Protestant! *Oh! Jésus!* s'écria l'un; *ave Maria purissima!* répondit l'autre; protestant! Ils n'en pouvaient croire leurs yeux et n'avaient sans doute jamais rencontré d'hérétiques.—Protestant! répétaient-ils en chœur. Je les laissai à leur étonnement et je sortis de l'église.

Cette anecdote me rappelle que, dans mon enfance, au sortir du séminaire, à l'âge de douze ans, je voulais brûler tous les protestants et tous les hérétiques de France qui, m'apprenait-on chaque jour, n'adoraient pas la sainte Vierge.

Ces deux jeunes gens, fraîchement émoulus, avaient fait du zèle ; un vieillard eût été plus indulgent.

La société n'est pas des plus brillantes à San Cristobal, et les distractions y sont rares ; le soir, on se réunit autour d'une estrade, les femmes assises sur des tapis, les jambes croisées à la turque, d'autres accroupies sur des chaises, et les cartes en main, la soirée s'écoule au milieu des péripéties d'un jeu fort innocent et de commérages sans fin. J'excepterai toutefois la famille de mon hôte, où des causeries sérieuses se mêlaient aux bavardages de la petite ville. L'une des filles de don Carlos, assez bonne musicienne, avait un psalterion duquel elle tirait toute l'harmonie qu'il pouvait donner.

C'est un instrument à cordes de cuivre, de forme triangulaire, qui se tient sur les genoux et dont les cordes, trois par trois, rendent un son grinçant qu'on ne supporte qu'à distance ; de près, il finit par agacer les nerfs au suprême degré.

De création ancienne, le psalterion remonte aux premières époques musicales, et San Cristobal est peut-être une des dernières villes où l'usage s'en conserve encore ; cela tient à l'isolement de la ville, aux difficultés des communications qui ne permettent pas aux pianos, même du plus petit format, d'arriver jusque-là.

L'une des curiosités de l'État de Chiapas est un village indien d'une population de vingt mille âmes, dispersée sur un vaste territoire, tout auprès de San Cristobal. C'est le village de Chamula, dont tous les habitants exerçant l'état de menuisier, fournissent la province de tables, bancs, chaises et canapés d'une forme simple, mais enjolivés de sculptures naïves rappelant les ouvrages suisses. Tous ces objets sont livrés au commerce à des prix d'un bon marché fabuleux, et dont il est difficile de se rendre compte ; je me rappelle encore des chaises à soixante centimes et de vastes canapés à deux francs cinquante, tout cela rendu quelquefois à des distances considérables.

Le gouvernement, comme tous ceux de la république, se trouvait en désarroi ; des bandes réactionnaires occupaient les environs de Comitan et tenaient la frontière de Guatémala. Aussi, quand je voulus partir et que je me rendis au palais, je ne pus trouver ni préfet, ni sous-préfet, ni même un simple employé ; du reste, la démarche était une simple précaution et personne à l'avenir, ne s'informa du but de mon voyage. Il me fallait un mois de marche, sans compter les arrêts nécessaires dans une aussi longue route, avant d'arriver à Mexico.

Ce fut avec cette aimable perspective que je me dirigeai sur Tuxtla.

XVI

TEHUANTEPEC

La ville et la vallée de Chiapas.—Les troupeaux dans les bois.—La rivière. Tuxtla.—Don Julio Lickens.—La fête du Corpus (Fête-Dieu).—Organisation nouvelle.—De Tuxtla à Tehuantepec.—La compagnie américaine.—Les patricios.—La poursuite.—Les plantes grasses.—Totalapa.—Oaxaca. Histoire de voleurs.—Mexico.

De San Cristobal à la ville de Chiapas, le sentier se déroule en une longue descente, au milieu d'un pays hérissé, tordu, brisé par des torrents, des *barrancas* et des précipices ; sauvage et désert, couvert de sapins, il rappelle les solitudes septentrionales. Après avoir traversé le village salin d'Ystapa, où le curé me demanda si la France était un port de mer comme Vera Cruz, nous remontâmes un instant encore pour venir déboucher sur la grande vallée de Chiapas.

Un immense cours d'eau en occupe le centre et se détache comme un ruban d'argent sur le vert sombre des forêts ; la vue, bornée de face par les collines de Tuxtla, se perd à droite et à gauche dans les profondeurs de l'horizon; la ville se distingue à peine dans le lointain, étendue sur les bords du fleuve.

Une fois engagés dans la descente et perdus sous l'ombre des grands arbres, nous entendîmes des mugissements et des grondements terribles mêlés au bruit d'une avalanche; il semblait que la forêt se brisât sous les efforts d'une tempête invisible; tout à coup, nous nous trouvâmes environnés par un millier de bœufs sauvages que conduisaient à grand renfort de fouets, de cris et de blasphèmes une douzaine de cavaliers à l'air féroce, et vêtus de ces étranges costumes de cuir dont j'ai parlé plus haut.

Je craignis un instant d'être entraîné dans ce tourbillon, et je ne pouvais me rendre compte du passage de ces animaux au milieu des aspérités de cette nature. Le sentier, le bois, tout était plein; ils bondissaient, tombaient, se relevaient et franchissaient tous les obstacles; quant à leurs farouches conducteurs, il était vraiment beau de les voir se précipiter à la suite des troupeaux indociles, et l'on ne savait lequel admirer le plus, du cheval ou du cavalier.

Le guide me mit au courant de cette émigration. Comme les pâturages de l'État de Chiapas ne se trouvent que dans les prairies de la Terre Chaude, presque toutes les *haciendas* ne s'occupent que de l'élevage des bestiaux; il en est qui possèdent jusqu'à trente mille têtes. Les marchands des montagnes et de Tabasco même viennent en acheter sur place pour les conduire à des distances considérables, au milieu de dangers de tous genres. Ils traversent la Cordillère dans sa plus grande largeur; mais il faut dire aussi qu'ils n'arrivent le plus souvent qu'avec le quart des animaux, les autres périssent en route de misère ou de fatigue.

En approchant de la ville de Chiapas, l'air retentissait du bruit des cloches, et les *coetes*, fusées volantes, jetaient à la face du soleil leurs étincelles invisibles. Je n'avais point encore rencontré de village qu'on n'y célébrât, ce jour même, une fête quelconque. Intrigué par ces réjouissances perpétuelles, je m'informai près d'un habitant du nom du saint qu'on fêtait ainsi.—C'est la fête du Père Éternel, me répondit-il naïvement. Je jetai les yeux sur mon almanach, car je pensais d'abord que c'était la Fête-Dieu que mon homme voulait dire; mais point, elle n'arrivait que dans dix jours. C'est cela, me dis-je, après avoir épuisé le calendrier, et ne sachant à qui s'en prendre, ils fêtent Dieu le Père.

Ayant trouvé des mules à notre arrivée, nous ne fîmes que passer; du reste, la ville de Chiapas n'offre au voyageur que sa belle rivière, d'un cours rapide et qui, deux kilomètres en aval, ayant brisé l'obstacle que lui opposait la montagne, se précipite comme un torrent entre des berges perpendiculaires de plus de mille pieds, pour reprendre un cours paisible sur le versant du golfe.

Tuxtla, qui se trouve à sept lieues de Chiapas, est aujourd'hui la capitale politique de l'État; je dus, en y arrivant, modifier mon itinéraire et ma façon de voyager. Il me fut impossible d'y trouver des mules, pas plus que des domestiques pour m'accompagner jusqu'à Tehuacan, et j'avais déjà bien assez du malheureux que je traînais avec moi.

Je devais donc compter sur un séjour assez long. Je louai, à cet effet, un petit appartement où j'étais à peine installé que je reçus la visite d'un gros homme, à figure riante qui, m'apostrophant avec une brusque cordialité, me demanda dans le français le plus pur, pourquoi je n'avais pas été frapper à sa porte. — J'ignorais que j'eusse un compatriote à Tuxtla, répondis-je, et du reste, on finit par être pris d'une certaine pudeur à s'imposer ainsi, comme l'hôte, de personnes qui ne vous connaissent point; mais don Julio, mon visiteur, ne voulut rien entendre, il fallut le suivre.

Don Julio était Parisien pur sang, jeune encore, grand causeur et d'un cœur, d'une bonté sans égale. Il me le fit bien voir. Depuis dix ans, il habitait le Mexique : Tehuantepec d'abord, puis Tuxtla. S'étant vu ruiné dans une affaire de contrebande, il avait embrassé l'état de docteur qui lui réussissait admirablement; j'ajouterai qu'il y mettait une sorte de passion et qu'il étudiait tous les jours. Rien ne l'étonnait du reste, il avait coupé des cuisses avec un rare bonheur, et les opérations chirurgicales les plus délicates ne le faisaient point reculer. C'est ainsi qu'il lui arriva de pratiquer l'opération du strabisme, et dans un cas exceptionnel. Un docteur étranger parcourait le pays, se donnant, comme spécialité, le traitement des yeux et le redressement de la vue; mais soit charlatanisme, soit mauvaise fortune, il creva les yeux du premier patient qui lui tomba dans les mains; le malheureux fut aveugle pour le restant de ses jours. Don Julio, piqué d'une noble émulation, s'empara d'une seconde victime, opéra le premier œil, mais creva l'autre, c'était de toute façon un progrès, et c'est ici le cas d'ajouter que, dans le pays des aveugles, les borgnes sont rois.

Ce demi-succès l'avait encouragé; la clientèle s'était faite et, de plus de vingt lieues à la ronde, don Julio était le seul docteur possible; cela me rappelle un médecin de Palissada, auquel une Indienne avait confié sa mâchoire.

Il s'agissait d'extirper une molaire des plus tenaces, et le docteur se servait encore d'une antique et formidable clef qu'il avait eu la plus grande difficulté à introduire dans la bouche de la malade. J'étais présent. La dent saisie, le malheureux s'efforçait en vain de l'amener à lui; il ébranlait, tirait, faisait levier; la dent tenait bon, l'Indienne se tordait comme un ver; il tira si bien, que la dent finit par céder.—Enfin, la voilà, dit-il.—Mais je ne la vois pas, lui dis-je, l'auriez-vous manquée? —Attendez, reprit-il, elle ne tient plus que par la gencive. Et s'étant armé d'une immense paire de ciseaux, il se mit à tailler dans la bouche de l'Indienne aux abois, puis lui présentant sa dent, entourée d'une demi-livre de chair sanglante :—La voilà; mais, ajouta-t-il, elle tenait diablement; c'est deux francs cinquante. Ceci ne s'adresse en rien à mon ami don Julio.

Cependant, j'avais rencontré un muletier se dirigeant vers Oaxaca; ses mules, me disait-il, étaient prêtes et je devais l'accompagner; mais chaque jour, c'était un empêchement nouveau. Je résolus donc de lui laisser mes bagages et de prendre les devants. Il s'agissait d'acheter deux chevaux pour mon domestique et pour moi, deux selles et les divers accessoires; les fonds baissaient; je me défis, en faveur de mon hôte qui accepta pour m'obliger, de mes fusils, de mon révolver, et de deux livres de nitrate qui me restaient encore. Don Julio me procura lui-même deux jolies bêtes, jeunes et saines. Je n'avais plus qu'à lui faire mes adieux, mais l'excellent homme me retenait encore. Ce fut pendant mon séjour à Tuxtla, que se passèrent les fêtes du *Corpus* (Fête-Dieu); c'est pour les Indiens la fête préférée, un prétexte d'orgie sans rivale, où les cérémonies religieuses se mêlent et se confondent aux saturnales des jours gras.

Ils s'y préparent de longue main, et vont quêter à

'avance de vieux vêtements européens, des chapeaux noirs et des casquettes modernes, et, s'affublant de ces oripeaux auxquels ils joignent des dépouilles de bêtes fauves et d'oiseaux, queues de *coyotes*, plumes d'aras, etc., ils entourent ou précèdent le saint-sacrement, se livrant à des hurlements de sauvages et à des danses de Caraïbes. Et que nul ne vienne assister en profane à ce spectacle au moins étonnant, un sourire pourrait blesser leur susceptibilité jalouse et coûter cher à son auteur. Il me souvient encore qu'un Espagnol étranger, se balançant dans son hamac, dans l'intérieur de sa maison, dont la porte donnait sur la place, fut sur le point d'être lapidé. Il fallut qu'il se renfermât chez lui, sous peine d'encourir le ressentiment de ces énergumènes.

Le jour de la séparation avait sonné; mon nouvel ami, car don Julio fut un véritable ami, nous accompagna plus de trois lieues sur la route de Tehuantepec, et là, le cœur gros, nous nous séparâmes; son souvenir me sera toujours présent.

J'entreprenais de parcourir sans guide une distance de plus de trois cents lieues. J'arrivai le soir à Ocosocautla, ma première étape, le cœur chargé de la mélancolie que donne l'isolement.

Le champ de lave qui entoure ce dernier village une fois franchi, l'on retombe dans les grandes plaines coupées de rivières, où bois et prairies se succèdent tour à tour. Voilà Santa Lucia, la plus belle *hacienda* de la contrée. L'habitation, entourée de cabanes indiennes comme un maître de ses vassaux, est grande et bien bâtie; une immense galerie en borde le contour; là, travaillent les nombreux employés de la ferme; auprès, se trouvent le moulin pour la canne, l'aire pour les blés et le magasin du maïs. Les alentours regorgent de gibier, oiseaux, daims et bêtes fauves qu'on peut chasser à courre, tant la plaine est admirablement disposée. Les bois sont grands et magnifiques, peuplés d'aras rouges et bleus, et la rivière, dans ses nombreux détours, jette sur cette terre privilégiée le manteau d'une éternelle verdure.

Le soir, après l'*oracion*, et lorsque les serviteurs sont venus, en lui souhaitant une nuit heureuse, prendre pour le lendemain les ordres du maître, les Indiens, réunis dans la vaste cour, se reposent de leurs travaux par des chants bizarres; la mesure saccadée, pressée, haletante, rappelle le galop du coursier à la poursuite du bétail dans les bois, les éclats de voix et les mugissements. Le chanteur s'accompagne sur la *marimba*, espèce de piano composé de touches de bois sonore de différentes grandeurs; des tuyaux du même bois répondent aux touches pour donner aux sons plus de force; quelques-uns possèdent quatre octaves.

Deux Indiens, munis de petites baguettes armées de boules de gutta, arrachent de cet instrument de primitives harmonies; leurs airs, peu nombreux, ressemblent aux chants des oiseaux qui sont toujours les mêmes et qui n'en sont pas moins variés et charmants ; comme eux aussi, les sons de la *marimba*, faibles quand on les écoute de près, s'entendent à des distances considérables, plus harmonieux, plus doux et plus poétiques.

Mais nous passons successivement et par journée, Llano Grande, Casa Blanca, San Pedro et la Gineta. La Gineta est une montagne des plus élevées de la *sierra*, qui semble jetée, comme un immense promontoire jusqu'au bord du Pacifique, dans la plaine de Tehuantepec. Couverte de bois du côté du golfe, elle n'a sur le Pacifique d'autre végétation qu'un immense tapis de gazon vert. L'ascension est longue et difficile ; mais une fois parvenu au sommet, si vous abandonnez le sentier pour gravir certaine éminence sur la droite, vous avez alors l'un des spectacles les plus imposants qu'on puisse imaginer. En vous tournant au nord, la Cordillère, qui s'abaisse graduellement depuis les hauts plateaux de Chiapas, laisse planer le regard sur toute la largeur de sa chaîne boisée et de ses vallées sombres ; au delà, l'œil saisit encore les vagues ondulations de la plaine, pour se perdre plus au loin dans le scintillement des eaux du golfe. Au sud, la Gineta déploie sous vos pieds toute la splendeur de son tapis d'émeraude ; plus bas, la plaine de Tehuantepec étend la perspective de ses riantes prairies ; comme horizon, vous avez l'immense nappe de l'océan Pacifique.

En hiver, le passage de la Gineta est des plus dangereux ; il y règne des vents épouvantables, auxquels hommes et mulets ne sauraient résister : de graves accidents signalent cette époque, et les précipices ne rendent jamais compte des victimes que leur a jetées l'orage.

La plaine de Tehuantepec n'offre au regard qu'un vaste taillis au milieu duquel s'ébattent une multitude de lièvres énormes, hauts sur pattes et à ventre blanc. On les chasse peu, aussi sont-ils d'une effronterie singulière ; on les tue au bâton, et quand on les tire c'est toujours à balle. Vous avancez, les coutumes changent, le village a remplacé l'*hacienda*, et l'on retrouve alors, à peu de chose près, l'organisation du haut Mexique ; toutes ces populations vivent indolentes et peut-être heureuses dans leur apathique repos. Le même champ, de même étendue, se cultive chaque année de la même manière ; vienne la sécheresse ou l'inondation, l'Indien se passera de maïs au besoin, ou périra de disette plutôt que de travailler ; mais la leçon qu'il vient de recevoir ne lui fera pas défricher un mètre de plus qu'il n'a coutume de le faire : il naît avec cet instinct, il meurt dans la même imprévoyance.

Chaque village est ordinairement près de ruisseaux où l'eau ne manque jamais, et où les habitantes indiennes et blanches viennent, à toute heure du jour, faire de longues ablutions. Souvent il m'arrivait d'en trouver sur les bords de la rivière, dans le plus simple costume; mais la vue d'un étranger ne les effrayait point; elles tournaient simplement le dos en me regardant, moins surprises et peut-être moins gênées que moi.

C'est ainsi qu'après avoir traversé Zanatepec, Niltepec, Yztaltepec, l'on arrive à Tehuantepec. En partant d'Yztaltepec, je m'étais égaré dans les bois; c'était la seconde fois que cela m'arrivait, et je faillis payer cher mon imprudence. Je savais qu'au nord je devais trouver la nouvelle route américaine; mais j'avais beau m'orienter, les broussailles me barraient le passage et m'obligeaient à des détours, ou, de nouveau perdu, je ne retrouvais des clairières que pour me reperdre encore. Mes chevaux étaient rendus et dévorés par des milliers de taons énormes; de mon côté, tout en ne craignant d'autre désagrément qu'une nuit à la belle étoile, je n'étais pas sans inquiétude; les tigres y sont très-nombreux, si nombreux même, que chaque *hacienda* possède deux *tigreros* qui passent leur vie à chasser cet animal, dont les ravages dans les troupeaux deviennent de véritables calamités. Je n'avais plus avec moi ni hache pour établir une tente, ni fusil pour me défendre : la position n'avait donc rien de bien attrayant. Je laissai reposer mes pauvres bêtes et, leur enlevant le mors, je les fis paître une heure environ. Je repris alors ma course et longtemps encore j'errai au hasard, lorsque j'eus le bonheur de rencontrer un petit ruisseau; je reconnus des traces d'hommes sur le sable des bords et je m'empressai de les suivre : j'étais retrouvé, car une demi-heure après je rencontrais la route américaine. Elle était dans un état pitoyable, les chevaux enfonçaient dans les terres détrempées, et nous n'avancions qu'avec une lenteur désespérante. Il était nuit quand j'atteignis Tehuantepec.

Il y avait alors une foule d'hôtels dont la fondation remontait à la création de la compagnie américaine; je me rendis chez un compatriote dont la maison, parfaitement montée, offrait tout le comfort désirable. Mes chevaux avaient besoin de quelques jours de repos, et je comptais en vendre un pour me débarrasser de Carlos qui, passant par Minatitlan, pouvait de là regagner la Lagune, son pays. Je n'en avais aucun besoin, et j'étais fatigué de le servir.

Tehuantepec est une ville de quinze mille âmes, en y comprenant les immenses faubourgs indiens qui possèdent, en fait de femmes, une des plus belles races de la république. Il fait beau les voir campées comme des viragos, la tête haute, la poitrine en avant, marchant fières et défiant les regards; très-séduisantes, malgré leur tournure virile, elles joignent à des figures pleines de caractère, une fermeté de chair et des contours admirables. Leur costume, gracieux et provocant à la fois, prête au charme de ces créatures. Il se compose de jupes de couleur, bordées de dentelles, ne descendant pas à la cheville et laissant deviner une jambe fine et d'un beau modelé. Une petite veste, large comme la main, permet d'entrevoir les chairs bronzées d'une taille très-fine, elle laisse les bras nus et cache à peine les contours d'une gorge toujours heureuse : je ne parle que des jeunes femmes. Quant aux vieilles, ce costume est des plus déplorables; car souvent il arrive que leurs seins délabrés, descendant plus bas que la veste, étalent aux regards le dégoûtant spectacle de ces charmes flétris. La tête est couverte par un léger *uipile* brodé d'or et d'argent; le pied se cambre nu dans un escarpin largement découvert, ce qui lui fait toujours gagner en petitesse. Plusieurs de ces costumes atteignent des prix fabuleux, et j'entendis parler de 500 piastres (2,000 à 2,500 fr.).

Avant l'établissement de la compagnie américaine, Tehuantepec dormait du sommeil de toutes les villes éloignées, et le pauvre commerce des environs, maïs, indigo, etc., suffisait à peine à l'occupation de deux hommes intelligents, Français tous deux, et dont M. Alexandre de Gives, à Juchitan, est le plus riche et le plus influent. Lors du commencement des travaux, la ville sembla se réveiller un moment au contact de l'agitation yankee; mais la désastreuse issue de cette compagnie, qui ne fit que passer et disparaître, laissa Tehuantepec ruiné, ainsi que les habitants de la campagne, qui attendent encore le salaire de leurs travaux, le prix du louage de leurs bestiaux et des instruments de travail qu'ils ont fournis.

Les travaux avaient marché avec la rapidité qui distingue le Yankee, mais tout avait été sacrifié à l'amour-propre de tracer la route, et la précipitation des ingénieurs les avait empêchés de rien prévoir des causes de destruction qui menaçaient leur voie. Ils n'avaient pensé ni à la végétation qui l'envahirait, ni aux ornières d'une terre détrempée, ni aux inondations qui la couvriraient, ni aux ruisseaux qui la ravineraient; ils n'avaient même pas songé à jeter çà et là quelques ponts pour l'écoulement des eaux : aussi la route fut-elle immédiatement ruinée, et à la première disette des fonds qu'on avait gaspillés, il y eut un sauve-qui-peut général ; le pays se vida comme par enchantement, de Tehuantepec à Xuchil. Ceux-là seuls restèrent, que le manque d'espèces avait cloués sur place et que la misère retenait à Tehuantepec. La ville était pleine de ces malheureux qui, pâles et hâves, promenaient par la ville leurs faméliques personnes, ne devant qu'à la charité le soutien d'une misérable existence.

On trouve déjà dans la plaine de Tehuantepec quelques échantillons de cette race toute particulière au Mexique, appelée *pinto,* qui appartient principalement à l'état de Guerrero. Le *pinto* est un Indien dont le corps, tigré de taches blanches sur fond jaune, présente à l'œil un triste spectacle ; ces taches, de toutes dimensions, envahissent quelquefois la moitié de la figure, laissant au visage, d'un côté sa couleur naturelle, et couvrant l'autre d'une teinte mate, blanc sale et d'un aspect maladif. D'autres fois, elles s'éparpillent en points menus, de manière à figurer nos taches de rousseur, mais avec un contraste beaucoup plus frappant ; le corps est généralement atteint de la même infirmité, et le sujet affligé de cette maladie inspire, à première vue, la même répulsion qu'un lépreux. Nous croyons devoir attribuer ce phénomène au croisement du sang chez les habitants des terres chaudes qui bordent le Pacifique. Les individus de race pure, Indiens ou blancs, sont rarement *pintos*.

Je savais qu'en partant de Tehuantepec je devais être arrêté dans la montagne, et sans aucun doute dévalisé.

Les défenseurs du parti réactionnaire, vaincus à Tehuantepec, s'étaient réfugiés dans la *sierra*, qu'ils occupaient au nombre de deux cents environ, et comme centre d'action, ils habitaient le village de Tékicistlan, à quinze lieues au delà. On les appelle *patricios*.

J'avais pris mon parti d'être volé ; je vendis donc l'un de mes chevaux, et, dans le plus mince équipage, ayant à peine la somme suffisante pour atteindre Oaxaca, je me mis en route.

Le bonheur voulut qu'à deux lieues dans le bois je rejoignis un corps de cent cinquante hommes, qui, sous les ordres du gouverneur de Tehuantepec, don

Rodriguez, marchait à la poursuite des brigands, dont les hauts faits devenaient par trop intolérables. Toute communication était interrompue, les convois de mules ne pouvaient passer que moyennant un fort tribut, et quant aux voyageurs isolés, des disparitions fréquentes indiquaient assez quel avait dû être leur sort.

Je me mis donc joyeusement à la suite de l'expédition; je priai le chef de me faire remettre un fusil afin de pouvoir charger avec la troupe s'il y avait lieu. Cette perspective donnait une couleur pittoresque à mon voyage, et je n'aurais pas été fâché de me venger un peu des *compadres* pour les mille et une vexations qu'ils m'avaient fait subir.

Une partie de la troupe occupait le sentier, pendant que des pelotons couraient de gauche à droite sur les flancs du corps d'armée. La marche n'était point facile au milieu des bois, il faut toute l'intelligence des chevaux et leur habitude de la montagne pour expliquer la possibilité d'une course dans ces conditions. Je faisais partie du piquet de droite et la première moitié du jour se passa bien. En approchant de Tékicistlan, un coup de sifflet retentit en avant de nous, et fut immédiatement suivi de cris d'angoisses et d'appels au secours.

Nous nous précipitâmes au galop dans la direction, et peu après la fusillade s'engageait entre une demi-douzaine de voleurs et les soldats que j'accompagnais. Le combat fut court, ou plutôt il n'y eu point combat, car leurs armes déchargées, les *compadres* prirent la fuite, nous laissant un des leurs, blessé à la cuisse.

Quant aux cris d'appel, ils avaient été poussés par un malheureux qu'ils venaient de dépouiller, et dont les malles éventrées gisaient éparses dans le *monte;* du reste, les fuyards n'avaient point lâché leur prise et dans leur fuite précipitée, chacun avait enlevé sa part. Le *Sauvons la caisse !* se retrouve partout. Quelques hommes s'élancèrent à la poursuite des fugitifs; le prisonnier fut hissé sur un cheval, afin que le chef décidât de son sort, et l'on s'occupa du volé. Celui-ci s'arrachait les cheveux de désespoir; on lui avait enlevé, disait-il, tant en espèces qu'en bijoux et objets de valeur, pour une somme de vingt mille francs. Il n'avait plus que son cheval et ses deux mules qui, seules, devaient se réjouir, ne devant plus avoir de fardeaux à porter.

Nos hommes revinrent bientôt, ils n'avaient pu atteindre les brigands, et nous nous hâtames dans la direction du commandant, que cette fusillade avait dû inquiéter.

Il nous attendait effectivement, et lorsqu'on l'eut mis au fait de l'histoire, il ordonna tranquillement qu'on fusillât le blessé, dont le corps, pendu près du sentier, devait servir d'exemple.

Puis comme ses camarades pouvaient porter la

nouvelle de l'arrivée des troupes dans le village, on précipita la marche afin de les prévenir. Tékicistlan fut abordé au pas de course, par trois côtés à la fois, pour couper toute retraite ; mais les oiseaux s'étaient envolés, et l'on ne put mettre la main que sur trois individus suspects, dont la culpabilité ne fut pas suffisamment établie pour provoquer une arrestation.

Un grand nombre, j'en eus la conviction plus tard, furent cachés par les habitants, car dans la maison où je pris mon gîte, j'entendis pendant la nuit des chuchotements et des allées et venues mystérieuses, qui lui donnaient toute la tournure d'un repaire.

Le lendemain, je poursuivis ma route en compagnie de la victime de la veille ; le pauvre volé était simplement un général, autrefois le bras droit de Santa-Anna ; je sus que son zèle à remplir les ordres cruels de son chef lui avait valu le surnom de bourreau du dictateur.

Mon nouveau compagnon de voyage, en me racontant son histoire, se garda bien de me donner ces détails ; mais par un hasard singulier, il se trouva que nous étions en pays de connaissance. P... C..., Espagnol et partisan de don Carlos, s'était autrefois réfugié en France et s'était marié dans le département même que j'habite ; je connaissais aussi ses deux fils à Mexico. Il me pria de les voir si j'y arrivais avant lui. Absent depuis quatre ans, il revenait de Nicaragua, où il avait été guerroyer au service de je ne sais quelle cause, et n'avait eu, depuis ce temps, aucune nouvelle de sa famille. Je savais que sa pauvre femme était morte de misère, et je n'eus pas le courage de lui apprendre ce triste événement. Du reste, il n'atteignit jamais Mexico, et j'appris plus tard que, arrêté à Oaxaca, on l'avait envoyé pourrir à Vera-Cruz, dans un cul de basse-fosse. Voilà les péripéties du sort.

Comme il se plaignait de sa triste destinée, je lui demandai pourquoi il tenait à servir un pays qui récompensait si mal les dévouements.—Ah! me répondit-il, six mois de commandement dans une province, et la fortune est faite. Voilà tout le Mexique. J'abandonnai M. P... C... à las Vacas pour continuer seul ma route.

Le lendemain je gagnai San Bartolo, le surlendemain San Juan, puis Totolapa. A partir de San Juan, la végétation n'est plus la même, et la montagne dénudée ne produit plus que des cactus géants de toutes formes.

Il y en a de triangulaires et d'autres qui comptent jusqu'à vingt-quatre côtes. Ceux-ci s'élancent d'un seul jet, comme des mâts de navire, jusqu'à une hauteur de quarante pieds; les octogones, moins élevés mais plus puissants, se bifurquent, à trois mètres du sol, en une multitude de pousses, au nombre de deux et trois cents, de plus de vingt pieds d'élévation; le tout de forme ronde et embrassant un diamètre de trente pieds au moins. J'ai mesuré le tronc de l'un de ces magnifiques végétaux, il avait plus de six pieds de diamètre. On désigne toute cette famille au Mexique sous le nom générique d'*organos*.

Le sol était, en outre, parsemé d'oursins énormes, dont quelques-uns en fleurs, et de têtes de vieillard, espèce de cactus à pousse isolée, terminée par une chevelure blanche. La marche est pleine de périls au milieu de cette végétation épineuse, dont les pointes ont la dureté de l'acier; souvent le petit sentier n'offrait que juste la place pour passer entre ces colonnades d'un nouveau genre que bordent presque toujours des pentes à pic et des précipices effrayants.

Deux journées encore me séparaient d'Oaxaca; je laissai San Dionyzio sur la gauche et j'allai revoir une dernière fois les ruines de Mitla.

Huit jours après, j'atteignais Tehuacan où devaient finir mes fatigues. J'y arrivai dans un accoutrement difficile à dépeindre; six mois de route continue m'avaient bronzé comme un Indien, mon costume tombait en lambeaux, et je me rappelle que, deux jours auparavant, j'avais été obligé de relier les semelles de mes bottes au moyen de ficelles; il était donc temps d'arriver.

Je vendis mon cheval, je renouvelai certaine partie de ma garde-robe et, le lendemain, je montai plein de joie dans la diligence de Mexico. J'étais une pauvre proie pour les voleurs et n'avais conservé de précieux qu'une montre à répétition. J'avais fait en sorte que ces messieurs ne pussent la découvrir. La montre pendait dans le dos et le cordon qui la supportait passait par-dessus le cou en se repliant sous l'épaule, de telle sorte que la chemise même étant ouverte, on n'en découvrait pas le moindre vestige. Je comptais bien la rapporter à Mexico, mais je comptais sans la fortune. Deux fois déjà l'on nous avait arrêtés; j'en avais été quitte pour les quelques piastres qui me restaient; à Puebla, je n'étais point en peine de trouver des fonds.

En approchant d'Amozok, nous tombâmes dans une troisième embuscade. Je ne m'effrayai pas davantage cette fois; néanmoins, à chaque nouvelle alerte, mes mouvements étaient gênés, je craignais qu'un changement violent ou une secousse ne brisât le cordon qui, du reste, me blessait prodigieusement. Les deux voleurs furent plus persévérants dans leurs recherches que leurs précédents accolytes, et c'était chose naturelle, il ne restait plus à voler que des vêtements de rebut.

Ils nous palpèrent donc longuement et minutieusement, j'eus le bonheur qu'ils ne sentissent point la montre et je me réjouissais déjà de mon heureuse chance. Nous étions huit; l'un des voleurs, le fusil à la main, surveillait nos mouvements pendant que son ami fouillait chacun. Je l'ai dit, mon tour était passé quand, mettant, je ne sais pourquoi, mes deux mains dans mes poches, il s'opéra sur le cordon une traction violente ; je sentis la montre se dresser sur mes reins et tout à coup, à la stupeur de chacun et à ma très-grande confusion, l'affreux bijou se mit à sonner trois heures et quart.

Au premier tintement, je fus pris d'un accès de toux prodigieux ; j'espérais ainsi donner le change, mais je ne pouvais couvrir entièrement le bruit argentin de la sonnerie ; je regardais derrière moi comme un écolier pris en faute. La situation ne manquait pas de piquant ; chacun me regardait moitié riant, moitié sérieux.

—Tiens, tiens, fit le voleur d'un ton narquois, nous avons donc une montre ? Et comme je continuais mon rôle d'étonné :

—*A ver el reloj* : Voyons cette montre, fit-il brutalement.

Je ne pouvais résister, il m'eût mis à nu comme un ver, et l'autre camarade me tenait en joue. Je m'exécutai.

—Rendez grâce à Dieu, me dit l'effronté, rendez grâce à Dieu d'être tombé sur des *caballeros* comme nous, car de tout autre, cela ne se fut point passé de même ; et comme je lui remettais la montre.—Allez, dit-il, et ne péchez plus.

Une métisse avait été plus heureuse ; elle avait sur ses genoux une charmante fille de quatre ans : chaque fois, elle avait caché ses boucles d'oreille dans la bouche de son enfant, en lui recommandant bien de ne point parler, et la chère petite avait parfaitement joué son rôle. La route de Puebla à Mexico était gardée, j'arrivai donc sans nouvel accident.

XVII

LE POPOCATEPETL

Ascension du Popocatepetl.—Le village d'Amécaméca.—La famille Perez.—Tomacoco.—Le rancho de Tlamacas.—Excursions aux environs.—Le cimetière indien.—Le volcan.—Retour à Amécaméca.—Départ pour Vera Cruz.—Rencontre de deux partis.—Encore les voleurs.—Dolorès Molina.—Son enlèvement.—Vera Cruz.—Retour en Europe.

Je ne pouvais quitter le Mexique sans tenter l'ascension du Popocatepetl, le volcan le plus élevé de l'Amérique du Nord. Il y avait là de belles vues à prendre, et tout au moins, comme souvenir, je tenais à reproduire l'intérieur du cratère, le pic et ses environs; il me paraissait, en outre, flatteur pour mon amour-propre de voyageur, d'aller faire de la photographie à 17,852 pieds au-dessus du niveau de la mer, et je serais désolé de n'être point le seul. Je préparai donc mon petit bagage artistique, composé d'une chambre stéréoscopique et de divers produits. J'avais avec moi un jeune homme nommé Louis, qui, à Mexico, m'avait aidé dans mes travaux photographiques; notre départ fut fixé à la fin de septembre.

Il existe un service de diligences qui transportent les voyageurs jusqu'au pied du volcan.

La diligence traverse Ayotla, laisse à droite la route de Vera Cruz et s'enfonce dans la plaine, passe devant la filature de *Miraflores*, s'arrête un instant à Tlalmanalco pour déboucher sur Amécaméca. Amécaméca est un grand village au pied du volcan, et sa position dans la plaine est une des plus belles de la vallée. Je m'étais lié d'amitié, dans ce dernier village, avec don Cyrilo Perez, négociant, et son frère don Pablo, *juez conciliador*, juge de paix d'Améca.

Ce dernier s'occupait avec passion de photographie, et nous avait accompagnés dans diverses excursions; aussi, ces deux aimables *caballeros* firent-ils leur possible pour nous faciliter l'ascension du pic. Il fallut néanmoins retarder le départ; huit jours de pluie nous clouèrent au village, et le volcan ne se montrait que par intervalles rares : dans ces conditions, le voyage eût été manqué. Le temps enfin se remit au beau et nous partîmes. Nous allâmes d'abord coucher à l'*hacienda* de Tomacoco, belle habitation appartenant à la famille Perez et située au milieu d'un paysage admirable. Nos guides et les domestiques devaient nous y rejoindre.

Le lendemain, de fort bonne heure, nous étions en route; ma troupe se composait des deux guides, de quatre Indiens, de don Louis et moi. Le sentier s'enfonce dans les bois de sapins pour devenir bientôt abrupt et glissant. Chaque pas en avant donne au panorama de la vallée une plus grande extension, et dans les éclaircies du bois, l'œil se repose ravi sur les sites les plus enchanteurs ; la forêt se développe grande et majestueuse, nous croisons à chaque instant des arbres d'un diamètre énorme et d'une hauteur gigantesque. Mais le froid nous saisit, il nous faut mettre pied à terre pour soulager nos montures, dont le souffle bruyant annonce la fatigue et l'oppression.

Nous atteignons alors un premier plateau que croise le sentier de Puebla. Cette route est la même que suivit Cortez dans sa marche de Cholula sur Mexico, et nous croyons intéresser le lecteur en lui donnant la belle page que l'historien Prescott a consacrée à cet épisode de la vie du conquérant. La voici :

« Les Espagnols défilèrent entre deux des plus hautes montagnes de l'Amérique septentrionale, Popocatepetl, « la montagne qui fume, » et Iztaccihuatl, ou « la femme blanche, » nom suggéré sans doute par l'éclatant manteau de neige qui s'étend sur sa large surface accidentée. Une superstition puérile des Indiens avait déifié ces montagnes célèbres, et Iztaccihuatl était, à leurs yeux, l'épouse de son voisin plus formidable. Une tradition d'un ordre plus élevé représentait le volcan du nord comme le séjour des méchants chefs, qui, par les tortures qu'ils éprouvaient dans leur prison de feu, occasionnaient ces effroyables mugissements et ces convulsions terribles qui accompagnaient chaque éruption. C'était la fable classique de l'antiquité. Ces légendes superstitieuses avaient environné cette montagne d'une mystérieuse horreur, qui empêchait les naturels d'en tenter l'ascension ; c'était, il est vrai, à ne considérer que les obstacles naturels, une entreprise qui présentait d'immenses difficultés.

« Le grand *volcan*, c'est ainsi qu'on appelait le Popocatepetl, s'élevait à la hauteur prodigieuse de 17,852 pieds au-dessus du niveau de la mer, c'est-à-dire à plus de 2,000 pieds au-dessus du « monarque des montagnes, » la plus haute sommité de l'Europe. Ce mont a rarement, pendant le siècle actuel, donné signe de son origine volcanique, et la « montagne qui fume » a presque perdu son titre à cette appellation. Mais à l'époque de la conquête, il était souvent en activité, et il déploya surtout ses fureurs dans le temps que les Espagnols étaient à Tlascala, ce qui fut considéré comme un sinistre présage pour les peuples de l'Anahuac. Sa cime, façonnée en cône régulier par les dépôts des éruptions successives, affectait la forme ordinaire des montagnes volcaniques, lorsqu'elle n'est point altérée par l'affaissement intérieur du cratère. S'élevant dans la région des nuages, avec son enveloppe de neiges éternelles, on l'apercevait au loin de tous les points des vastes plaines de Mexico et de Puebla ; c'était le premier objet que saluât le soleil du matin, le dernier sur lequel s'arrêtaient les rayons du couchant. Cette cime se couronnait alors d'une glorieuse auréole, dont l'éclat contrastait d'une manière frappante avec l'affreux chaos de laves et de scories immédiatement au-dessous, et l'épais et sombre rideau de pins funéraires qui entouraient sa base.

« Le mystère même et les terreurs qui planaient sur le Popocatepetl inspirèrent à quelques cavaliers espagnols, bien dignes de rivaliser avec les héros de roman de leur pays, le désir de tenter l'ascension de cette montagne, tentative dont la mort devait être, au dire des naturels, le résultat inévitable. Cortez les encouragea dans ce dessein, voulant montrer aux Indiens que rien n'était au-dessus de l'audace indomptable de ses compagnons. En conséquence, Diégo Ortaz, un de ses capitaines, accompagné de neuf Espagnols et de plusieurs Tlascalans enhardis par leur exemple, entreprit l'ascension, qui présenta plus de difficultés qu'on ne l'avait supposé.

« La région inférieure de la montagne était couverte par une épaisse forêt qui semblait souvent impénétrable. Cette futaie s'éclaircit cependant à mesure que l'on avançait, dégénérant peu à peu en une végétation rabougrie et de plus en plus rare, qui disparut entièrement lorsqu'on fut parvenu à une élévation d'un peu plus de treize mille pieds. Les Indiens, qui avaient tenu bon jusque-là, effrayés par les bruits souterrains du volcan alors en travail, abandonnèrent tout à coup leurs compagnons. La route escarpée que ceux-ci avaient maintenant à gravir n'offrait qu'une noire surface de sable volcanique vitrifié et de lave, dont les fragments brisés, affectant mille formes fantastiques, opposaient de continuels obstacles à leur progrès. Un énorme rocher, le *pico del Fraile* (le pic du Moine), qui avait cent cinquante pieds de hauteur perpendiculaire, et qu'on voyait distinctement du pied de la montagne, les obligea à faire un grand détour. Ils arrivèrent bientôt aux limites des neiges perpétuelles, où l'on avait peine à prendre pied sur la glace perfide, où un faux pas pouvait précipiter nos audacieux voyageurs dans les abîmes béants autour d'eux. Pour surcroît d'embarras, la respiration devint si pénible dans ces régions aériennes, que chaque effort était accompagné de douleurs aiguës dans la tête et dans les membres. Ils continuèrent néanmoins d'avancer jusqu'aux approches du cratère, où d'épais tourbillons de fumée, une pluie de cendres brûlantes et d'étincelles, vomis du sein enflammé du volcan, et chassés sur la croupe de la montagne, faillirent les suffoquer en même temps qu'ils les aveuglaient. C'était plus que leurs corps, tout endurcis qu'ils étaient, ne pouvaient supporter, et ils se virent à regret forcés d'abandonner leur périlleuse entreprise, au moment où ils touchaient au but. Ils rapportèrent, comme trophées de leur expédition, quelques gros glaçons, produits assez curieux dans ces régions tropicales, et leur succès, sans avoir été complet, n'en suffit pas moins pour frapper les naturels de stupeur, en leur faisant voir que les obstacles les plus formidables, les périls les plus mystérieux, n'étaient qu'un jeu pour les Espagnols. Ce trait, d'ailleurs, peint bien l'esprit aventureux des cavaliers de cette époque, qui, non contents des dangers qui s'offraient naturellement à eux, semblaient les rechercher pour le plaisir de les affronter. Une relation de l'ascension du Popocatepetl fut transmise à l'empereur Charles-Quint, et la famille d'Ortaz fut autorisée à porter, en mémoire de cet exploit, une montagne enflammée dans ses armes.

« Au détour d'un angle de la *sierra*, les Espagnols découvrirent une perspective qui leur eut bientôt fait oublier leurs fatigues de la veille. C'était la vallée de Mexico ou de Tenochtitlan, comme l'appellent plus communément les naturels; mélange pittoresque d'eaux, de bois, de plaines cultivées, de cités étincelantes, de collines couvertes d'ombrages, qui se déroulaient à leurs yeux comme un riche et brillant panorama. Les objets éloignés eux-mêmes ont, dans l'atmosphère raréfiée de ces hautes régions, une fraîcheur de teintes et une netteté de contours qui semblent anéantir la distance. A leurs pieds s'étendaient au loin de nobles forêts de chênes, de sycomores et de cèdres, puis au delà, des champs dorés de maïs et de hauts aloès, entremêlés de vergers et de jardins en fleurs; car les fleurs, dont on faisait une si grande consommation dans les fêtes religieuses, étaient encore plus abondantes dans cette vallée populeuse que dans les autres parties de l'Anahuac. Au centre de cet immense bassin, on voyait les lacs, qui occupaient à cette époque une portion beaucoup plus considérable de sa surface; leurs bords étaient parsemés de nombreuses villes et de hameaux; enfin, au milieu du panorama, la belle cité de Mexico, avec ses blanches tours et ses temples pyramidaux, la « Venise des Aztèques, » reposant, comme sa rivale, au sein des eaux. Au-dessus de tous ses monuments, se dressait le mont royal de Chapeltepec, résidence des monarques mexicains, couronné de ces mêmes massifs de gigantesques cyprès, qui projettent encore aujourd'hui leurs larges ombres sur la plaine. Dans le lointain, au delà des eaux bleues du lac, on apercevait, comme un point brillant, Tezcuco, la seconde capitale de l'empire; et plus loin encore, la sombre ceinture de porphyre qui servait de cadre au riche tableau de la vallée.

« Telle était la vue magnifique qui frappa les yeux des conquérants. Et aujourd'hui même encore, que ces lieux ont subi de si tristes changements, aujourd'hui que ces forêts majestueuses ont été abattues, et que la terre, sans abri contre les ardeurs d'un soleil tropical, est, en beaucoup d'endroits, frappée de stérilité; aujourd'hui que les eaux se sont retirées, laissant autour d'elles une large plage aride et blanchie par les incrustations salines, tandis que les villes et les hameaux qui animaient autrefois leurs bords sont tombés en ruine; aujourd'hui que la désolation a mis son sceau sur ce riant paysage, le voyageur ne peut les contempler sans un sentiment d'admiration et de ravissement[1]. »

Les temps ont changé, le lecteur en jugera par la suite de ce chapitre; et cette ascension, qualifiée d'exploit par le conquérant, et qui valut à son auteur un nouveau symbole dans son blason, ne nous sembla, en dehors de quelques fatigues, qu'une simple partie de plaisir. Mais poursuivons.

Nous laissons le sentier sur la gauche, pour nous enfoncer à droite entre les monts *Hielosochitl* et *Penacho*. Les arbres ont perdu de leur vigueur et la forêt est clair-semée; la pente, assez douce, permet aux chevaux d'avancer d'un pas plus rapide, et vingt minutes au delà nous atteignons la cime du *Tlamacas*, au pied duquel se trouve le *rancho* du même nom. Le *rancho de Tlamacas* ne contient que trois misérables cabanes, dont l'une sert d'abri aux Indiens employés à l'extraction du soufre dans le volcan, l'autre d'habitation au maître du *rancho*, et la plus

---

[1]. W. Prescott, *Histoire de la conquête du Mexique*, liv. III chap. VII.

grande est l'usine où s'élabore le soufre brut, pour en sortir en masses carrées ou rondes de 50 kilog.

Le *rancho de Tlamacas* se trouve à près de quatre mille mètres au-dessus du niveau de la mer; aussi, la nuit, le froid fut-il terrible; mon thermomètre marquait 10° au-dessous de zéro. Il fallut se retirer dans la hutte des fourneaux alors en pleine activité; mais les vapeurs suffocantes du soufre nous en chassèrent bientôt; nous y avions été pris de quintes de toux qui durèrent longtemps, et je ne pouvais me rendre compte de l'insensibilité des malheureux Indiens chargés de la fabrication. Cette première nuit fut désolante, et je me réveillai gelé, engourdi, presque insensible.

La journée ne s'annonçait pas brillante; dès la première heure, le sommet du volcan s'était couvert d'épais nuages, il fallut retarder l'ascension.

Notre temps fut employé en excursions aux environs, notamment sur le sommet d'une montagne qui fait face au *rancho de Tlamacas*, d'où la vue s'étend sur les deux vallées de Puebla et de Mexico. De ce point élevé, le touriste est assez rapproché de l'Iztaccihuatl, qui se présente en raccourci, et je pus en prendre une image assez bien réussie.

La chose qui m'étonna le plus dans ces hauteurs fut de voir passer à mes pieds, dans les bois de sapins qui couvrent la montagne, trois ou quatre couples d'aras verts; je n'osais en croire mes yeux, des aras au pied des neiges, la chose me semblait impossible; mais leur plumage émeraude et leurs cris, familiers à mon oreille, ne me laissèrent aucun doute à cet égard. Ils devaient arriver de Terre Chaude à la recherche des pommes de pin; car je les vis se perdre dans les bois pour n'en sortir que longtemps après et s'éloigner dans la direction de l'État de Guerrero.

Le même jour, le guide nous conduisit à la base même du volcan, près du pic du Moine qui se trouve en surplomb de la *barranca* de Mispayantla.

La montée, dans ce sable mouvant mélangé de cendres, est des plus pénibles, et la respiration nous manquait à chaque instant : arrivé sur la hauteur, je fis dresser la tente, mais un vent terrible faillit l'emporter; il fallut que les *peones* s'accrochassent aux extrémités pour la retenir; ce fut au milieu de ces difficultés que je pris divers clichés du pic du Moine, du chaos de roches volcaniques qui l'entoure et des profondeurs de la *barranca*.

—Sous vos pieds, me dit le guide, se trouvait jadis un cimetière, et dernièrement encore l'on découvrit à cette même place toute une série de vases aztèques. Cette communication alluma notre curiosité; armés tous deux, don Louis et moi, d'un simple bâton, nous nous mîmes à fouiller les terres assez friables de l'endroit, et nous rencontrâmes effectivement des débris d'ossements humains et des morceaux de poteries anciennes. Cette demi-réussite ne fit qu'enflammer notre ardeur; don Louis creusait avec son bâton et, muni d'un poignard, je dégageais avec précaution les poteries, car à moitié pourries par un long séjour dans la terre, elles étaient d'une fragilité extraordinaire, et ne reprenaient leur dureté qu'en séchant au soleil. Nous exhumâmes ainsi une douzaine de pots de formes diverses, d'une terre rouge, mais presque tous semblables pour la décoration : elle consistait en une grossière imitation de la figure humaine, obtenue au moyen de petites bandes d'argile collées sur la surface du vase. L'un d'eux cependant offrait une certaine élégance de forme, et la pièce la plus remarquable était une lampe de style étrusque, avec diverses peintures noires sur le fond rouge de la terre cuite.

Il est assez probable que cette sépulture date des premiers temps de la conquête, alors que les Indiens, traqués comme des bêtes fauves, se réfugiaient dans les bois et dans les hauteurs inaccessibles de la *sierra*. On connaît leur religion pour les tombeaux, ils pouvaient espérer que, dans ces hauteurs vierges alors de pas humains, les dépouilles mortelles des leurs seraient à l'abri des profanations espagnoles.

La journée suivante se passa de même dans une fiévreuse attente du grand jour; le pic se voilait sans cesse à nos yeux comme pour nous défendre son approche; tous les bas-fonds cependant jouissaient d'un temps magnifique et d'un soleil splendide; nous distinguions les moindres accidents de la plaine, et le soir on voyait s'allumer les réverbères de Puebla. Les nuits étaient glaciales et nos forces s'épuisaient de plus en plus; nos guides mexicains, en nous parlant des difficultés de l'ascension, jugeant mal de nos forces et de notre ardeur, semblaient nous prendre en commisération, exprimant à haute voix des doutes assez blessants pour notre amour-propre de voyageurs. J'imposai silence à cette faconde toute mexicaine, bien résolu de donner à l'injurieuse prophétie le démenti le plus formel.

La soirée du troisième jour annonçait une matinée favorable, et nous travaillâmes à nos préparatifs. Outre les deux guides et les quatre Indiens qui nous avaient accompagnés, je louai du maître du *rancho* trois autres Indiens pour soulager les nôtres, en divisant les fardeaux.

Je fis remplir douze bouteilles d'eau, car nous n'en devions pas trouver dans le volcan, je me munis de deux bouteilles de *mezcal* pour nous donner des forces au besoin, et les pieds emmaillottés de pièces d'une grosse étoffe de laine, nous attendîmes le lendemain avec impatience.

A trois heures du matin, nous montions à cheval, Louis et moi; nos hommes nous précédaient à pied, guidant nos montures dans le sentier du bois; peu après, nous atteignions l'extrême limite de la végétation, et nos montures n'avançaient plus qu'avec des difficultés inouïes dans l'arène mouvante des sables. L'aube blanchissait à peine quand nous traversâmes la *barranca* de Huiloac, espèce de ravin profond, creusé au temps des pluies par l'écoulement des eaux de la montagne, mais alors parfaitement à sec. La Croix et ses rochers se dessinaient devant nous à la limite des neiges, il semblait que nous en fussions à courte distance, et nous ne l'atteignîmes qu'après une heure d'une marche haletante et de poses répétées. Il était cinq heures et demie.

En cet endroit, nous descendîmes de cheval, un Indien devait ramener nos bêtes à Tlamacas. La besogne la plus difficile restait à faire; engourdies par le froid, nos jambes avaient peine à nous porter, il fallut les délier par un exercice préparatoire. Le disque du soleil sortait comme un nimbe des profondeurs de l'horizon, et ne jetait encore qu'une lueur d'un rose pâle sur le manteau neigeux du volcan. Le site est sauvage, grandiose, terrible, et rien n'en saurait donner l'idée.

La caravane se mit en marche; nous étions munis de lunettes bleues pour prévenir les accidents ophthalmiques si fréquents dans ces ascensions, au milieu de cette foudroyante lumière que multiplie la réverbération des glaces; les Indiens du *rancho* en portaient également. Le guide s'était, en outre, muni d'une quantité d'*ocosochitl*, herbe d'une vertu singulière, qui consiste à faciliter la respiration dans ces hauteurs.

On en remplit alors la calotte de son chapeau, et lorsque l'oppression devient trop forte, on aspire l'arome qu'elle répand, arome d'autant plus violent que l'herbe est plus sèche.

Je remerciai le guide de son herbe préservatrice, en lui disant que je saurais m'en passer. Il sourit d'un air de doute et prit les devants : je le suivais, puis venait don Louis et le reste de la troupe. Chacun m'avait fait un monde de cette ascension, et je m'attendais à des difficultés inouïes ; j'avoue que tout d'abord je me sentis mal à l'aise : on m'avait prédit une affreuse suffocation, je n'éprouvais en somme que de l'appréhension, laquelle se dissipa bientôt, en voyant que nous avancions assez rapidement et sans accident d'aucune sorte. Le jeu de mes poumons était admirable, et je n'éprouvais d'autre phénomène qu'une grande sécheresse dans la gorge, accompagnée d'une soif inextinguible ; le remède était à côté du mal ; à chaque instant, je me baissais et, ramassant des poignées de neige, je la buvais à longs traits. Cependant, nous nous arrêtions de temps à autre ; le guide se retournait souvent, le rire aux lèvres, croyant nous avoir laissés loin derrière lui ; mais Louis et moi ne perdions pas une semelle, et n'eût été l'ignorance où nous étions de la route à suivre, nous l'eussions pu dépasser ; un seul Indien nous suivait, les autres étaient à quelques centaines de pieds au-dessous.

Il était huit heures et quart quand nous arrivâmes à l'orifice du cratère. Le guide s'arrêta : c'était l'entrée qui menait à l'intérieur du volcan; il devait y attendre les hommes pour préparer la tente de manière que je pusse immédiatement commencer mes opérations. Louis et moi, nous continuâmes sur la droite pour atteindre la plus haute cime de la montagne.

Nos jambes tremblaient alors comme celles d'un homme ivre, une légère oppression s'était emparée de nous, mais elle disparut après quelques instants de repos; nous avions la neige pour nous désaltérer, et nous en mélangeâmes dans une coupe avec une égale quantité de *mezcal*. Il fallut néanmoins nous asseoir, la pente était à pic et l'océanesque panorama qui se développait aux quatre points cardinaux nous avait jeté dans une terrifiante admiration. Comment oser décrire ce que j'ai vu?

Je veux le tenter, cependant, et j'en parlerai autant que l'infiniment petit peut parler des choses infinies, car n'est-ce pas l'infini que cet horizon de 80 lieues, triplant l'étendue de l'horizon marin avec la même grandeur de lignes, mais plus riche, de ses déserts, de ses champs cultivés, de ses forêts, de ses mille plans étagés, où le prisme éclatant de la lumière verse en prodigue ses plus étincelantes couleurs.

Arrivé au point culminant de la lèvre supérieure du cratère, le voyageur se trouve entre deux abîmes, et le vertige, qui tout d'abord s'empare de lui, semble plutôt un éblouissement des splendeurs que son regard embrasse, que l'effet des gouffres béants qu'il ose braver.

Il a derrière lui le cratère immense, ses jets de vapeurs sulfureuses et ses grondements souterrains; à ses pieds, un chaos de roches mutilées, scories gigantesques se soulevant de leur couche de neige et de cendre, rappellent, dans le convulsif et le tourmenté de leurs attitudes, les damnés de Dante cherchant à s'arracher de leur cercle de glace; à droite, le pic du Moine lève sa tête altière, et tout au bas, l'œil se perd dans les précipices vertigineux de la *barranca* de Mispayantla.

Aux heures matinales, l'aurore se lève à peine pour les profondeurs de la vallée; seule, une large ceinture de forêts s'étale verdoyante sur les gradins de la *sierra*, baignant ses pieds dans les blanches vapeurs que soulèvent les premiers rayons du jour.

Les plaines alors, semblables à d'immenses lacs, n'offrent à l'œil que l'aspect d'énormes vagues de nuages, d'où surgissent, au milieu de cette mer aérienne, les noirs sommets des pitons de la vallée. Mais le soleil monte, et vous assistez ébloui aux magiques transformations de cette nature enchanteresse : les vapeurs se groupent et s'élèvent, des éclaircies se forment, et comme au travers d'un ciel moutonneux on aperçoit par moment les étoiles, l'œil saisit, dans les méandres des nuées qui s'agitent, quelque blanche maison, une partie de village, la rive d'un lac, un bouquet de verdure, ou le scintillement des clochers lointains.

Puis comme un voile qu'on déchire, et dont les lambeaux sont emportés par les vents, les nuages disparaissent, et la vallée tout entière développe aux regards ses merveilleuses beautés.

Des hauteurs de glace où vous trônez, un prodigieux royaume s'offre à vous : grâce à la transparence de cette atmosphère lumineuse, tout se rapproche et se dessine, la distance est anéantie, et l'œil distingue, à vingt lieues au delà, les plus légers détails de cet admirable tableau. Voilà le bourg d'Ameca et le *sacro monté* qui le garde, et la plaine fleurie qui l'entoure; à gauche, la vallée d'Ozumba; à droite, les monts de Tlalmanalco, Miraflores et ses clochers mauresques; plus loin, Chalco se mire au soleil dans les eaux de ses lagunes; ici, c'est le Peñon, le lac de Tezcuco, sur les bords duquel se traîne languissante, à l'ombre des *sabinos* centenaires, l'héritière de la grande ville aztèque; puis les murailles étincelantes de Mexico, les mille clochers qui les dominent, et les ravissantes villas qui l'accompagnent : toutes, malgré les vingt lieues qui vous séparent d'elles, se distinguent encore dans l'éloignement; voilà San Agustin la joueuse, Tacubaya la blonde, Chapultepec d'impériale mémoire, et Guadelupe la Sainte. C'est un ensemble extraordinaire de déserts, de lacs, de villes et de villages, de plaines verdoyantes, de monts volcaniques et de sommets boisés. Comme ceinture à ce magnifique tableau, la Cordillère étend au loin les lignes sombres de ses monts de porphyre.

Mais la plaine de Puebla nous appelle, offrant les mêmes perspectives avec plus de lointain encore dans l'horizon ; à douze lieues, la ville semble à vos pieds, et le regard, en suivant la vallée de Tehuacan, pénètre jusqu'en Terre Chaude, pour saisir la silhouette des cactus gigantesques et des palmiers sauvages.

Cinq volcans, cinq pics neigeux, la Nevada de Toluca, l'Iztaccihuatl, la Malincha, l'Orizaba, le Popocatepetl, ce dernier, maître et roi de ces géants domptés, s'élèvent au-dessus des plateaux de l'Anahuac ; chaque soir, le soleil les dore de ses feux, alors que dès longtemps il abandonna les plaines ; on dirait de cinq lustres immenses que la main du Tout-Puissant espaça dans ces hauteurs, pour illuminer le plus merveilleux panorama du globe.

En descendant, nous trouvâmes la tente établie à cent pieds environ, dans un premier repli du cratère, sur la petite esplanade du *Malacate* (c'est un cylindre de bois, autour duquel s'enroule le câble qui permet de descendre dans le fond du cratère et d'en remonter les matières soufrées qu'on exploite à Tlamacas). Une heure à peine nous suffit pour prendre les vues du côté droit du cratère, du fond même du volcan et de *l'Espinago del diablo*, le côté gauche; les bains d'argent se voilaient bien d'une légère couche de sulfure, mais les vues réussirent cependant, et deux surtout furent très-belles.

Nous voulûmes descendre dans le cratère. Amarrés à l'extrémté du câble, le cylindre se déroula lentement, nous isolant dans l'abîme; nous avions à la main un bâton pour nous éloigner des anfractuosités de la roche; des pierres tombaient de temps à autre, nous menaçant d'une lapidation d'un nouveau genre. La descente paraît longue; car le cœur volontiers se trouverait pris de défaillance dans le parcours de cette prodigieuse descente; elle me sembla de plus de trois cents pieds; on arrive alors au cône tronqué formé par la chute continue des sables et des pierres du sommet; ce cône s'élance du fond du cratère, pour atteindre lui-même à une hauteur d'au moins deux cents pieds, avec une pente de 45° : on roule plutôt qu'on arrive jusqu'au fond du cratère, toute sa surface est couverte de neige, sauf aux abords des *respiraderos* (il y en a deux, le plus important est à gauche); on ne peut en approcher qu'à dix mètres, encore la chaleur est-elle intense et les émanations suffocantes. Ces deux jets de vapeur, qui, du haut du cratère apparaissent comme de minces filets blancs et dont on distingue à peine le bruit, sont, de près, deux énormes ouvertures lançant avec un bruit de tonnerre une épaisse colonne de vapeur sulfureuse. Une source vient déverser ses eaux dans une petite mare verdâtre, au milieu du cratère. Cette même source, me disait depuis don Cyrilo Perez, alimente à douze et à quatorze lieues, l'une à Puebla, et l'autre à Cuernavacca, deux sources thermales. Une multitude de fumeroles s'échappe en sifflant des murailles du cratère, et le soufre qu'on exploite se trouve, mélangé à la terre, déposé en fleurs aux environs des *respiraderos*, ou bien en morceaux d'un jaune clair et d'une cassure brillante; j'en ai rapporté quelques beaux échantillons. Mais malgré les prodigieuses quantités qui gisent au fond du volcan, le soufre d'Europe se vend encore à Mexico meilleur marché que celui du Popocatepetl, ce qui peut donner une idée de l'exploitation de ce produit dans la pauvre usine de Tlamacas.

Il était trois heures quand, après avoir gravi le cône de débris, nous regagnâmes l'orifice du volcan.

La déclivité du pic est si rapide que les Indiens préposés à l'extraction du soufre se contentent d'imprimer aux charges de terre soufrée tirées du volcan un léger élan, de façon qu'elles arrivent seules jusqu'à la limite des neiges. Cela s'appelle *la corrida*; lorsque la neige n'est point trop durcie par la gelée, les hommes se mettent à cheval sur les ballots et descendent avec eux; mais quand la surface est glacée, la *corrida* menaçant d'être trop rapide, ils descendent à pied de peur des accidents. Cela me donna l'idée d'opérer ma descente de la même manière.

Je m'assis donc simplement sur mon chapeau de feutre plié en quatre, et, sur ce léger traîneau, je me laissai couler sur la pente, au grand étonnement de nos guides, qui n'osèrent point s'engager dans pareille entreprise. Don Louis me suivait; nous atteignîmes en peu d'instants une vitesse prodigieuse; nous allions comme un tourbillon sur les flancs de la montagne; le bâton qui devait guider notre marche n'entravait en rien la rapidité de la chute; nous passions comme des aérolithes, c'était un délire.

Jamais montagne russe ne donna l'idée d'une course semblable; impossible de nous arrêter : aveuglés par une poussière de neige, enivrés de sensations étranges, inconscients du danger, nous arrivâmes aux cendres qui bordent les neiges, et roulant plus de vingt fois sur nous-mêmes, nous nous relevâmes émus, mais intacts. Nous avions parcouru près de deux kilomètres en sept minutes. Cela seul valait l'ascension. Je ne prétendrais pas que nos postérieurs ne fussent point endommagés; mais c'était la moindre des choses en échange d'une jouissance si grande, et j'aurais certainement, au même prix, recommencé avec plaisir.

Le lendemain nous arrivions à Amécaméca, où don Pablo Perez, tout surpris de notre réussite, admirait en s'exclamant la beauté de nos vues.

CHAPITRE XVII. — LE POPOCATEPETL.

Quinze jours après je reprenais la diligence de Vera-Cruz; je revenais en Europe. Au sortir d'Ayotla, nous nous trouvâmes pris entre deux partis, dont les avant-gardes tiraillaient à cent mètres l'une de l'autre. Il fallut s'arrêter, et nous entendions siffler les balles; cela me mit à même de juger du tir mexicain. Pendant une heure au moins que dura l'escarmouche, je ne vis pas tomber un seul homme.

L'engagement ayant cessé, je m'informai; il n'y avait pas eu un seul blessé. Nous passâmes, et tombant dans l'arrière-garde de l'autre troupe, je m'informai également du résultat de la bataille.—Baste! ce sont des maladroits, me répondit un sous-lieutenant, nous n'avons pas eu un homme de touché. C'était charmant.

Ce qui le fut moins, c'est qu'une fois engagés dans les bois de Rio Frio, une demi-heure à peine après avoir quitté le petit corps d'armée, nous fûmes arrêtés par deux bandits les plus déguenillés que j'aie jamais vus; aussi furent-ils sans pitié. Comme d'habitude, il fallut mettre pied à terre. Ces brigands étaient des créatures chétives qu'on eût anéanties d'un coup de poing, et telle est la résignation des voyageurs, ou la crainte qu'on a des camarades cachés dans le bois, que personne ne manifesta la moindre idée de résistance. Pour cette fois, je fus bien et dûment dépouillé; j'avais deux caisses, une malle bien garnie, quelque argent, je comptais sur le hasard pour passer, je tombai mal:

ils m'enlevèrent tout. L'un d'eux ouvrit d'abord ma malle, faisant mine de choisir parmi les effets.

—En somme, dit-il, je prends tout. Et il passa l'objet à son acolyte; mes papiers, mes notes, quelques précieuses curiosités, furent perdus; je les réclamai vainement. J'avais sur les épaules un paletot neuf que j'espérais conserver.

—Tiens, dit l'un d'eux en s'en allant, passez-moi donc cette pelure, elle est fort belle.

Je la lui passai, ce qui me permit d'arriver à Puebla en manche de chemise.

Ce ne fut point ma dernière aventure. En sortant de Puebla, nous avions une nouvelle compagne de voyage : c'était une jeune fille de seize ans, nommée Dolorès Molina; elle était fort belle, et d'une beauté dangereuse pour braver, par ces temps de troubles, les hasards des grands chemins. Elle allait à Cordova rejoindre sa mère qui l'attendait, et se faisait une fête de l'embrasser, l'ayant quittée depuis longtemps.

La diligence eut le bonheur d'arriver à Tehuacan sans accident, et les voyageurs qui couvaient de l'œil la belle enfant n'avaient trouvé rien de mieux à faire que de l'épouvanter par des alarmes continuelles. Au moindre arrêt de la voiture, elle pâlissait et se récriait, à la grande joie de ces messieurs. L'un d'eux, enfin, plus galant que les autres, et pensant faire preuve d'esprit, lui dit :

—*Señorita,* c'est chose bien imprudente à vous de voyager dans les temps où nous sommes, et si j'étais coureur de route, ce n'est point à la bourse de ces messieurs que je m'adresserais ; j'ambitionnerais de plus doux trésors, et je vous emporterais si loin qu'on ne vous verrait plus.

Cette délicate plaisanterie fit monter le rouge à la figure de la jeune fille et des larmes à ses yeux. On imposa silence au malencontreux galant ; mais à partir de ce moment, Dolores, sous le coup de douloureux pressentiments, se trouvait prise à la moindre alerte de tremblements convulsifs et d'une épouvante que rien ne pouvait calmer. J'étais silencieux témoin de ce prologue et je flairais dans l'air une vague odeur de drame. Cependant nous arrivâmes à Tehuacan sans que rien justifiât les alarmes de Dolorès. Nous devions repartir le lendemain pour Cordova, et cette partie de la route n'offre d'habitude aucun danger.

Mais la fatalité voulut que la diligence d'Orizaba n'arrivât point ; il fallut donc séjourner à Tehuacan, et nous y restâmes trois jours, attendant vainement la diligence. Je conseillai à la jeune fille de se montrer le moins possible, afin de ne point attirer les regards ; aussi ne sortit-elle pas de l'intérieur de la *fonda,* vivant dans l'intimité des femmes de la maison.

La diligence arriva cependant, et le quatrième jour, à deux heures et demie du matin, nous partions pour

Orizaba. Nous n'étions que cinq voyageurs : une vieille femme et ses deux enfants, Dolorès et moi ; nos compagnons de Puebla avaient suivi d'autres routes. Nous roulions depuis deux heures dans le *monte* sauvage qui se trouve aux environs de la ville ; il faisait un clair de lune splendide, et les palmiers nains et les grands *organos* qui bordaient la route, les plantes épineuses où disparaissaient les *coyotes*, prêtaient au paysage la poétique physionomie du grand désert. Tout à coup un bruit de sabots frappant le sol se fit entendre à l'avant ; Dolorès, frémissante, se jeta dans mes bras ; une troupe de cavaliers arrivait sur nous au triple galop, soulevant des flots de poussière. La diligence s'arrêta.

—Pied à terre, fit l'un d'eux ; et comme je descendais seul :

—N'y a-t-il qu'un homme dans ta voiture ? dit-il au cocher.

—Qu'un seul, répondit celui-ci : le tableau rappelait une scène de *Fra Diavolo* ou de *Marco Spada*, mais avec un cadre plus grandiose. Je me trouvais en présence de sept cavaliers montés sur des chevaux admirables ; ils avaient des costumes de grand prix, de belles armes, des *chappareras* de peaux de tigres, et leurs grands chapeaux mexicains étaient galonnés d'or avec des toquilles énormes. Je n'avais jamais vu, ma foi, de voleurs aussi bien habillés. « Passez devant, me dit l'un d'eux avec une grâce parfaite, il ne vous sera fait aucun mal. » Bronzé par une vie d'aventure, j'assistai indifférent à la scène qui suivit; j'y éprouvais même une certaine jouissance, c'était le complément de ma vie de voyage. Cependant, lorsque j'entendis les cris déchirants que poussa la jeune fille, je ne pus m'empêcher de voler à son aide; elle se jeta sur moi, enlaçant mon cou de ses beaux bras blancs et pleurant, suppliant, invoquant sa mère.

—Ah! sauvez-moi, disait-elle, sauvez-moi! Pauvre enfant, la sauver! de toute mon âme..... mais que faire? Sept hommes armés, seul, et pas un couteau. Ces messieurs néanmoins n'usèrent ni de brutalité, ni de menaces.

—Allons, ma chère enfant, disait le chef, séchez vos larmes, *somos caballeros*, nous sommes des gens bien élevés et vous n'aurez aucun mauvais traitement à subir. Venez, le temps presse, partons; et comme la jeune fille se débattait en désespérée, deux des hommes l'enlevèrent de force et la posèrent en croupe sur la monture de l'un d'eux. *Vamos*, commanda le chef. Ils disparurent dans le *monte*, où bientôt les cris de la pauvre Dolorès se perdirent dans le lointain. Au premier village où nous arrivâmes, il y avait un relai.

—Ne ferez-vous point une déposition? fis-je au cocher.

—A quoi bon, dit-il? on la rendra bien toujours à sa mère.

Nous passâmes. Peu après nous descendions les

cumbres d'Aculcingo, et sur les trois heures de l'après-midi, nous arrivions à l'hôtel des Diligences, à Orizaba. La mère de Dolorès était là, attendant sa fille : il fallut lui conter l'enlèvement; je ne dirai point sa douleur. J'ignore si jamais son enfant lui fut rendue.

Un jour encore et j'allais atteindre Vera Cruz, revoir la mer et m'embarquer pour l'Europe : je n'osais croire à tant de bonheur, et cet Océan que j'ai toujours tant redouté n'avait plus pour moi que des sourires. Le 28 décembre 1859, je faisais mes adieux aux plages mexicaines; j'allais traverser de nouveau les États-Unis, alors en voie d'insurrection. Après quatre années d'absence, le 2 février 1861, je foulais la terre d'Europe.

FIN

TABLE DES MATIÈRES

Préface.. I

ANTIQUITÉS AMÉRICAINES................................ 1
    Ruines d'Isamal... 46
    Ruines de Chichen-Itza............................... 48
    Ruines d'Uxmal.. 61
    Ruines de Palenqué................................... 72
    Ruines de Mitla.. 74

LE MEXIQUE (1858-1861)................................ 105

I. Départ de Paris.—La Vera Cruz.—Saint-Jean d'Ulloa.—Aspect général de la ville.—Le port.—Le môle.—Excursion aux environs.—Le nord à Vera Cruz.—Le départ.—Medellin.—La route de Mexico........................ 107

II. Mexico.—La vallée de Mexico.—La ville.—Le Mexicain.—Aspect général.—Le saint-sacrement.—Le tremblement de terre.—La vie à Mexico.—Les coutumes.—Le paseo.—L'alameda.—Les toros.—Le théâtre.—Les chaînes........ 142

III. Coutumes.—Le peuple à Mexico.—Les Indiens.—Las pulquerias.—Les enterrements d'enfants.—Le clergé.—Les voleurs de grands chemins.—Utilité d'un rabat.—Mexico et ses monuments.—La banlieue.—Les ruines de Tlalmanalco.. 151

IV. Anecdotes et réflexions............................... 177

V. TEHUACAN.—Départ pour Mitla.—État des routes.—Tehuacan.—Aventures de Pedro.—La venta Salada.—Fâcheuse rencontre.—Teotitlan del valle.—La fonda.—Une nuit dans les bois.—Tetomabaca.—Le jaguar et le torrent.—Quiotepec.—Le Huero Lopez et sa troupe.—Les Talages.—Cuicatlan.—Don Domingillo.—Le cheval volé.—La vallée d'Oaxaca.. 205

VI. OAXACA.—La ville.—Les mœurs.—Le bal.—Le clergé.—L'histoire de don Raphaël.—Les passions politiques...... 225

VII. Long séjour.—Phénomènes photographiques.—Les trois vallées.—Santa Maria del Tule.—Le sabino.—Mitla.—Les ruines.—Le village.—Les pitajas.—Clichés perdus.—Prise de la ville.—Mont Alban.—Le vieux couvent.—Deuxième expédition.—Siége de la ville.—Départ pour Vera Cruz... 247

VIII. Le rancho dans le bois.—Ouajimoloïa.—L'escorte.—La sierra.—Yxtlan.—Macuiltanguis.—Les Indiens et leurs villages.—L'alcade officiant.—Le topil et le vieillard.—Osoc, le fabricant d'orgues.—La descente de Cuasimulco.—Yetla.—Tustepec.—Tlacotalpan.—Avarado.—Vera Cruz.—Le siége... 271

IX. LE YUCATAN.—Départ de Vera Cruz.—Le vapeur *Mexico*.—Sisal.—Les Indiens prisonniers.—Merida.—La semaine sainte à Merida.—Types et coutumes.—Première expédition à Izamal.—L'antique voie indienne.................... 301

X. CHICHEN-ITZA.—Seconde expédition.—Citaz.—Piste.—Le christ de Piste.—Chichen-Itza.—Les ruines.—Le musicien indien.—Le retour.—Le médecin malgré lui...... 323

XI. UXMAL.—Retour à Merida.—Départ pour Uxmal.—Uaialke.—Sakalun.—La famille B.—Tikul.—L'hacienda de San Jose.—Uxmal.—Les ruines.—Le retour.—L'orage.—Les Indiennes de San Jose.................................. 351

XII. L'UZUMACINTA.—Campêche.—La ville.—L'hôtel.—La canoa.—La traversée.—Carmen.—Don Francisco Anizan.—L'Uzumacinta jusqu'à Palissada.—Le Cajuco.—Quatre jours sur le fleuve.—Le rancho.—San Pedro et la chasse aux crocodiles.—Les marais.—L'iguane.—Las Playas.... 383

XIII. De las Playas à Palenqué.—Le village de Santo Domingo.—Don Agustin Gonzalès.—Les deux bas-reliefs.—

Les ruines.—Le palais et les temples.—Travaux photographiques.—Insuccès.—Les nuits, apparitions.—Les lucioles.—Les tigres.—Retour à Santo Domingo 411

XIV. TUMBALA.—Départ pour San Cristobal.—De Palenqué au rancho.—Absence des Indiens.—Départ pour le rancho de Nopa.—Chemins affreux.—Désespoir de Carlos. —Famine.—Les singes.—Nopa.—San Pedro.—Trois jours d'attente.—Le cabildo.—Attitude hostile des habitants. —Arrivée des Indiens.—Leur abandon dans la nuit.—De San Pedro à Tumbala.—Trois nuits dans la forêt vierge.— Les jaguars.—Arrivée à Tumbala 443

XV. SAN CRISTOBAL.—Tumbala.—Le curé.—La chasse aux dindes.—Jajalun.—Chilon.—Citala.—Le dominicain et son ami.—Mœurs indiennes.—Ouikatepec.—Cankuk.— Les Indiens porteurs.—Ténéjapa.—San Cristobal.—Hospitalité de M. Bordwin.—Les mœurs.—Les églises.—Le psalterion.—Le gouvernement.—Ruines aux environs de Comitan.. 467

XVI. TEHUANTEPEC.—La ville et la vallée de Chiapas.—Les troupeaux dans les bois.—La rivière.—Tuxtla.—Don Julio Lickens.—La fête du Corpus (Fête-Dieu).—Organisation nouvelle.—De Tuxtla à Tehuantepec.—La compagnie américaine.—Les patricios.—La poursuite.—Les plantes grasses.—Totalapa.—Oaxaca.—Histoire de voleurs.— Mexico.. 480

XVII. LE POPOCATEPETL.—Ascension du Popocatepetl.—La ville d'Amécaména.—La famille Perez.—Tomacoco.—Le rancho de Tlamacas.—Excursions aux environs.—Le cimetière indien.—Le volcan.—Retour à Amécaméca.— Départ pour Vera Cruz.—Rencontre de deux partis.— Encore les voleurs.—Dolorès Molina.—Son enlèvement. —Vera Cruz.—Retour en Europe...................... 513

FIN DE LA TABLE.

www.ingramcontent.com/pod-product-compliance
Lightning Source LLC
Chambersburg PA
CBHW070832230426
43667CB00011B/1762